U0955917

七天学会缠论：从入门到精通

禅世雕龙/编著

中国宇航出版社
·北京·

内 容 简 介

本书对缠中说禅“教你炒股票”108课即所谓的“缠论”进行综合和细致的讲解，为广大投资者理解和掌握缠论这种证券技术分析方法提供帮助。书中将缠论内容由浅入深分成七个独立的章节，循序渐进地帮助读者建立缠论投资理念，特别是对缠论理论体系进行了综合梳理、归纳和评价，对缠论中较难理解、容易误解和模糊的内容进行了抽丝剥茧式的辨析讲解，去除部分缺少逻辑支持的内容，力争使缠论成为一门科学、实用的投资学理论。本书适合证券投资者、证券从业者和缠论爱好者阅读。

版权所有　侵权必究

图书在版编目（CIP）数据

七天学会缠论：从入门到精通／禅世雕龙编著．--北京：中国宇航出版社，2021.11
ISBN 978-7-5159-1807-5

Ⅰ．①七…　Ⅱ．①禅…　Ⅲ．①股票投资－基本知识　Ⅳ．①F830.91

中国版本图书馆CIP数据核字（2021）第209883号

责任编辑　田芳卿　　**装帧设计**　宇星文化

出　版
发　行　中国宇航出版社

社　址　北京市阜成路8号　　**邮　编**　100830
(010)60286808　　(010)68768548
网　址　www.caphbook.com
经　销　新华书店
发行部　(010)60286888　　(010)68371900
(010)60286887　　(010)60286804(传真)
零售店　读者服务部
(010)68371105
承　印　北京天顺鸿彩印有限公司

版　次　2021年11月第1版
2021年11月第1次印刷
规　格　787×1092
开　本　1/16
印　张　17.75
字　数　302千字
书　号　ISBN 978-7-5159-1807-5
定　价　59.00元

本书如有印装质量问题，可与发行部联系调换

前 言

缠论源于缠中说禅新浪博客，博主从 2006 年 6 月 7 日发表“不会赢钱的经济人，只是废人”开始，到 2008 年 8 月 29 日发表“何为底部？从月线看中期走势演化”止，共计发表了 108 篇涉及自创投资理论的文章。

这套理论被广大股民亲切地称为“缠论”。缠论第一次将本土投资理论上升到“道”的层面，拯救了众多摸着石头过河，深陷各种交易“术”中无法自拔的股民，提升了广大中国股民的整体交易水平。

有道无术，术尚可求

有术无道，止于术

掌握规律的人，即使缺少具体的操作方法，也可以自行创造。只知道操作方法不了解规律的人，只能停留在方法的层面。

一、缠论对于投资学的主要贡献

1. 补足了关于投资心理学的内容，这一点国内书籍有所欠缺。

缠论视角下的投资心理学与国外的专业理论相比毫不逊色，而且更加符合国人的思维方式，更加容易理解与接受。

2. 博主详细分享了自创的一套技术分析理论。

缠论建立在深层次的思辨方式之下，揭示出市场走势内在的本质规律，赋予了市场总体性结构，这一点当属缠中说禅首创。

3. 合理定位了“价值投资”与“技术分析”。

初入股市的人，甚至混迹股市多年的老股民，往往在“价值投资”与“技术分析”两者间不断摇摆，浪费了大把时间，损失了大量金钱。

缠论明确了买卖操作的不同构性。

买入时：采取“价值投资”与“技术分析”相结合的方式，以获得最大确定性。

卖出时：则以“技术分析”为主，这样操作可以避免大的损失，获取股价泡沫阶段带来的浮盈利润。

对于迷信某种单一理论的人来说，这一观点无异于醍醐灌顶。用缠中说禅的话来说，就是“单纯的技术派是不行的，单纯的非技术派也是不行的”。

从这个意义上讲，缠中说禅提升了技术分析理论的重要性，不管偏重价值投资还是价格投机，甚至不管是炒股票、玩期货还是投资基金，都离不开技术分析，而缠论无疑是技术分析理论中最好的。

二、缠论存在的主要问题

由于“教你炒股票”系列课程发表在新浪微博上，虽然方便了理论的传播，但同样带来不少遗憾。总结起来主要有以下三个方面。

1. 课程形式造成的混乱。

博客类似于日记的形式，缺乏清晰的整体性结构和合理的布局，使得理论呈现一种碎片化与杂乱感。

2. 理论不断完善造成的困扰。

根据博客的内容，基本可以肯定缠中说禅在进行缠论教学之初，并没有做好充分的准备，前期文章中的定义定理，未经反复推敲和严密的逻辑推导，所以造成部分定义定理不断修改与完善，给读者学习和理解带来了诸多困扰。

3. 缠中说禅刻意回避的内容。

熟悉“教你炒股票”系列课程的人都会有一种感觉，课程中存在大量不同的描述，当然也可以看作是不同的视角，比如关于缠论的级别，关于走势中枢的构造，等等。

关于这一点，笔者长久以来一直认为这不是理论逐渐完善造成的，而是反映了缠中说禅的主观意愿，即俗称的“挖坑”。

对于这一点，看下缠中说禅在“教你炒股票”第101课中的叙述就非常清楚了。

当然，对于这个问题，如果有好的现代数学背景，会理解得更深一点。如果不明白的，也无所谓，本ID已经把大的背景藏在后面，给出了浅的，谁都可以应用的操作方法，把那方法搞明白就可以。

“浅的，谁都可以应用的操作方法”，往往意味着不够科学，不太严谨，否则哪里还需要“更深一点”的道理？

此外，请注意这段文字发表的时间，其后课程基本没有进行太多理论知识的讲解，由此猜测，“教你炒股票”108课中尚有不少内容没有阐明。

三、本书所做的主要工作

1. 重新设计了课程结构。

把“一个投资小白进阶所需基础知识”进行了梳理，将课文内容分成七个独立章节，循序渐进地帮助读者建立缠论投资理念。

它们分别为：

（1）为什么使用技术分析。

（2）投资需要的思维方式。

（3）市场走势内在的本质规律。

（4）缠论赋予市场的总体性结构。

（5）缠论的标准买卖点。

（6）缠论具有普遍意义的买卖点。

（7）“傻瓜”式的操作方案。

2. 对于缠论定义、定理进行总结与归纳。

对于修改和变化的定义、定理以及概念进行了简单说明，并给出了结论性意见。

3. 力争从“更深入”“隐藏的大背景”入手。

所谓碧空过雁、绿水回风，哪个是尔本来面目？参！

这是“教你炒股票”第68课中的原文，从中可以明显看出缠中说禅在系列课程中故设迷阵，许多内容被隐藏在表象之下。

为此笔者对缠论理论构架进行了重新打磨，去除部分肤浅、缺少逻辑支持的内容，力争使缠论成为一门科学、实用的投资学理论。

需要强调的是：本书所做的修改都是在上述思路下进行的，不存在对缠论的挑战与颠覆，只是对缠论的挖掘与完善。

由于时间紧迫，本人能力有限，书中错漏之处在所难免，敬请广大读者与缠友批评指正，为缠论的发扬光大共尽绵薄之力。

最后感谢中国宇航出版社的编辑们，他们为本书的出版做了大量的工作，不但指出书中不少错误，而且对文字进行了逐字逐句的润色、修改，使得本书能以更好的面目示人。

禅世雕龙

2021 年 8 月 1 日

目　录

第四天 缠论赋予市场的总体性结构

第五天 缠论的标准买卖点

第六天　缠论具有普遍意义的买卖点

第七天　“傻瓜”式的操作方案

第一天

神奇的截图游戏

本篇内容：

一、利润最大化的操作方式

二、均线系统中的走势分类

三、简单的缠论走势划分

写作目的：

明确缠论中的“技术”为何物，这是理解缠论的一个最基础的问题。通过介绍如何使用均线系统对走势进行分类，初步了解缠论走势划分的思路，并给出缠论操作的理论核心：在对走势进行完全分类的基础上进行买卖操作。

权衡均线系统的利弊后，初步给出了缠论划分走势的方法。

一、利润最大化的操作方式

（一）何为技术派炒股

近些年，技术分析理论广受诟病，甚至出版有专门研究技术分析缺陷的书籍。其实，技术分析就是看图操作，看指标操作，它不但不能成为操作失败的借口，甚至还是市场交易最可信赖的依据。即使你的交易理论非常“硬核”，看图操作依然是参与市场交易时重要的补充手段。

缠论属于技术分析理论范畴，因此在缠论爱好者眼中，观察K线走势图就像开车观察红绿灯一样重要。

“红灯停，绿灯行”是道路交通法规。缠论视角下，是否也存在与此类似的规则呢？

如图1–1–1所示的三笔交易记录，它们有相同的买入、卖出价格，同样为盈利0.3元/股（不含手续费），区别只在于买入、卖出的时间不同。图1–1–2中详细标注了每笔交易的买卖点。如果“技术含量”真实存在，那么买卖时机的差异，反映出的就是“技术含量”的不同。

三 次 交 易

序号	成交日期	成交时间	证券名称	买卖方向	成交数量	成交价格
1	20200305	11：09	西王食品	买入	10000.00	5.42
	20200330	14：33	西王食品	卖出	10000.00	5.72
2	20200326	14：42	西王食品	买入	10000.00	5.42
	20200331	09：35	西王食品	卖出	10000.00	5.72
3	20200330	10：50	西王食品	买入	10000.00	5.42
	20200401	13：11	西王食品	卖出	10000.00	5.72

图1–1–1 三次交易记录

（二）缠论交易的核心思路

1. 交易的本质就是做截图游戏

图1–1–2中虽然标注了三次交易的买卖点，但依然很不直观。将交易起止时间用矩

图 1-1-2　三次交易的 K 线表现

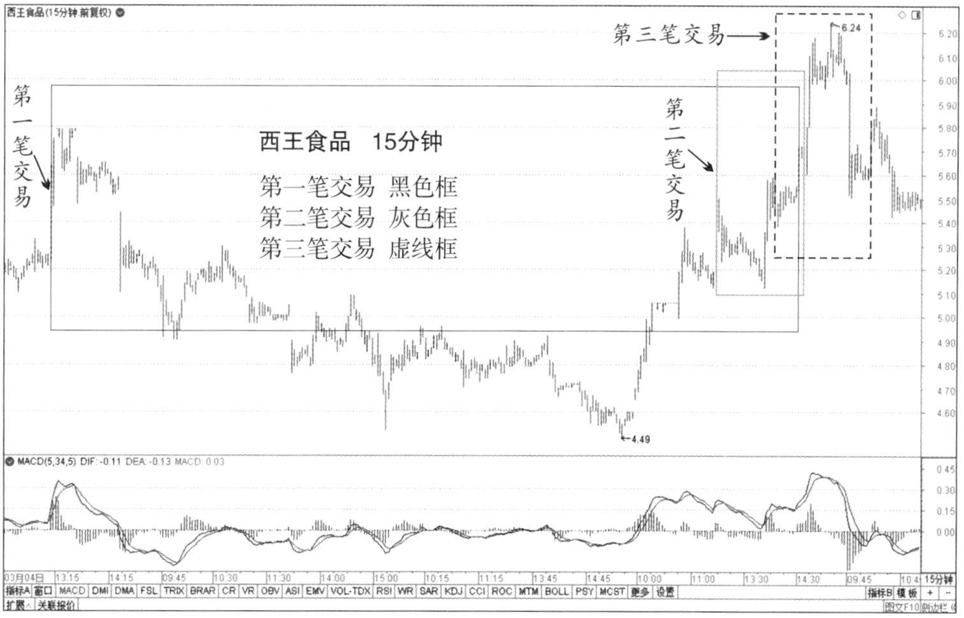

图 1-1-3　三次交易的框选情况

形框选，结果如图 1-1-3 所示。

图中以交易的买点时间为矩形横轴起点坐标，卖点对应矩形终点坐标。三次交易用不同框线加以区分，第一笔交易以实体黑色框线标示，第二笔交易以灰色框线标示，第三笔交易采用虚线框标示，这是上述三笔交易在走势图上的最佳呈现，也是技术派主要的关注对象。

仔细观察图 1–1–3 中的每笔交易，是不是和平常的截图很相似。事实上，在技术派人士眼中，交易就是在错综复杂的 K 线走势图上做截图游戏。如何将图截得专业、科学，是技术派的核心研究课题。

2. 理想状态下的“截图方式”

假设有一天我们获得了穿越时空的超能力，你的截图方式将会成为股市传奇，你也将成为众人顶礼膜拜的对象。

穿越时空，意味着拿到了未来股价的走势图，可以按最理想的方式进行截取。假设图 1–1–4、图 1–1–5 就是从“未来”带回来的两张 K 线走势图，让我们看一下如何截取走势可以实现利润最大化。

图 1–1–4 是史丹利“未来”股价走势图的一个局部，按获利最多的方式，可以截取 3.67 ～ 4.66 元的这一段走势。

图 1–1–5 是宁德时代股价“未来”走势图的一个局部，按最理想方式截取了 68.16 ～ 169.67 元这段走势。

图 1–1–4　史丹利理想状态下的截取段

这两段走势图的 K 线周期不同，图 1–1–4 是 5 分钟 K 线走势图，图 1–1–5 使用的是日 K 线。K 线周期不同，造成了视觉下的繁简差异。此外，它们经历的时长、股价波动频率与波动幅度也各不相同。但它们有一个显著的共性，基本上都是一段低点和高点逐渐抬高的走势，符合一般意义上的上涨走势定义。

翻看大量 K 线走势图不难发现，股票价格走势就是在诸如此类的上涨与下跌中不断切换，周而复始。

图 1–1–5　宁德时代理想状态下的截取段

3. 缠论的交易方式

这种理想状态下的截图方式和缠论不谋而合，缠论的理论核心就是在对走势进行完全分类的基础上进行相关操作。上涨时买入或持仓，下跌时卖出或空仓等待。操作的技术含量体现在对走势的契合程度上，理想状态就是对一个上涨走势的完美把握：上涨之初买入，走势转折时卖出。

下面按照以上思路对西王食品的三笔交易进行分析。

首先对走势进行简单的划分。如图 1–1–6 所示，将走势图划分出上涨与下跌走势，此时三笔交易高下立判。

第一笔交易分析。

图 1–1–6 中第一笔交易的买入、卖出分属不同的走势段，是三者中最不符合缠论核心思想的：追涨被套（上一个上涨段的末端），死拿不割（灰色箭头所示的下跌走势段），反弹涨停没封住时解套出局，最终略有盈利，运气还算不错。

其实这种情况不是个例，市场中这种交易占据非常大的比例。这是一种常见错误思辨模式导致的交易，其原因将在第二天的课程中详细阐述。

图 1-1-6　走势划分后的西王食品走势图

第二笔和第三笔交易分析。

如图 1-1-6 所示，这两笔交易都发生在同一段上涨走势中，这一点符合缠论思想，但都错过了上涨之初的买入机会，因此只剩下短线投机机会。

图 1-1-7、图 1-1-8 是这两笔交易在 1 分钟 K 线图上的呈现，它们之间的细微区别，仍然反映出技术能力的高下。总体来看，第三笔操作的技术含量比第二笔更高，这一点

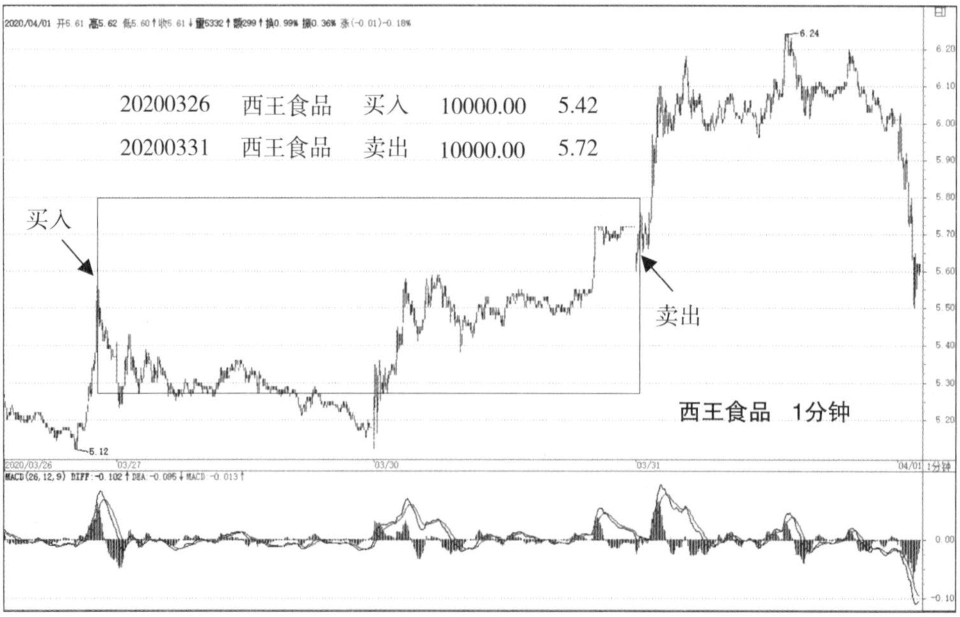

图 1-1-7　第二笔交易在 1 分钟 K 线图上的呈现

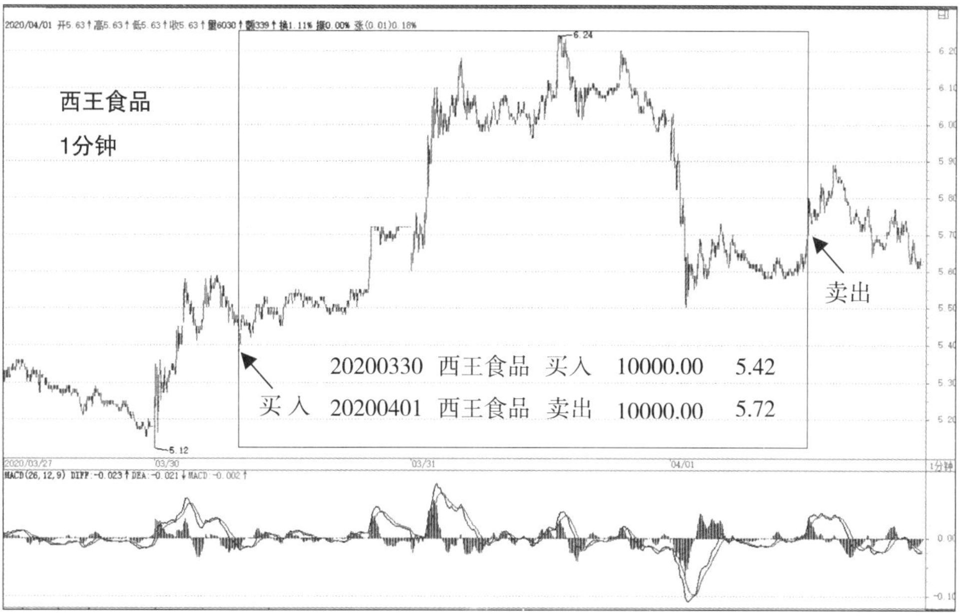

图 1-1-8　第三笔交易在 1 分钟 K 线图上的呈现

将来再作具体的分析。

二、均线系统中的走势分类

上节给出的上涨与下跌走势概念，是通俗的说法，比如使用“低点和高点逐渐抬高”之类的语言描述上涨走势，这种说法太过含糊，无法量化，对于市场操作聊胜于无。实战中需要更严谨、更周密的逻辑性表述。

给走势下精确的定义，就是对市场走势进行分类。目前最简单、接受度最高的分类方式，无疑是均线系统的走势分类。均线系统具有好学易懂的特点，在使用缠论定义走势之前，先借助均线系统对理想状态下的截取走势进行分析，给出走势定义的初步轮廓。

（一）均线系统介绍

均线（MA）是“移动平均线”的简称，与其他很多技术指标的计算方式相比，移动平均线没有采用“加权平均”的方式，仅仅利用算术平均进行平滑处理。比如，5 日均价等于最近 5 天的收盘价之和除以 5。算术平均有效地平滑了单日大涨大跌带来的价格波动。

5 日均线是 5 日平均收盘价的连线，30 日均线是最近 30 日平均收盘价的连线。

（二）普通均线系统

1. 最简单的均线交易系统

均线是近几日股价平均价格的连线。当股价 K 线高于均线时，表明市场参与者愿意支付更高的价格买入股票。股价 K 线位于均线之下时，意味着近期人们可以用更低的价格买入股票。追涨杀跌是人的自然本性，买涨不买跌是很多市场参与者的普遍心理，因此，均线对于股价有助涨助跌的功能。

根据上述特点，使用股价 K 线与一条均线，可以组建一个最简单的均线交易系统。

如图 1–2–1 所示，股价 K 线由均线之下转而向上突破均线时称为金叉；反之，股价 K 线由均线之上转而向下跌破均线时，称为死叉。股价 K 线位于均线之上称为多头排列，股价 K 线处在均线之下时是空头排列。

这是一个最简单的走势分类，只能应对最简单的操作：当股价 K 线与均线金叉时买入，死叉时卖出。

对比理想状态下的截取走势，使用效果差强人意，肯定不是大家最期待的交易系统，尤其是使用 5 日、10 日等短期均线时。

图 1–2–1 单条均线的均线操盘系统

2. 多均线交易系统

当然可以增加均线数量，由若干条不同周期的均线构成均线组合，对走势进行分类。

这样就弥补了单一均线过于单薄的弱点，同时细分了市场，可以全面了解各个时期买入者的状态，计算出市场整体的盈亏比，据此对市场未来走势作出全局性的判断。

多均线系统的重要性表现在均线组合出现共振时，即短期、中期、长期均线均转为多头排列或空头排列，这是一个重要的反转信号。特别是在长期空头市场后，如果出现短期、中期、长期均线均转为多头排列，意味着短期、中期、长期买入者都是盈利的。此时市场抛压很轻，少量买盘就可能引发市场跟风，将股价推上去，往往预示着行情要出现重大转折，此前长时间下跌的市场要进入一段长时间的上涨趋势了。

如图 1-2-2 所示，2005 年上证指数跌到 998 点后，出现了一个力度很强的反弹。到 8 月前后，大盘 5 日、10 日、20 日以及 60 日均线呈现多头排列形态，即短期均线位于中长期均线之上，此时中长期下跌的市场转为上涨的可信度极高，是一个强烈的趋势反转信号。

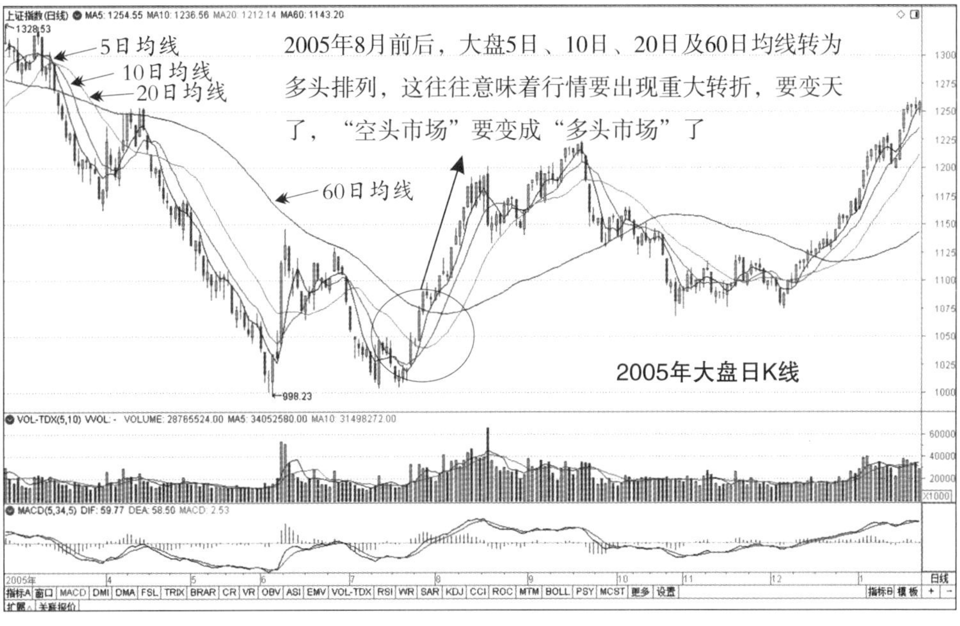

图 1-2-2　2005 年大盘多均线共振

（三）普通均线系统的优化

普通均线系统虽然有可取之处，但实用性不强。比如单均线系统，买卖点之间的获利空间太小，交易过于频繁；多均线系统每增加一条均线，走势分类的数量将呈几何级数增加，走势分类过于复杂，同样不利于操作。

图 1-2-3　双均线组成的均线操盘系统

研究均线系统的终极目标，是为理想状态下截取走势提供依据，比较理想状下的截取走势与普通均线系统中买卖点之间的获利空间，二者相去甚远，普通均线系统显然无法胜任据以交易的实战要求。

（1）优化均线系统构成方式。

如图 1-2-3 所示，在股价 K 线、单一均线构成的均线交易系统基础上，删除股价 K 线，改用另外一条均线，可以构建一个由长期、短期均线组成的双均线系统。

与之前的股价 K 线和单条均线构成的单均线系统相比，双均线系统变化不大，实用性更高。双均线系统首先平滑了偶然事件带来的股价短期波动，提高了系统的稳定性，同时也没有使走势分类过于复杂。

（2）对调整走势进行细化分析。

观察理想状态下截取的走势，让人印象深刻的是，一段上涨走势中不乏多次调整，它们造成均线系统频繁地出现金叉或死叉，这也是走势难以精准定义的原因。如果想定义出无限接近理想状态下的截取走势，就必须对其间的调整走势进行细化分析，排除部分力度较小、走势转折机会不大的调整。

（3）根据调整走势的力度进行细化。

调整走势必然会造成短期、长期均线由发散（相距越来越远）转为收敛（距离逐渐缩小）甚至相交的情况。按价格调整力度大小，可以分为三种情况，使用飞吻、唇吻和湿吻这三个概念，可以直观地表达出这种力度上的差异。

如图 1–2–4 所示，图中展示的分别是飞吻、唇吻和湿吻三种均线走势情况。

飞吻：短期均线略走平后继续按原来趋势运行下去，并不形成金叉或死叉，是力度最小的调整走势。

唇吻：短期均线略微触及长期均线但不跌破或升破，然后按原来趋势继续运行下去，是普通力度的调整走势。

湿吻：短期均线跌破或升破长期均线，甚至出现短期均线和长期均线反复缠绕、如胶似漆的情况，是力度最强的一种调整走势。

多头排列：短期均线在长期均线之上，同时二者向上运行。

空头排列：短期均线在长期均线之下，同时二者向下运行。

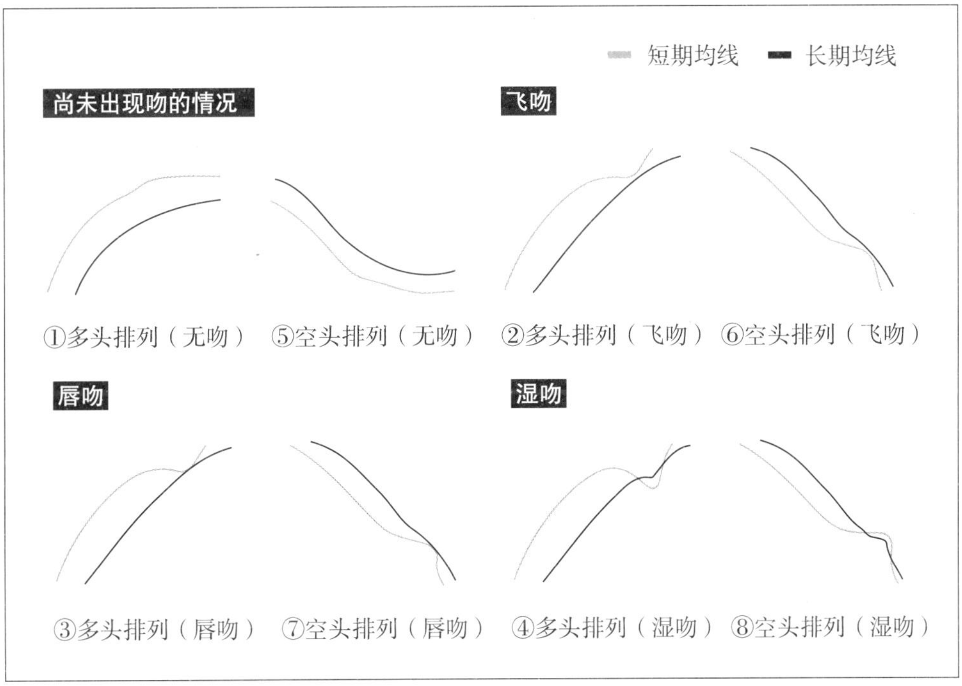

图 1–2–4　短期、长期均线组成的均线系统对走势的全分类

多头趋势：如图 1–2–5 所示，某级别 K 线图中，短期、长期均线大涨小回，呈现明显的上涨形态，对应的走势即为多头趋势。

空头趋势：如图 1–2–5 所示，某级别 K 线图中，短期、长期均线大跌小回，呈现明显的下跌形态，对应的走势即为空头趋势。

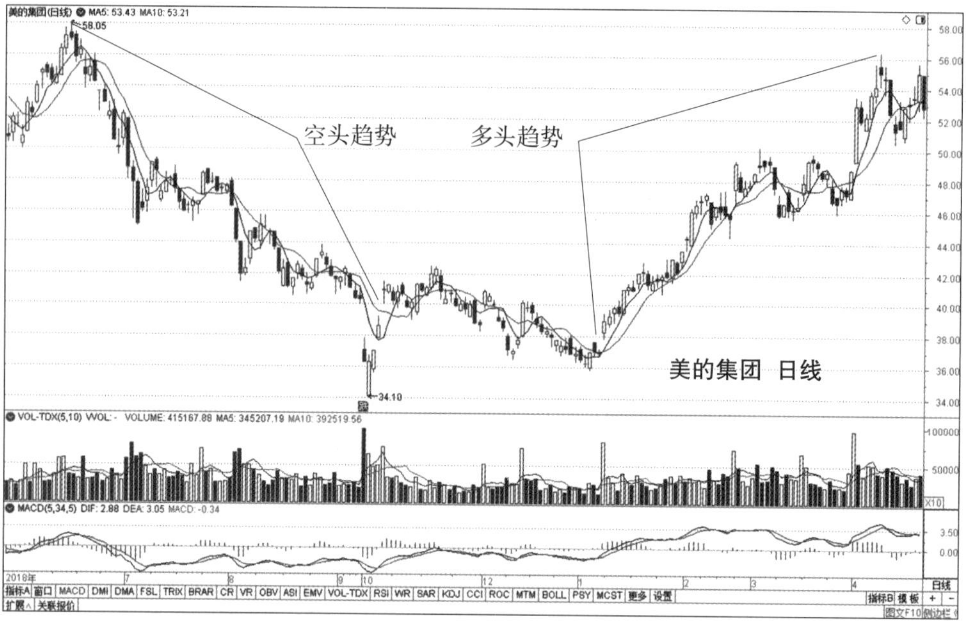

图 1-2-5 空头趋势与多头趋势

这样，一段走势可以细分为如图 1-2-4 所示的八种情况。

A. 多头排列尚未出现吻的情况。

B. 多头排列出现飞吻。

C. 多头排列出现唇吻。

D. 多头排列出现湿吻。

E. 空头排列尚未出现吻的情况。

F. 空头排列出现飞吻。

G. 空头排列出现唇吻。

H. 空头排列出现湿吻。

走势中尚未出现吻的情况，必然不会产生买卖点，这种情况无须考虑。

走势中出现飞吻或唇吻时，调整的力度太小了，甚至不能影响长期均线的运行方向，明显不会对后续走势产生太大影响，所以这两种情况同样也应予以剔除。

这样需要分析的调整走势，只剩下空头排列或多头排列出现湿吻的情况。

湿吻可能一蹴而就，也可能情意绵绵，流连忘返，它们留在走势图上的痕迹也有明显区别。

A. “一蹴而就”式湿吻。如图 1-2-6 所示，深色短期均线下破浅色长期均线后，没有做过多停留，又恢复原来的方向运行，并且很快创出新高。这是一蹴而就式的湿吻，为了和下面介绍的情意绵绵式的湿吻有所区别，以后称为简单的湿吻。

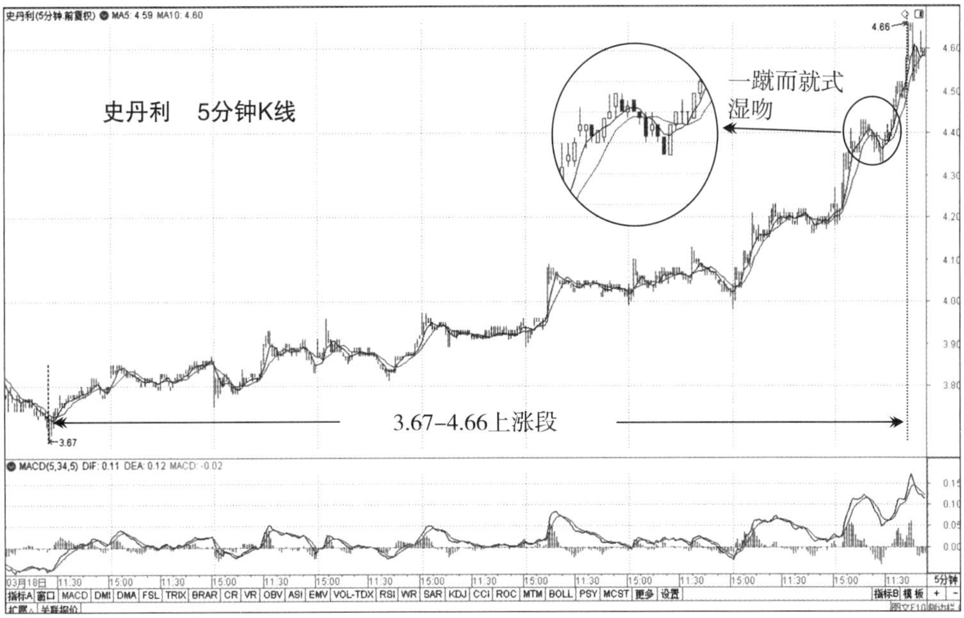

图 1-2-6 一蹴而就式湿吻结构

B.“情意绵绵”式湿吻。如图 1-2-7 所示，调整走势不但形成了湿吻，而且短期与长期均线反复缠绕并构筑出一个调整平台，这种情况以后称为缠绕平台式湿吻。

图 1-2-7 平台式湿吻的结构

一段走势没有出现吻或者出现的是飞吻或唇吻的情况下，走势都是相对安全的，完全可以泰然处之。当然，出现某类湿吻，也不代表走势一定会发生转折。比如图 1-2-8 中，史丹利3.67～4.66元的上涨段以及图1-2-9中西王食品的下跌及上涨段，都出现了湿吻，但并没有改变走势的运行方向。

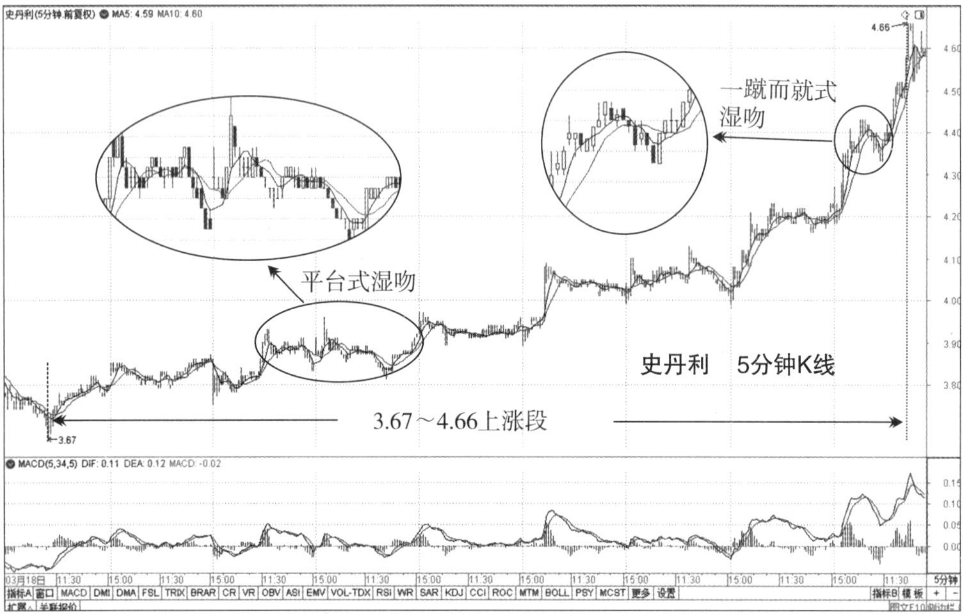

图1-2-8　上涨中的调整走势

至此，对走势的划分有了初步了解，湿吻的后续走势成为决定如何操作的最大问题。该问题属于高级别内容，将在后面的缠论走势划分中陆续介绍。

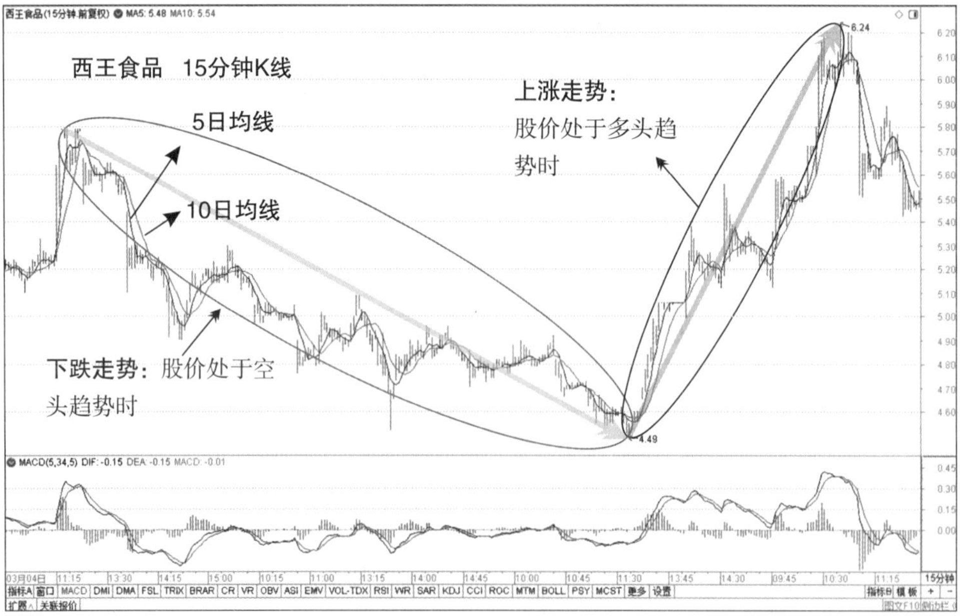

图1-2-9　上涨与下跌走势

（四）均线系统的致命缺陷

对缠论略有了解的朋友都知道，均线系统并非缠论的一部分，本节首先介绍均线系统，是希望借助它易学好懂的特点，成为大家学习缠论的切入点。

缠论最终发展成为一种严密的技术分析理论，并没有使用均线系统，这是有原因的。比较图 1-2-10 中的股价与均线走势，均线的表现有目共睹，它整体滞后于 K 线，这和它的计算方式有关。其实不仅是均线系统，大多数技术指标都存在这个缺陷，因此缠论最终并未使用均线系统，而是从股价本身入手，一步一步设计出了一套严密的技术分析理论。

图 1-2-10　指标滞后于股价

（五）均线系统带来的启示

（1）缠论走势类型中包含调整走势。

为了无限接近理想状态下的“截取”方式，缠论的上涨或下跌走势中，允许调整走势存在。

（2）缠论的走势转折是基于湿吻类的调整。

按照调整的力度，调整走势可以细分为飞吻、唇吻和湿吻三种情况，走势转折基于湿吻类走势。

由于缠论舍弃了均线，直接对股票价格进行分析，因此必须为均线系统中湿吻包含的两种基本形态找到对应的股价 K 线组合。

如图 1–2–11 所示，左图为未能形成缠绕平台的湿吻对应的 K 线组合，右图是形成缠绕平台的湿吻对应的 K 线组合。

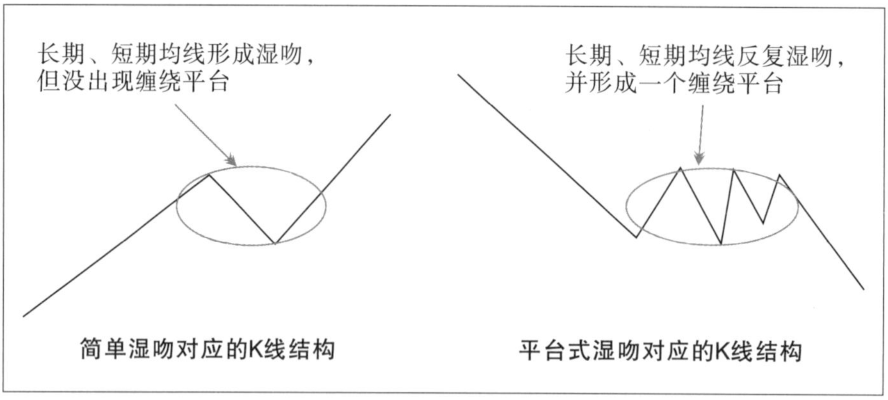

图 1–2–11　两种湿吻对应的 K 线结构

三、简单的缠论走势划分

均线系统相对滞后，缠论对该问题提出的解决方案，是从股价本身出发对走势进行划分。

股票市场中，股价是实时动态变化的，表现为一堆堆成交数据，非常不利于市场参与者使用。炒股软件公司将这些原始成交数据图形化，于是转化成为不同周期的 K 线图。缠论在此基础上对 K 线及其组合重新定义，使其成为符合理论要求的基本构成要素，利用这些基本构件，最终搭建出缠论的市场结构。

缠论的基本构成要素很多，每种要素都不可或缺，下面按照构建理论框架的顺序加以介绍。

（一）缠论中的 K 线

如图 1–3–1 所示，国内普遍使用的 K 线一般包含四个价格信息：最高价、最低价、开盘价和收盘价，并以阴线（绿色）、阳线（红色）实体表明开盘价与收盘价的位置关系，收盘价高于开盘价使用红色 K 线，反之用绿色 K 线。

如图 1–3–2 所示，缠论对 K 线的要求相对简单，只保留了最高价与最低价，不区分阴阳 K 线。

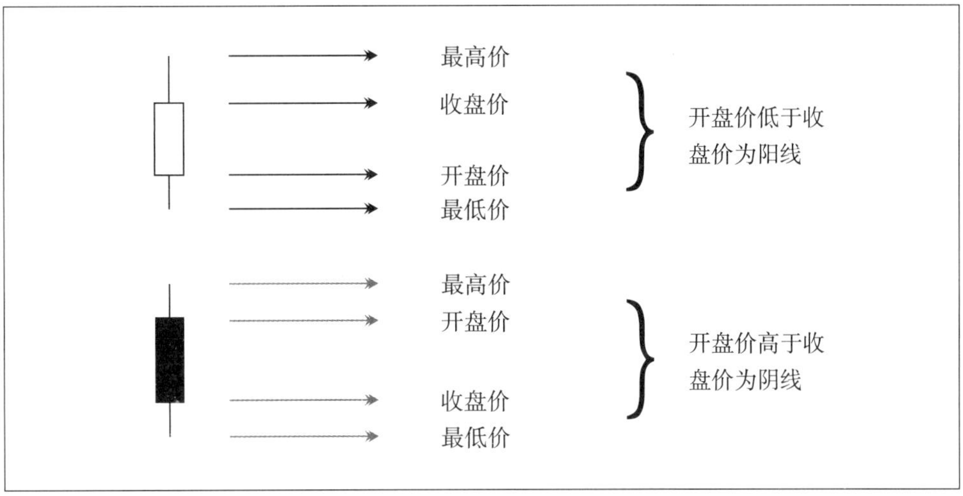

图 1–3–1　K 线的含义

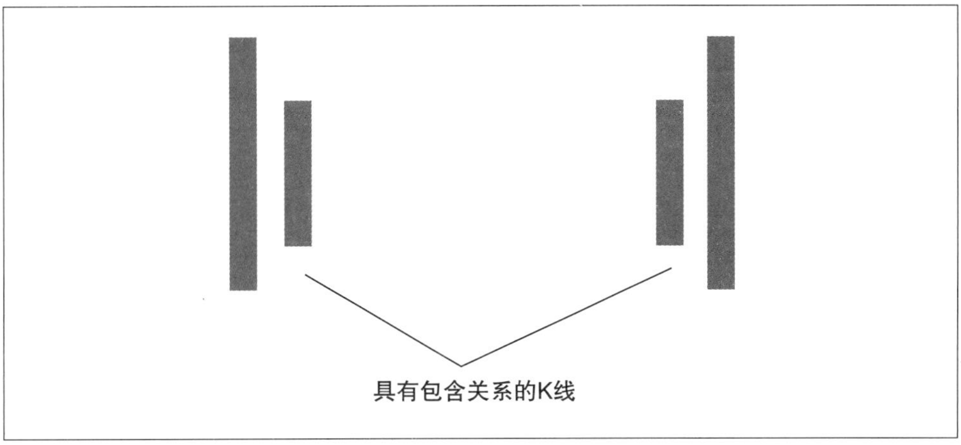

图 1–3–2　K 线的包含关系

注意：目前的炒股软件，无法按照缠论要求生成特定的 K 线，分析时只看最高价与最低价即可。

（二）K 线的包含处理

1. K 线的包含

分析 K 线组合的目的是给出走势的方向。如果多根 K 线具有包含关系，则无法准确判断其方向，所以缠论使用 K 线组合时需要先进行包含处理。

图 1–3–2 所示就是相邻两 K 线出现包含关系的情况，即一根 K 线的高低点完全处于相邻 K 线中，这两根 K 线就称为具有包含关系的 K 线。包含处理就是将有包含关系的两根 K 线合并成一根 K 线的过程。

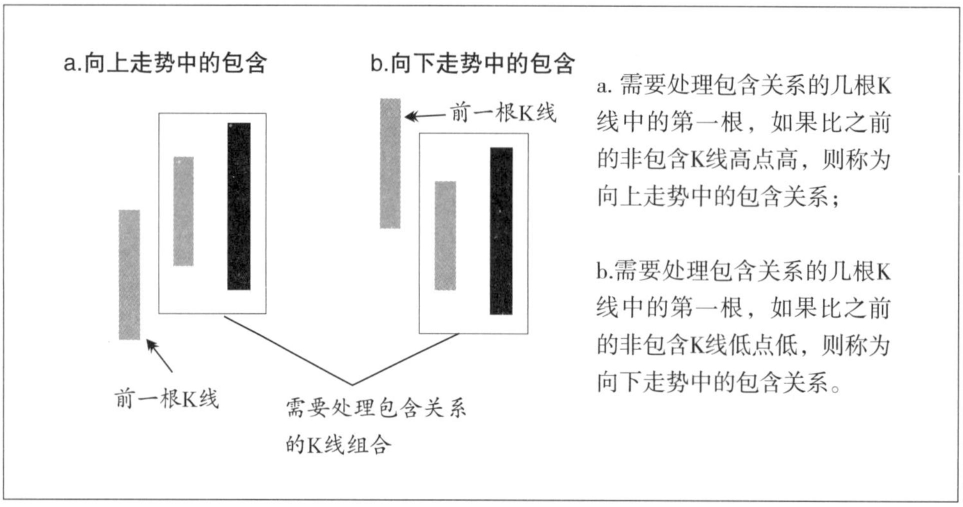

图 1–3–3　包含 K 线组合的方向

2. 包含处理需要考虑的因素

（1）具有包含关系的 K 线组合在走势中所处的位置。

如图 1--3–3 所示，两根具有包含关系的 K 线组合完全一样，但与不具有包含关系的前一根 K 线位置相左，前者相对在上，后者相对在下。位置不同，意义也不同，这是进行包含处理时首先要确定的。

当然这里的向上或向下，仅仅依据具有包含关系的第一根 K 线与其前一根非包含关系 K 线的相对位置关系。

A. 如果比之前的非包含 K 线高点高，称为向上走势中的包含关系。

B. 如果比之前的非包含 K 线低点低，称为向下走势中的包含关系。

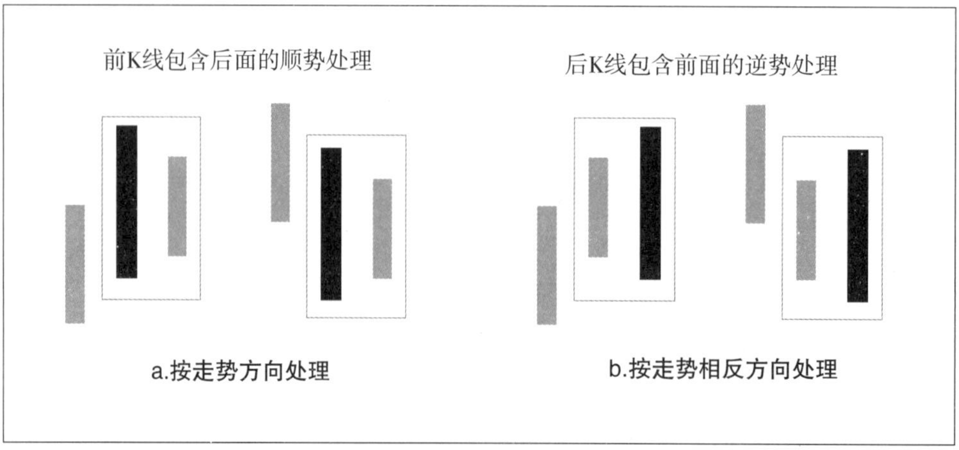

图 1–3–4　具有包含关系的 K 线的位置关系与处理方式

（2）具有包含关系的两根 K 线孰前孰后也很重要。

研究 K 线组合，最重要的目的是为走势状态给出明确的分类。如图 1–3–4 所示，前 K 线包含后 K 线，对于走势影响不大，按走势方向处理即可。如后面的 K 线包含前 K 线，往往意味着走势要发生转折，此时应按走势的反方向进行包含处理。

特别说明：

如果对缠论有比较深入的研究，不难发现这个规定并非原文所有，而是笔者添加的。作出如此规定，基于以下两个原因。

A. 打破规律比顺应规律更重要。如图 1–3–5 所示，一段 K 线组合成的上涨走势，左图是前 K 线包含后 K 线，右图是后 K 线包含前 K 线。

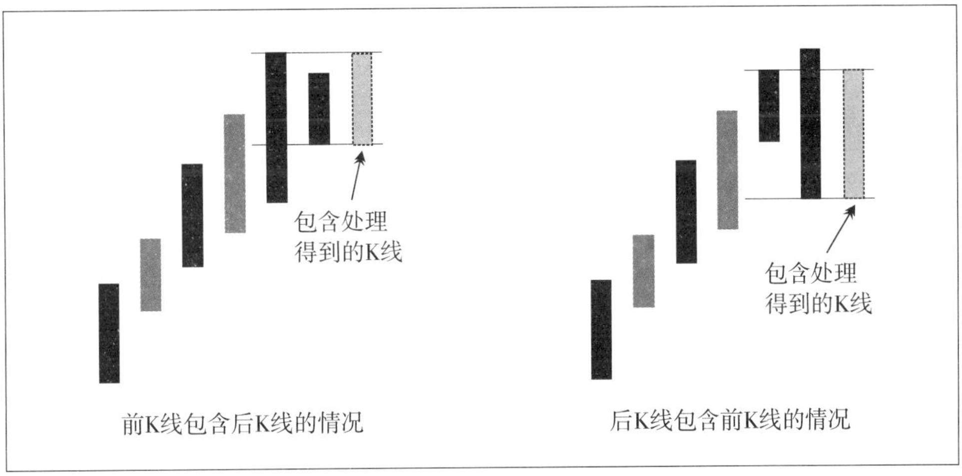

图 1–3–5　上涨 K 线组合中的包含分析

上涨走势最基本的规律是低点和高点逐渐抬高，所以打破这个规律的情况更为重要。如果前 K 线包含后 K 线，上涨走势规律并没有被打破，下跌走势与此相仿，也没有破坏原有走势，因此按走势方向处理即可。

反之，上涨走势中，如果后 K 线包含前 K 线，如图 1–3–5 中右图所示，那么既有顺应走势规律的一面，即价格创出新高，又包含着对规律的破坏，即低点比前低更低。此时打破规律更为重要，所以后 K 线包含前 K 线的情况按走势反方向处理。

B. 线段类走势的实际操作方式。当然，更为重要的原因是为了满足理论构建的需要。后期缠论按线段分析走势时，其间的包含走势只能如此处理，唯此才可以统一该理论中关于包含处理的方式。

如图 1–3–6 所示，同样为上涨走势，同样是 56 段与 78 段有包含关系，不同的是左图为 56 段包含 78 段，右图是 78 段包含 56 段。

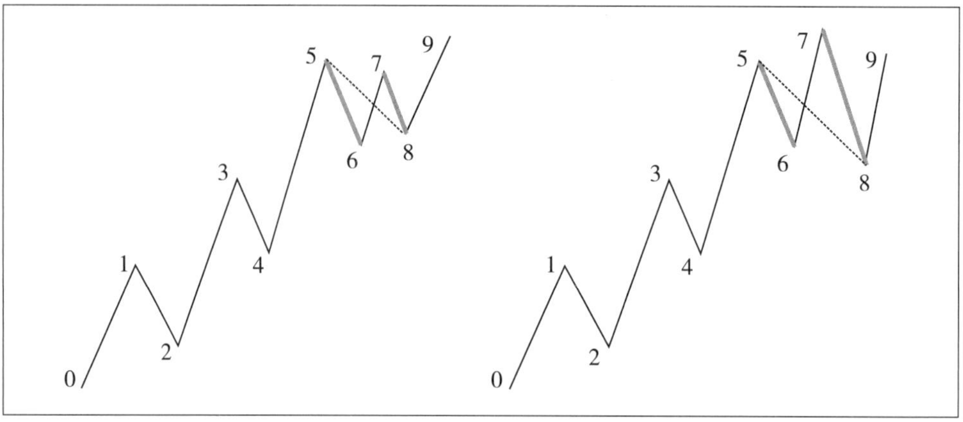

图 1-3-6　线段类上涨中的包含处理

56 段包含 78 段时，按向上处理得到 58 这个替代段。如果按向下处理最终得到的替代段是 67，它不但无法在图形上画出，而且 78 这个被包含段的产生完全没有意义了。

同理，78 段包含 56 段时，按向下处理得到 58 这个替代段。如果依然按向上处理，则替代段是 67，同样无法在图形上画出，而且 78 段中 8 这个低点的意义完全无法体现。

据此，在包含处理规则中增加了包含 K 线孰前孰后的规定。

3. 处理包含关系的方式

如图 1-3-7 所示，处理包含关系的方式有以下两种。

（1）向上处理包含关系，取最高的高点与最高的低点。

（2）向下处理包含关系，取最低的高点与最低的低点。

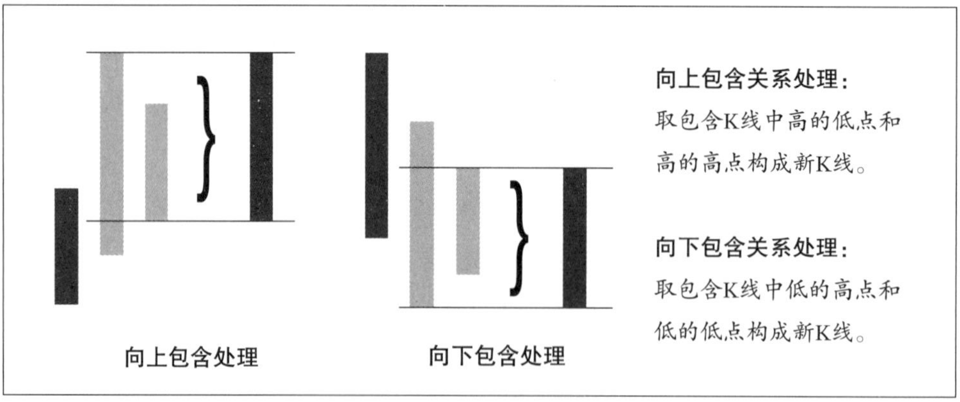

图 1-3-7　K 线包含的具体处理方式

按哪种方式进行包含处理，要参考两个因素，即具有包含关系的 K 线组合在走势中的位置，以及具有包含关系的 K 线的相对位置，也就是孰前孰后。具体处理方式如图 1-3-8 所示。

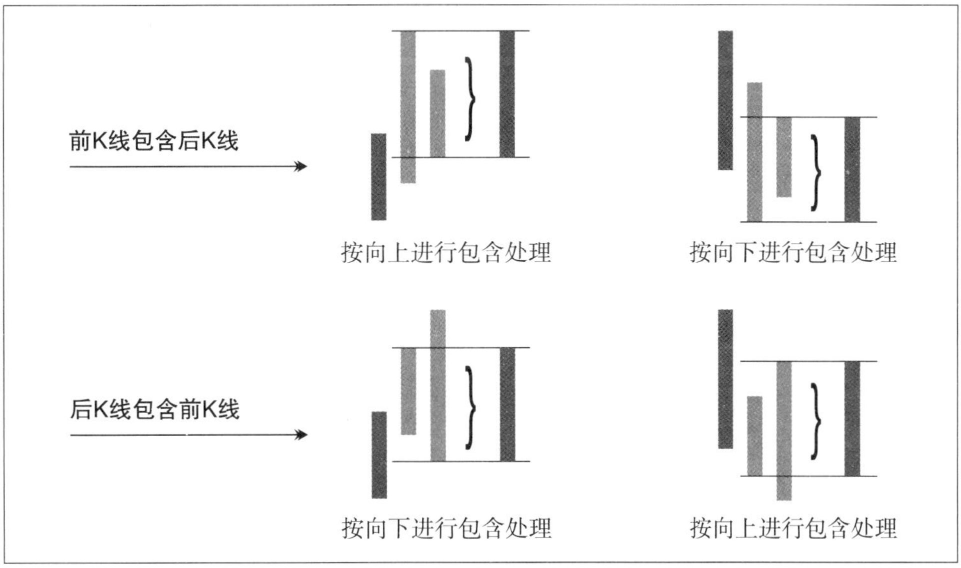

图 1-3-8　K 线包含关系的处理

具有包含关系的两根 K 线，如果是前 K 线包含后面的，向上走势中按向上处理包含关系，向下走势中按向下处理包含关系。

具有包含关系的两根 K 线，如果后 K 线包含前面的，向上走势中按向下处理包含关系，向下走势中按向上处理包含关系。

简单来说，前 K 线包含后 K 线，按走势方向进行包含处理；后 K 线包含前 K 线，按走势的反方向进行包含处理。

（3）多根 K 线具有包含关系，处理时要遵守时间顺序。

走势的时序性使得进行包含处理时，K 线的顺序也必须得到尊重。如图 1-3-9 所示，第 1 根 K 线与第 2 根 K 线，第 2 根 K 线与第 3 根 K 线都具有包含关系。处理包含关系时，

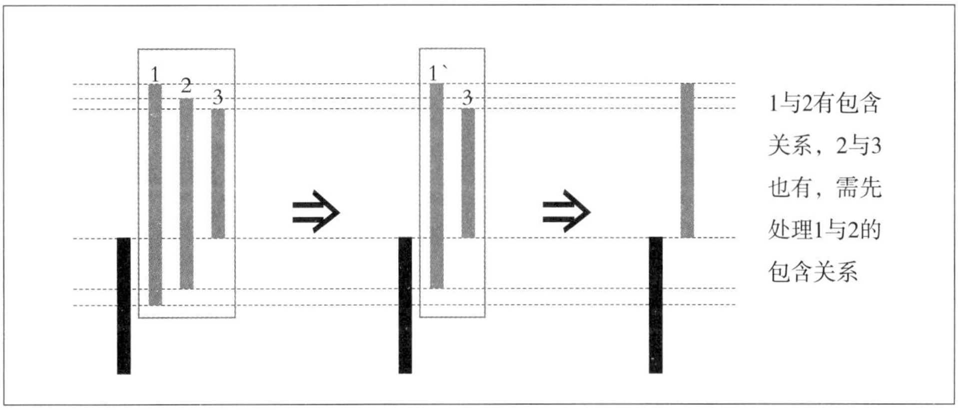

图 1-3-9　K 线包含处理需遵守时间顺序

要先处理第 1 根 K 线与第 2 根 K 线的包含关系，然后用处理得到的新 K 线与第 3 根 K 线进行包含分析。

4. 包含处理的应用

看了本小节内容，估计不少人已经头脑发昏，有点“缠”住了。好消息是大多数 K 线的包含关系都无须处理，大家仅需要静待下一根没有包含关系的 K 线出现时，再对走势进行分析，此时走势一般都比较明朗了，无非原走势延续或构造转折的结构。

如图 1-3-10 所示，向上走势中多次出现具有包含关系的 K 线组合，不过当新的不存在包含关系的 K 线出现时，走势是延续还是构造转折结构就很明确了。

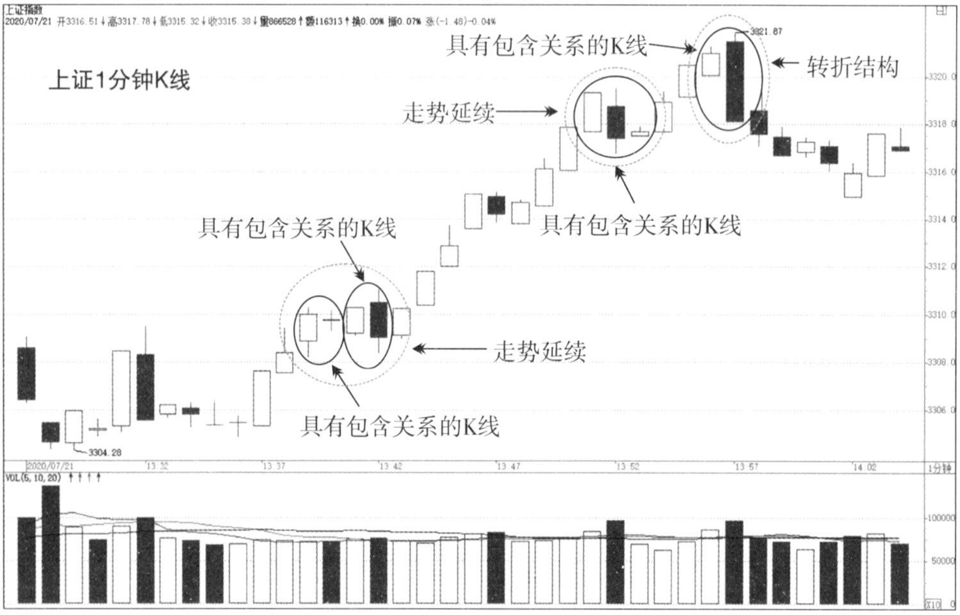

图 1-3-10　延时处理包含的便利

（三）K 线分型概念

K 线分型是缠论非常重要的一个构件，它是最小的走势转折信号。

如图 1-3-11 所示，仔细观察每段走势转折时的三根 K 线，可以发现它们拥有共同的结构。

如图 1-3-12 所示，三根经包含处理后的 K 线，按照完全分类的方法，仅有四种不同的结构。

图 1-3-12 中 1、2 的 K 线组合，第三根 K 线创出新高或新低，所以三根 K 线组合是一个向上或向下的走势延续，缠论中称为上升 K 线与下降 K 线，它们无法作为走势

转折的信号。

图中 1-3-12 中 3、4 的 K 线组合，隐含着反趋势方向力量的信息，3 表明空头挫败了多头再创新高的企图。同理，4 意味着多头打击了空头创新低的决心。它们就是缠论的分型，其中 3 是顶分型，4 是底分型。

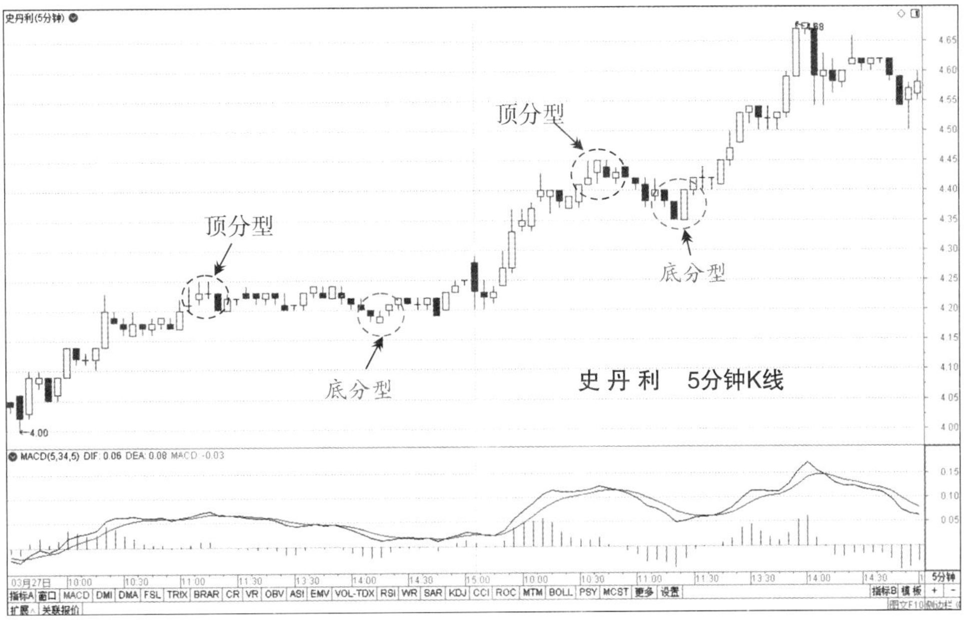

图 1-3-11　分型的基本结构

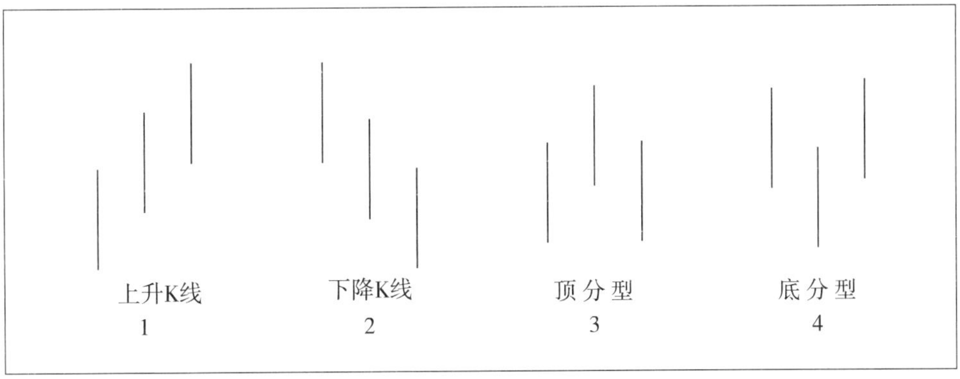

图 1-3-12　三根 K 线完全分类

顶分型： 三根经包含处理后的连续 K 线，若中间的那根 K 线的高点最高，就称为顶分型。

底分型： 三根经包含处理后的连续 K 线，若中间的那根 K 线的低点最低，即为底分型。

隐含结论：由于形成顶、底分型的三根 K 线不存在包含关系，所以顶分型中间 K 线的高点最高，也意味着低点最高；底分型中间 K 线的低点最低，意味着高点也是最低。

顶分型的最高点叫该分型的顶，底分型的最低点叫该分型的底，以后简称为走势的“顶”和“底”。

K 线分型是走势最小的转折结构，它代表原趋势力量减弱，后市升破底分型的高点宣告底分型确立，后市跌破顶分型最低点宣告顶分型确立。

（四）笔

1. 笔的定义

相邻两个不同分型间的连线叫作笔。比如，顶分型与底分型之间的连线或底分型与顶分型之间的连线。

2. 合格笔需满足的条件

笔的定义很简单，但要真正理解缠论中笔的概念，还需要注意以下几点。

（1）顶与顶或底与底之间的连线不能构成笔。

首先，构成笔的分型连线必须是不同分型间的，如图 1–3–13 中的分型连线不能满足笔的定义，即从分型到笔必须由一顶一底构成，两个顶或两个底不能构成一笔。

（2）构成笔的顶分型与底分型必须是独立存在的。组成分型的三根 K 线必须是独立的，构成笔的顶分型与底分型不可以共用 K 线，共用 K 线意味着仍在前一个分型的构造过程中。

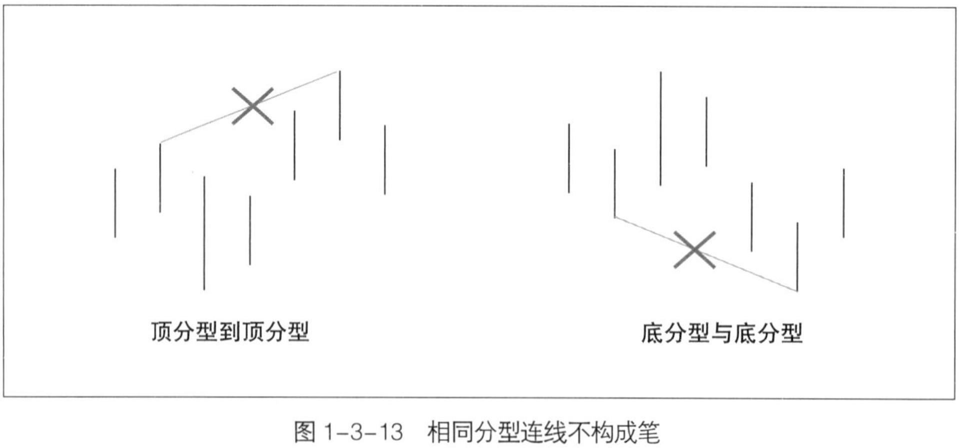

图 1–3–13　相同分型连线不构成笔

如图 1–3–14 中 a 所示，顶分型和底分型共用了一根 K 线，这种情况是不允许的，因此图 a 中没有满足条件的笔。

如图 1–3–14 中 b 所示，K 线只有顶分型和底分型，两个分型之间没有其他 K 线，一般来说最好也不算一笔。

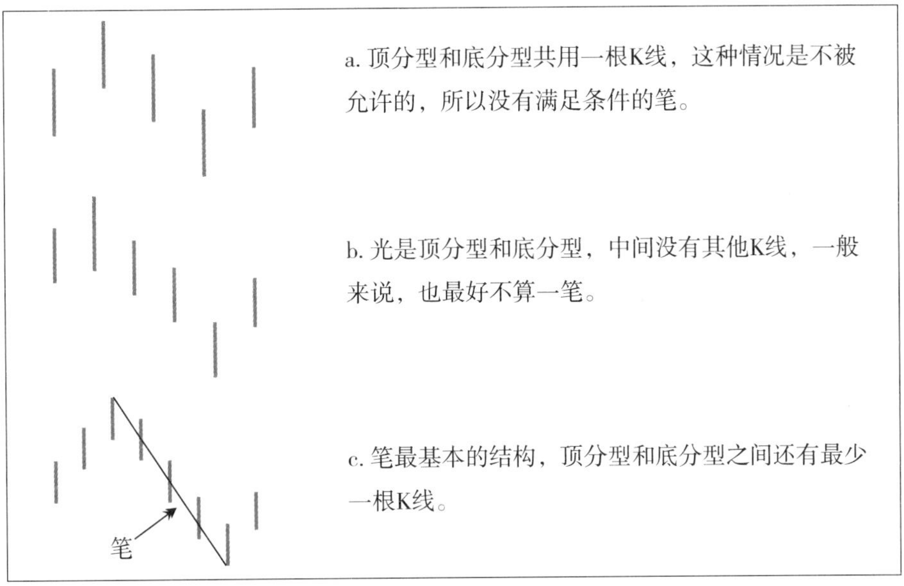

图 1–3–14　构成笔的顶、底分型必须独立存在

如图 1–3–14 中 c 所示，这是笔的最基本 K 线组合结构，顶分型和底分型之间至少有一根 K 线。

（3）笔的建立具有延迟性。

如图 1–3–15 所示，只有后一笔满足构成笔的条件时，前一笔才能确定，后续笔的划分依此类推。图中的 2～3、4～5 因 K 线数量不足，不能满足构成笔的条件，因此 1～2、3～4 不能构成笔。6～7 满足构成笔的条件，确定了 1～6 笔的划分。

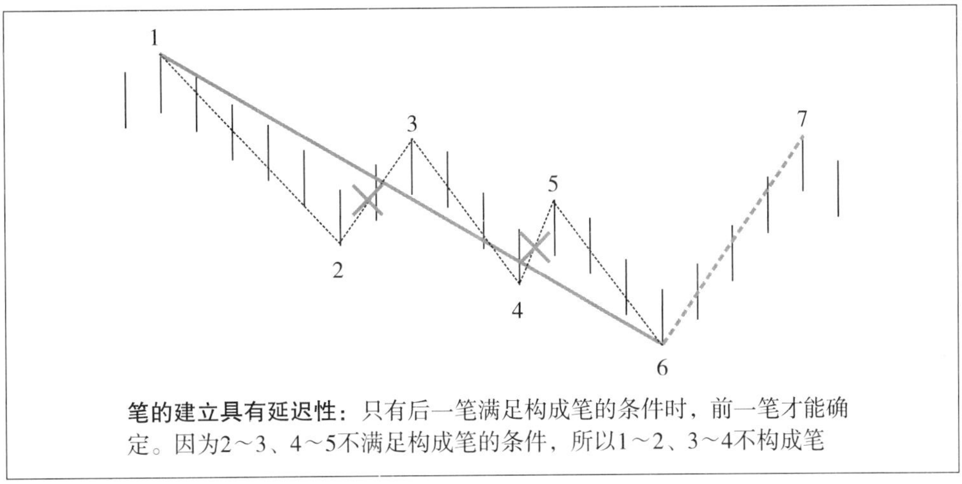

图 1–3–15　笔的建立具有延迟性

（4）底分型或顶分型包含在相邻的顶或底里面，底、顶连线也不构成笔。

如图 1–3–16 所示，如果底分型或顶分型包含在相邻的顶或底分型中，底、顶之间的连线也不能构成笔。

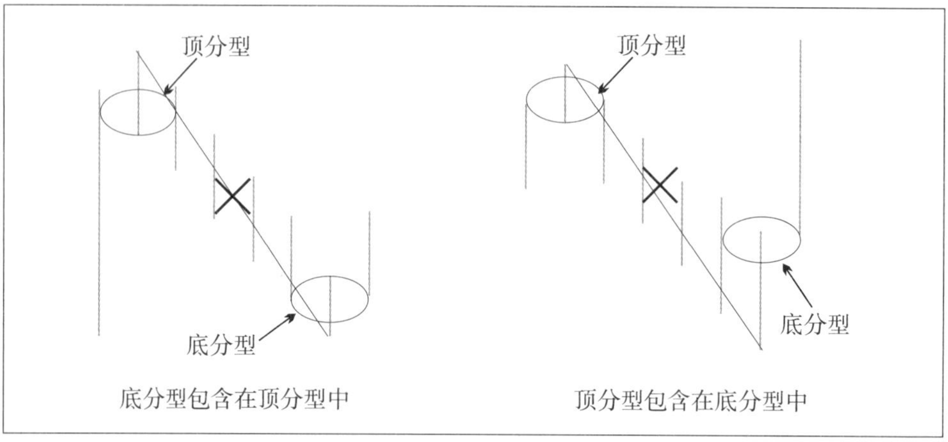

图 1–3–16　不能构成笔的另一种情况

3. 笔的方向

由底分型开始的笔称为上升笔，从顶分型开始的笔称为下降笔。

4. 划分笔的步骤

A. 处理 K 线之间的包含关系。

B. 如果连续出现顶分型，则只保留具有更高顶点的那个分型；如果连续出现底分型，则只保留具有更低低点的那个分型。

C. 经过以上步骤处理后的分型，如果相邻分型是顶和底，可以暂时定为一笔。

D. 笔的划分具有延迟性，只有后一笔满足成笔的条件了，才能确定前一笔成立。

5. 笔的划分实例

举个实际划分的例子，图 1–3–17 是“教你炒股票”第 69 课中的图例，现按以上步骤划分如下。

A. 依次确定所有的分型，如图 1–3–17 所示，所有分型以数字 1 ～ 23 表示。

B. 去掉不符合条件的分型。

3 作为底分型却在 2 的顶分型中，所以去掉。

6 因为 5 ～ 6 不满足成笔的条件，所以去掉。

8 因为 7 ～ 8 不满足成笔的条件，所以去掉。

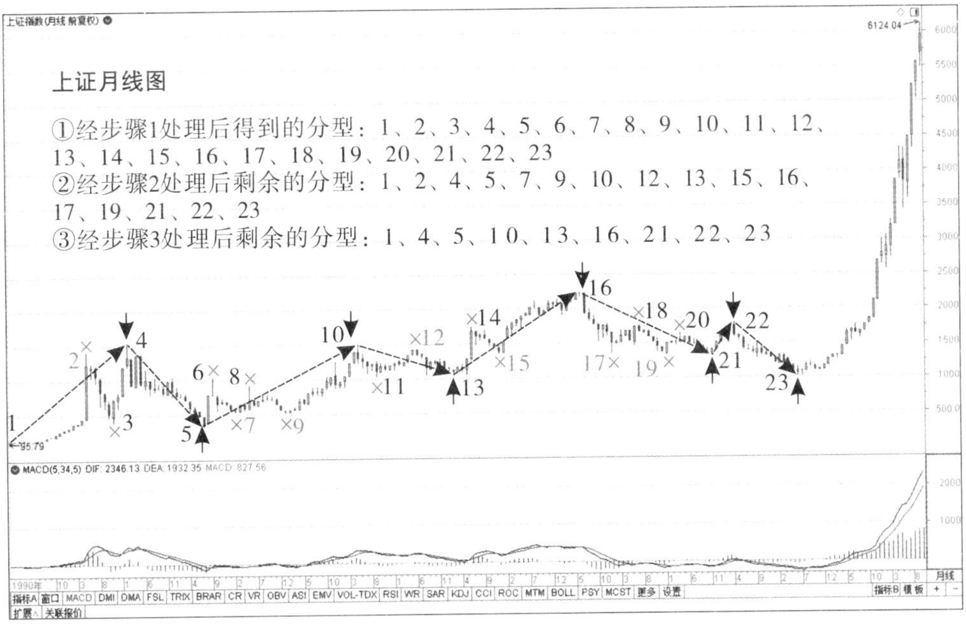

图 1-3-17　划笔示例

11 因为 10～11 不满足成笔的条件，所以去掉。

14 因为 13～14 不满足成笔的条件，所以去掉。

18 因为 17～18 不满足成笔的条件，所以去掉。

20 因为 19～20 不满足成笔的条件，所以去掉。

最后剩下 1、2、4、5、7、9、10、12、13、15、16、17、19、21、22、23 这些分型。

C. 正式画笔。

2、4 同为顶分型，选择相对高的 4，第一笔就是 1～4。

5、7、9 同为底分型，选择相对较低的 5 与 10 构成一笔。

10、12 同为顶分型，选择相对较高的 10 与 13 构成一笔。

13、15 同为底分型，选择相对较低的 13 与 16 构成一笔。

17、19、21 同为底分型，选择相对较低的 21 与之前的 16 构成一笔。

21、22 构成一笔。

22、23 构成一笔。

通过以上步骤的处理，走势最终划分为 1～4、4～5、5～10、10～13、13～16、16～21、21～22 以及 22～23 这几笔。

（五）线段

1. 线段与缠论级别的关系

缠论有两种走势划分规则，不同的划分方式会影响线段的级别确定。本课的线段由同级别的笔构成，缠中说禅在博客中称为同级别走势下的缠论划分，其要求有以下两点。

A. 整体走势的缠论划分，仅仅在一个单一的级别内进行。

B. 在缠论级别序列的最低级别中，比如常见的缠论 1 分钟级别。

详细分析在第 4 天的课程中。

2. 线段的定义

图 1-3-18 展示的是线段的基本结构，是不是似曾相识？它就是均线系统中一蹶而就式湿吻对应的股价走势 K 线组合（如图中圈中所示），其间的逆向笔造成了均线的湿吻。

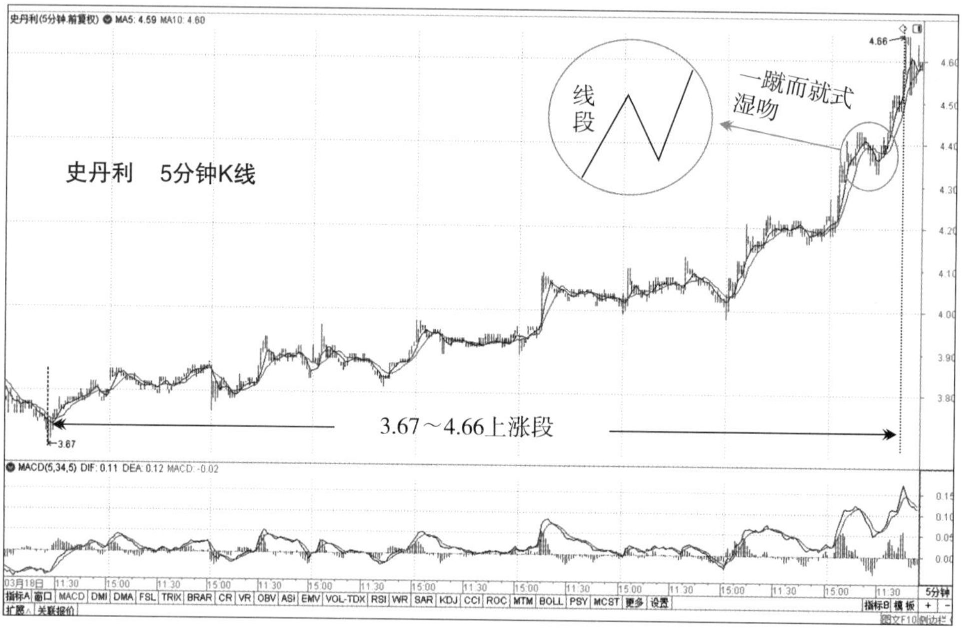

图 1-3-18　线段与一蹶而就式湿吻的关系

线段类走势的本质，决定了线段具有以下几个特点。

首先，线段至少由连续三笔构成。如果一笔就可以构成线段，那就无法从定义上区分笔与线段。两笔构成线段意味着走势从一个顶开始，结束于另一个顶，或者从一个底开始，结束于另一个底，这样的走势无法完整表现出一蹶而就式的调整，同样不被采纳。

其次，连续的三笔走势必须有部分重叠，必须有一个明确的方向。

最后，一个线段中可以包含多次调整。

这样一来，线段中包含的笔的数量，必然是奇数而且是大于等于 3 的奇数。

图 1-3-19 给出了是否满足线段条件的笔的组合。

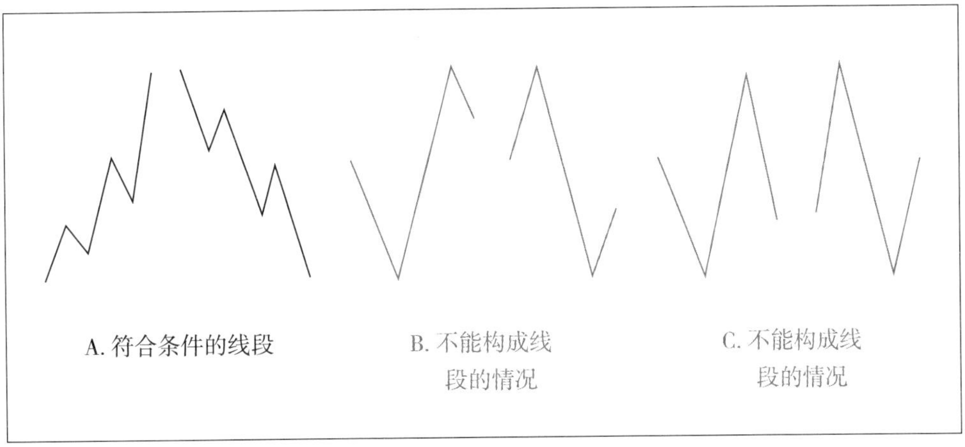

图 1-3-19 线段需满足的条件

图中 A 包含若干调整走势的笔的组合，符合线段的定义。

图中 B 因三笔没有重叠的部分，因此不能构成线段。

图中 C 因没有明确的方向性，因此无法构成线段。

3. 线段的基本形态

图 1-3-20 展示了线段类走势的基本形态，不停产生一蹴而就式湿吻的走势，都可以看作是一段线段。

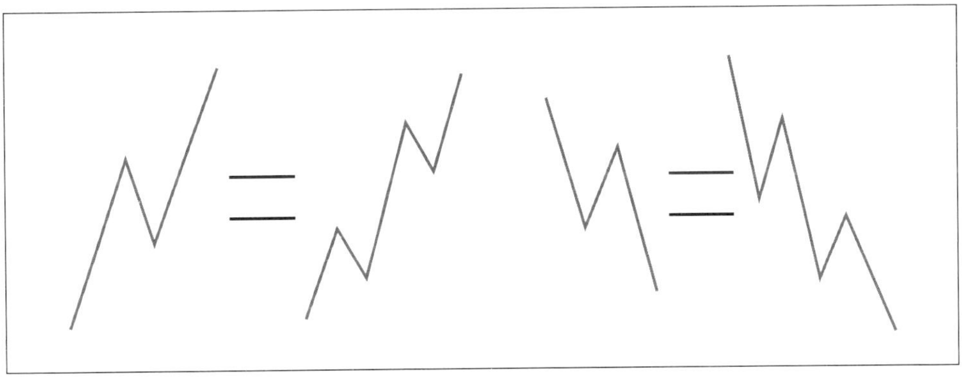

图 1-3-20 线段的基本形态

4. 类走势中枢

如图 1-3-21 所示，线段类走势中，三笔重合的部分构成“类 N 形”的重叠区域，它们是缠论的类走势中枢。

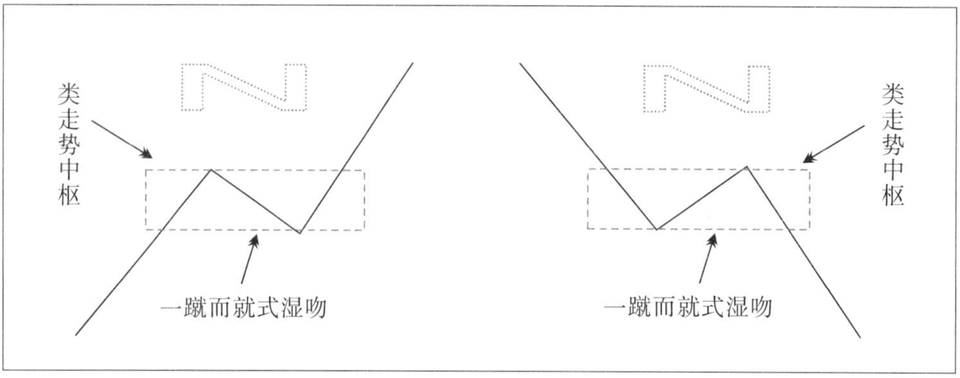

图 1-3-21　类走势中枢

注意：类中枢这个概念出现在“教你炒股票”第 64 课中。

5. 线段存在的意义

线段这个构件比较尴尬，从结构上看，它是笔的复合结构，似乎没有单独存在的必要。同时，缠中说禅又明确规定了最小级别走势中枢必须以它为基础搭建，如此一来，线段又成为许多人眼中不可或缺的走势结构。由此大家对于线段的认知分成泾渭分明的两派，一派认为线段完全没有存在的必要，有了笔，有了笔中枢即可。另一派则完全把它当作走势类型的必然结构来使用，言必称线段，完全忽视了线段类走势与标准走势类型的区别。

其实，线段就是一段包含一蹴而就式湿吻的走势类型，因结构最为简单，拥有笔的数量最少，所以被当作极简的走势类型，主要作用是确定最低以下级别的走势。下节将要介绍的走势中枢，按定义只能由走势类型构造。线段虽然简单，但依然属于走势类型中的一种，缠中说禅将其设定为构建走势中枢的最简元素。线段与标准走势类型结构上区别明显，所以线段既非可有可无，亦非可以取代走势类型的新概念、新定义。

（六）标准走势中枢

如图 1-3-22 所示，均线系统下的调整走势还有一种形式，短期、长期均线先湿吻然后反复缠绕并形成一个调整平台。

如图 1-3-23 所示，满足湿吻并形成长期、短期均线缠绕平台条件的调整走势，必然会使股价形成一个“类 M”形的走势结构，这个“类 M”形重合区域就是标准走势中枢。

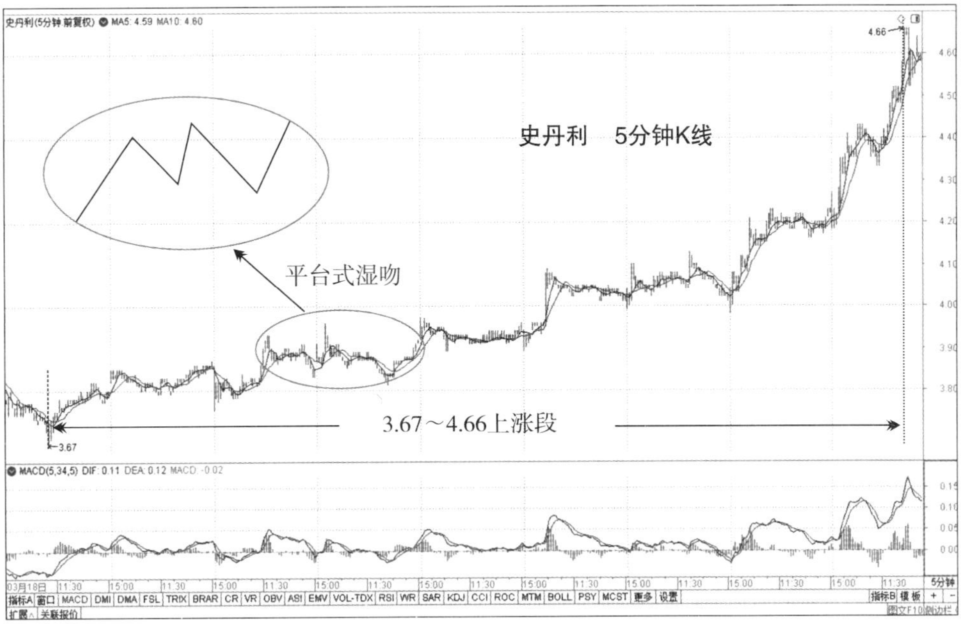

图 1-3-22　平台式湿吻

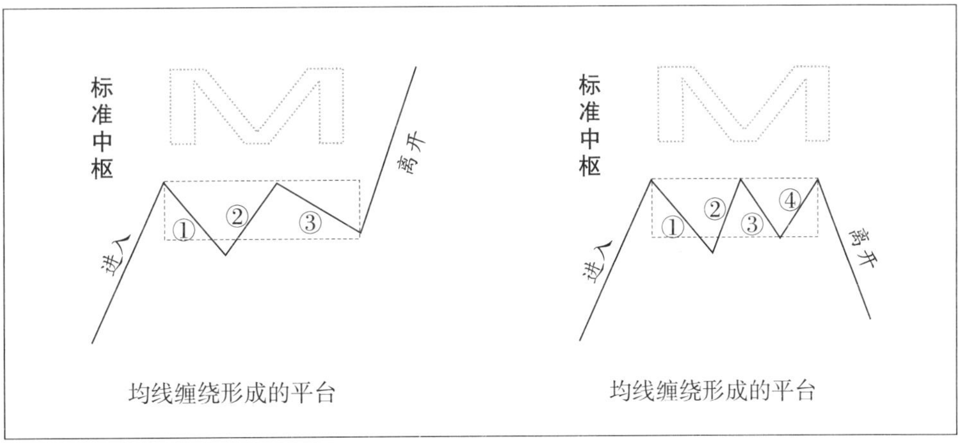

图 1-3-23　标准走势中枢的基本结构

走势中枢是缠论中的一个独立构件，最少由 3 段走势构成。加上进入与离开中枢的两段走势，标准走势中枢至少需要 5 段走势。

（七）缠论走势划分

有了走势中枢的概念，可以大体用缠论来定义一段走势。

图 1-3-24 是史丹利 5 分钟级别的一段上涨走势，可以划分出的缠论构件不多，主要是笔和线段。现阶段并不追求缠论走势的精确划分，主要是建立一个直观的感觉。

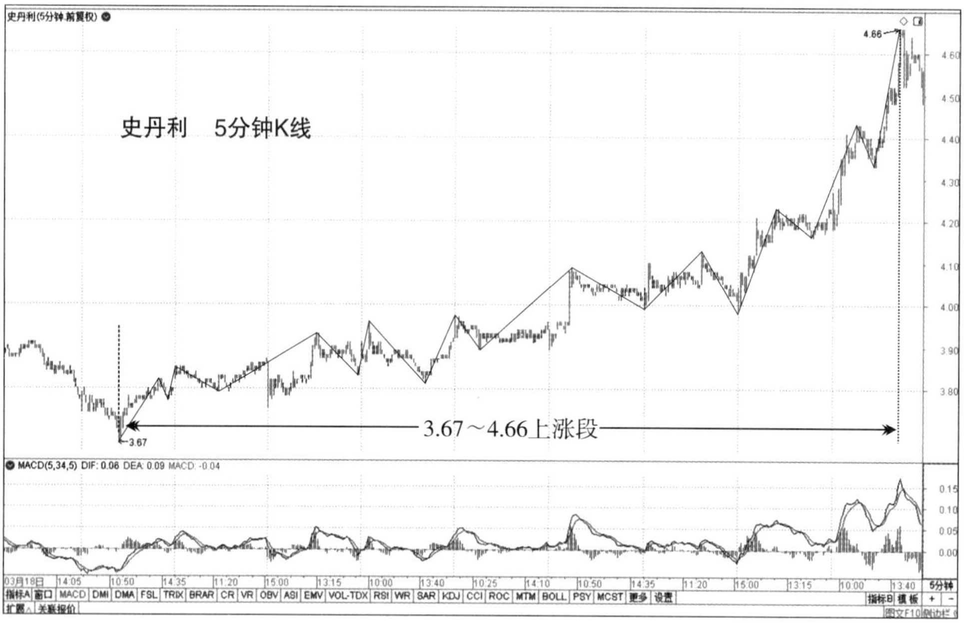

图 1-3-24 缠论走势划分示例

第二天

脱胎换骨——提升思辨层次

本篇内容：

一、炒股与“禅悟”

二、缠论的三重境界

三、深层次思辨能力的重要性

四、常见的低级错误和深层思考

写作目的：

人性的贪嗔痴疑慢如何影响个人的投资实践；深层次思辨能力真实存在；在对思辨能力进行分类的基础上，给出具有普遍意义的解决复杂问题的方案；深层次思辨能力对于学习缠论的帮助以及深层次思辨能力在缠论中的基本运用。

一、炒股与“禅悟”

金庸在《笑傲江湖》说：“欲练神功，挥刀自宫。”

缠中说禅说：“来这里，如果最终不能脱胎换骨，在投资上换一副眼睛，那你就白来了。”

“换一副眼睛”，绝非仅仅指观察K线图的方式，否则无需使用脱胎换骨之类的词汇。

“脱胎换骨”，原为道教用语，指修道者得道以后，转凡胎为圣胎，换凡骨为仙骨，现在意为通过教育使思想得到彻底改造。

前面分析了图2–1–1中西王食品的第一笔交易记录，虽然其技术含量不高，但却不是特例，类似的交易在市场中经常发生。《孙子·谋攻》说：知已知彼，百战不殆。如果想最终战胜市场，成为股市赢家，首先必须明白导致这种交易方式产生的原因。

图2–1–1 第一笔交易记录

很明显，上面的交易思路不全是观察K线图形得出的，不全是通过基本面分析得到的。追涨被套，套牢不卖，解套清仓，从行为上看，它更多地反映出交易者的一种内心活动。洞悉人心，就必须要有超出常人的思辨能力。

（一）思辨能力的差别真实存在

缠中说禅以出神入化的姿态，独步股林，傲视群雄，取得了极大的成功，也为我们留下了千古绝学——缠论。但大家在学习缠论的时候，往往忽略了贯穿全书的是缠中说禅高深的哲学思想，它才是市场投资中决胜千里的法宝。

让我们来看一个典型案例。

2005 年 4 月 29 日，中国证监会发布了《关于上市公司股权分置改革试点有关问题的通知》，解决股权分置问题正式破题。股权分置改革，简单说就是上市公司非流通股全流通的改革。正在进行股权分置改革的股票，名称前面冠以字母“G”，简称“G 股”。

当时股市的体量较小，股权分置改革政策一出，就像一颗重磅炸弹，引发了市场的极大恐惧，市场上顿时哀鸿遍野。此时，一个声音在股市中回荡——“G 股是 G 点”！

人们在半信半疑中回到战场，很快 G 股就成为股市的一个兴奋点。市场也随着 G 股的发行出现了井喷行情，指数最终兴奋地冲上了 6124 点。这句振聋发聩的声音，正是出自缠中说禅。

为什么众人皆醉他独醒呢，因为他通晓中国文化，通晓人性。缠中说禅把他理解的传统文化和人性特点应用于股市，所以操作起来得心应手，并且在 6000 点附近的高位震荡中陆续退出，赚了个盆满钵满。

这个案例表明，真正的决胜千里，并非是技术层面上一城一池的争夺，而是通古博今后的运筹帷幄，是深层次思辨能力以及对市场运行本质的透彻把握。

对于“G 股”改革的思考也是如此。普通的思辨方式只注意到了股市扩容、市场缺钱等种种利空因素。深层次的思辨方式则会考虑诸多因素，比如为改革顺利推行出台的配套政策措施，开放式基金大量发行以及人民币升值预期，都支持中国股市走牛。

缠中说禅明显属于后者，并得出了股权分置改革利大于弊的结论。现在再看缠中说禅所说的“脱抬换骨”，实质上是“脱简单、肤浅思辨方式的胎，换复杂、深邃思辨方式的骨”。

（二）何谓深层次思辨能力

思辨能力并非指简单的智商。股神巴菲特曾说：“如果你的智商超过 100，那么投资成功与否就和智商无关。”即使你的智商比肩牛顿，依然可能失败。思辨能力与学历没有必然关系，硕士、博士和教授炒股失败的例子数不胜数。

笑傲股海需要什么样的思辨能力，我们依然可以从缠中说禅的博客中寻求答案。

1. 炒股与禅悟的关系

缠中说禅的博客文章读起来比较晦涩，而且缺乏系统性，使得学习起来非常困难。

其ID名字命名为“缠中说禅”，亦让人费解。可以肯定地说，使用这个名字绝非心血来潮、标新立异的率性行为，而是精心思考、反复推敲的结果，它的深层含义如何解读，还有待大家发掘。

毋庸置疑，“缠中说禅”这个名字中含义最深的是“缠”与“禅”两个字。

有人解读，“缠者，人性之纠结，贪嗔痴疑慢也；禅者，觉悟、超脱者也。”从这个说法可以看出，“缠”与“禅”和市场投资理论没有直接的关系，“缠”是人性缠缚的意思，“禅”则更像是一种心境或者对人生哲学的思考，将它视作一种处世原则、生活智慧更为贴切。

取名“缠中说禅”，意味着缠中说禅认为炒股与人生有诸多共性的地方，比如他在“教你炒股票”108课中写道：

更因为这资本市场是人类当下的命运，人类所有贪嗔痴疑慢都在此聚集，不于此自由，何谈自由？不于此解脱，何谈解脱？自由不是逃避，解脱更不是逃避，只有在五浊恶世才有大自由、大解脱。

自由，解脱，这与人们学佛、禅悟的目的不谋而合。因此，要想为深层次思辨能力下个定义，可以从人生与股市的共性入手。

将股市与人生相提并论，也许并不是太恰当。不过任何人都无法否认，它们之间有很多共通性，比如“选择”与“无常”。

关于选择。

人生即选择，小到早餐、晚饭，大到事业、家庭。

股市也是如此，买什么，买多少，一次性买完还是分批买进……可以自由搭配的选项太多了。

关于无常。

常言道：“人生苦短，世事无常。”

缠中说禅说：“本ID曾多次强调，风险对于市场是绝对的，任何时候都在风险之中。”

风云变幻的过程，难以预测的结果，构成了同样复杂的人生与股市，这就是二者最大的共性。人们借助佛教之类的智慧来化解人生难题，同样应该是缠中说禅借“禅”破解市场迷局的初衷吧。

“缠中说禅”的“缠”无疑是指复杂事物，为了战胜复杂事物的挑战，必须拥有深层次的思辨能力——“禅”。

2. 什么是复杂性事物

1720 年初，牛顿买入了炙手可热的南海公司股票，很快他的投资就实现了翻倍。当时他还比较谨慎，盈利后出清了所有股票，获利不菲。

刚刚卖掉股票，牛顿就后悔了，因为南海公司的股票在他卖出后短短 7 个多月的时间里又上涨了数倍，从 1720 年 1 月的每股 128 英镑飙升至 8 月的 1000 英镑。

牛顿随后加大投入，重新买进了南海公司的股票。不过，此时的南海公司已经出现了经营困难，英国国会也通过了“反泡沫公司法”。当南海公司董事长在内的董事会成员抛售各自持股的消息透露出来后，南海公司的股价泡沫破灭，股价一落千丈。到同年 12 月份，股价重新跌回到 124 英镑左右。此次下跌牛顿未能及时脱身，所有投资几乎血本无归。

为什么能计算出天体运行轨迹的牛顿，却无法分析出股价的起落呢？当时能计算天体运行轨迹的人可谓凤毛麟角，问题的复杂程度远远超出绝大多数人的能力范畴。不过，对于牛顿来说，这并非复杂事物，因为这是他最擅长的专业，以他拥有的专业知识和专业素养足以应对，起码拥有解决的方案。

股价运行轨迹与基础物理学风马牛不相及，它只与人性有关，因此能熟练计算作用力与反作用力的牛顿，却因无法看破人性的贪婪与恐惧，眼看着股价大幅下挫，只能茫然无助地面对股价走势图慨叹。

不见高山，不显平地；不见大海，不知溪流。高与低都是相对的，是比较出来的。判断事物是否复杂，需要和自身拥有的专业知识进行比较，超越自身专业知识的事物即为复杂事物。

3. 人性本能与深层次思辨能力

图 2-1-1 中的交易记录，以及牛顿的炒股经历告诉我们，人的投资行为往往是顺应人性做出的决定。

现在谈人性，总会让人不由自主地联想到愚蠢、愚昧甚至是丑恶、可怕，其实人性是人类几千年发展进化的产物，它在某种程度上推动了人类社会的发展。人类的进化是在漫长年代里以极其缓慢的速度进行的，所以我们的大脑能很好地适应几万年前的环境，但可能不太适应 300 年前的工业时代，当然更不适应目前我们所生活的信息时代。许多问题的复杂程度超越了原本简单的思辨方式，人类需要培养出更高层次的思辨能力才能应对。

现在再看西王食品的交易记录，可以明确地指出，这种交易模式是“专业知识”欠缺造成的。因为对市场价格走势规律了解得不够，低估了市场的复杂程度，基于人性本能做出的交易行为，并没有带来期望的收益。

追高买入源于贪，下跌不卖因为痴，解套清仓碍于疑，上述的买卖决定都是基于人性中的贪嗔痴疑慢做出的。

还有一种情况更为普遍，很多散户尤其是新手，就喜欢买一些交投清淡、价格低、股价还趴在地板上的股票，如图 2-1-2 所示，以为它们没有涨高，后期上涨空间巨大，买进持有会很安全，这同样源于人性的本能。

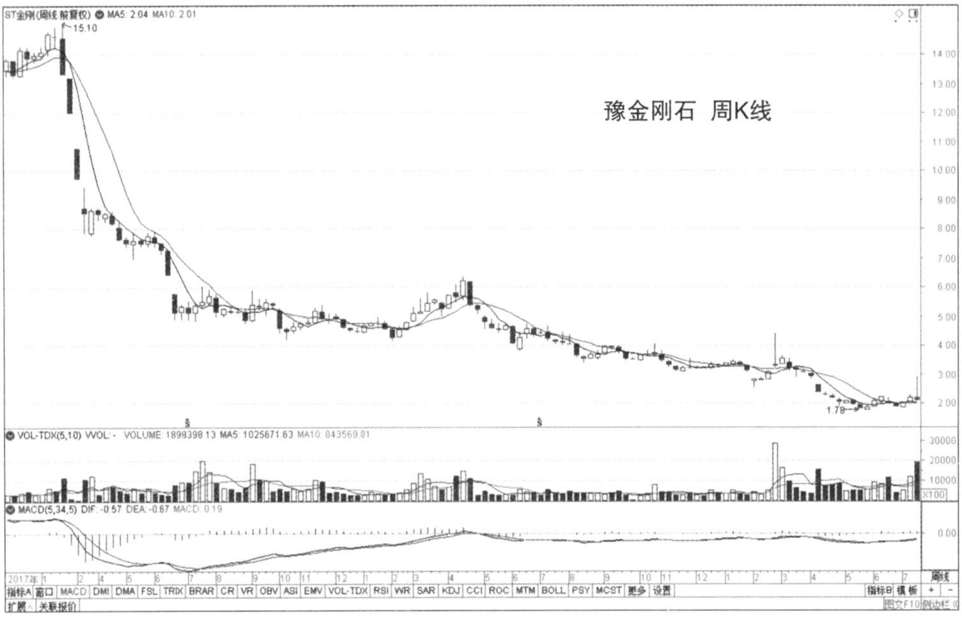

图 2-1-2 “比较安全”的股票

现在可以为深层次思辨能力下个定义了：

深层次的思辨能力是具有普遍意义的用以解决复杂事物的思路或方案。

（三）“缠”与“禅”的辩证关系

现在看“缠”与“禅”这两个字的含义就比较明确了，“缠”是指复杂的事物以及由此引发的困扰、困惑等各种负面情绪，“禅”则为具有普遍意义的解决方案。

下面就二者的辩证关系进行分析。

有人解释“缠中说禅”这个名字的含义：“以禅破缠，上善若水，犹如空筒，随波而走，方入空门。”粗看这句话挺对，细想之下，却显得不够详尽，问题主要出在以禅破缠的“破”字上。

1. 禅可说，可悟，唯不可使之破

以下讨论仅限于投资市场。

“缠”：投资、炒股这件事，因它的复杂而使人纠结、困惑。

“禅”：深层次的思辨能力，普遍意义上解决复杂事物的思路、方案。

显然“缠”与“禅”是成对出现的，就如《阿含经》所言：“此有故彼有，此无故彼无，此生故彼生，此灭故彼灭。”只有处于相同的思辨层次，才会对同样的“缠”具有相似或相近的看法。

比如在一个思辨能力较弱的股民眼中，最大的缠（困扰、困惑）可能是如何预测得更加准确。然而在思辨能力较强的人眼中，这个问题本身就显得非常可笑，世间怎么会有百分之百准确的预测方法呢，妄图预测本身才是困扰、困惑的来源。

针对“预测得更加准确”这个难题，深层次思辨能力的人追求基于某种理论基础之上的走势完全分类，力求结果无一遗漏，从而做到全面应对。市场新手希望的预测则是带有神秘、幻想色彩的玄学。二者之间的矛盾无法调和，就像“夏虫不可语冰”“白天不懂夜的黑”一样。

普通股民的问题，无法通过具体方案来解决，只有随着思辨能力的提升，才能逐步消除，因此使用“破”并不贴切，还是“悟”来得自然！

“缠”与“禅”的关系可说、可悟，唯独不可破，这应该是缠中说禅没有起名为“禅中灭缠”“禅中破缠”的原因吧。

2. 禅悟对于炒股的帮助

虽然“禅”与市场投资并不直接相关，“禅者”“觉悟者”“超脱者”也绝非天生的投资高手，但明白市场投资的复杂性，并具有解决复杂问题的整体思路，自然可以少走弯路，不犯或少犯一些低级错误。比如痴迷于某类理论或某种指标，迷信这顶那底，或像市场总指挥一样的这股神那专家，等等。

此外，人类在面对复杂事物时，最终会顺应人性本能进行选择，所以“禅悟”了，会潜移默化地影响你的日常行为，包括投资习惯。如果更多的人明白投资市场的复杂性，具备了解决复杂问题的整体思路，就不会有那么多把股市当赌场、无知无畏的股民了。

举个不恰当的例子，禅悟和市场投资的关系，好比“身体条件”对球员的重要性一样。当今世界足坛格局，一定程度上反映出“身体条件”的差异。如果把如何踢球看作是一种知识，那么能在球场上熟练运用这些知识，就上升到了技能的层面。这种技能上的差别和天赋有关，不是成千上万次练习就可以弥补的。所以“禅者”做投资，好比身

体条件优秀的人学习踢球一样，拥有先天的优势。

3. 禅悟对学习缠论的重要性

“禅悟”是深层次的思辨能力，缠论是缠中说禅专为投资者创立的、建立在深层次思辨能力之上的一套理论，因其科学性与完备性，可以直接当作炒股的专业知识。

如果你的思辨能力还处于人性本能阶段，这种思辨层次上的差距，会造成看待问题的角度、探寻问题答案的方式上南辕北辙，无法做到真正领会或基本理解缠论。

现在学习缠论的人越来越多，但很明显共识不多，所谓“千人千缠”，就是这一问题的反映。对于相同文字的不同理解，是造成这种局面的一个重要原因。

人们对一段文字的理解，需要阅读者在头脑中进行二次解读，这时阅读者的思辨方式和拥有的知识、经验无形中会加入进来。

比如，同样面对“能穿多少穿多少”这句话，有人认为隐含信息是夏天，有人认为隐含信息是冬天，就会有完全不一样的解读。再比如，得知“某公司涉足新兴行业”的消息，简单思辨方式的第一反应，一定是该公司的股票会上涨。深层次的思辨方式首先要考虑它在新兴行业中是否具有竞争优势，是否能够存活下来。

为了避免以词害意，古人提出了“真理是无言的”这一观点。

“真理是无言的”这句话源于2500年前灵山的一次大法会。佛祖释迦牟尼的五百弟子虽然都各具神通，但仍未达到最高境界。佛祖拈起一束美丽的优波罗花示众，众弟子皆默然，只有迦叶尊者心领神会，破颜微笑，妙悟其意。佛祖高兴地说：“我将诸般心法不立文字、以心传心的方式传之摩诃迦叶。”迦叶尊崇佛祖旨意，其后下传二十七代，由二十八代弟子达摩祖师将禅传入中土。

经过许多年后，人们才知道这就是佛教推崇的禅悟。

同理，要想很好地理解缠论，首先要改造提升思辨能力，也就是缠中说禅所说的“脱胎换骨”。先尽量领悟缠中说禅的意思，再寻找隐藏在笔、线段、走势中枢背后的哲学基础和理论逻辑，唯此方能“知其然并知其所以然”。

很多缠论学习者天天忙着数K线，画线段，如此勤学苦练几十天，基本上就废了。这里固然有课程结构以及表述不够严谨的问题，但更多地是思辨能力的差异造成的。普通思辨方式，不免会把这套市场博弈理论简单地理解为占卜、相面的玄学。

缠中说禅对于思辨层次的分类，并没有出现在“教你炒股票”108课中，相关内容仅仅在“论语新解”博客文章中有所涉及。

孔子悟之而摆脱“何以立”源始境界的纠缠而直抵“以何立”的当下境界。从“何立”现象境界，到“何以立”源始境界，再到“以何立”的当下境界，对应着“见山只是山，见水只是水”“见山不是山，见水不是水”“见山仍是山，见水仍是水”的三重境界，不辨此，无以谈儒学、西学。

——缠中说禅“论语详解：给所有曲解孔子的人”

以下对于缠论三重境界的解读，完全不涉及儒学、西学，也无须谈儒学、西学，仅仅希望找到一种能够看懂缠论的方式和思路，所以所有的解读都是以简单、粗暴的方式进行的，没有那些高深莫测的“道”。

二、缠论的三重境界

笔者对佛教、道教、儒家均无涉足，对哲理的解读仅仅从一个俗人的角度，也仅仅出于学习缠论的需要，不涉及那些高深莫测的“道”。

下面结合缠中说禅博客文章，将思辨能力划分为三个层次。就像佛教所说的人生三重境界，道教的处世三重境界，姑且将其称为缠论思辨的三重境界，其目的只为更好地学习缠论。

（一）缠论第一重境界：见山只是山，见水只是水

1. 缠论第一重境界的含义及市场表现

（1）缠论第一重境界的含义。

缠论的第一重境界就是普通人的境界，即人性本能式的处理方式。

普通人的境界简单而肤浅，人人都能做到，并且习以为常，主要依靠已有的知识和经验进行直观判断，往往和“不加思索”“脱口而出”之类的词汇联系在一起。当然，这种类似于条件反射的思辨方式，在日常生活中同样非常重要，比如过马路避让车辆，乌云密布时出门带伞等。

在很多情景下，直观判断依然是合理、有效的，和原始社会石器时代的茹毛饮血、刀耕火种的人类并没有明显区别。就像“趋利避害”这种本能一样，有什么不好呢？不过，它在投资市场上还有一个声名狼藉的称谓——追涨杀跌。“贪婪”的本性也不全是负面的，拿破仑就曾经说过：“不想当将军的士兵不是好士兵”。随着社会的发展，外部环境越来越复杂，人性本能之类的反应已经不足以应对当前面对的各种问题。

譬如投资市场，人类的交易已经不限于实物与货币，还有各种无法明确其价值的金融产品，甚至是高度包装后的各种金融衍生品，等等。

围棋算得上是一项很复杂的脑力竞技活动，智能机器阿尔法狗已经能够战胜人类冠军，但智能炒股机器“贝塔牛”却还没有出现，可见股市的复杂程度。

围棋只有 361 个格子，两人参与，从来没有重复的一盘棋局。作为股市这种数千万人参与的大型棋局，可能的走法又会有多少呢?

事实上，处于缠论第一重境界的人，不但不善于处理复杂事物，而且很可能根本没有意识到或者严重低估了事物的复杂程度。

低估事物复杂程度不难理解，就是我们常说的“很傻很天真”，又或者是“头脑简单”之类。这种情形大量出现，或多或少与我国的应试教育有点儿关系。

应试教育告诉我们，世界上有“标准答案”这种神奇的东西，它是我们学生时代的梦魇，为此我们不惜绞尽脑汁，废寝忘食，并认为它的存在天经地义。然而，现实世界和交易市场却要复杂得多。比如小学生常做的相遇题、追击题，从不考虑天气因素、道路状况，与平常上学、上班的情形相比，完全是理想状态下的存在。再比如那些几何题，无一例外都具有完美的形状，或方或圆，或柱或锥，与自然界中的物体大相径庭。

课本中的习题被人为简单化了，所以拥有标准答案。现实世界、投资市场中的问题却难以简化，无法给出准确、唯一的答案。

多年的应试教育使人们多多少少养成了一些思维惯性，表现在投资市场中，就是将走势简单归为“会涨吗”“会跌吗”“能涨到多少”“会跌到几元”，等等。

这种思辨方式，把世界看成一个精密的机械，任何运行都等价于起点—结果模式，只要起点相同，就有相同的结果。

这就是缠论第一重境界“见山只是山，见水只是水”的深层次含义。这里的山水不再是景致山水，而是指简单思辨能力下肉眼可见的事物表相，或者凭直觉得出的结论，就像小学教材中追击题的相对速度一样。

（2）缠论第一重境界的主要市场表现——试图预测。

低估投资市场的复杂程度，必然相信市场是可控可测的，因此，这些市场参与者最大的愿望就是找到类似“由于某某原因，所以股价会涨或跌到多少元”之类的固定公式，然后不管任何情况，只要套进去，就有一个现成的答案。

实际上，股票市场的复杂程度使得股价走势无法绝对预测。某些股评专家作出的预测，不过是基于某种理论、消息、数据作出的推论，只能当作一种观点，和股价或指数的实际走势大多相去甚远。

比如财经类节目中常见的：按 ×× 股票的业绩，目前股价严重低估；按 ×× 股票的市盈率，目前的业绩完全不能支撑股价的上涨。又比如听闻公司涉足新兴行业或热门行业，就认为公司发展前景广阔，等等。

这种思维方式就是把一个“显而易见”的指标或信息，当成了支配股票价格的唯一因素。事实上，企业拥有的核心竞争优势，才是判断企业优秀与否的关键标准。一个初次涉足新兴行业的公司，缺少相关行业的积淀与积累，能否在新兴行业中站稳脚跟、存活下去都是问题。更为重要的问题是，决定股价涨跌的因素永远都是供求关系！

以上种种情况，都是低估投资市场复杂性导致的，和应试教育中找标准答案的思维如出一辙，是典型的缠论第一重境界思维模式。据此投资，结果可想而知。

2. 儒释道对缠论第一重境界的类似描述

智慧都是相通的，缠论三重境界的划分，并非凭空想象出来的，而是缠中说禅对传统智慧的继承与发展，可以与佛教、道教、儒家思想等相关智慧相互印证。

（1）佛家。

佛教有个普遍的观点，认为众生不明白复杂事物受到诸多因素的影响（缘起性空），执著于因缘和合而生的种种虚相，却不知此相徒有其表，虚假不堪。

“缘起性空”有两层含义。

A. 世间的一切都是因缘生起，互相依存，离不开因果法则。

B. 因缘和合更是一种机缘巧合，因此具有唯一且不可复制的特点。

众生往往无法意识到这两点，于是把某种常见的因素当成事物发生、发展、消亡的真相，这就是所谓的“着相”了。

（2）儒家。

在“教你炒股票”系列博客文章中，缠中说禅对儒家思想推崇备至，曾经说过《论语》是缠论的思想源泉。

其实缠论非佛、非道、非儒、非法，缠中说禅宣扬的哲学思想，是对古人智慧的总结与提炼。缠中说禅的“论语新解”系列文章，与其说是为儒家、为孔子正名，不如看成是借《论语》传播缠中说禅个人的观点与思想。

《论语》中的“不患，无位；患，所以立”，正契合了缠论第一重境界：复杂事物没有、不存在的状态才是绝对的，而有的、存在着的都是有条件和相对的。

（3）道家。

这种着眼于表面现象的阶段，老子称之为“何立”，即只能看到什么东西存在着。

（二）缠论第二重境界：见山不是山，见水不是水

1. 缠论第二重境界的含义

缠论第一重境界告诫我们不要低估事物的复杂程度，缠论第二重境界则是教我们如何面对复杂事物。

（1）复杂事物产生的原因。

小明购买了当日 9:30 的机票，去外地参加夏令营活动，爸爸开车送他去机场。假设小明家距机场 30 公里，车速为 60 公里 / 小时，不考虑检票时间，请问小明父子最迟几点出发。

同样的问题，不同的场景，答案肯定不同。考场中正确的答案是 9:00 出发，9:30 到达。但在现实生活中，常识告诉我们，最少要比标准答案提前 15~20 分钟，也即最晚 8:45 就要出发，因为在去机场的路上，有太多的意外情况可能发生。

发生意外情况就是复杂事物产生的原因，发生意外的可能性越高，事物的复杂程度越高。

（2）具有普遍意义的解决复杂事物的方案。

由于意外情况的导入，事物变得复杂起来，相较于缠论第一重境界简单、肤浅的思辨方式，缠论第二重境界的思辨方式就要复杂、深邃得多，拥有普遍意义的解决复杂事物的方案。前面的例子只为说明第一、第二重境界的区别，毕竟坐飞机、赶火车均属寻常经历，还没有超出常识范围，算不上足够复杂的事物。

2. 应对复杂事物的两个步骤

当我们面对复杂事物时，可以分两个步骤加以应对。

第一步：“质疑”是基础。

如果不想落入“很傻很天真”的境地，质疑是关键。“见山不是山，见水不是水”，建立在对事物表相质疑的基础之上。质疑举目可见、习以为常的观点，就是排除原有知识、经验对事物看法的影响。

这里质疑的并非肉眼所见的山和水，而是事物表相之上的各种认知。

比如，在我们的头脑中，山川湖泊的存在是天经地义的事情。事实上，地质灾害、泥石流、水源枯竭引发的河流改道、河道消失并不罕见。即便目前世界上最高的山峰——珠穆朗玛峰所在的喜马拉雅山脉，早年间也曾是一片汪洋大海。古人早就洞悉其中的道理，所以总结出“沧海桑田，谓世事之多变”这种智慧，这就是缠论的第二重境界“见

山不是山，见水不是水”的深层次含义。

对于“见山不是山，见水不是水”这种境界，古代先知、圣贤对此多有表述。

比如孔子说：“不患，无位；患，所以立。莫已知求，为可知也。”意即万事万物因缘和合而生，只有摆脱现有知识、经验的束缚，才能触及事物的本质。佛教的“见相非相，即见如来”，老子的“何以立”源始境界，都表达出同样的意思。

投资市场也是如此，股价放量突破了一个重要的阻力位，此时质疑的并非这个结果、这个事实，而是隐藏在“放量突破”后的动机和意图，是正常的突破走势还是多头陷阱。

第二步：寻根问“道”是目的。

投资市场中，意外随时可能发生，我们是不是只能任其摆布，或者祈求上天的垂怜呢，答案是否定的。缠论第二重境界看似质疑事物的表象，实则含有探寻事物内在本质规律的含义。

坊间传闻，电视连续剧《天道》是一部与缠中说禅颇有渊源的影视作品，电视剧中的一句台词令人印象深刻：“神即道，道法自然，如来。”其实，这就是处理复杂事物的普遍思路。

图 2-2-1　成都市青羊宫道法自然影壁

神，原指上帝，也指超常的人或事。

道，指规律、规则。

“神即道，道法自然，如来”，意即上帝、高人、传奇、神话只不过是一些拥有常人难以理解的规律的人或事。

图 2–2–2　成都市青羊宫供奉的道家阴阳鱼

这句话的核心是“道法自然”。“道”在中国哲学中是一个重要的概念，代表“终极真理”。大道至简，老子将整个宇宙的运行规律概括成“道法自然”，从此这四个字成为放诸四海而皆准、推之百世而不悖的哲理。

成都市青羊宫被誉为“川西第一道观”，一句道家的至理名言以对联的形式供奉其中，如图 2–2–2 所示。

道生一，一生二，二生三，三生万物。

人法地，地法天，天法道，道法自然。

从上联看，道是万事万物产生的因，下联则讲这个“因”形成时需要遵守的原则。“道法自然”直截了当地指出需遵守的是自然界万事万物总的运行规律和规则。

春夏秋冬、刮风下雨是自然规律，酒店不能提前入住，公共场合不能大声喧哗则是规则。

规律要遵循，规则则必须遵守。

整幅对联可以理解成：看似偶然激发的事件，都遵循着自然界的规律与规则，事件的产生，一定会引发一系列的后果，即道生一，一生二，二生三，三生万事。

遥想当年，缠中说禅在微博上发表“教你炒股票”系列文章，才有了今时今日各相关网站、论坛的探讨文章以及缠论群，当然也包括诸位看到的这段文字。分析缠论的产生、发展过程，每个阶段都摆脱不了中国社会变迁的影子。

（三）缠论第三重境界：见山还是山，见水还是水

1. 缠论第三重境界的含义

缠论第二重境界给出了应对复杂事物的方式——寻找事物内在的、本质的规律与规则。缠论第三重境界为规律、规则加上了一个期限，即任何规律、任何规则都不是一成不变的，都有时效性。

《道德经》中有句话：“道可道，非常道。名可名，非常名。”这句话原文是“道可道，非恒道。名可名，非恒名”，汉代为避恒帝的讳，才改为“常”字。它清晰无误地传递出这样一种观点：规律、规则是可以言说的，但没有恒久不变的规律和规则。

2020 年发生的“原油宝穿仓事件”，佐证了缠论第三重境界的重要性。

2020 年 4 月 22 日，中国银行原油宝客户被要求以 –37.63 美元 / 桶的价格进行结算，大量客户不仅因此亏完本金，还面临倒欠银行数倍本金的情况。究其原因，美国芝加哥商品交易所突然修改交易规则，允许石油期货负价成交是主因，此前，做多石油期货没有穿仓的可能。很明显，交易规则的改变未能引起相关机构的足够重视，由此引发“原油宝穿仓事件”。

为复杂事物找出的规律或制定的规则，都有可能随着时间的推移而失效。规律可能发生变化，规则有可能重新制定，不过在一个固定的时间点，规律与规则是确定的。昨天的规律、规则不一定适合今天的情况；明天的事件尚未发生，各种影响因素尚无定论；只有当下才是最值得关注的，也是最重要的时间点。

投资市场有了“当下”的概念，就为讨论设定了一个前提。在这个前提下，所有发挥作用的因素、条件都被固定下来，事物的规律与规则也不可能再发生变化。

有了当下的概念，山还是山，水依然是水，即当下认识到的规律就是规律，当下通行的规则就是规则。

《论语》中说："子曰：众，恶之，必察焉；众，好之，必察焉。"这句话的意思是：一切现象，如果被认为是恶的就会被厌恶，对此必须摈弃一切厌恶而当下直观；一切现象，如果被认为是好的就会被喜好，对此必须摈弃一切喜好而当下直观。

2. 一个说明时机重要性的例子

1988 年 4 月，辞职赋闲在家的杨先生从《解放日报》上看到一则消息：从当年 4 月 21 日开始，中央开放上海、合肥等七个城市的国库券转让业务。他敏锐地意识到这个消息的价值。

很快，通过在合肥工作的弟弟，他打听到合肥银行国库券买卖价为 96~98 元，自己所在的上海市则为 100~103 元，其间有 5 元的差价可赚。第二天，杨先生取出全部储蓄，又向亲戚借了一些钱，凑足 10 万元，坐火车直奔合肥。他在合肥银行的门口吃进 10 万元国库券，然后倒卖给上海的银行，前后三天获利 6000 元。随后的一个月里，杨先生日夜兼程，把上海之外的其他六个开放城市跑了一遍，大量吃进国库券并倒卖给上海的银行。当时上海银行国库券日成交额约 70 万元，他一人就占到 1/7。"钱包"从小包换成大包，继而用旅行箱携现款收购国库券，他人生财富的第一个百万历程，是在倒卖国库券中完成的，这时距他辞职刚刚一年时间。在当时，"万元户"还是个稀罕事物。

杨前辈的成功，很好地诠释了把握时机的重要性。要知道，这种"投机倒把"式的交易，往前推十多年，他可能会因此丢掉性命。稍晚一些，政策制度上的漏洞就不复存在了。

改革开放初期，"摸着石头过河"的政策制定方式，造成不少这样的漏洞，它们被极少数先知先觉者发现和利用，成就了一场场无风险套利的财富传奇。时至今日，那些"杨百万""李百万"的同龄人谈及这些故事还唏嘘不已，感叹自己缺乏那种致富的眼光和头脑。

三、深层次思辨能力的重要性

（一）深层次思辨能力对于学习缠论的重要性

前面讲述了如何分辨以及处理复杂的事物，这是一种具有普遍意义的应对方案，不仅仅适用于投资市场，还完全可以广泛应用在工作和生活当中。当然，对我们而言，最现实的是如何利用深层次思辨方式解读缠论。

学习缠论非常困难，这一点大家都深有体会。从2006年5月12日缠中说禅发表“G股是G点，大牛不用套”这篇博客文章开始，至今已经过去15年，市场中对于缠论仍未能达成太多的共识，基本上是大家各说各话，不得不说这是一个很大的遗憾。

现在可以采用深层次思辨方式对缠论进行解读。

1. 质疑原文中的某些表述

长久以来，我一直坚信缠中说禅在“教你炒股票”系列课程中故设迷阵。质疑是消除迷雾、理清思路的最佳方式，这与处理复杂事物的步骤不谋而合。

缠中说禅在“教你炒股票”第50课中曾说：

这绝对不能迷信，因为相信本ID而相信本ID的理论，那就是绝对的脑子进水了。而是要从道理、逻辑等方面彻底搞清楚，这样才能无疑地去操作，而不用瞻前顾后。

可见他不但将这个权力赋予了大家，也为如何学习缠论给出了足够的暗示。

“教你炒股票”第72课中，他更是直接地指出了系列课程中存在的问题。比如，“开始写与理论有关的东西，但是，只是想把一些有用的结论告诉大家”。再如，“前面不严谨的，在此后引进新概念，就可以严格定义了”。等等。

因此，所有对于缠论的学习或解读，其重点与难点在于对上述问题的发现与解决，否则不过是“见山只是山，见水只是水”的低层次思辨方式下的产物，非常容易误入歧途。

2. 找出市场走势的缠论规律

更为关键的，是在质疑理论的严谨性及逻辑性的基础上，找出走势内在、本质的规律。

对于缠论而言，投资市场中是否存在如缠中说禅所说的规律，是攸关理论生死的大事，这也是目前市场中最为缺少、急需补足的部分。

本书第三天的课程没有按大多数解读文章那样，“仔细”分析和研究笔、线段、走势中枢的定理与定义，而是试图找出隐藏在市场走势表相之后的规律，唯此才能证明缠论的有效性与实用性。

此外，缠中说禅发表系列博客文章历时两年有余，涉及市场投资的方方面面，各个时期的侧重点也不相同，因此学习缠论需要有一个全局性的视野，否则很容易陷入到博客文章中的某些段落、某些章节无法自拔。

这是本书做的一次全新的尝试，希望能为将来的缠论研究找到一个新的视角，一个新的方向。

（二）深层次思辨能力对于构建缠论的启示

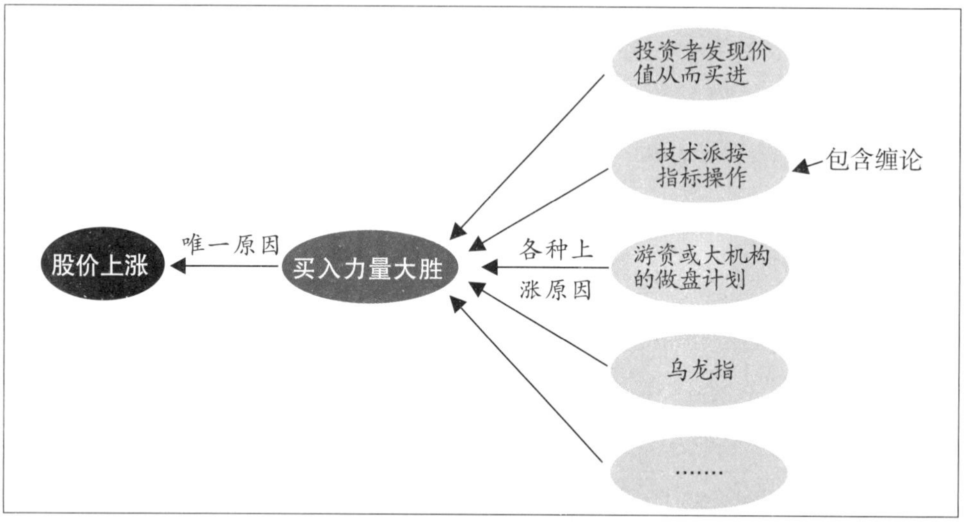

图 2-3-1　股票涨跌的原因

1. 缠论的定位

众所周知，“教你炒股票”108 课是通过博客发表的，其主要受众是广大中小投资者。这个群体的投资者，对于诸如宏观经济、行业景气度、企业经营状况等基本面的研判有一定的难度，也缺少一些必要的资源，所以缠论以技术分析为主。

2. 其他投资理论的重大缺陷

投资理论的书籍可谓汗牛充栋，投资理论更是五花八门，有偏重技术指标、量价变化的技术分析派，有侧重宏观经济与企业基本面分析的价值投资派，还有充满神秘色彩的各种玄学理论。

很可惜，绝大多数书籍给出的操作思路，都是简单思辨方式下的产物，不过是从各种“面”，诸如基本面、技术面、心理面、资金面等入手，以此为依据研判股价将会呈现的状态。更有甚者，会在此基础上给出一个预设的股票价格。事实上，这是低估了市场走势的复杂程度，是一种典型的缠论第一重境界的思维方式。在复杂的投资领域里，所有企图解释交易动机、交易行为的理论都是没有实用价值的，不过是误入歧途的表现。

以技术分析派为例，绝大多数技术分析理论，都试图通过某种指标或形态来预测股价的未来走势，但其理论依据不过是对历史数据的统计，仅仅具有一些概率上的优势。

价值投资派就错得更加离谱，尤其面对中国股市，如何解释大蓝筹交易清淡，垃圾股满天飞的状况？

如图 2-3-1 所示，一只股票大涨，表明当天买入的力量完胜卖出的力量。此时，所有看多做多的人都认为自己的观点、理论大获全胜，却不知它们只是原因之一，据此买入的数量仅仅占当天买入总量的一小部分，只是一个很小的分力，你甚至无法判断哪种分力起到了主要作用。

面对头绪繁多、情况复杂的市场，任何人对涨跌原因的解读都不过是盲人摸象。也就是说，在投资领域，从来没有任何理论可以描述这种从各种“面”的输入到股价输出的必然关系，因为这种关系根本不存在。

3. 缠论的理论载体及研究方向

在探索、总结市场规律之前，首先要为理论找到一个合适的载体，以确保规律的有效性与可操作性，即并非偶然因素或特殊条件下的产物。

影响投资市场的因素众多，与之对应的研究方向也很多，如基本面、政策面、技术面以及各种 K 线形态、技术指标等，不过可以简单分为与实时走势直接或间接相关的两种情况。

（1）与股价实时走势间接相关的情况。

基本面、政策面等均属此类，它们对股价走势的影响巨大而深远，但需要较高的专业知识才能很好地分析和利用。基本面、政策面影响市场的时效性也是个问题，比较难以量化分析。以政策面为例，近些年股市中大的政策性机遇很多，比如上海建立自贸区，以南北车合并为标志的高铁、基建类板块小牛市，还有诸如供给侧改革，雄安新区建设，独角兽回归，芯片、软件国产替代等，惠及了众多的企业，但在政策发布之初就能看懂吃透的人，应该不会太多。

其次，影响股价走势的因素太多了，五花八门，不一而足。这些面都代表了某种分力，甚至是难以明确区分的分力，据此研判市场走向难度极高，可操作性也较差。

（2）与股价走势直接相关的情况。

这类理论很多，比如大名鼎鼎的波浪理论，以及国内投资者耳熟能详的红三兵、芙蓉出水、三只乌鸦、老鸭头、早晨之星、身怀六甲、黄昏之星、射击之星等 K 线形态，它们的后续走势虽有概率上的相似性，但显然无法满足缠论第三重境界对于规律时效性的要求，甚至都算不上过了“保质期的”规律，而是从来没有上升到规律的层面。这并不难理解，它们主要通过历史数据统计得来，自然只具有概率上的优势。

各类技术指标与此相似，背离、超买超卖等，反映的只是市场状况，是否对未来走势产生影响，以及如何作用于后续走势，并没有必然性的结论。像这种需要运气的“规律”，同样没有总结的价值。

（3）缠论最终确定的理论载体是实时走势图。

上述种种方案，本质上并没有脱离对涨跌因素的分析，没有摆脱缠论第一重境界的思辨方式，所以均未被缠中说禅接受。

缠论最终选择以 K 线图实时走势作为理论载体，这样不管人们交易的理由是什么，只要有交易就产生价格，就有价格轨迹，这就足够了。站在研究市场规律的角度，唯一值得数字化探讨的就是这个价格轨迹，因为它代表了市场的合力，其他的研究都是误区，对指导交易来说毫无意义。

（4）缠论最终的研究方向是人性。

西王食品第一笔交易记录表明，人类在处理不太擅长的事物时，会依据人性本能进行抉择，这就是股价走势与市场参与者内心活动的内在联系。

当然，无论是理论层面还是操作层面，都无法对千千万万个市场参与者进行个体调查分析，无法对参与某只股票的人群进行分类、量化。其实也没有必要这样做，因为参与股票交易的投资者是一个松散的联盟，永远处于动态变化之中。不过这种群体性的交易特点，也为发掘走势规律提供了帮助。

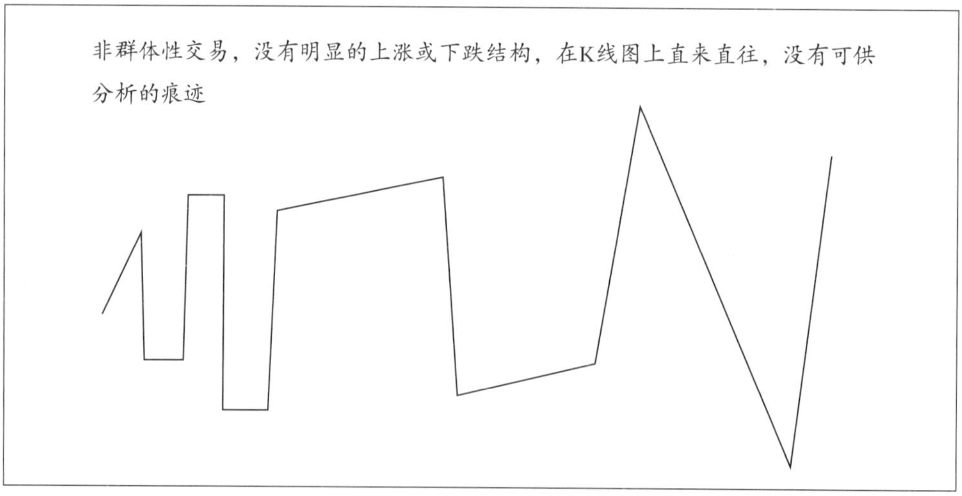

图 2-3-2　非群体性交易价格走势示意图

假设股价走势都如图 2-3-2 所示，那么缠中说禅也拿股价的起伏没办法。图中的走势，不管是上涨还是下跌，都缺乏小的波动，想上就上，想下就下，没有任何可供分析的痕迹，看破人心更是无稽之谈。走势中任何一点都不具有参考价值，买卖操作全凭运气，技术含量也就无从说起。

图 2–3–3 是普通的股价走势图，它们从形态上来说要丰满很多，无论上涨还是下跌，走势都显得比较犹豫，一波三折，因此形成了具有分析价值的轨迹。在深知走势内在逻辑的人眼中，这种股价走势张弛有度，收发自如。

图 2–3–3 中的走势，可以划分为线段类上涨 + 线段类下跌两段。线段类走势虽为缠论的极简走势，但其中也包含若干次调整，其根源就在于群体性的交易行为。

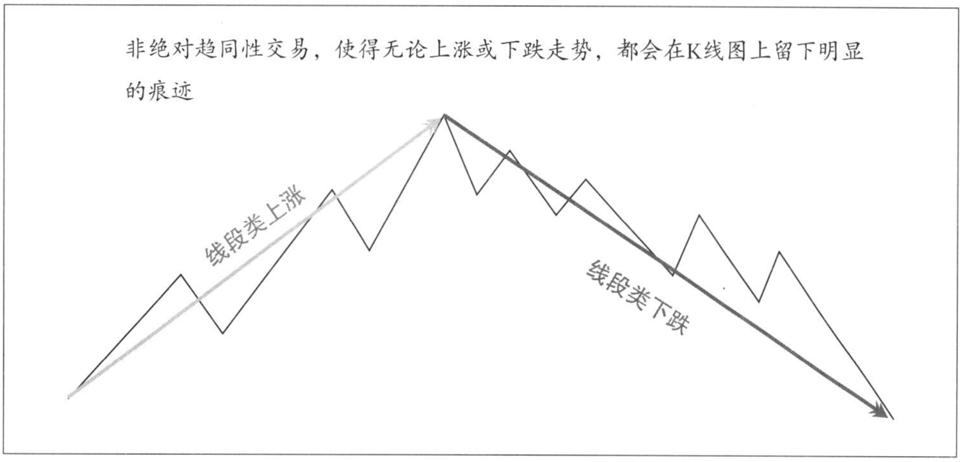

图 2–3–3 群体性交易价格轨迹示意图

投资市场参与者众多，是一种非常明显的群体性交易行为。常言道，“人上一百，形形色色”。群体性行为的最大特点是非绝对趋同性，即常说的步调不一致。

有过跟团旅游的朋友对此应该深有体会，约定好的集合时间，难免不被各种意外情况耽误。“组团”投资某只股票的队伍，甚至无法达到旅行团的纪律水平。在个体利益面前，精诚团结、众志成城只能是一句空话。组团炒股就像一群乌合之众的探险之旅，缺乏约束的人性始终是团队凝聚力的天敌，一有风吹草动，队伍马上分崩离析。

“三个和尚”是中国著名的寓言故事，它讲了“一个和尚挑水吃，两个和尚抬水吃，三个和尚没水吃”的事实，反映出人性的自私与贪婪对群体性行为的影响。相似的谚语还有很多，比如“艄公多了打烂船”等。

造成群体行为步调不一致的因素，还包括设备、通道的差异，人脑的反应速度等。即使相同原因引发的买卖行为，也不可能同时出现，必然有先有后，有先后就会在走势图上留下痕迹。

为了反映心理因素及群体性交易行为对于走势的影响，缠论可供分析的最简样本必须是线段类走势。如果需要分析的走势在 K 线图上只是一笔，可以采用更小级别的 K

线图进行观察，否则会丧失反映走势规律的信息，无法进行有价值的分析。

缠论强调合力，强调实时走势的重要性，并非否定分力、否认技术指标的作用，尤其是如基本面、政策面等比较重要的分力。但当介入到一只股票后，技术面在操作上就会起到决定性的作用。其他的面，变化的频率都没有技术面高。比如基本面，其变化的频率以季度计，以年度分。这种变化少的系统，不需要花太多精力去研究，而技术面显然不同。

对于无法上升到规律层面研究的各种理论、指标，缠中说禅秉承“缠论不废一法”的原则加以参考、借鉴，但不能作为缠论的组成部分。

四、常见的低级错误和深层思考

（一）投资市场中常见的低级错误

为了加深对缠论三重境界的理解，这里摘选了一些博客中与此主题相关的内容，供大家阅读参考。

按缠论深层次的思辨方式，投资中导致低级错误的原因一般有以下三种。

A. 低估事物的复杂性。

B. 缺少必要的专业知识。

C. 无法抑制人性的贪嗔痴疑慢。

1. 低估事物的复杂性

这种现象在投资领域非常常见，它们是缠论第一重境界下的产物。

（1）认为炒股很简单。

这是一个很残酷的现实：以炒股为生非常困难，但大多数人却难以察觉。

上周日，又碰在一起。这几位，大概都一肚子股票了，这次个个神采飞扬；大概又都刨了几本书，听了几段股评，看了几本杂志，更是口水喷喷地这面那面、一线二线地专家了，1800、2000、2500 点地牛人了。这市场，还真能改造人！只是这市场的绞肉机，又有新货了。（教你炒股票第 1 课：不会赢钱的经济人，只是废人！）

股票市场让人感觉简单的原因有以下几点。

其一是投资门槛低。投资实体之前，必须考虑需要投入的资金，应该具备的技术能力，人员如何搭配等方方面面的问题。投资股票就简单得多，只需要几千元开户资金就可以进场交易了。

其二是走势的规律性差，难以建立起有效的评估系统。缠论出现之前，市场走势基本没有什么规律可言，以至于让人陷入炒股无须技术，不需要勤奋，不需要努力的认知偏差。

在市场中，从短期来看，无论你做什么，无论怎么做，都有可能赚钱。你不做研究，没有操作系统和交易计划，胡乱买一只股票，你就可能赚钱了。道听途说，根据消息买卖，你也可能赚钱。逆势操作，逢低买入摊低成本，结果股价真的强劲反弹，你又赚钱了。而那些努力研究股票内在价值，努力研究股价走势，严格按交易策略操作的人，却可能偏偏在赔钱。

正因为走势规律性差，使得对技术分析理论的有效性难以正确评估，所以大多数人都将输赢归为运气，难以建立起个人的操作系统。

（2）庄家控制着股价走势。

庄家是股市神话中最深入人心的一个，甚至有人认为庄家监控着自己的账户。

“市场没有什么庄家，有的只是赢家和输家！”（“教你炒股票”第 2 课“没有庄家，有的只是赢家和输家”）这句话并非否定庄家的存在，后面博客提到“有些分力特别巨大”（“教你炒股票”第 66 课“主力资金的食物链”)，这种分力指的应该就是庄家。

“市场没有什么庄家”是指与市场相比，任何个体都是渺小的，无法长久左右市场。主力或庄家逆大势而为，其行为堪比逆天改命，纵使侥幸成功，最终也必将付出惨痛的代价。更何况炒股是一个需要互动的游戏，追求绝对控盘必然增加出货的难度。当年风光无二的“德隆系”三架马车（唐万里、唐万新兄弟从 1996 年开始并购和掌控“合金股份”“湘火炬”“新疆屯河”三只股票），就因股价涨幅巨大，庄家持股比例过高，坐庄意图过于明显，导致庄家无法在高位顺利出货，最终全盘崩溃。

除了个股走势不会被控制，大盘走势更是如此，其原因如下。

A. 市场从来都分布着不同的利益集团，所谓的主力资金，从来都是分派别的。

B. 任何主力资金，无论什么背景、级别，最终都不可能逆整个经济大势而行。

（3）可预测性和不可预测性。

即使最不靠谱的预测，也会有一个前提，可能是基本面、政策面或者是技术分析理论，等等。相对于基本面、政策面而言，技术分析因为直面市场合力，因而具有明显的优势，这是在预测之前必须清醒认识到的。

认为可以预测的人，都是假设世界由一个上帝式的人物控制着，走势如同精密的机器一样运行。事实上，市场的所有走势，都由当下合力构成，而且组成合力的各个分力，如基本面、政策面的分力，并不是永恒的常量。像基本面，又何常不是合力的结果呢？政治、经济等方面，哪个不是合力的结果？这些因素的存在，已使得所有一般意义上的精确预测成为一个笑话。

关于预测的绝对性，就是不能绝对预测。对于这一点，可以阅读“教你炒股票”第86课“走势分析中必须杜绝一根筋思维”。

2. 缺乏必要的专业知识

感觉事物过于复杂，往往因为缺少所需的专业知识。

（1）资金量小，造成亏损。

关于市场投资，问题不是投入多少，而是技术与操作。只要你有稳定的技术和操作，初始投入多少根本不重要。就算你只有1万元，10次翻倍操作后也就1000万元了。即使你有1000万元的初始资金，10次连续亏损后，你也没剩多少钱了。

所以市场中唯一需要考虑的，就是提高操作的水平，这是一切的根本。别人，最多只是你的陪练。

学习理论，一定要究底穷源，然后在实践中不断升级，工夫是靠磨练磨出来的。用一笔绝对不影响你生活的钱，创造一个操作的故事，这就是市场操作者应该做的事。

操作的层次很多，这是一个不断修炼的过程。把基础打好了，你可以不断地前行。市场机会无穷，坐一次电梯不怕，关键是坐了电梯之后，你能不再次坐电梯。

在市场中生存，除了修炼自己，别无他法。对于这一点，可以参考“教你炒股票”第95课“修炼自己”。

（2）真正的理性。

理解该内容，首先需要了解缠中说禅。从“教你炒股票”108课的内容来看，他还是有些恃才傲物的。在“教你炒股票”第4课“什么是理性？今早买入N中工就是理性”中，他用略带讥讽的语气嘲弄了“理性”。当然这并非要大家变得盲目与疯狂，“不要追高”等理性十足的呼吁其实在“教你炒股票”108课中反复出现，在本课答疑环节也有表述。

缠中说禅嘲讽的是罔顾客观环境的改变，将股价与诸如基本面、技术面生搬硬套关联在一起的行为，嘲讽的是仇视股价短时间飙升的行为。

短时间内对股价走势影响最大的是供求关系。N中工是2006年6月IPO重新开闸后上市的第一只股票，开盘后受到资金的疯狂炒作，当日换手率很高。按中国股市T+1的交易规则，这些买盘当天不能卖出，实际上造成了买卖失衡，缠中说禅由此得出多方大胜的判断。基于以上判断，他认为15元多买入N中工也是一种“理性”的行为。

更重要的是，以上结论都是当下得出的。虽然 N 中工上市之前预期会出现炒作，但常言道，“市场总是对的”，新股上市时股价是否能达到预期，需要股价走势和换手率等指标来确认。不只是新股上市，世间万事万物的存在都是有条件的，“理性”的做法就是找出这些条件，并随时随地监视这些条件是否成立。

（3）股价被低估。

还有一种情况普遍存在，即基于某种面得出股价过低或过高的结论，这是错将某种指标或分析理论当作了走势本身。其实交易之后的任何因数，不管是基本面、心理面、技术面、政策面还是什么，最终都表现在当下的股价中。如果你认为股票信息没有被当下市场反映，那它就没有被市场反映，“存在即合理”。

（4）价值投资。

目前市场中，不少人将价值投资奉为圭臬，这一点在股神巴菲特的财富传奇深入人心后尤甚。但不少人将他的投资理念简单归纳为买了好公司股票长期持有，这种绝对化的理解，使得很多所谓巴菲特的信徒在 2008 年、2015 年都吃了很大的亏。

事实上，1968 年末，巴菲特关闭了合伙基金公司，此后美国经济和股市都陷入了长期的调整。2008 年金融危机之前长达三四年时间，巴菲特的伯克希尔 – 哈撒韦公司拥有四五百亿美元的现金，一直都没有做大的投资。直到金融危机之后，他才开始大规模投资，能用的现金都用完了，而且还采用发行新股的方式收购铁路公司。正是靠着对大变局的积极应对，他才成为这波金融危机中最大的赢家。

正如缠中说禅在博客中所说：众生的天道不过是众生的心理呈现，人心本身又是浮躁、善变的，所以不管是投资也好，投机也罢，都不过是在天时地利人和之时的投机行为而已。（参见“教你炒股票”第 6 课“本 ID 如何在五粮液、包钢权证上提款的”）

3. 无法抑制人性中的贪嗔痴疑慢

面对复杂事物，由于缺乏专业知识，大多数人最终只能顺应人性本能地作出选择，此时比较的就是个人的修为。

（1）市场就是赌场。

俗话说，“知己知彼，百战百胜”。市场中多数问题与此有关。

市场中一个很常见的行为就是砍了又追，追完又砍，完全被一股无明的业力牵引。

一个更常见的行为，就是不敢操作，看到机会初现，就是害怕，不敢进场。等趋势真正明确了，又后悔，然后追涨进场，5 元不敢买的，过段时间 50 元都敢买。

还有一种常见的行为，就是爱打听消息，喜欢找捷径，以为这个世界上一定有一个馅饼能拍到自己。

种种表象之下，隐藏了一颗喜欢投机取巧的心。

还有一种情况，就是预设一个虚拟的目标，一个想象中的场景，完全无视市场走势本身。比较常见的，就是我要赚钱买房子、买车子。可悲呀，你以为市场是慈善场所？那是杀人的地方！

这类人缺乏对自我能力的认知，又过于贪婪，入市伊始就决定了其命运是悲惨的。（参见“教你炒股票”第96课“无处不在的赌徒心理”）

（2）将个人好恶当作买卖依据。

好恶是最常见的错误心态，它是惯性思维的产物，受到已有知识、经验的束缚，因而无法客观公正地面对现实世界。

好恶又是一种情绪，当这种情绪左右了人的思想时，所有针对事物本质的讨论都变成了一种情绪上的对抗。

好恶往往使人陷入人性“贪婪与恐惧”的陷阱而不能自拔。你的喜好，就是你的死亡陷阱！（参见“教你炒股票”第3课“你的喜好，你的死亡陷阱”）

（二）投资市场中一些有益的思考

1. 传销与传道

很明显，缠中说禅的博客受到了一些不明真相的人的非议。其实，区分传销式股评和授课式微博，有个很简单的方法，就是看传播者的关注点。

传销关注如何让人加入，所以人为制造、创造神人和神话，将复杂的投资简化成按指令买入、卖出，调动人们贪婪的欲望和对决策的恐惧，从而陷入布局者的圈套。

缠中说禅的“教你炒股票”108课系列博客文章，本质上是无神的——神即道，客观规律最重要。

因此，缠中说禅的关注点是对市场走势规律的剖析而非前来学习的人数，更非吸引无脑的追随者。“教你炒股票”第51课“短线股评荐股者的传销把戏”结束时，缠中说禅写道：

股票不过是小道，但条条小道通大道。本ID在这里费口舌，有一个目的，是希望这里至少能有人通过学习以及自我磨练，最终成为猎鲸者。其次，更重要的，要小道而大道，这才不枉来这里一趟。至于想把这个变成传销场所或来这里希望找点传销玩意儿的，那就入错门了，本ID这里不需要这么多人。至于那些希望小道而大道或至少有志于成为猎鲸者的，如果觉得有更好的地方，也没必要留在本ID这里。本ID对徒子徒孙从来没兴趣，各位自便吧，本ID这里门前草深三尺也无妨。

2. 对于风险的深层次思考

（1）使用缠论交易系统的风险。

踏入股市第一天，大家就被反复提示“股市有风险，入市需谨慎”。这些风险可以细分为政策风险、系统风险、交易风险、流通风险、经营风险等。站在缠论的角度，所有股票的问题一定可以从走势看出来。即使在成熟的市场里，这类影响也都会事先反映在走势上，更不用说在中国社会。

另外，缠论的买卖点按级别成对出现，因此，使用缠论的唯一前提，就是交易品种在可预见的时间内能否继续交易。假如一个按日线级别操作的股票，一周后就停止交易，那么交易就没有意义了，因为日线级别从买点介入到卖点出现，一周时间很可能不够。

当然，如果是按1分钟级别去交易，那么一周后停止交易的股票即使有风险，技术上也是可以控制的。唯一不能控制的是，不知道交易什么时候突然停止。这种事情是技术上最大的死穴，缠论唯一不能应对的问题，就是突然会停止交易。

（2）交易者自身的风险。

除了交易理论无效带来的风险，交易者自身也会带来风险。

任何交易的前提是必须先有钱，一旦钱是有期限的，那么就等于自动设置了一个停止交易的时限，所以交易者使用的资金最好是无期限的。如果真有什么期限，也要足够长，这是投资中极为关键的一点。一个有期限的钱，就要把操作的级别降到足够低，这样才能把这个期限的风险尽量控制住。

（3）市场，哪里有什么风险！

前面分析了交易中面临的风险，最终落脚点是缠论的资金管理方法。资金管理的重要性，可以参考“教你炒股票”系列博客第一篇文章“股市闲谈：G股是G点，大牛不用套”。其中是这样描述的：“投资是一门艺术，而投资的艺术归根结底是资金管理的艺术。”

为了把缠论资金管理方法说清楚，这里需要先补充一些知识。

A. 凭证——股票的本质作用。股票市场中，唯一的活动就是钱与股票的交换运动。

中国目前的市场，这种交换运动只能首先将钱交换成股票，然后再经过若干时间后合法地换成另一笔钱。

股票价格是各种机缘巧合的结果，股票背后的公司也不可能恒久不变，所以什么基本面分析，这价值那价值的，归根结底都是胡诌。股票就是废纸，唯一的功能就是充当以上交换活动的凭证。

B. 成本——股票交易的关键。股票交换的本质，决定了最终将股票换算成钱时盈亏多少，因此获得股票的成本是至关重要的。

C. 波动——股票交易的风险。绝大多数人的买卖，就好比在某只股票连绵不断的K线图上做截图游戏。某个时刻选取了截图的起点后，不管股价中途如何变化，默默等待结束点的到来，最终得到或输或赢的结果，一切都像在做一种基于概率的赌博。

如果判断错了股票的未来走势，自然得到输的结果，但很多时候判断对了股票的未来走势，交易时却做错了。因为无论买入理由多么充分，股票走势如何强劲，股价也不可能乘风破浪，一往无前。股价走势总是九曲十八弯，充斥着无数的调整与震荡，其原因可能是系统性的、政策性的、技术性的，这些真真假假、原因各异的“坑”，天天考验着投资人，最终的胜利者总是凤毛麟角，其间的波动成为交易中面对的最大风险。

（4）缠论的资金管理。

明白了交易的关键点和风险所在，剩下的事情就是如何破解。

缠论视角下的走势具有自组生长出大级别的特性，即小级别走势可以自组出大的级别来。整个走势按从小到大的级别顺序有机地组合在一起，形成多维立体结构。

在比较大的级别买点介入股票后，利用小级别走势的波动高抛低吸，动态地降低持仓成本，就解决了价格波动带来的风险。

这就像网游中拥有“吸血”属性的武器一样，它可以将对怪兽的伤害按百分比转化为自身的血量。当你的伤害足够高或怪物的攻击力较弱时，打怪完全可以不掉血，获胜只是时间问题。

这样股价无论是涨还是跌，永远都存在交易的机会，永远可以在买卖之中，只要有卖点就卖出，只要有买点就买入。唯一需要控制的就是资金量，可以按不同级别分配不同的仓位。

这就是缠论资金管理的总体思路，利用这样的思路可以在市场中不断地磨练，冲刺理论的终极目标。

什么是真正的高手、永远不败的高手？就是有本事在相应的时期内把任何的凭证变成负价格的人。对于真正的高手来说，交易什么其实根本不重要，只要市场有波动，就可以把任何的凭证在足够长的时间内变成负价格。本ID的理论，本质上只探讨一个问题，如何把任何价格的凭证，最终都把其价格在足够长的时间内变成负数。

一笔足够长的钱 + 本 ID 理论的熟练运用 = 战无不胜。市场，哪里有什么风险？（参见“教你炒股票”第 26 课“市场风险如何回避”）

3. 纸上得来终觉浅，绝知此事要躬行

战国时期，赵国名将赵奢的儿子赵括，从小饱读兵书，讨论起带兵打战的事情，他滔滔不绝，就连父亲也难不倒他。

有一次秦国攻赵，赵王认为赵括人才难得，便派他带兵出征。赵括到了前线，死搬兵书上的教条，结果被秦将白起用计截断了赵军的运粮通道，然后把赵军团团包围。赵军粮绝，四十多万大军尽数被歼，赵括突围时也被秦军射死。这就是著名成语“纸上谈兵”的故事。这个故事讲述了一个深刻的道理，知识不等于技能。

知识是人脑对客观事物的主观认知，如同故事中赵括从书本上学来的带兵打仗知识。技能不光要“说得出”，还要能转化为相应的行动。带兵打仗涉及的事项太多，太复杂，这里用比较简单的打篮球来例举一下。

明白如何投篮，代表拥有了投篮的知识。真正运用肢体将球投入篮框则是技能，为此需要进行成百上千次的练习，以解决投篮力度、出手角度等问题。此外，人的心理同样也会影响动作的使用，比如想赢怕输的心理，比如急躁的心态，都会影响动作的稳定性。其中有些因素可以通过后天的训练得到加强，有些则纯粹是天性禀赋。

学习缠论也是如此，即便吃透了理论，也只表示拥有了“知识”，而非“技能”。理论的应用主要靠人，所以人的素质、水平是最重要的。

投资能力的获取，就像一个中医的成长一样，需要在实战中不断“打怪”升级。市场机会来了，就如同病人来了，你不需要对他预测什么，点位、时间什么的都不重要，你只需要等他来的时候对他望闻问切就可以了，事情就这么简单。当然，技能的熟练是需要工夫的，只能在实践中慢慢增长。开始的时候总是看走眼，这太正常不过了，多看，多练习，这是提升技能唯一的途径。

第三天

“道”破缠论构件的秘密

本篇内容：

一、缠论的灵魂——自同构性结构

二、缠论构件反映出的心理因素

三、缠论的科学性及其他

写作目的：

对于缠论而言，投资市场中是否存在如缠中说禅所说的规律，是攸关理论生死的大事。利用深层次思辨方式对市场走势规律进行挖掘，对缠论的基本构件逐一进行甄别，从而证明缠论的科学性与实用性。自同构性结构证明走势具有规律，市场参与者的心理因素是走势具有规律的原因。

一、缠论的灵魂——自同构性结构

缠论的第一重境界使我们明白，炒股是一件复杂程度很高的工作。缠论第二重境界教会我们面对复杂局面时，要从事物内在的本质规律入手。缠论第三重境界提醒我们，规律是有时效的，只有具有普遍意义的规律才需要把握。据此，缠论重新定义了实时走势 K 线结构，使之满足了以上条件，符合了理论的要求。

第一天的课程给出了缠论 K 线走势的划分，将其分为分型、笔、线段、走势中枢等构件。当时仅仅是通过 K 线组合形态分析得出，自然不属于普遍性规律。如果止于此，缠论就只能停留在“见山只是山，见水只是水”的低层次思辨境界，很难让人信服，无法指导操作。

（一）自然界的自相似性形态

规律是事物之间内在、本质的联系。发现不同人在相同地方摔倒，就意味着其间蕴含着规律。当我们说找到了规律，就表明某种现象会在特定条件下不断地重复出现。规律并不神秘，也不复杂，身边很多常见的事物都具有规律性。

如图 3-1-1、图 3-1-2 所示，自然界种类繁多的蕨类植物，平日常见的西兰花等，它们某个局部与整体虽大小悬殊，但形状相似，这种情况在自然界并非个别现象。像更为常见的一根树枝和一棵大树等，都具有这种特点，所以可以视作自然界中的一种规律。

这种不同精密程度下具有相似形态的现象，叫作自相似性形态。

图 3-1-1 蕨类植物

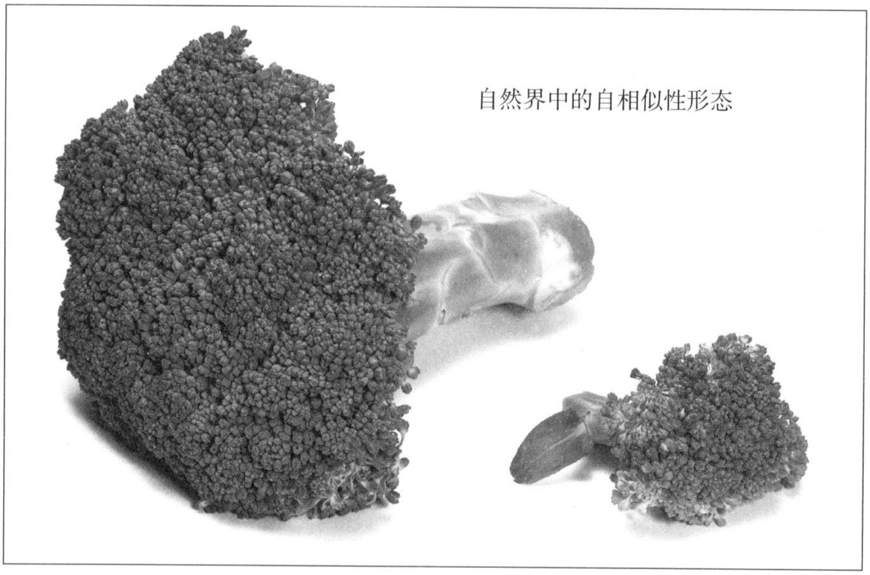

图 3-1-2　西兰花

（二）自相似性形态的投资理论

利用自相似性规律指导市场投资，名气最大的可能是波浪理论。

艾略特（R.N.Elliott）经过对市场的多年研究，发现周而复始的市场起伏中，蕴含着自然界的一个普通规律——自相似性形态。

比如 K 线走势图，在 1 分钟、5 分钟、日线、周线甚至年线图上都具有相同的形态。投资市场具有的自相似性形态，满足了分形几何学的条件，因此艾略特将分形几何学应用于走势分析上，创造了波浪理论。

（三）缠论的自同构性结构

自同构性结构的定义：走势在各个级别都具有相同的结构。比如，在 1 分钟级别是这样的结构，在年线上也是这样的结构。

缠中说禅通过寻找具有自同构性结构的元素，设计出了缠论这套理论。这些元素被定义成不同的缠论构件，这一点和混沌操作法以及波浪理论没有什么大的区别。

图 3-1-3、图 3-1-4、图 3-1-5、图 3-1-6 是西王食品的 1 分钟、5 分钟、15 分钟和日 K 线图。在各个级别的 K 线图上，缠论的基本构件如分型、笔、线段，均在特定条件下反复出现。比如走势的转折必然会出现分型等，它们证明了缠论构件具有规律性。

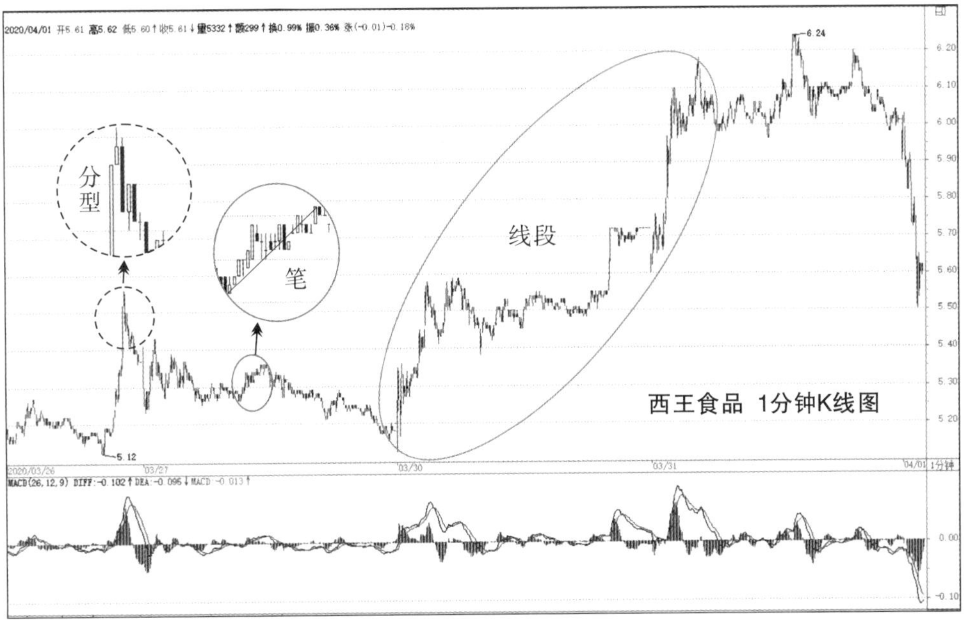

图 3-1-3 走势中的自同构性结构之一

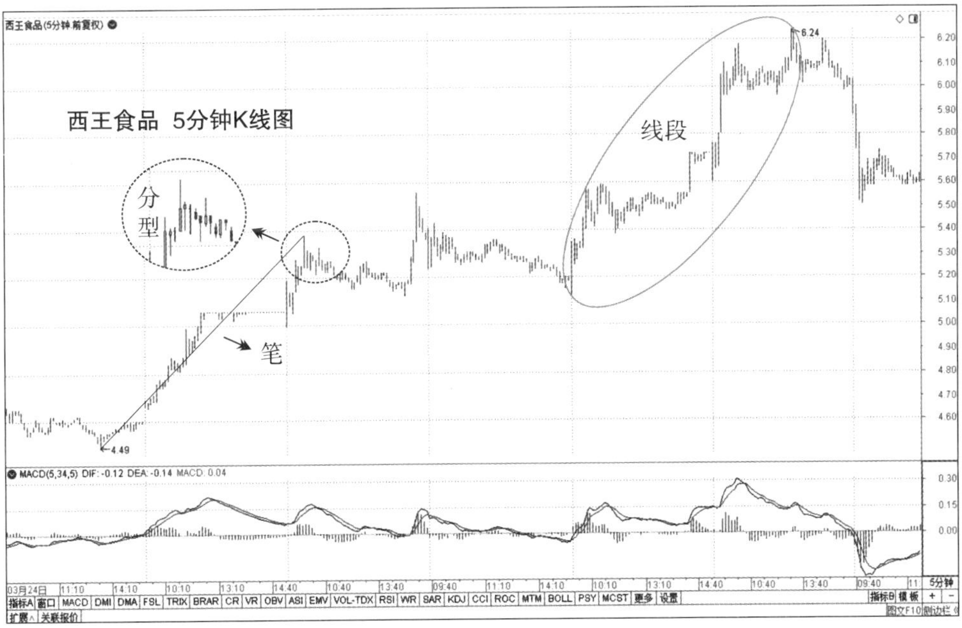

图 3-1-4 走势中的自同构性结构之二

缠论的自同构性结构与自然界中的自相似性形态,同样可以证明事物具有某种规律。如果不能发现特定现象在不同精细程度中反复出现的原因，即事物本质的内在联系，那么缠论依然停留在缠论第一重境界中。

张三丰观看喜鹊与蟒蛇大战创造了太极拳，严咏春看蛇鹤相斗悟出了咏春拳。大师

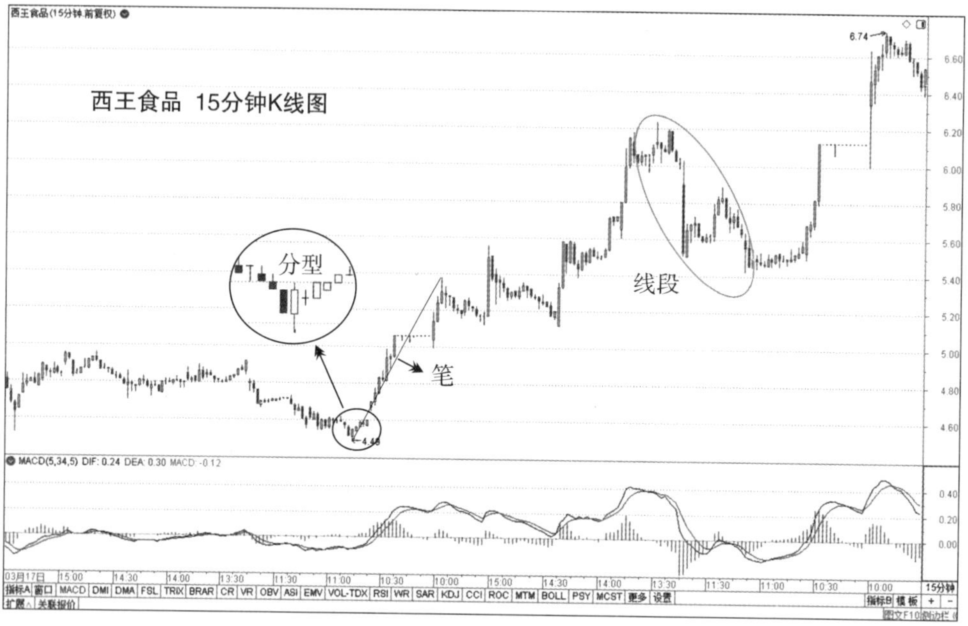

图 3-1-5　走势中的自同构性结构之三

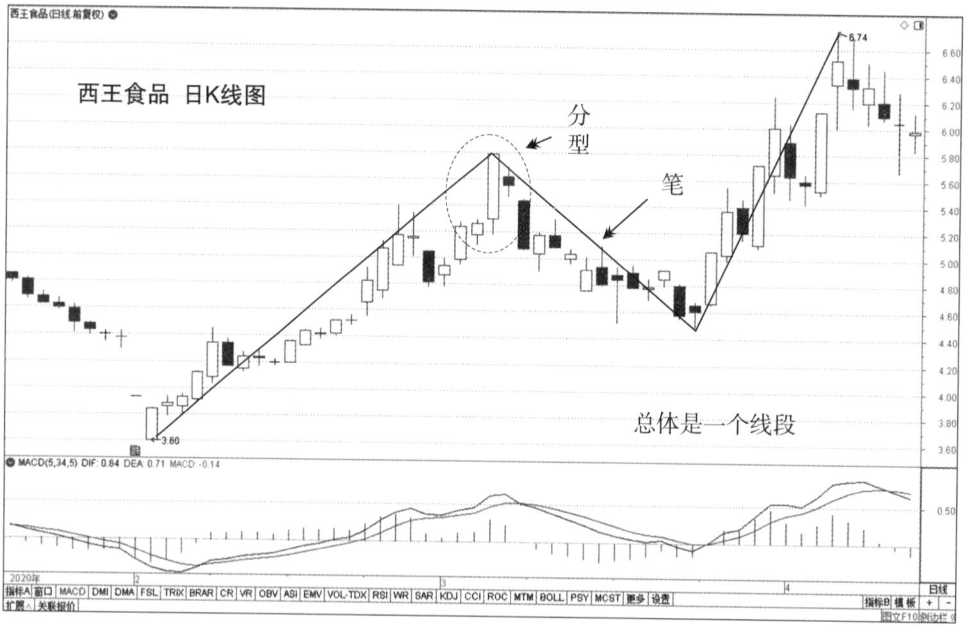

图 3-1-6　走势中的自同构性结构之四

们悟出的是运劲、发力、闪躲的方法和诀窍，并非一味追求形态上的相似与传神，这和普通人理解的蛇拳、鹤拳有着本质上的区别。

缠中说禅所创的缠论亦然，缠论构件不仅具有相似的结构，在K线组合背后还隐藏着相同的内在逻辑。

缠论构件在不同级别具有相同的逻辑并不让人意外，它们同样是市场参与者的心理呈现。

前面分析过，对于大多数人而言，炒股因涉及面广，影响因素众多，从而成为“复杂的事物”，大多数市场参与者只能顺应人性本能进行操作。

同时，正如谚语所说，“江山易改，本性难移”。无论你的专业知识多么扎实，操作中都不免受到人性本能的影响。无论是投资市场里的老手还是菜鸟，投资行为都不可避免地受到主观意识、行为偏差以及负面情绪的影响，这些因素会系统和持续地影响交易者的决策与判断。主观意识、行为偏差以及负面情绪，就是缠论中所说的“贪嗔痴疑慢”。

每个个体的操作都反映了其内心的贪嗔痴疑慢，市场的最终走势即是所有市场参与者贪嗔痴疑慢的总和。走势的级别可能不同，环境也不相同，但市场参与者的贪嗔痴疑慢都是一样的，因此走势才会表现出相同的结构。

为了与自然界的自相似性、数学中的分形几何学相区别，缠中说禅将缠论构件的相似性命名为自同构性结构。

联想到网上对缠论的构陷，认为缠论有抄习波浪理论的嫌疑，这里再将它们的异同之处梳理一下。

因笔者对波浪理论未进行过深入研究，所以主要结合缠中说禅的博客文章进行解读。

波浪理论没能突破低层次思辨方式，虽然它对市场的看法达到了缠论第二重境界，意识到了投资行为错综复杂，投资市场混沌不清，但给出的解决方案却停留在缠论第一重境界——“见山只是山，见水只是水”的思辨层次上，未能突破对走势形态的简单运用。比如艾略特波浪理论的基本形态“五浪上升，三浪下跌”等规律总结，多少有一些神秘、先验的成分。

反之，缠论的自同构性结构，因其背后的强大逻辑，从而成为一种科学。计算天体运行轨迹可能不是缠中说禅的强项，但洞察人心的能力却是许多顶极科学家都望尘莫及的。

（四）自同构性结构的作用

自同构性结构证明走势具有规律性，它是缠论的理论基础。如果走势不存在自同构性结构，那么必然不可理解，也就无法把握。掌握缠论的本质，就是把握其自同构性结构。

明白缠论构件的来龙去脉，构件就不再是神秘、神圣的，理论上只要任何人能将K线组合量化并且证明它具有自同构性结构，都可以纳入缠论的理论范畴并自由使用。不过很可惜，到目前为止，尚未发现分型、笔、线段、走势中枢、走势类型以外符合缠论要求的新构件。当然不排除众多缠论爱好者尚未领悟缠论构件的由来，所以未能发现、定义出新的构件。

吾辈虽愚钝，不能为缠论添砖加瓦，但有了以上认知，可以轻松判断某种K线组合结构、某类指标是否符合缠论的要求。比如，很多人认为缠论是一部未完成的理论，缠中说禅回避了诸如成交量等指标的使用方法。现在来看，这些说法不免幼稚，更像一个拥有武功秘籍却修炼无门的人片面强求精神上的快感和慰藉。

成交量指标，本质上是一个多空分歧指标，量大、量小代表了多空意见分歧的程度。走势放量突破了，是代表多头强大还是空头强大，实际中难以判断。此外，成交量很容易造假，看似很大的成交量，有可能是大资金对倒的结果，骗人的勾当，所以根本没有量化的必要，自同构性结构更是无从说起。这种不具有普遍意义和逻辑意义的结构、形态，最多反映出统计学上的一些优势，根本无法成为缠论的构件。

当然，这里不是诋毁成交量指标的作用，相反，成交量指标也具有很强的实用价值，只是由于难以量化分析，所以在缠论中没有它的一席之地。

二、缠论构件反映出的心理因素

自同构性结构是缠论的灵魂，证明了扑朔迷离的走势蕴含着“道”。下面抛开构件的表象，从市场参与者的心理角度探讨缠论及其构件之间的逻辑关系。

（一）缠论的分型

1. 分型结构确立的原则

群体性交易表现出的步调不一，最大作用在于判断走势转折。步调不一，有先有后，意味着股价的转折绝非像UFO那样可以急停急转，忽南忽北，毫无征兆。此外，缠论的走势转折规律，还借助了一个大家都在使用却又被忽略的心理因素，一种强烈的心理暗示。

这里说一下神奇的数字“3”。

庞葱要陪太子到邯郸作人质，临行前庞葱对魏王说：“大王，如果有一人来报京城大街上猛虎伤人，您相信吗？”魏王说：“不相信。”庞葱接着说：“如果有两个人说呢？”魏王说：“那我就要考虑一下了。”庞葱又道：“如果增加到三个人，大王相信吗？”魏王说：“我相信。”

闹市不会有老虎出没，但从三个人口中说出，很多人就相信了，这就是成语故事“三人成虎”的深层含意。

在中国，“3”是一个神奇的数字，被大量成语、谚语采用：“事不过三”“冰冻三尺，非一日之寒”“三顾茅庐”“三人行，必有我师”，等等。这使得“3”超越了单纯的数字概念，引申为“很多”“被确定”等含义。

投资市场也不例外，走势转折的充分必要条件，是原来起主导作用的多方或空方力量消耗殆尽，判断的标准正是原来属于从属力量的三次胜利。

如图 3-2-1 所示，以 K 线顶分型为例，让我们看一下隐藏在缠论构件背后的多空力量对比。

一个顶分型之所以成立，是卖的分力最终战胜了买的分力。其中买的分力有三次努力，卖的分力也有三次阻击，并且卖的分力成功瓦解了多头创新高的意愿。

第一根 K 线的高点，被卖的分力阻击后出现回落，这个回落表现为第一根 K 线的上影线部分或者第二根 K 线的下影线部分。

第二根 K 线出现一个更高的高点，但制造这个高点所表现出的力度有所减弱，从而至少制造了第二根 K 线的上影线部分。

第三根 K 线会再次继续一次买的分力的攻击，但这个攻击完全被卖的分力击败，因此无法创造一个新的高点。

此时，虽然不能确定走势转折成功，但空头的力量绝对值得重视，这就是分型的由来。

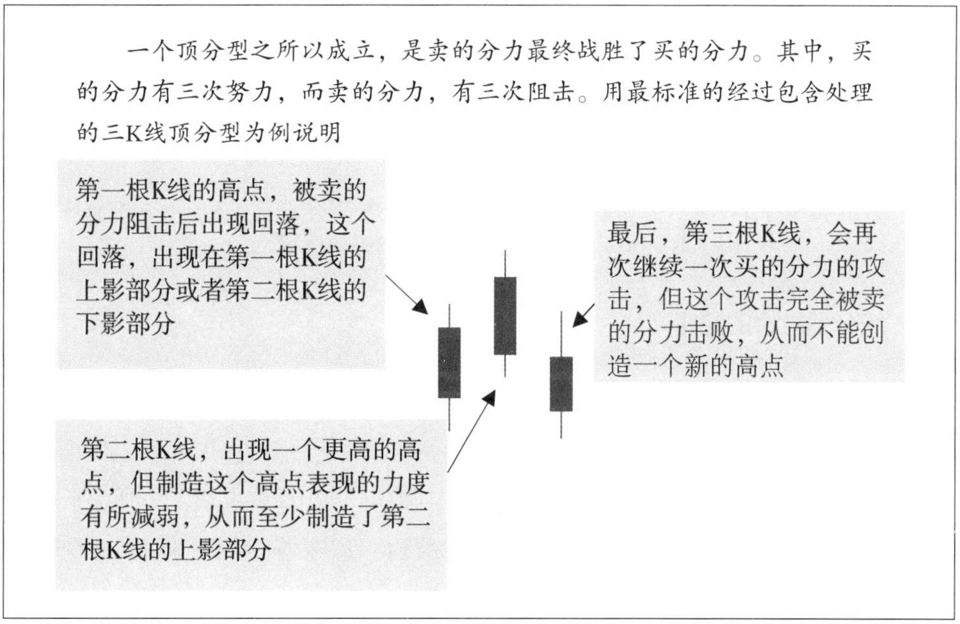

图 3-2-1 分型的心理因素

以顶分型为例说明	分型形态	心理因素分析
	Ⅰ）没有包含关系的分型结构	双方直截了当，没有太多犹豫
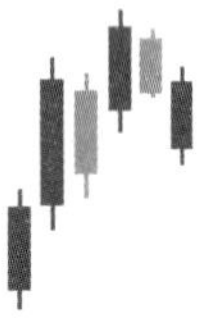	Ⅱ）有包含关系的分型结构	意味着一种犹豫，一种不确定的观望等，一般在小级别上，有中枢延伸、扩展之类的走势。
	Ⅲ）大阳线后小阴、小阳线	这种顶分型，真正成为顶的可能性很小，绝大多数都是中继顶分型
	Ⅳ）如果第二根K线是长上影甚至就是直接的长阴，而第三根K线不能以阳线收在第二根K线区间的一半之上	该顶分型的力度比较大，最终延续成笔的可能性极大
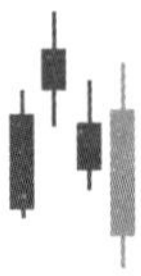	Ⅴ）有一种包含关系，以长阴线直接把阳线吃掉	是最坏的一种包含关系。

图 3-2-2　不同分型结构代表的心理因素

2. K 线分型组合的秘密

同为分型结构，其构成组合的细微差异，同样反映了市场参与者的不同心理因素，还可以对它们进行更为细致的观察、分析。

如图 3-2-2 中Ⅰ所示，没有包含关系的分型结构，双方直截了当，没有太多的犹豫。

如图 3-2-2 中Ⅱ所示，有包含关系的分型结构，意味着一种犹豫，一种不确定的观望。一般出现在小级别上，有中枢延伸、扩展之类的构造。

如图 3-2-2 中Ⅲ所示，大阳线后小阴线、小阳线构成的顶分型，真正成为顶的可能性很小，绝大多数都是中继分型。

如图 3-2-2 中Ⅳ所示，如果第二根 K 线是长上影线甚至就是光头长阴线，而第三根 K 线不能以阳线收在第二根 K 线区间的一半之上，那么该顶分型的力度就比较大了，最终延续成笔的可能性极大。

如图 3-2-2 中Ⅴ所示，有一种包含关系，以长阴线直接把阳线吃掉，是最坏的一种包含关系。

（二）缠论的同级别上涨、下跌和盘整走势

1. 制定同级别上涨、下跌与盘整走势规则的原因

同级别走势，顾名思义，是指使用某个单一级别 K 线图进行缠论走势分析，它最初出现在“教你炒股票”系列课程的第 15 课，此时缠中说禅想从分析单一级别的 K 线图入手，再逐渐推广至多级别走势中。

同级别走势类型的定义与广为传播的以走势中枢数量定义的上涨、下跌与盘整相去甚远，完全不是一个东西。出于以下考虑，缠中说禅保留了这种递归规则，使得缠论实际上拥有了两种不同的走势定义规则，它们互为补充。

缠论制定同级别走势规则的原因，主要有以下两个方面。

A. 缠论走势中枢和走势类型的定义有一个很大的缺陷，它们互为对方的定义项，即俗称的循环定义。比如使用走势中枢数量来定义走势类型，同时又通过走势类型来构建走势中枢，造成了逻辑上的混乱。为此缠中说禅针对不同的级别，制定出了两套不同的走势递归规则。

针对缠论第一级别（最低级别）的递归规则：缠论的第一级别（最低级别）是通过 K 线分型—笔—线段推导出第一级别的走势中枢，从而递归出第一级别的走势类型。

针对缠论第二及以上级别的递归规则：缠论的第二及以上级别则通过次级别的走势类型推导出本级别的走势中枢，进而推导出本级别的走势类型。

这样完美地避开了循环定义的情况。

B. 交易的现实性不支持 K 线图级别的无限分解。比如仅仅使用缠论第二种递归规则时，推导缠论 1 分钟级别走势中枢时，就需要使用 1 分钟以下级别的 K 线图，然而大多数炒股软件都没有提供秒级别的 K 线，从而使得这项工作无法完成。

缠论的第一种递归规则，可以在 1 分钟的 K 线图上定义出 1 分钟以下级别的走势类型，因此从理论的现实性出发，缠论也需要两种不同的走势划分方式。

详情见第四天缠论的两种走势划分规则。

2. 同级别上涨、下跌与盘整走势结构的心理因素

关于市场走势是否具有规律以及具有何种规律，市面上有许多猜想与假说，但都难逃隔靴搔痒的尴尬。相比之下，缠论直接从走势 K 线图入手，具有简明扼要、一目了然的特点。

图 3-2-3、图 3-2-4 是西王食品和宁德时代的 K 线走势图，它们都是曾经列举过的案例。为了方便观察，其中的宁德时代改用 60 分钟级别的 K 线图，只呈现了一个很小的局部走势。

图 3-2-3 锚定效应在走势中的痕迹

其实无须这样麻烦，随便打开一个电脑炒股软件，选择一个比较小的级别，不难发现，一段段走势，无论涨跌，都呈现出明显的阶梯状，具有若隐若现的平台结构，即俗称的箱体结构。造成这种现象的原因，源于另一种常见的心理效应——锚定效应。

锚定效应是指当人们需要对某个事物作定量估测时，会选取一些特定数值作为参照物，这是心理学上的一种现象。

同理，人们在交易时，也需要一个估值作为参考，这个估值往往和最近走势的高低点相关，这就是投资市场中的锚定效应。如果能够洞悉市场参与者心中的锚点，就相当

图 3-2-4　锚定效应在走势中的痕迹

于料敌机先了。

缠中说禅洞察到市场走势受到这种心理效应的明显影响，“教你炒股票”系列博客起初就讲到：“市场的波动，归根结底是在前后两个高低点关系构成的一个完全分类中展开的，明白了这一点，市场就如同自己的掌纹一样举手可见了。”

很不幸，锚定效应其实是投资市场中一种常见的认知偏差。如图 3-2-5 所示，一只股票从 5 元涨到 10 元，此时只有 5 元一个锚点，所以大家普遍感觉比较贵，风险大。如果它上涨到 15 元后跌回 12 元，此时不少人的锚点就变成了 15 元，反而感觉 12 元便宜了。股票交易也是这样，选择不同的参考价格，心理反应就会完全不同。这也是许多人 5 元、10 元不敢买，30 元、50 元敢追买的原因。

根据锚定效应，可以为普通上涨、下跌与盘整下个定义，见图 3-2-6。

上涨：最近一个高点比前一高点高，且最近一个低点比前一低点高。

下跌：最近一个高点比前一高点低，且最近一个低点比前一低点低。

盘整：最近一个高点比前一高点高，且最近一个低点比前一低点低；或者最近一个高点比前一高点低，且最近一个低点比前一低点高。

这也是缠论同级别走势结构的定义。现在看上述定义，隐藏其中的心理因素就很明确了。图 3-2-7 是同级别盘整的基本结构，它们的构成依然得益于锚定效应。多级别走势中的缠论标准走势中枢也是如此，中枢区间的高低点就是两个关键的锚点。

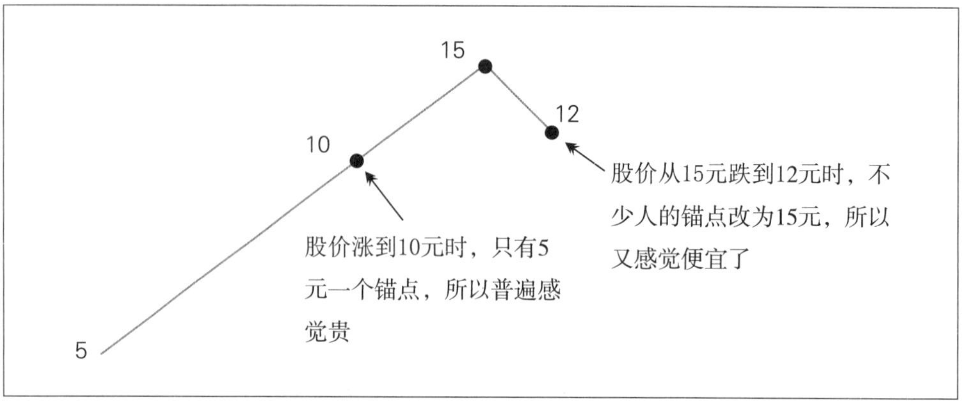

图 3-2-5　锚定效应

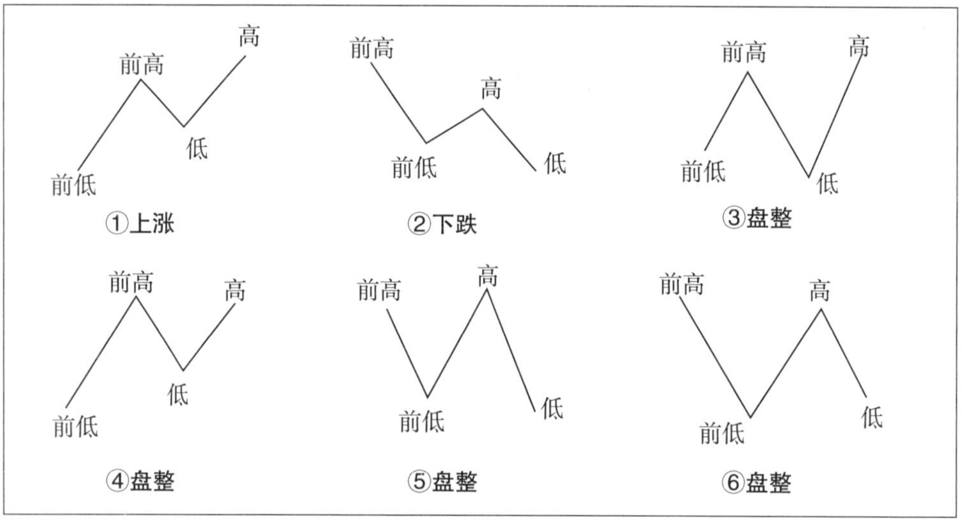

图 3-2-6　同级别上涨、下跌与盘整示意图

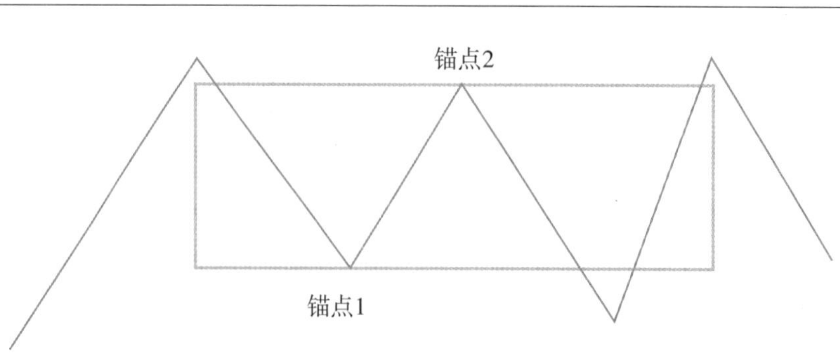

盘整：最近一个高点比前一高点高，且最近一个低点比前一低点低；或者最近一个高点比前一高点低，且最近一个低点比前一低点高。

图 3-2-7　同级别盘整示意图

同级别的盘整很好理解，图 3-2-7 画出了盘整的基本结构，它们的构成依然受到锚定效应的影响。多级别走势中的缠论标准走势中枢也是如此，中枢区间的高点、低点就是两个关键的锚点。

图 3-2-8 所示是普通意义上的趋势结构，它的结构同样证明了锚定效应的存在。以上涨为例，图中走势表明市场认可前一个低点，比如位置 1 时的锚点 1，位置 2 时的锚点 2 等，每当调整走势接近前低点时，就被买盘拉起。常见下跌走势结构与此相似。

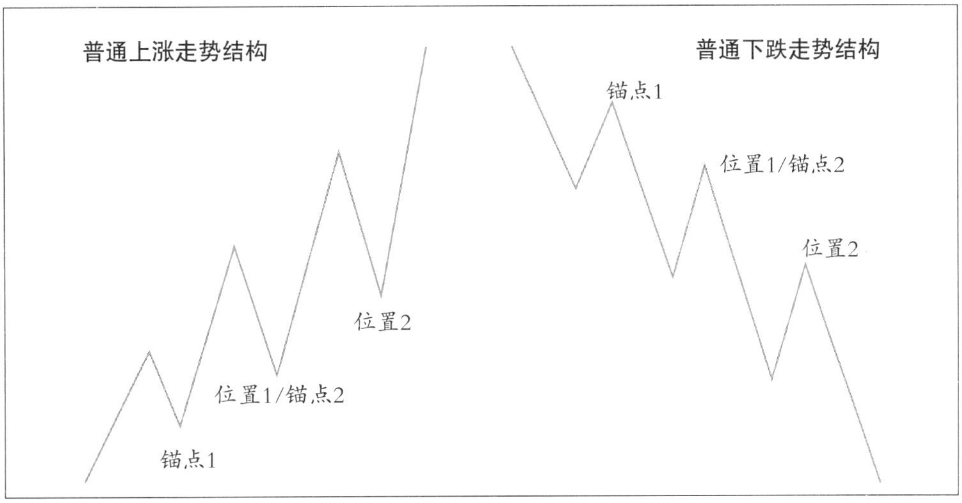

图 3-2-8 普通意义的趋势结构

现在就不难理解为什么一段健康的上涨或下跌走势中，上涨总是高低点逐渐抬高，下跌时高低点渐次走低了，皆因市场参与者以前高或前低为锚点，并据此交易造成的。

图 3-2-3 中的下跌与图 3-2-4 中的上涨同属这种情况。

3. 同级别走势转折时的锚点变化

前面从多空力量变化的角度分析了走势转折，现在根据锚定效应简单分析一下转折前后的锚点转换。

站在锚定效应的角度，同级别走势中的盘整与多级别走势中的走势中枢没有本质的不同，所以下面仅以走势中枢为例进行分析。

转折的方式有两种，一种是先构造出一个走势中枢，然后再逆向破坏，从而形成走势转折。另一种是以分型为标志进行破坏，具体分析见第六天的课程。

（1）以走势中枢被破坏的方式转折。

如图 3-2-9 所示，一段上涨走势先构造出一个走势中枢，然后大幅跌破中枢区间来到位置 1。此时走势中枢从支撑区间转变为阻力区间，原中枢的区间下沿（原锚点 1）成为市场最重要的阻力位。位置 2 的出现表明走势无法回到原走势中枢，此前的上涨走势转为下跌预期。位置 3 的出现让走势彻底转为下跌走势，锚点随之发生变化。

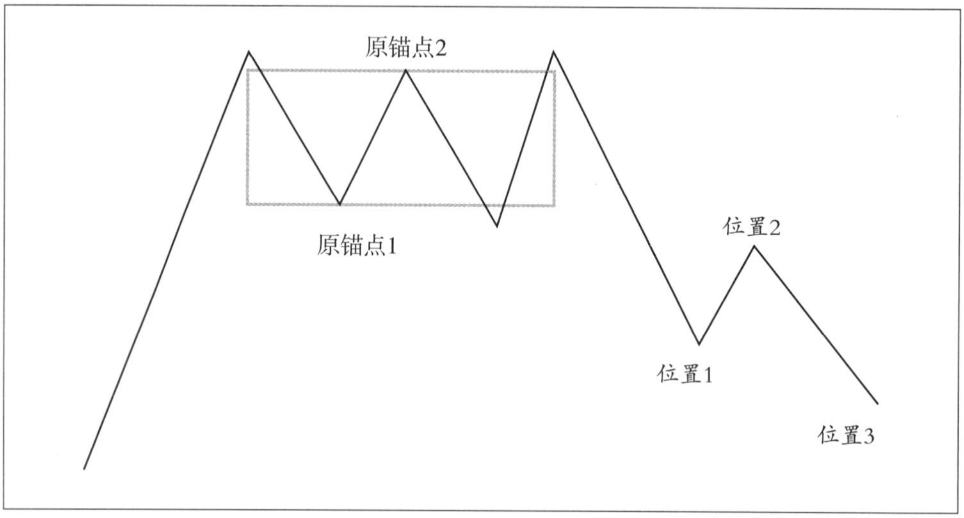

图 3-2-9　中枢被破坏

（2）以分型的方式完成转折。

如图 3-2-10 所示，上涨走势末期，由向上走势 1、向上走势 2 和向上走势 3 构成了一个分型。当向上走势 3 出现后，锚点由原来的向上预期转为下跌预期。

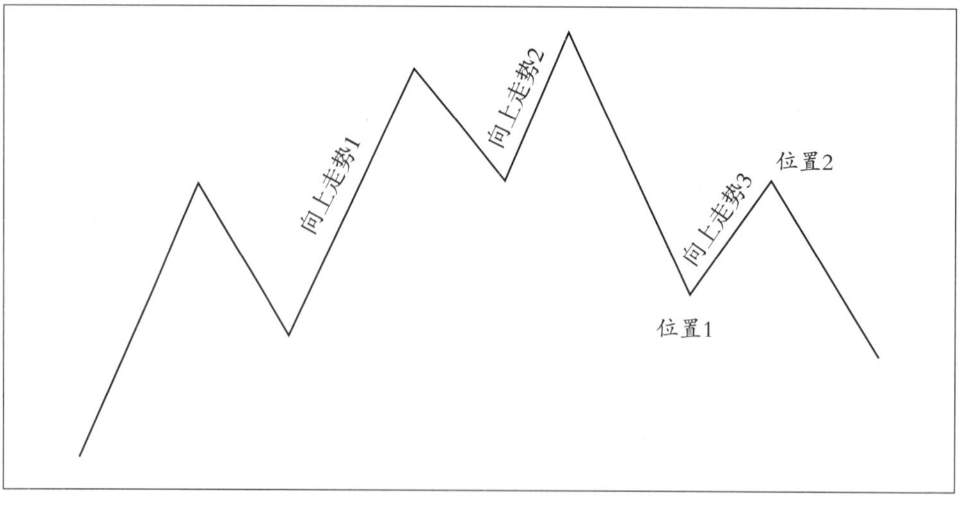

图 3-2-10　分型引发的转折

（三）缠论的类中枢与标准走势中枢

1. 缠论的标准中枢与类中枢

类：具有相同、相似性质或特征的事物。

类中枢：具有标准走势中枢大部分性质或特点但又存在明显差异的结构。

“教你炒股票”系列课程中并没有给出类中枢的严格定义，就在两种场景中直接使用了。这里主要分析一下不能满足标准走势中枢定义的类中枢结构。

标准走势中枢形成后，走势的两个重要锚点位置就固定下来了，它们分别是中枢区间的高点和低点，此后围绕中枢震荡产生的高低点均被忽略，直到走势中枢被破坏。因此，走势中枢是某段走势中除涨跌以外的第三种状态：平。这就要求走势中枢必须作为一个单独的缠论构件存在，构成中枢的三段走势不能与其他走势共用。

图 3-2-11 是最简单、最标准的中枢结构：一个由 3 段走势构成的标准中枢，加上之前进入与之后离开中枢的走势段，至少有 5 段走势。其中进入与离开中枢的走势段，可以是次级别或以下的任何级别，甚至就是一个缺口。

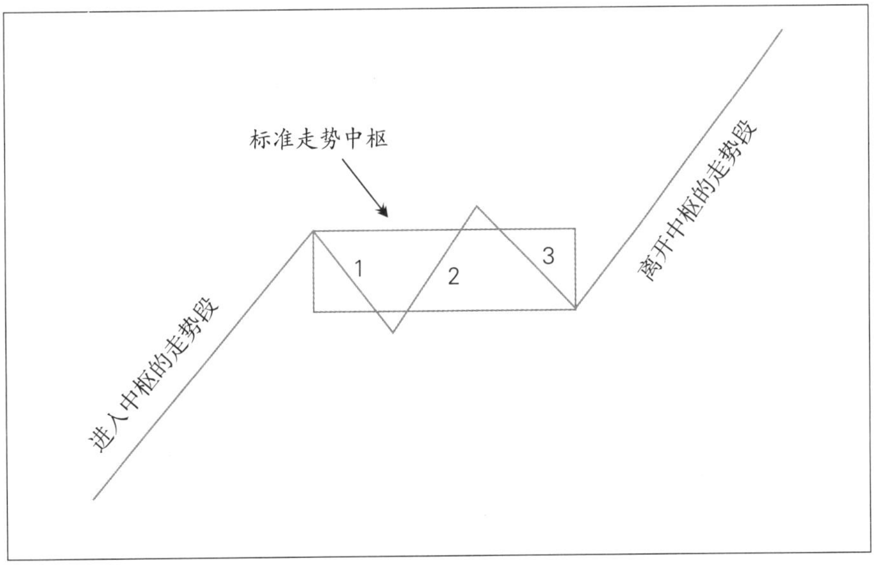

图 3-2-11 最简走势中枢结构

图 3-2-12 中的中枢因共用了进入或离开中枢的走势段，因此只构成类中枢。

特别提示：缠论同级别走势中的盘整，其结构与标准走势中枢相同。

2. 类中枢与标准走势中枢的产生及演化过程

引入了类中枢概念，就可以对走势进行更为细致的分析。

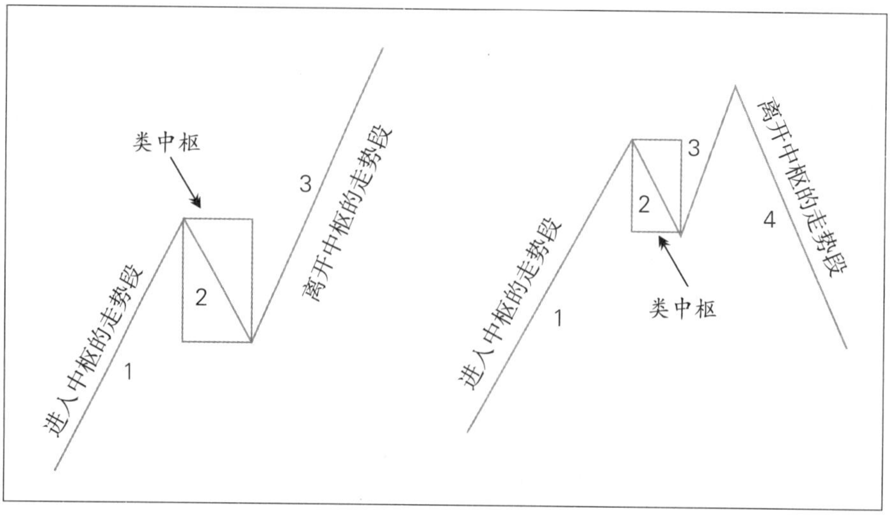

图 3-2-12　类走势中枢结构

如图 3-2-13、图 3-2-14 所示，前者是普通的下跌趋势，后者是强烈的上涨趋势。两种趋势的区别主要在于走势中的调整结构不同，普通趋势以标准走势中枢结构进行调整，强烈趋势的调整只形成类中枢。

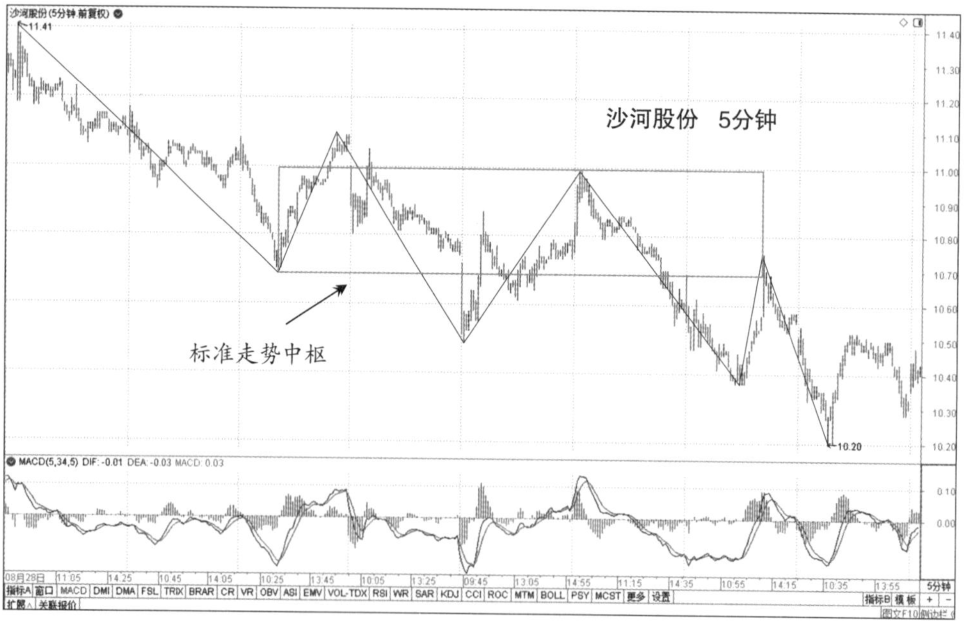

图 3-2-13　常见的下跌结构

中枢类型不同，对应的锚点也发生了变化。如图 3-2-8 所示，普通趋势中的锚点以前低或前高为准，如位置 1 时的锚点 1，位置 2 时的锚点 2。

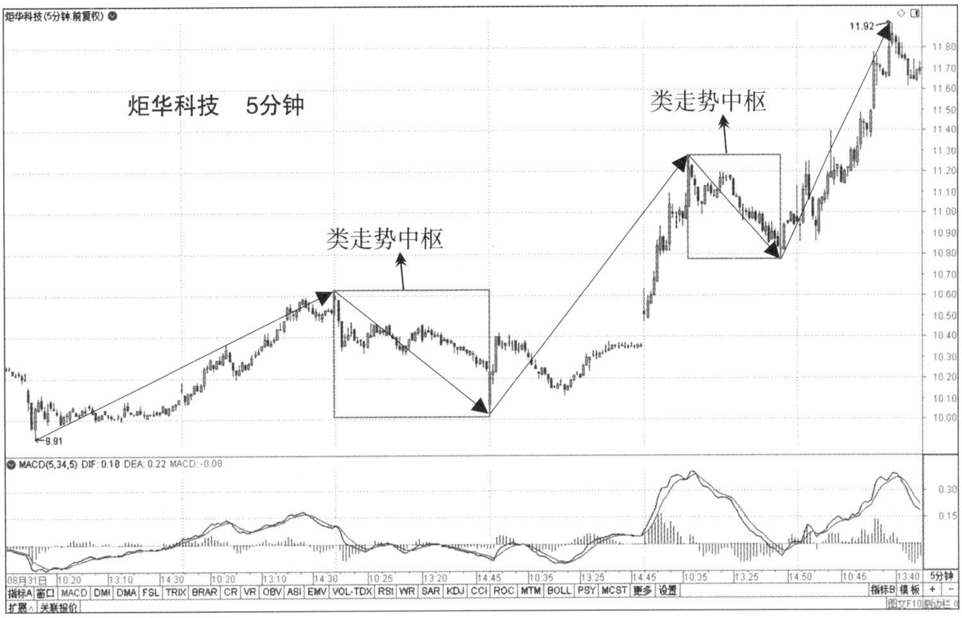

图 3-2-14 强烈的上涨结构

而在图 3-2-15 所示的强烈趋势中，上涨时明显感受到大家对于走势充满信心，因此选择了前高点作为调整的锚点，比如位置 1 时的锚点 1，位置 2 时的锚点 2。强烈下跌走势结构依此类推。

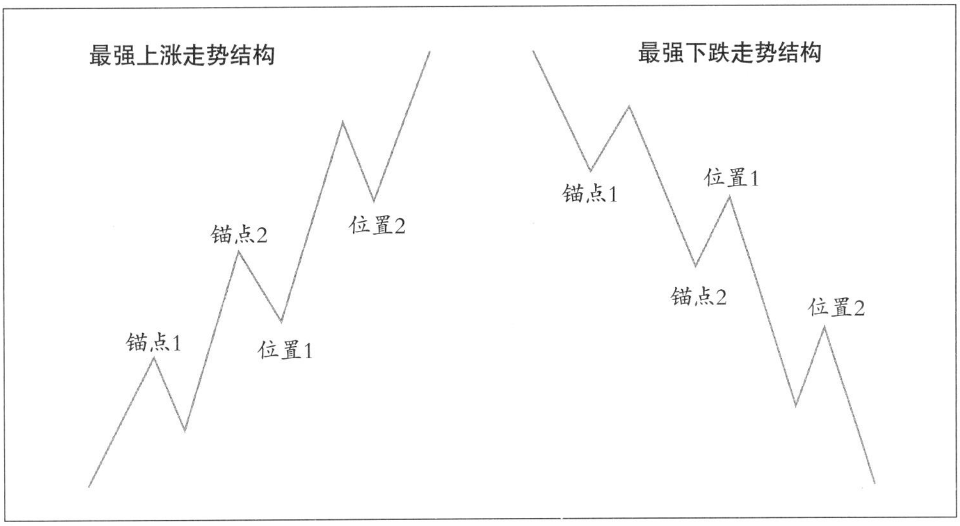

图 3-2-15 强烈走势结构

标准走势中枢由类中枢发展而来，因此，掌握了类中枢的形态特点，充分了解类中枢与标准走势中枢的演化条件与过程，对于市场走势以及缠论构件的理解将会更上一层楼。

类中枢演化为标准走势中枢，同样可以通过锚点的变化来观察。这同时提醒我们，走势中的“锚点”是动态的，不断变化的。

下面按照走势演化过程加以分析。

首先，形成类中枢意味着前面有一段强劲的拉升（打压）走势。

强劲走势的定义为：不但要创出新高（新低），而且使用均线系统观察时，必须满足短期均线上穿（下破）长期均线，且短期、长期均线呈发散状态，这是强劲走势的力度要求。

如图 3-2-16 所示，0—1 这一段就是一个强劲走势段，它将股价由位置 0 带到位置 1。按照常规走法，假设其后依次又有了如图中 1—2、2—3、3—4 三段走势，下面根据走势的不同强度，对位置 2、位置 3 和位置 4 时的锚点情况进行分析。

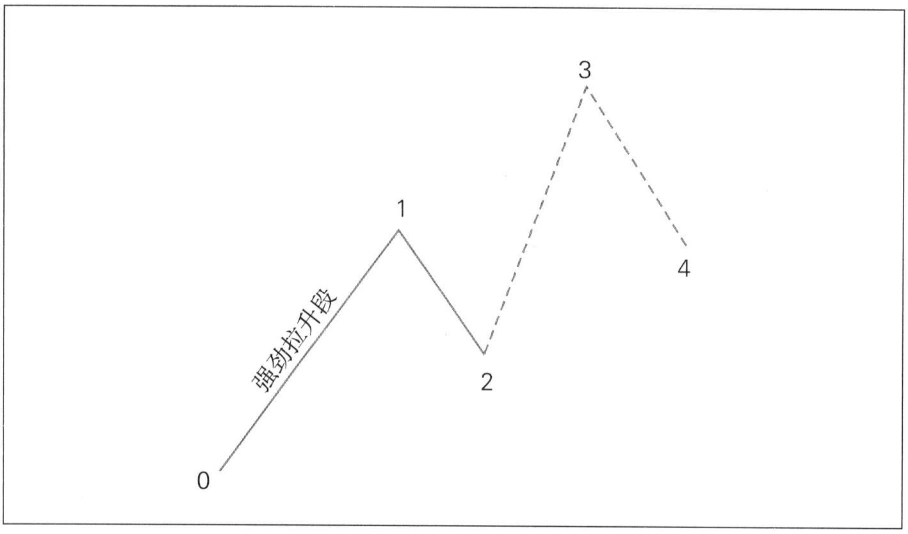

图 3-2-16　最简走势锚点情况

（1）走势行进到位置 2 时的两个关键锚点。

如图 3-2-17 所示，在一段强劲的拉升段后，股价来到位置 1。其后无论是获利盘、解套盘的抛压，还是主力的刻意打压，总之有了图中 1-2 的调整走势，至此构成了类中枢的雏形。

走势行进到位置 2 时，走势最重要的两个关键锚点是位置 1 与位置 2，尤其是位置 1 这个前高点，对于市场参与者起到强烈的暗示作用，看好与看衰的人都会以此点为参照进行交易。

（2）走势行进到位置 3 时的两个关键锚点。

图 3-2-17 中的虚线部分，给出了几种常见的后续走势，此时通过比较 2—3 段与

0—1 段的运行角度以及走势段长度，可以明显感觉到 2—3 段与 0—1 段的强度存在差异（后面会介绍更好的判断方式）。

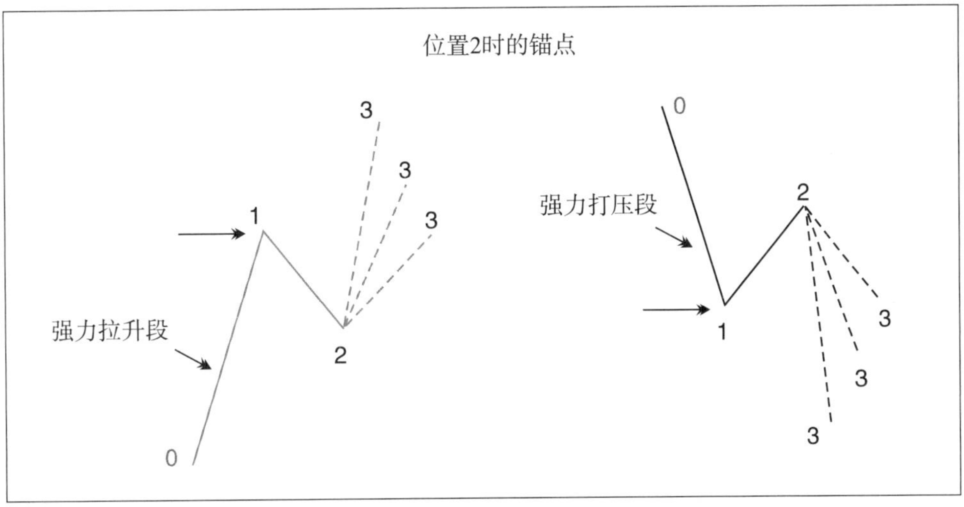

图 3-2-17 走势中的两个关键锚点（一）

A. 如图 3-2-18 中左图所示，如果 2—3 段变弱，或者如图 3-2-18 中右图所示根本无法创新高，走势很可能就要构造调整平台了，即从类中枢转化为标准走势中枢。

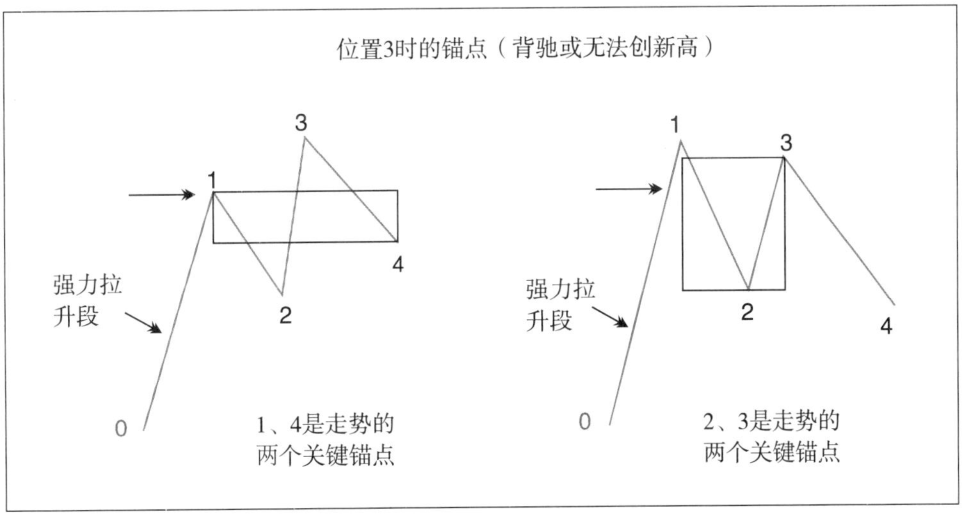

图 3-2-18 走势中的两个关键锚点（二）

如果走势最终跌破了位置 1，形成了标准走势中枢，则此后走势的两个关键锚点就转为中枢区间的高低点，如图所示的位置 1、位置 4 或位置 2、位置 3。

B. 如果 2—3 段没有明显走弱，而是创出了新高或新低，接下来走势的两个关键锚点是位置 1 和位置 3，见图 3-2-19。

这种情况可以有更加细致的分析。以下跌为例，如图 3–2–19 中左图所示，股价从位置 0 下跌到位置 1，然后反弹至位置 2，再跌破位置 1，直到位置 3 时止跌反弹，此时对于走势最关键的位置有两个。

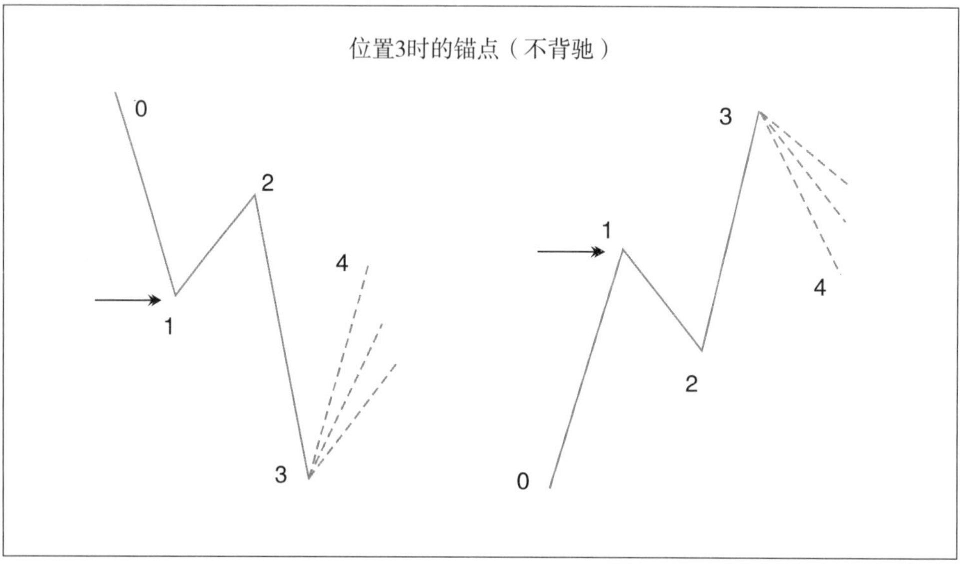

图 3–2–19　走势中的两个关键锚点（三）

其一是位置 3 这个最新创出的低点。它的作用前面已经分析过了，主要用以辅助比较 2—3 段与 0—1 段的走势力度。

其二是位置 1 这个前低点。由于位置 3 后是一个向上的反弹走势，所以相对来说位置 1 更重要。

在心理层面上，位置 1 这个上次反弹的起点，具有很强的心理暗示意义。如再次跌破，位置 1 的价格就会成为一个很重要的心理价位。交易本质上都是预期一个价格，这个价位就构成了一种实在的预期分类，如图 3–2–20 所示。

A. 预期能够重新站上位置 1 并实际交易。

B. 预期不能重新站上位置 1 并实际交易。

C. 观望。

第三种情况在实际走势中不产生真实的交易，因此 A、B 两种心理预期构成了市场合力，市场走势是这种合力的当下痕迹。这两种心理预期并不需要实际去测量，市场走势会给出答案。

（3）走势进行到位置 4 时的两个关键锚点。

走势来到位置 4，关键的两个锚点出现了，它们分别是位置 1 与位置 4，其位置关系决定了调整以何种方式进行，即最终形成的是类中枢还是标准走势中枢，因此位置 1 与位置 4 的相对位置关系更重要。图 3-2-20 是位置 4 与位置 1 的两种位置关系：第一种情况位置 4 高于位置 1，第二种情况位置 4 低于位置 1。

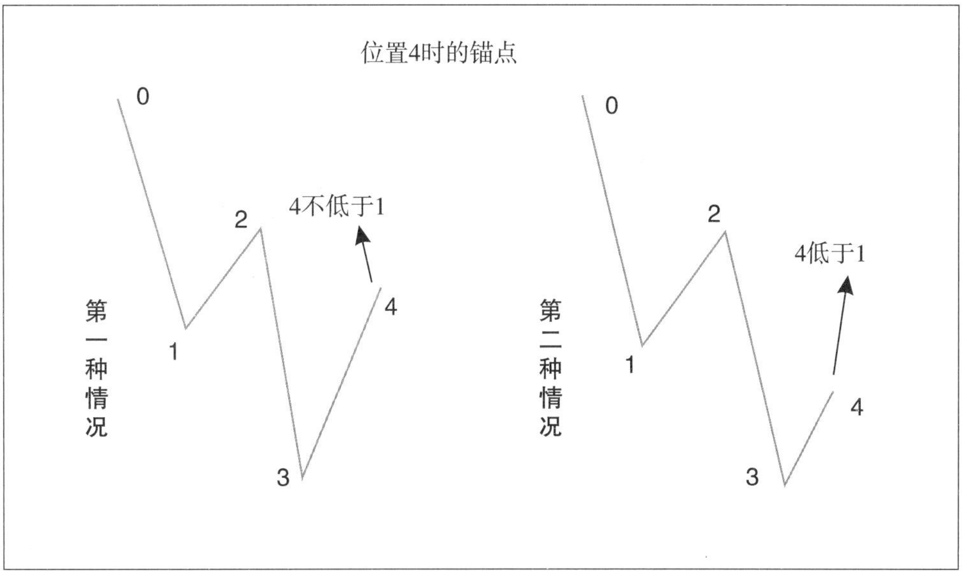

图 3-2-20 走势中的两个关键锚点（四）

不同力度的调整走势，会形成三种缠论走势结构。如图 3-2-21 所示，调整的力度由位置 4 决定，它与位置 1 的关系可分为三种情况，分别形成类中枢、奔走形中枢与标准走势中枢，反映出市场对于位置 1 这个点位的认同程度。

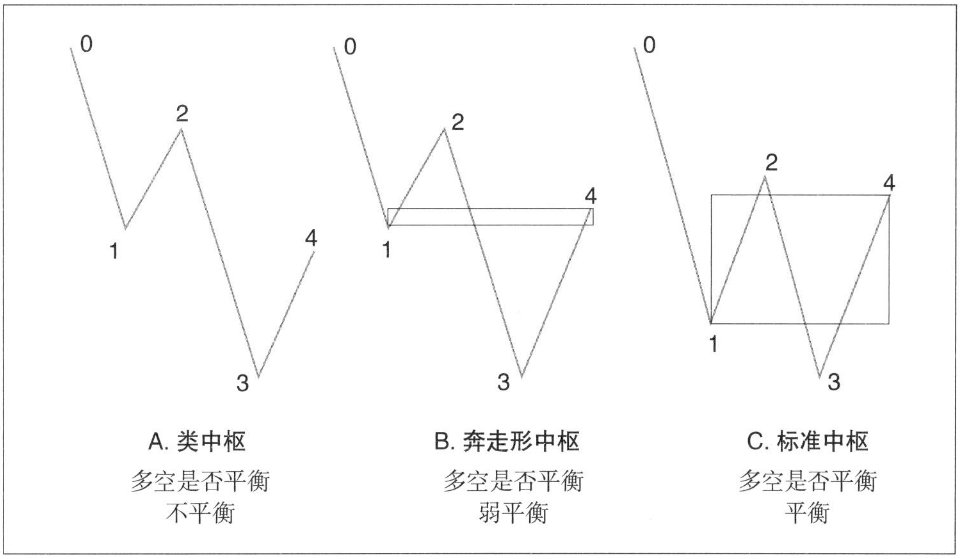

图 3-2-21 不同中枢与走势力度的关系

A. 类中枢。反弹走势不能回到位置 1，市场对于位置 1 的认可程度很低，整个走势还是一个单边下跌，0—1、1—2、2—3 构成的类中枢没有被破坏，很明显走势依然是一个原趋势（空头）占优的情况。

B. 奔走形中枢。反弹走势虽然回到位置 1，但略微突破就再次回调。这种情况表明价位 1 被部分市场人士认可，但明显不是主流。0—1、1—2、2—3 的类中枢被“温柔”地破坏了，1—2、2—3、3—4 形成的重叠区域称为奔走形中枢。从总体上看，这种走势逆势方向（多头）的力度有限，可以看作是多空弱平衡。

C. 标准走势中枢。反弹走势突破了位置 1，形成了一个有实体的重叠区间，表明位置 1 这个价格被市场很多人认可，此时逆势力量足以与原趋势对抗，多空暂时取得平衡，1—2、2—3、3—4 构成的重叠区间称为标准走势中枢。

当然，如果反弹终止的位置 4 甚至突破了位置 2，则表明反趋势（多头）力量强大，走势有反转的可能。

明白了类中枢、奔走形中枢以及标准走势中枢的形态特点和形成过程，自然就从本质上清楚了它们之间的区别。

3. 与标准走势中枢有关的知识

走势中枢是缠论的一个重要构件，需要重点分析。

一段走势构造出了标准走势中枢后，走势的关键位置就是中枢区间的高低点。许多人天天说走势中枢，却没有真正明白走势中枢依然缘于锚定效应。

（1）关于标准走势中枢的定义。

根据上面展示的走势中枢的演化过程，标准走势中枢有图 3–2–22、图 3–2–23 所示的几种情况。

图 3–2–22 中 2—3 段走势变弱，导致类中枢转化为标准走势中枢，这一点可以通过比较 2—3 段走势与 0—1 段走势的长度以及斜率得出。图 3–2–23 中 2—3 段走势没有明显变弱，但其后走势突破了重要位置 1，由此形成了标准走势中枢。

标准走势中枢的区间就是上述走势中的两个关键锚点，当然，中枢区间按标准走势中枢定义也是一样的。

标准走势中枢的定义：如图 3–2–22、图 3–2–23 所示，连续有重叠的前三段走势（图中以 A、B、C 标注）构成标准走势中枢。

标准走势中枢的区间：前三段走势的重叠部分即标准走势中枢的区间。这相当于前三段走势求交集，所以：

2～3段背驰形成中枢的情况，背驰可通过比较2～3段与0～1段走势的长度与斜率来确定

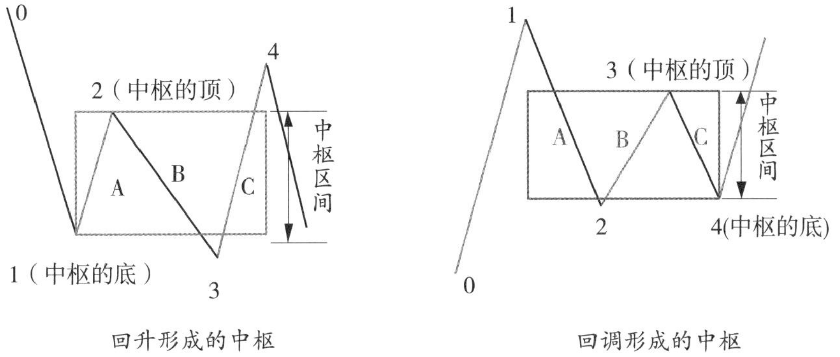

图 3-2-22 第一种调整走势形成标准走势中枢的情况

2～3段不背驰形成中枢的情况，此时2～3段与0～1段走势的长度与斜率没有明显的变弱

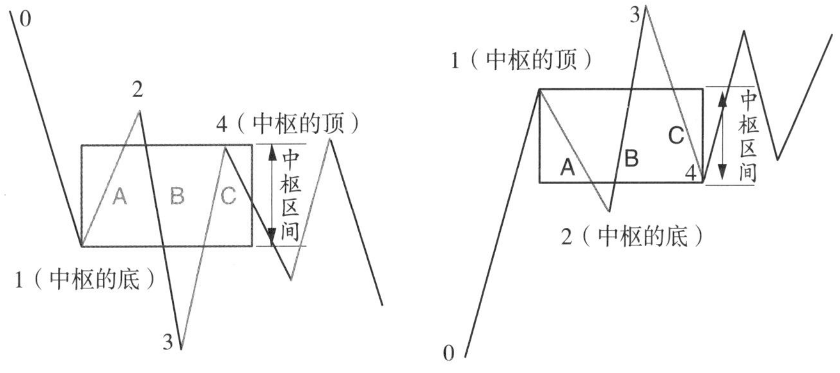

图 3-2-23 第二种调整走势形成标准走势中枢的情况

标准走势中枢的区间 = 前三段走势 [最高的低点，最低的高点]

标准走势中枢区间的顶：构成中枢的三段走势 A、B、C 中较低的高点，即走势中较高的锚点。

标准走势中枢区间的底：构成中枢的三段走势 A、B、C 中较高的低点，即走势中较低的锚点。

（2）标准走势中枢的延续。

形成标准走势中枢，意味着走势的波动以此为参考，只有走势明显突破或跌破这两

个关键锚点之一，走势才会发生变化。

如图 3–2–24 所示，围绕中枢震荡的走势都与中枢区间有重合，称为中枢延续。

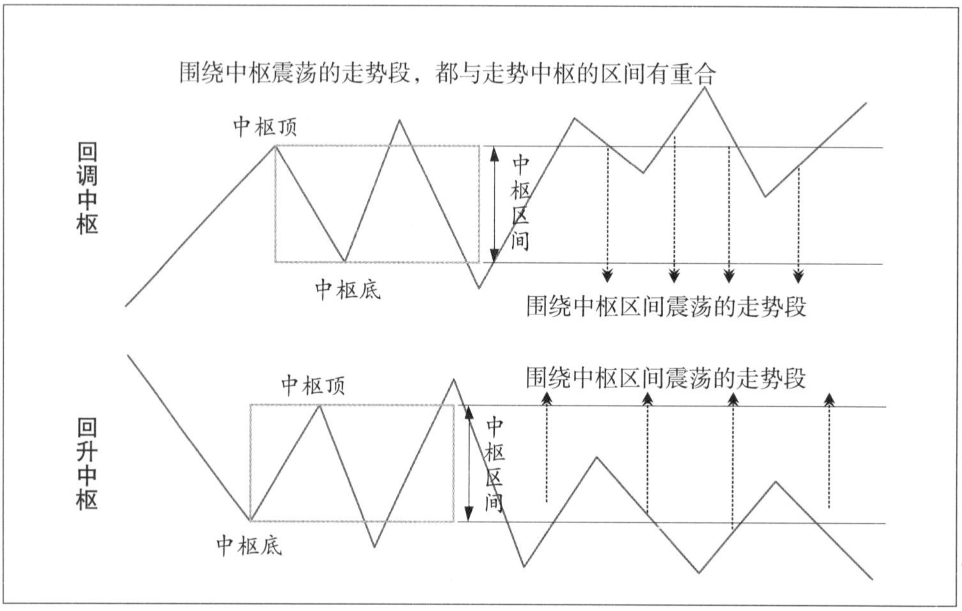

图 3–2–24　标准走势中枢的延续

由于中枢区间是由前三段走势决定的，所以中枢延续时，走势中枢的区间并未发生任何变化，改变的仅仅是中枢震荡区间的最高点和最低点。

（3）走势中枢的破坏。

如果以股价突破或跌破走势中枢区间的高低点判断走势中枢是否被破坏，未免过于草率，因为其后的走势段完全有可能会重新回到中枢区间。只有某段走势离开该走势中枢后，其后的回抽不能触及原走势中枢的区间，才被视为走势中枢被破坏，回拉走势的结束点称为中枢破坏点，如图 3–2–25 所示。

（四）缠论的走势类型

1. 缠论走势类型的重要性

曾经问过缠论爱好者这样一个问题：缠论中最重要的构件是什么？答案集中在走势中枢、背驰以及走势必完美上，没有人认为是走势类型。其实分析一下缠论各构件之间的关系，很容易发现走势类型才是缠论的核心。

笔的形成用到分型。

线段由笔构成。

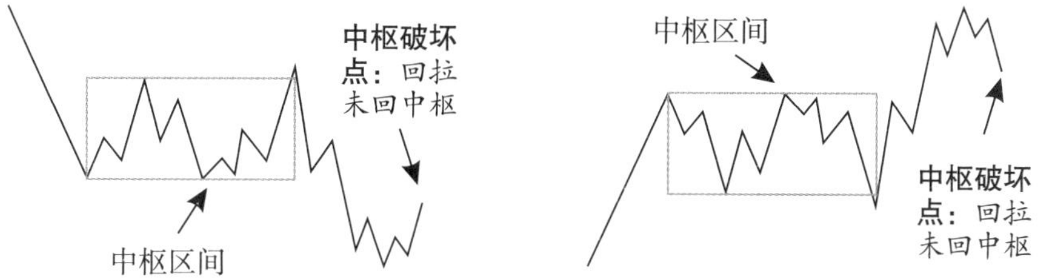

走势中枢破坏定理：当某走势段离开该走势中枢后，其后的回抽走势不能触及原走势中枢的区间，就称为走势中枢被破坏

图 3-2-25 走势中枢被破坏的情况

走势中枢可由线段组成。

走势类型必然包含走势中枢。

上述构件关系表明，走势类型是缠论构件中最核心的存在，分型、笔、线段、走势中枢都是为它服务的。相信很多人不太认可这种说法，大多认为走势中枢才是最重要的。缠中说禅在博客中也曾写到：

那么任何的走势图，其实就是一些级别大小不同的中枢。把这些级别大小不同的中枢看成不同的星球，在当下位置上的星球对当下位置产生向上的力，当下位置下星球对当下位置产生向下的力，这些所有力的合力构成一个总的力量。市场当下的力，也就是当下买卖产生的力，买的是向上的力，卖的是向下的力，这也构成一个合力。前一个合力是市场已有走势构成的一个当下的力，后者是当下的交易产生的力。研究这两种力之间的关系，就构成了市场研究的另一个角度，也就是另一种释义的过程。

这种走势划分方式撕裂了走势的连接，忽略了走势的整体性结构，只能视作操作时的权宜之计，难堪大用。

当然，走势中枢也是非常重要的，不过它的重要性体现在走势级别的自组生长中。走势中枢是走势级别承上启下的关键构件，这一点后面再说。

还记得理想状态下的截取方式吗？理想状态下，按获利最多的方式截取的 K 线走势，就是一段完整的上涨走势，它从侧面证明了走势类型的重要性。明确了走势类型，市场操作就能做到得心应手，所以走势类型的重要性不言而喻，而且可以看作是缠论构件的终极目标。整个市场走势的总体性结构也是依它搭建而成的，只是走势长短不同，方向不一而已。

2. 走势类型的基本构成

某级别的走势类型中至少包含一个调整走势。

假设观察的一段走势在K线图上不包含任何调整走势，意味着它只是缠论的一笔，甚至缺少可供参考的锚点，对于操作基本没有帮助，很明显它不能成为一个合适的分析对象。从锚定效应及操作的现实需要来看，最简单的缠论走势类型必须是线段类走势，因此至少包含一个走势中枢。

某周期的一段缠论走势，代表了多头或空头的一段进攻。它们与现实生活中的战争很相似，进攻方无论多么强大，也需要在进攻的间隙补充粮草，调配兵力，补充兵源，进攻总是以进攻—休整—再进攻—再休整的方式进行。

投射到市场走势上，就是各种不同的走势类型。比如上涨时，随着股价的上升，获利盘和解套盘会逐渐累积；下跌时股价渐低，补仓盘和抄底盘同样跃跃欲试，这些都需要通过调整的方式来宣泄，所以市场走势总体上呈现出进三退二、进三退一的情况。不包含调整的走势是不完整的，也缺乏可供分析的元素。

3. 缠论的走势类型——趋势与盘整

（1）缠论趋势与盘整的定义。

特别提醒，本书统一了同级别与多级别的趋势与盘整定义，所以仅以多级别的情况为例。

一段已经完成的走势中，包含一个走势中枢的走势类型是缠论盘整；包含两个及以上同向、同级别走势中枢的走势类型为缠论趋势。

很明显缠论的趋势与盘整，与通常所说的趋势与盘整有很大的不同，缠论趋势与盘整的划分标准，依据的是走势中枢的数量。不少人质疑缠论走势类型的定义方式，认为忽略了空间、力度等因素。加之缠论的盘整不一定比趋势的幅度小、力度弱，因此让很多人难以接受。上述想法明显还没有摆脱按力度大小、空间距离划分走势类型的习惯，却不知缠论更注重市场参与者心理层面的反映。

如图3-2-26中左图所示，拥有一个标准中枢或类中枢的走势，代表多方最多两次有效的攻击，不符合中国人三次为定的习惯，表现出多方存在一定程度的消极和犹豫，所以它们被称为缠论的盘整。

如图3-2-26中右图所示，包含两个或两个以上同向、同级别标准走势中枢或类中枢的走势，意味着多头至少组织了三次以上的有效攻击，这个攻击力度足以证明多方对走势的把控，所以称为趋势。

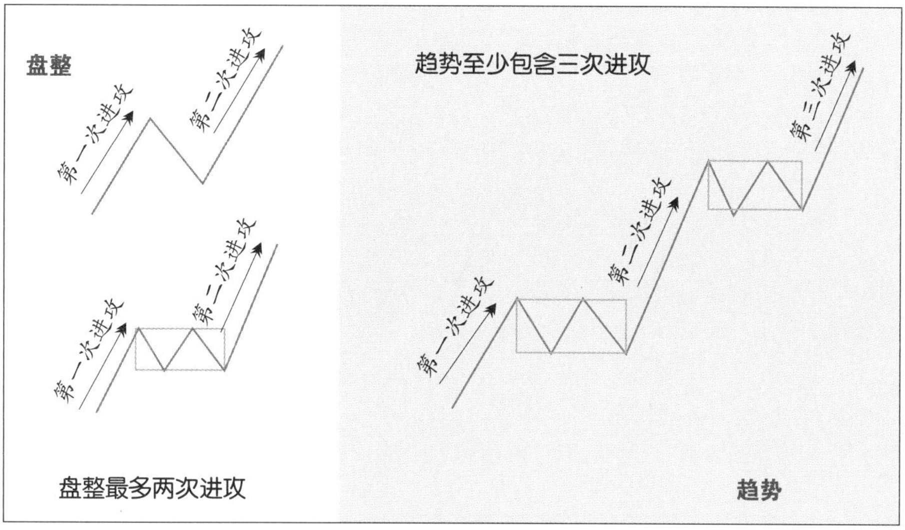

图 3-2-26　盘整与趋势的主要区别

A. 趋势与盘整的区别。

很久以前，第一次看武术搏击类节目时颇为失望，因为不但没有看到传说中的“降龙十八掌”“佛山无影脚”和“夺命连环穿心脚”之类的功夫，就连精彩的组合拳法也不多见，选手们在搏击中都表现得非常谨慎。重量级选手的比赛更是乏味，基本以轻拳试探为主，重拳出击十中难见一二。后来渐渐明白，重拳出击、腾空飞踢很容易失去重心，失误后会面临对手疯狂的反击，所以没有十足把握，不敢贸然使用。

趋势和盘整的差别，就像轻拳试探与重拳出击的差别一样。盘整走势更像轻拳试探，是有所保留的，不求一举重创敌人，但也不会轻易失去重心，保存了进攻实力；进攻失误的后果也不严重。趋势则是某方力量的一次倾情出击，基本耗尽了所有能量。正如成语所说的“强弩之末势不能穿鲁缟”，力尽时就会危如累卵。

B. 缠论盘整的力度分析。

缠论盘整在心理层面不如趋势那样态度坚决，但打击效果与对手有关。如果对手很弱或疏于防范，盘整造成的伤害不一定比某些趋势小。一种常见的现象是，有些盘整第一段就杀得天昏地暗，后面的一段即使力度没有第一段力度大，两者加起来也可以超越所谓的趋势了。

（2）缠论的盘整与走势中枢的区别。

如图 3-2-27 所示，走势由一段 1 分钟以下级别的线段类走势 a，演化出一个 1 分钟的走势中枢 A，此时走势直接升级为 1 分钟的盘整。当然，你把它称作一段 1 分钟以下级别的走势 a+1 分钟的中枢 A 也是可以的，但绝对不能称为 1 分钟以下级别的走势

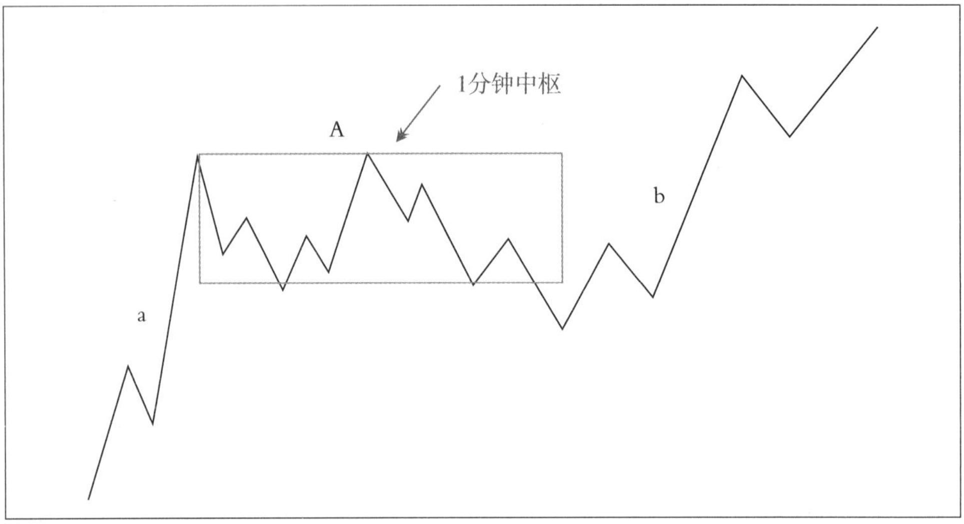

图 3-2-27　缠论盘整与走势中枢

a+1 分钟的盘整 A，这就是缠论盘整与走势中枢的区别。

如图 3-2-28 所示，如果这个走势中枢最终扩展成为了 5 分钟级别，情况还是一样的，A 是走势中枢，a+A+b 这个走势类型因仅包含一个走势中枢，所以称为一个 5 分钟级别的盘整走势。

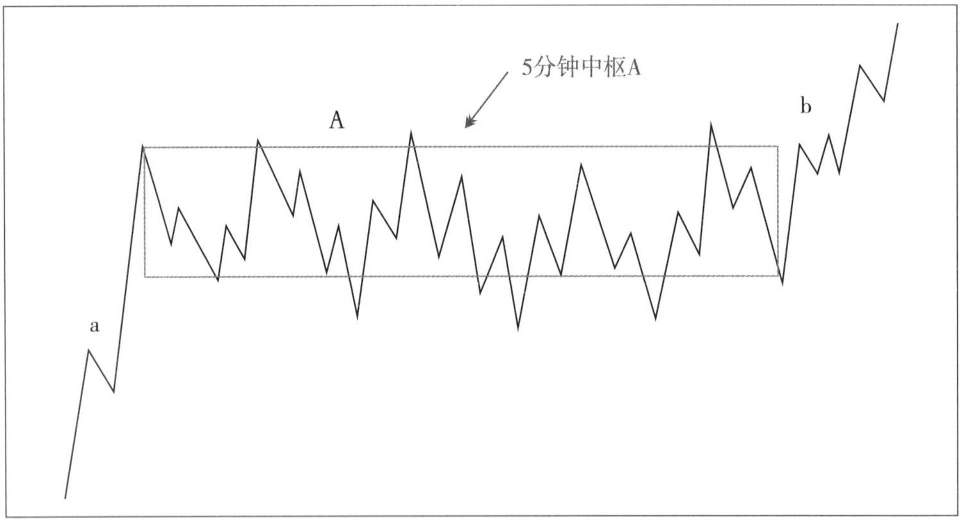

图 3-2-28　5 分钟盘整走势

此外，普通意义上的区间震荡，与走势中枢的概念比较接近，同为股价围绕某个价格区间波动，但与缠论盘整也不是一个概念。

这里以树为例，再对几个容易混淆的概念进行区分，如图 3-2-29 所示。

图 3-2-29 树与树上的分枝

如果把树干上的分枝看作走势中枢，整棵树就是走势类型。拥有一个分枝的大树是盘整，拥有 2 个以上直到无穷个分枝的树为趋势。

但千万别以为缠论的盘整就一定比趋势弱，指数从 6000 点跌到 1800 点，只要中间只有一个中枢，也是一个盘整走势。就像只有一个分枝的树，难道一定比有 100 个分枝的树矮吗？这显然不合逻辑。

（3）缠论走势类型的方向。

既然盘整走势力度不输趋势，同时也并非围绕某个价格区间的震荡，那么必然具有明确的方向性。

此外，缠论赋予市场的总体性结构，决定了走势类型的连接必然是上、下或下、上式的（第 4 天的课程中有详细说明）。所以缠论盘整和趋势一样，同样具有方向性，分为向上盘整及向下盘整。因为盘整具有方向性，这样就不能简单地把一段走势说成盘整，还要为其加上方向。也不能轻意否定盘整 + 盘整的走势连接，但是不允许向上盘整 + 向上盘整、向下盘整 + 向下盘整的走势连接。

缠中说禅在“教你炒股票”第 27 课中使用过盘整 + 盘整的走势连接，它们应该是分属不同方向的两个盘整走势。

趋势具有方向性比较好理解，依次同向的两个及以上走势中枢的位置关系决定了趋势的方向，后中枢更高为上涨走势，反之是下跌走势。

如图 3-2-30 所示，缠论盘整的方向性理解起来费力一些，可以把由向上笔开始的盘整称为向上盘整，由向下笔开始的盘整视作向下盘整。

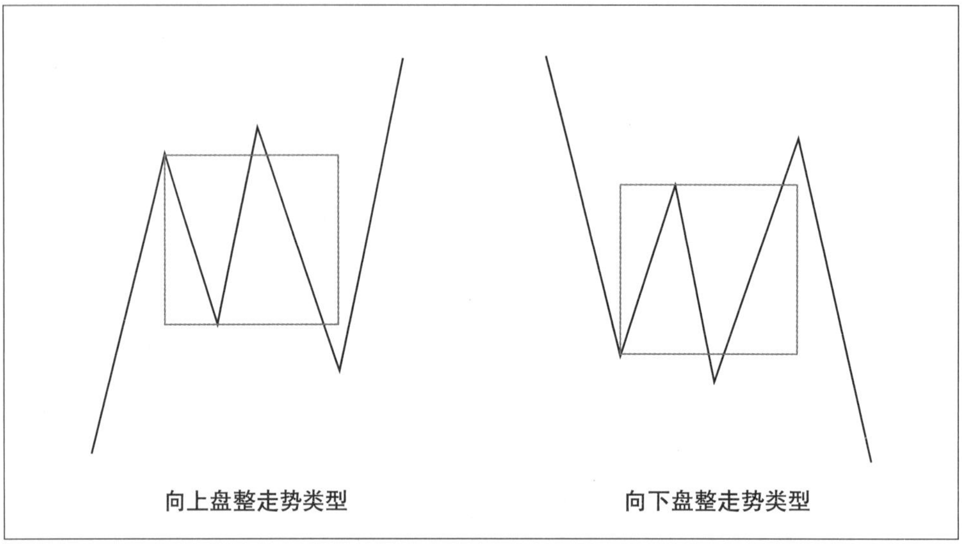

图 3-2-30 盘整的方向

4. 全局视角下的缠论走势类型

前面先局部再整体地分析了缠论走势，可能比较难以理解，也不太符合中国人认识事物的习惯，中国人更倾向于接受先整体再局部的方式。比如中国人表达时间，年在前，月在次，最后是日。下面就按上述表达方式，再分析一下走势类型与走势中枢的关系及其作用。

（1）走势划分借鉴了自然界黑白之道，阴阳交替之法。

缠论将走势划分成具有明确方向性的上涨或向上盘整以及下跌或向下盘整，这和古代圣贤对于阴阳变化的看法不谋而合。如图 3-2-31 所示，一个完整的太极图由两个独立的阴阳鱼组成，阴阳鱼的眼睛与鱼身相反，即阳鱼中有阴鱼眼，阴鱼中有阳鱼眼。

阴阳鱼代表了事物对立的两极，黑、白，上涨、下跌，男、女，等等。阴鱼中的阳鱼眼以及阳鱼中的阴鱼眼，意味着对立的两极是你中有我、我中有你的融合状态。

整个太极图表达了事物既对立又统一的辩证关系，图中的鱼眼是阳极生阴、阴极转阳的起点，这和缠论定义的走势不约而同。走势的上下交替，正好应和了阴阳变化之道。走势中的走势中枢与太极图中的鱼眼有异曲同工之妙，同样是走势转折的初始点。

综上所述，缠论的走势蕴含了自然界的黑白之道，阴阳交替之法。

图 3-2-31 太极图

（2）标准走势中枢——走势阶段性完美信号。

如图 3-2-32 所示，观察走势类型中的走势中枢，它们就像一颗颗珍珠将整个走势串联起来，一切看上去是那么的美好、简单。可惜走势不可能如事后观察的那般清晰，否则炒股将是一个轻松惬意的工作，问题的根源正是出于走势中的走势中枢。

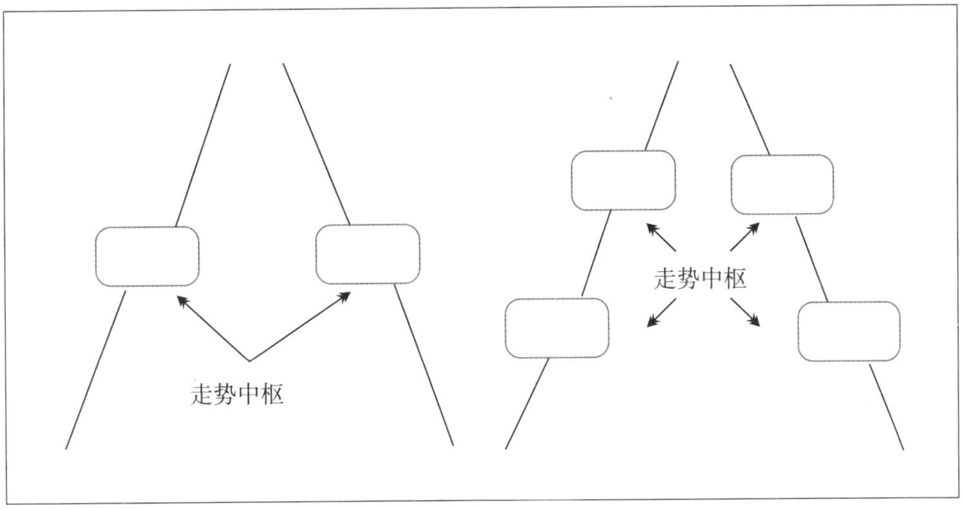

图 3-2-32 走势中框与走势类型的关系

分析当下走势时，出现标准的走势中枢，代表了最强力度的调整。产生调整的原因多种多样，比如股价上涨时的解套盘、获利盘，或者持股者认为股价已经充分反映股票内在价值，都会产生卖压堆积。此时需要一个平台充分换手，再决定后续的走势方向，反映在K线图上就是结构各异的标准走势中枢。标准走势中枢后，原趋势力量既可能重整旗鼓再次胜出，也可能从此一蹶不振，走势发生转折。

这种不确定性对炒股造成了最大的困扰。比如已经完成的走势，形成了两个依次同向的走势中枢，走势完全可以就此完美，但也可以不断地延续下去，形成更多依次同向的中枢，这种情况在实际操作中太常见了。如果这个趋势是向上的，价格会不断上涨。很多人抓不住牛股，经常在第一个中枢时就被震下马，最主要的原因就是对此缺乏明确的认识。反之，下跌延续对于所有抄底者来说都是恶梦。逃顶、抄底为何难，归根结底就是这个“走势的延续”闹的。

这里的走势延续，不是单纯的趋势延续，主要指同级别走势方向上的延续，比如向上盘整转变为上涨走势，向下盘整发展成下跌走势，依然都属于走势延续的范畴。

基于标准走势中枢的表现，将它视作走势阶段性完美信号颇为贴切。

下面以走势延续为例，看一看其间标准走势中枢的作用。

缠论盘整：某完成的走势只包含一个走势中枢，称为盘整。

缠论趋势：某完成的走势至少包含两个以上依次同向的走势中枢，称为趋势。

根据以上定义，可以得到如下结论：当走势形成第一个走势中枢A时，可以认为走势阶段性完成，是一个向上的盘整。如图3-2-33所示。

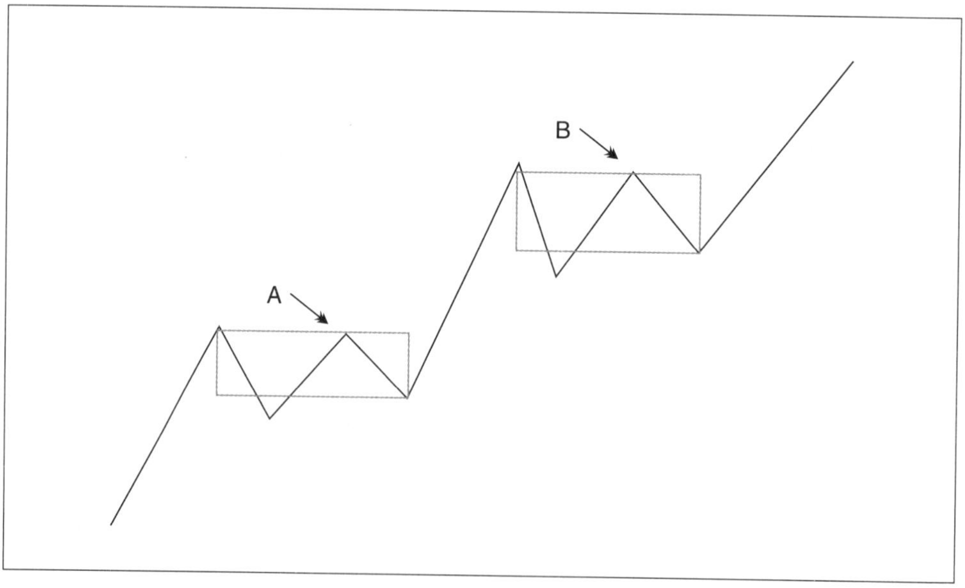

图3-2-33　标准走势中枢——阶段性完美信号

其后股价突破了中枢A的束缚，在其上方再次形成一个新的同级别中枢B，这时的走势再次完美，从而形成一个双中枢的上涨走势。

三、缠论的科学性及其他

1. 缠论的科学性

“我的成功可以复制！”这是前几年很时髦的一句口号，可见“复制性”是评判成功与否的一个重要标志。可复制性代表着科学性，它排除了偶然因素、运气成分获得成功。

同理，作为一套指导投资实践的理论，如果不具备可复制性，那一定不是一个好的理论，至少说明理论的实用性比较差，因此探讨一下缠论的科学性十分必要。

科学要求条件和结果一一对应，具有科学性即具有可复制性。不过缠中说禅提醒大家：

市场，归根结底只是你的市场，就像一个看花只能看到花的眼睛，那自然看花就是花，不会把花看成猴子。科学的把戏，就是要先假设所有的被科学定义为眼睛的物体，都只能把花看成花，所以科学在股市上注定死无葬身之地。

这里缠中说禅指出了人们评价缠论可复制性时的最大障碍，表面看是每个人看待市场的角度存在差异，比如在 5 分钟操作者眼中的上涨，可能是 30 分钟操作者最后的逃生机会。此外还包括对于理论的不同使用方式，比如设定的最小走势级别不同，走势多义性造成的不同理解，等等。

但这些同属低层次思维方式下的产物，应该不是缠中说禅想表达的全部意思。运用深层次思维能力对上述问题进行分析，首先要明确理论的可复制性是指哪些方面。

对于一个合格的缠论学习者，任何具体的 K 线结构都不是市场下个阶段肯定会出现的，任何一段走势必然是全新的、鲜活的，因此，市场走势本身具有不可复制的属性。

市场中的走势却又无一例外地在重复着缠论给出的自同构性结构，比如走势转折时必然产生分型，调整走势必然出现类中枢或标准走势中枢结构。因此，评价缠论的科学性，应以考查缠论的自同构性结构是否在特定条件下出现为标准。

由于对缠论的科学性不甚了解，使得一种错误广泛存在。比如股吧中常见的“现在的走势正在复制某年某月某日的走势”“由于上涨走势背驰，所以会跌到 ×× 元”这些说法，如果后续走势没有达到预期，就质疑缠论的科学性，这种简单思维方式下的科学，注定死无葬身之地。

2. 零向量

一个好的猎手，可以没有嘴巴，但一定会有一双不为外物所动的眼睛，在这眼睛下，一切如幻化般透明。要不被外物所动，首先要不被自我迷惑，其实无所谓外物、自我，都不过幻化空花，如此，方可从容其中。

猎手只关心猎物，猎物不是分析而得的。猎物不是你所想到的，而是你看到的。相信你的眼睛，不要相信你的脑筋，更不要让你的脑筋动了你的眼睛。被脑筋所动的眼睛充满了成见，所有的成见都不过对应着把你引向那最终陷阱的诱饵。猎手并不畏惧陷阱，猎手只是看着猎物不断地以不同方式却共同结果地掉入各类陷阱，这里无所谓分析，只是看和干！

——“教你炒股票”第 5 课“市场无须分析，只要看和干”

上节关于走势的分析，确认了“锚定效应”对走势结构的形成影响巨大。明白锚点的存在，并非让大家直接按锚点操作，那样和没有学习缠论的股民没有本质的区别。缠中说禅是让我们首先做一个市场的观察者，通过“锚点”来判断走势是否正常，是否健康，走势有没有被破坏和发生转折的可能，从而最终成为一个走势的跟随者。

市场赢家就是“恰好”顺应了走势的人。这个“恰好”是动态的，无论多少人，每个人的行为当成一个向量，所有人的行为最终构成走势的总向量，而所谓的“恰好”，就是这个总向量本身。

如何才能永远和这个总向量一致？就要把自己变成一个零向量。有也只有当一个零向量加入到任何一个向量叠加系统里，才不会影响到最终的总向量。

很多人天天嚷着、喊着要把自己的贪婪与恐惧去掉，却连解决问题的方向都没找到。能区分出“锚点”的位置，市场走势就如同“明镜”一般，看得出真实的多空力量对比，各种陷阱就是你抄底逃顶的最佳机会。

让市场走势如同自己的呼吸一般，看走势如同看自己的呼吸，慢慢就可以下单如有神了。你的交易，就是顺着市场总向量的方向增加力度而已，这才是真正的顺势而为。

3. 缠论的优势

（1）相对公平。

缠中说禅说：“对于散户来说，最终能战胜市场、获得超越市场的回报的，只有在本 ID 所说的乘法原则下的技术面操作。”乘法原则不在本书的讨论范围，暂不涉及。

缠论属于技术分析理论范畴，是可以仅仅依靠实时的 K 线走势图就完成操作的。对于一个完全没有消息的散户来说，K 线走势图是最公平、最容易得到的信息。

同时，实时 K 线走势图，对市场参与者来说都是第一手的，最直接的，这里没有任何秘密和先后可言。

（2）理论结构的完整性优势。

缠论的买卖点都是成对出现的，买点之后，必然有一个相同级别的卖点等待着你。

市场中很多技术分析理论，尤其是国内的，往往一味迎合阅读者，花费大量的笔墨来描述买点，但缺少对卖点的描述。

比如，买在起涨点、红三兵、早晨之星、一脚踢出个大黑马、老鸭头，等等，不但拘泥于走势形态的表象，而且往往只有买点，没有卖点，缺少系统性，与缠论相比略逊一筹。

第四天

缠论赋予市场的总体性结构

本篇内容：

一、建立市场总体性结构的原因及思路

二、缠论的级别及级别序列

三、走势的多义性

写作目的：

缠论赋予市场总体性结构是通过缠论的级别及级别序列来实现的。

本篇内容旨在说明炒股软件中的级别概念，缠论的级别设定，关于缠论级别的一些错误认识，缠论自组生长基因的实现。

缠论的级别表现为一种结构，受走势划分方式的影响，本篇讲解了缠论的两种走势划分规则。

另外讲解了线段类走势的概念及演化过程，以及本书对其的定位。

一、建立市场总体性结构的原因及思路

图 4-1-1 为平安银行某时段的 K 线走势图，股票走势看上去杂乱无序，无迹可寻。基于如此认知，甚至产生了一个著名的理论——随机漫步理论。该理论假设股票价格的波动是随机的，像一个在广场散步的人一样，价格下一步走向哪里，完全没有规律。缠论的出现推翻了这个结论，市场走势终于拥有了属于自己的脉络，属于自己的结构。

图 4-1-1 未加缠论走势划分的 K 线图

（一）赋予市场总体性结构的重要性

1. 什么是市场走势的总体性结构

市场总体性结构，当然不是指缠论的分型、笔、线段、走势中枢之类的构件，而是由级别不同、形态各异的走势类型组合而成的整体性结构。

如图 4-1-2 所示，当为 K 线图加上缠论的走势划分后，就方便了走势的阅读与分析，其间任何一段走势都具有了相对的意义，其后的走势也有了完备的分类。

图 4–1–2　加缠论走势划分的 K 线图

就像老板将一个新城市的连锁酒店交由你经营，由于客房散落在城市的不同角落，所以你的首要任务一定是为酒店客房建档，这样才能更好地与员工、与客户交流，才可以随时掌握各间客房的客人入住情况、设施完善率等资料，它是一切经营活动的数据基础。

缠论赋予市场的总体性结构，就好比为酒店客房建立档案一样。

2. 建立市场走势总体性结构的优点

与图 4–1–1 相比，图 4–1–2 虽然只是增加了两个级别的走势划分，但对于阅读与操作产生了巨大的作用。有了图 4–1–2 的划分，投资操作不再是人性本能的自然反应，而是有思考、有依据的专业行为。

当然，图 4–1–2 的划分很简单，只包含两个级别的走势，不具有普遍性。纷繁复杂的市场，需要更为复杂的结构加以应对，如此才能为每段走势赋予贴切的定位，诸如某级别走势类型中的某段走势，等等。

（二）建立市场总体性结构的思路

仍然以酒店客房建档为例。由于客房分属不同的街道、楼盘、单元、楼层，所以笼统地为客房进行大排行是无法想象的，也缺少实用价值，一般都会分门别类地进行整理、编号。整理、编号的规则，决定了酒店客房的档案结构。最终的档案信息一般包含：所在街道、所属楼盘、大厦名称、单元号、楼层数、房间号码，等等，它们依次代表了由大到小的位置信息。市场走势也需要建立这种多层次的结构。

最常见的具有完美多层次结构、唯一分解的是十进制记数法则下的自然数。十进制，顾名思义，逢十进一，因能够记录超过双手手指数量的数字，从而成为默认的记数法则。根据这一法则，任一自然数都可以以相同的规则进行唯一的分解。

比如任意自然数 ABCD，都可以分解为：

$ABCD=A\times10^3+B\times10^2+C\times10^1+D\times10^0$

对比十进制记数法则，市场走势总体性结构的重点与难点在于走势的升级。

（三）缠论建立市场总体性结构的关键——自组生长基因

如果走势的自同构性结构是缠论关于市场规律的阐述，那么走势的自组生长基因，则完完全全是缠论的规则部分，是由理论设定的。规律要遵循，规则要遵守。

这种理论上的安排主要包含以下几个方面的内容。

1. 构造出高级别的走势中枢。

正如十进制的“逢十进一”一样，缠论的走势形成“高级别走势中枢”后升级。这一点和走势中枢的定义有关：连续三个本级别走势有重叠，就构成高级别的走势中枢。

比如：连续三个 1 分钟级别走势有重叠部分，就构成 5 分钟级别的走势中枢。

走势中枢的这个特性，保证了走势自组升级的可能，虽然仅仅是自组出了高级别的走势中枢。

2. 缠论走势级别的确立。

一段走势中可能包含多个不同级别的走势中枢，走势中枢的级别代表了它们的重要程度，级别越高，权重越大。一段已完成的走势，其级别由最高级别的中枢来确定。

如图 4–1–3 所示，走势中包含两个 1 分钟走势中枢和一个 5 分钟走势中枢，由于 5 分钟级别的权重大于 1 分钟的，所以整个走势为 5 分钟盘整。此规则保证了走势中枢升级后，走势也相应升级。

上述两点构成了缠论走势的自组生长基因。

缠论的走势划分规则结合以上自组生长基因，可以为任何交易品种建档，而且完全不受交易时长的限制，从此市场走势因缠论而有了总体性结构。

3. 级别的不可逆性

从缠论的自组生长基因可知，走势级别的增加源于理论设定，源于自组性的存在，所以缠论的级别具有单方向性特点，即只能由小级别走势组合出大级别走势，无法通过先确定大级别的方式反向推导其下的级别。

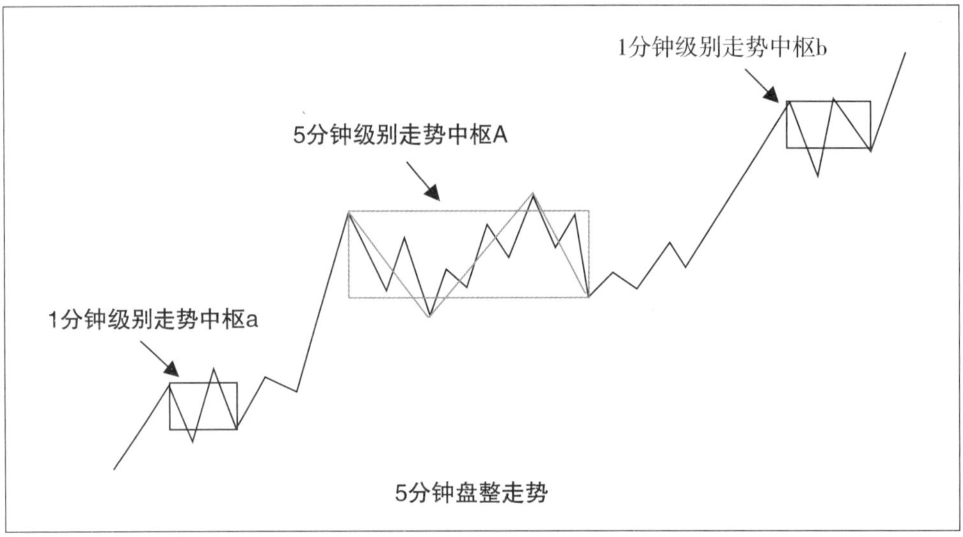

图 4–1–3　走势的命名

4. 走势类型破坏的充要条件

有了上述规定，尚不能构成完备的缠论自组生长基因，还需为走势破坏制定严格的规则，该规则有一个大家耳熟能详的名字——“走势必完美”。

“走势必完美”贯穿“教你炒股票”全文，是一个非常重要的概念，其间的含义也不断升华。下面以时间为序看一下其含义的不断演变过程。

（1）任何走势都必然是上涨、下跌或盘整走势中的一种。

“走势必完美”最早出现在“教你炒股票”第 17 课中，它代表着走势只有三种分类，不是上涨、下跌就是盘整。不过那时的上涨、下跌与盘整都是同级别的，这一点在课文之初就点明了。“注意，下面以及前面的讨论，如没有特别声明，都是在同级别的层面上展开的，只有把同级别的事情弄明白了，才可以把不同级别走势组合在一起研究，这是后面的事情了。”

同级别上涨、下跌与盘整走势的定义，出现在“教你炒股票”第 15 课中，如图 4–1–4 所示。

上涨：最近一个高点比前一高点高，且最近一个低点比前一低点高。

下跌：最近一个高点比前一高点低，且最近一个低点比前一低点低。

盘整：最近一个高点比前一高点高，且最近一个低点比前一低点低；或者最近一个高点比前一高点低，且最近一个低点比前一低点高。

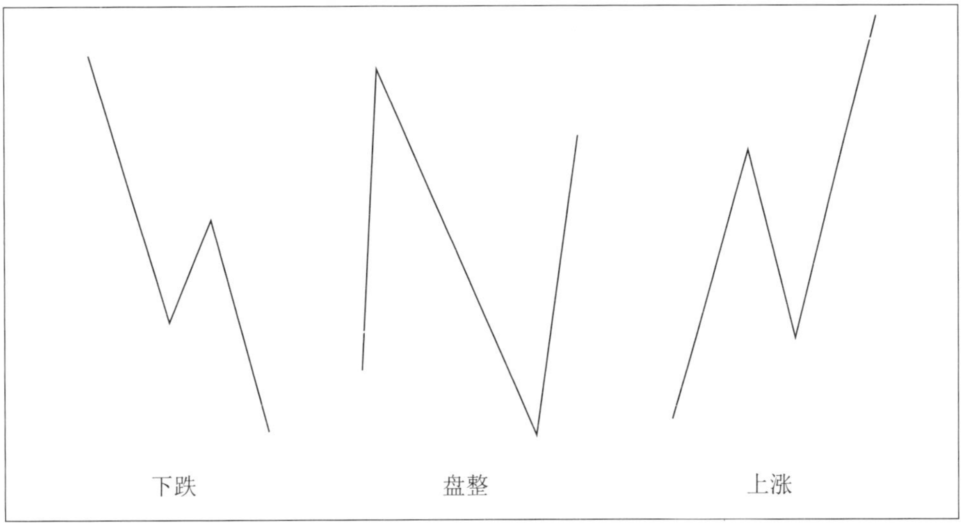

图 4-1-4　走势的三种分类

不少解读“教你炒股票”108 课的文章，在此处为上涨与下跌加成双中枢结构或者将盘整的级别加大，这些都是不符合课文原意的。

此时的“走势必完美”有两个不可分割的内容：一方面，任何走势，无论是趋势还是盘整，在图形上最终都要完成。另一方面，一旦某种类型的走势完成以后，就会转化为其他类型的走势。

这是对市场走势规律的总结，即市场走势永远只有三种结构，不是处于上涨、下跌中，就是处于盘整中，这和平常所说的市场走势只有涨、跌、平的意思相差不大。这种类似于常识、废话的东西，如同欧几里德平面几何里两点之间只能有一条直线一样，是可以直接使用而无须推导的公理。

虽然是公理，但由于包含“任何走势最终都会完成”的意思，因而饱受争议。在市场大多数人眼中，它所表达的和“海可枯，石可烂”“人终究难免一死”一样，缺少实用价值。对于具体操作来说，这些无法定量分析、大而化之的东西，没有任何意义，市场操作一就是一，多一分不行，少一分也不行。

为此，缠论在三种分类的基础上将走势类型具象化，给出了它们的基本结构，如图 4-1-5 所示。据此，缠论的走势变得有迹可循，它分为：A. 当下走势处于不完美状态，则必然会完美；B. 当下走势处于某种完美状态，则必然会转化为其他的走势类型。从不完美到完美或者从某种完美再到其他完美，就为当下操作提供了依据。缠中说禅通过这种方式，将静态的三种走势分类转化为当下动态的操作思路。

图 4-1-6 是上涨、下跌转化为盘整的情况分析。如果加上背驰判断，类似这种状态相互转换的过程，就是走势中的关键节点。不过后期缠中说禅对于盘整的使用方式进行了比较大的改变，所以这里不做详细分析。

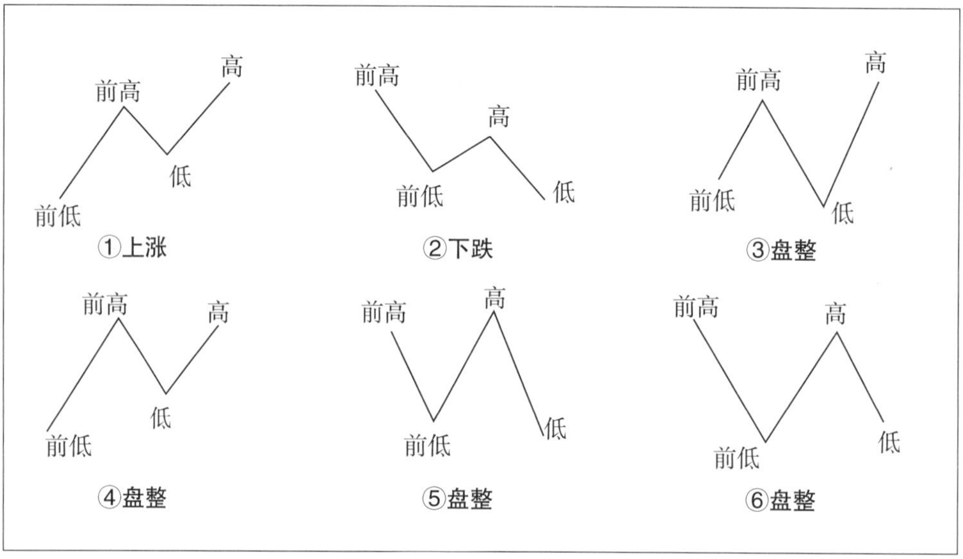

图 4-1-5　上涨、下跌与盘整的基本结构

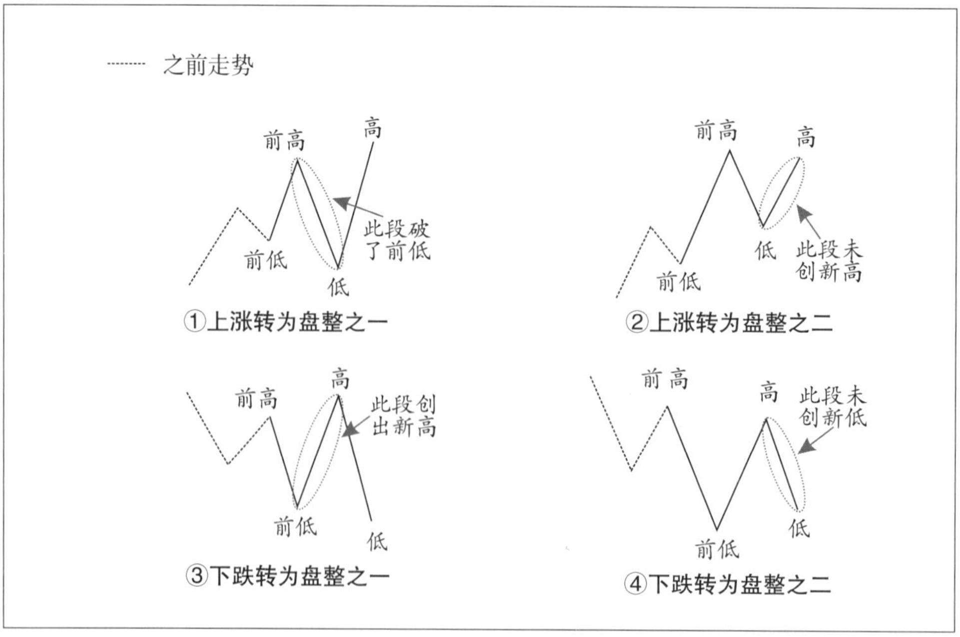

图 4-1-6　上涨、下跌转化为盘整的情况分析

（2）由“走势必完美”推导出走势中枢的各种用途。

很快，缠中说禅将“走势必完美”从同级别推广到多级别。多级别的上涨、下跌与盘整的定义，依靠走势中枢的数量来决定。

缠中说禅盘整：在任何级别的任何走势中，某完成的走势类型只包含一个缠中说禅走势中枢，就称为该级别的缠中说禅盘整。

缠中说禅趋势：在任何级别的任何走势中，某完成的走势类型至少包含两个以上依次同向的缠中说禅走势中枢，就称为该级别的缠中说禅趋势。该方向向上就称为上涨，向下就称为下跌。

此时“走势必完美”的含义没有太大变化，但走势类型的概念拓宽了，走势中枢成为最为重要的构件。

由此推导出了走势中枢的各种用法，比如利用走势中枢对走势的延续与破坏进行判断，又如通过走势中枢的拆分、组合对走势进行同级分解，等等。

（3）市场总体性结构的保障。

走势转折并非只有走势中枢被破坏一种情况，从小级别走势开始的转折也有很多，随后缠中说禅完善了走势类型被破坏的情况。此时的“走势必完美”，实则是一条规则，而不再是关于市场走势规律的总结。

“走势必完美”并非指走势必然会完美，而是必须完美。

单纯从字面看，意思差不多，但如果你将它当作一个规则，品味其中的含义，就大为不同，它包含以下几层意思。

A. 无论向上还是向下的走势，均需完美。

这是一条关于走势延续的理论规定。缠论的走势延续不能片面地理解为走势类型的延续，因为除了上涨或下跌的趋势类型可以延续，向上盘整演变为上涨走势，向下盘整演变为下跌走势亦属于走势延续范畴，因此缠论的走势延续主要是方向上的。

如图 4–1–7 所示，当走势形成了第一个走势中枢 A 时，是一个向上的盘整走势。如果后续又形成了同向同级别的走势中枢 B，此时走势得以延续，从一个向上盘整转为上涨走势。如果又出现了同向同级别的走势中枢 C，则代表上涨走势延续，直到出现如图中 P 的同级别逆向走势段后，原走势才被破坏，之前的上涨走势才完美。

这条规则确保了缠论的市场走势连接只能是上、下或下、上式的。

向上盘整 + 向上盘整，向下盘整 + 向下盘整、向上盘整 + 上涨、向下盘整 + 下跌、上涨 + 上涨或下跌 + 下跌式的走势连接，均不符合理论的要求。

这些走势连接很明显将一段走势当作了两段甚至几段方向相同的走势组合。

B. 由于走势必完美规则的存在，所以走势只能被同级别的反方向走势破坏。

走势被破坏前没有统一的结构，既可以是一段小级别的走势，也可以是一个走势中枢，因此苦苦等待走势中枢的出现，并以此作为完美信号是徒劳无益的，也缺乏理论依据。但有一点很明确，如图 4-1-7 所示，如果没有一个新的同级别反向走势确立，原走势不可能被破坏，小级别的逆向走势不过是原走势的一部分，相关情况后面有详细的分析。

这个结论非常重要，不但是分析走势被破坏时的理论依据，而且是缠论走势自组生长基因的重要组成部分。

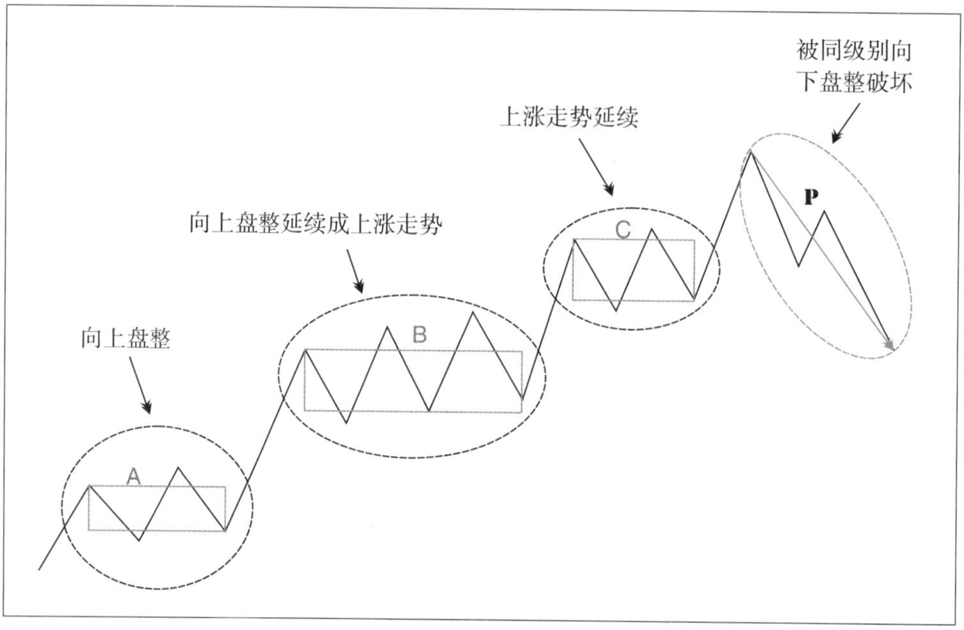

图 4-1-7　缠论走势延续及破坏示意图

C.“走势必完美”规则同时是走势自组生长基因的理论保证。

根据此规则，某级别走势只能被同级别逆向走势破坏，比如上涨走势只能被同级别的下跌或向下盘整破坏。因此，某级别走势被反向同级别走势破坏后，实际上最少会形成高级别的类中枢，根据走势级别的规定，原走势也同样升级为高级别走势。

如图 4-1-8 所示，原有走势 A 被走势 B 破坏，其后无论形成的是拥有类走势中枢的线段类盘整，还是包含标准走势中枢的标准盘整走势，其级别都将升级。

注意：以上是缠论第二及以上级别的情况，缠论最低级别 K 线图上，笔和线段的含义与此不太相同。相关内容见后面讲解。

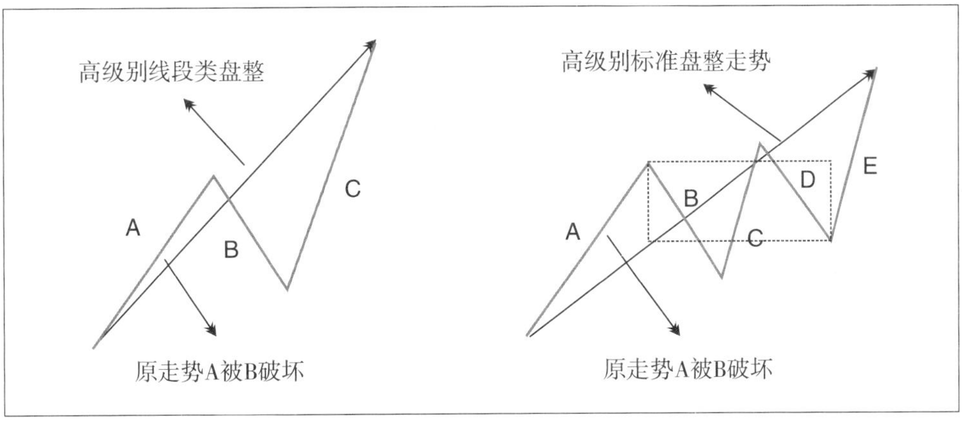

图 4-1-8 缠论走势级别升级示意图

至此，缠论的自组生长基因构造完成，其中“走势必完美”是缠论赋予市场总体性结构的核心原则，完全可以和十进制中的“逢十进一”规则媲美。

二、缠论的级别及级别序列

市场的总体性结构和走势自组生长基因，归根结底是缠论关于级别的理论安排。缠中说禅曾说，“真正理解缠论级别的人不多”，可见这个问题的难度。下面从炒股软件的级别概念开始，详细介绍相关知识。

（一）炒股软件中的级别概念

1. 市场的真实交易数据

市场中最底层的交易数据是分笔成交，即交易所即时撮合成交的一笔笔交易。受计算机性能和网络传输速度的影响，大多数人能接触到的最原始交易数据如图 4-2-1 所示，是由电脑炒股软件提供的分时成交明细，大约每分钟可以有几十笔交易。图中分时成交明细表的最后一栏，其数字代表了每笔交易记录实际包括的真实交易次数。

不过，一两秒钟提供一次成交数据，对于绝大多数股民已足够实用，所以下面如无特殊说明，就把软件提供的分时成交记录作为原始交易数据加以使用。

炒股软件同时为大家提供了这种交易数据的图形表达方式，如图 4-2-2 所示的分时成交图，缠中说禅博客中的分笔成交就是指这类东西。分时成交图有一个最大的缺陷，一般每张图表只能呈现一天的交易情况，无法对较长周期的走势进行综合分析。另外，在如此小级别上划分出来的分型、笔之类的缠论构件，其稳定性也面临考验，最终缠论使用了 K 线走势图作为分析数据。

分时成交明细

14:55	77.19	160	S	68
14:55	77.20	171		47
14:55	77.20	88	S	34
14:55	77.19	151	B	47
14:56	77.20	201	B	44
14:56	77.18	163	S	47
14:56	77.19	197	B	62
14:56	77.15	68	S	19
14:56	77.16	53		20
14:56	77.19	268	B	84
14:56	77.13	55	S	27
14:56	77.15	121	B	32
14:56	77.15	103	B	39
14:56	77.12	191	S	50
14:56	77.11	78	S	23
14:56	77.13	229	B	19
14:56	77.12	86		29
14:56	77.14	282	B	79
14:56	77.10	117	B	29
14:56	77.10	122	B	43
14:56	77.05	76	S	17
14:56	77.05	170	S	34
14:56	77.08	130	B	52
14:56	77.06	169	S	58

图 4-2-1　分时成交明细

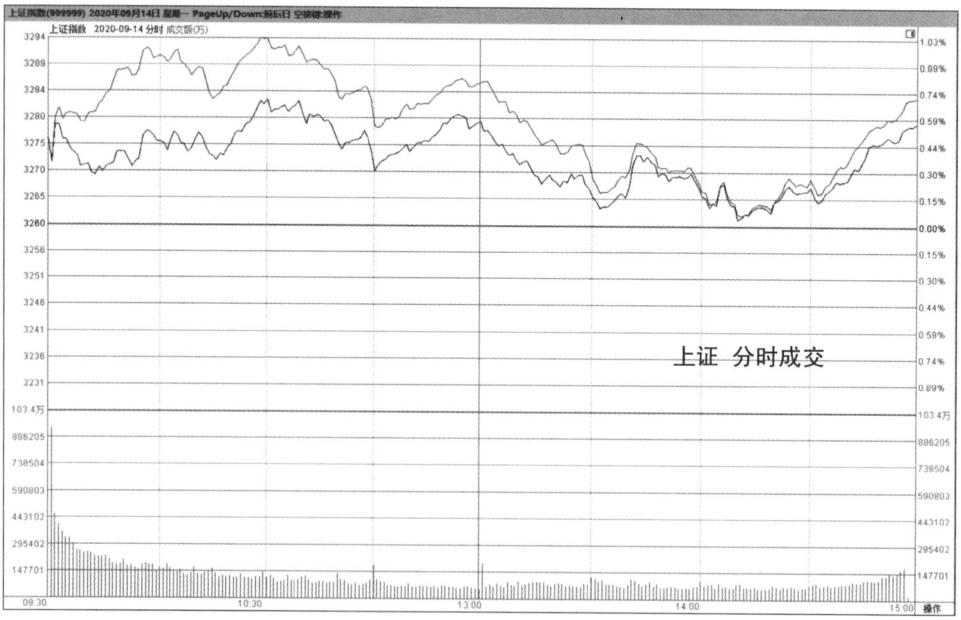

图 4-2-2　分时成交图

2. 炒股软件的时间级别

（1）炒股软件设置不同级别的原因。

常用炒股软件的K线图一般有1分钟、5分钟、15分钟、30分钟、日线、周线、月线、年线等周期可供选择，这是为了满足不同人群的需求设定的。

比如，上班族只有下班后才能观看走势，这时他最急切、最想知道的是当日收盘价，其间发生过的事情尚在其次。但对于专注日内交易的短线客来说，分析每天的波动就是他全部的工作，因此针对期货交易的软件，大多都提供了秒级K线图。

（2）炒股软件K线图的生成。

面对如图4-2-1所示的原始交易数据，即使是投资高手也难以厘清思路，找出头绪，所以炒股软件提供了一种交易数字图形化方案，即K线走势图。K线走势图用图形的方式表达单位时间内的价格轨迹，具体方式如图4-2-3所示，一般由4个价格组成。

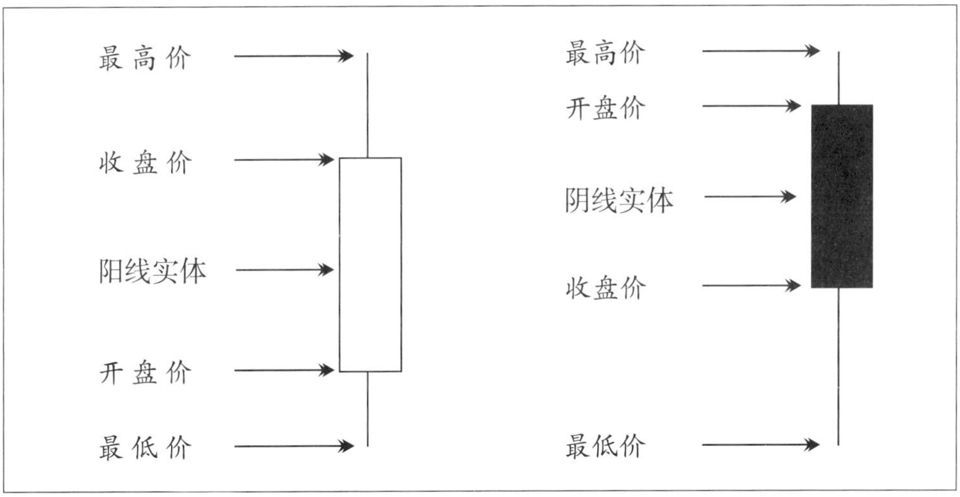

图4-2-3　K线生成原则

开盘价：单位时间内第一笔交易价格。

收盘价：单位时间内最后一笔交易价格。

最高价：单位时间内股票最高交易价格。

最低价：单位时间内股票最低交易价格。

开盘价与收盘价决定了K线的实体区间，不同颜色代表开盘价与收盘价的相对位置关系。国内开盘价低于收盘价以红色实体表示，反之用绿色实体表示。

最高价决定了K线的上影线，最低价制造出K线的下影线。

上面的单位时间就是级别概念，比如1分钟K线图，5分钟K线图，等等。炒股软件按周期级别在原始交易数据中选取以上 4 个价格，自动生成一根根 K 线，将之顺次排列，就组成了 K 线走势图。

（3）炒股软件 K 线图级别分析。

图 4-2-4 为上海家化某日的即时成交局部截图，除去 9:25 分的集合竞价，仅仅是早上开盘后 5 分钟左右的成交数据。为了方便观察，每分钟的成交数据以较粗的虚线分隔。

600315 上海家化 分时成交明细 Up/PageUp/滚轮 前翻 Down/PageDown/滚轮 后翻

时间	价格	成交			时间	价格	成交			时间	价格	成交			时间	价格	成交		
09:25	35.48	1086万		228	09:31	35.48	74.9万	S	39	09:32	35.33	3.5万	S	3	09:34	35.40	3.2万	B	9
09:30	35.50	540.7万	B	73	09:31	35.50	7.8万	B	8	09:33	35.37	26.5万	B	47	09:34	35.40	9.2万	B	15
09:30	35.50	391.2万	S	129	09:31	35.54	8.9万	B	16	09:33	35.34	20.9万	B	39	09:34	35.35	8.1万	S	19
09:30	35.48	208.3万	S	96	09:31	35.51	4.6万	S	12	09:33	35.33	6.0万	B	5	09:34	35.40	13.1万	B	3
09:30	35.51	22.4万	S	6	09:31	35.50	11.4万	S	13	09:33	35.30	16.9万	S	36	09:34	35.39	14.2万	B	14
09:30	35.51	31.6万	S	27	09:31	35.51	26.6万	B	29	09:33	35.32	4.9万	S	13	09:34	35.41	30.5万	B	25
09:30	35.51	34.1万	S	37	09:31	35.44	51.0万	S	29	09:33	35.30	57.5万	S	44	09:34	35.45	17.4万	B	22
09:30	35.61	11.0万	B	9	09:31	35.48	75.6万	B	24	09:33	35.30	37.4万	S	29	09:34	35.45	17.0万	B	8
09:30	35.60	16.0万	S	14	09:31	35.50	7.1万	B	6	09:33	35.30	18.4万	S	38	09:34	35.40	21.9万	S	23
09:30	35.71	11.4万	B	14	09:31	35.48	44.4万	S	23	09:33	35.40	52.4万	B	31	09:34	35.46	3.2万	B	8
09:30	35.70	24.3万	B	30	09:31	35.48	20.9万	B	34	09:33	35.40	60.5万	S	35	09:35	35.45	29.8万	S	27
09:30	35.63	17.8万	S	25	09:32	35.42	8.1万	S	8	09:33	35.34	6.7万	S	5	09:35	35.45	8.2万	B	18
09:30	35.64	24.6万	S	27	09:32	35.39	20.9万	S	15	09:33	35.35	12.4万	B	18	09:35	35.45	112.0万	B	11
09:30	35.60	44.9万	S	24	09:32	35.48	101.5万	B	23	09:33	35.40	11.0万	B	12	09:35	35.53	170.5万	B	40
09:30	35.56	24.9万	S	27	09:32	35.39	172.3万	S	43	09:33	35.35	30.0万	S	22	09:35	35.40	57.0万	S	16
09:30	35.60	38.8万	B	28	09:32	35.41	32.2万	B	15	09:33	35.36	11.0万	B	8	09:35	35.42	78.6万	B	11
09:30	35.63	24.2万	B	18	09:32	35.46	13.8万	B	30	09:33	35.34	7.4万	B	10	09:35	35.42	10.3万	S	2
09:30	35.48	189.5万	S	35	09:32	35.32	41.3万	S	39	09:33	35.35	39.9万	B	25	09:35	35.45	1.4万	S	2
09:30	35.45	19.5万	S	22	09:32	35.41	99.1万	B	32	09:33	35.35	3.9万	B	8	09:35	35.45	1.8万	B	3
09:30	35.42	161.2万	S	47	09:32	35.40	66.9万	S	17	09:33	35.39	11.7万	B	19	09:35	35.45	6.7万	S	15
09:30	35.50	44.7万	S	27	09:32	35.44	118.4万	B	30	09:33	35.35	5.7万	S	4	09:35	35.47	1.8万	B	4
09:31	35.54	17.4万	S	10	09:32	35.36	17.3万	S	17	09:34	35.35	12.0万	S	9	09:35	35.54	162.1万	B	23
09:31	35.50	10.7万	S	8	09:32	35.40	8.8万	B	15	09:34	35.40	5.0万	B	8	09:35	35.54	16.7万	S	6
09:31	35.54	35.2万	B	8	09:32	35.40	19.1万	S	27	09:34	35.33	3.2万	S	6	09:35	35.49	4.3万	S	12
09:31	35.50	8.5万	S	9	09:32	35.41	20.2万	B	21	09:34	35.39	0.7万	B	2	09:35	35.54	12.8万	B	19
09:31	35.54	7.1万	B	5	09:32	35.36	75.0万	S	40	09:34	35.33	25.1万	S	19	09:35	35.51	4.3万	S	12
09:31	35.50	19.2万	S	7	09:32	35.38	10.3万	B	14	09:34	35.35	14.8万	B	16	09:35	35.54	4.3万	B	10
09:31	35.50	6.0万	S	7	09:32	35.38	6.7万	B	18	09:34	35.37	5.3万	B	7	09:35	35.52	2.1万	S	2
09:31	35.54	64.0万	B	22	09:32	35.40	18.4万	B	32	09:34	35.34	11.0万	S	11	09:35	35.54	2.5万	B	7
09:31	35.54	38.0万	B	21	09:32	35.31	10.2万	S	15	09:34	35.33	3.5万	S	6	09:35	35.50	16.0万	S	20

图 4-2-4 上海家化分时成交数据

1 分钟 K 线图：选择每分钟交易数据中的开盘价、最高价、最低价和收盘价生成 1 根 K 线，共有如图 4-2-5 左侧的 5 根 K 线。

5 分钟 K 线图：如果时间参数扩大到 5 分钟，相当于在 9：30 至 9：35 的全部交易数据中选择以上 4 个价格，并最终生成 1 根如图 4-2-5 右侧的 5 分钟 K 线。

比较 1 分钟与 5 分钟 K 线走势图的生成过程，两个级别的 K 线图都源自同一批原始交易数据，不同级别代表了原始交易数据图形化时的单位时间取值参数。它们之间没有必然的联系，绝对不存在 5 个 1 分钟走势相加得到 1 个 5 分钟走势的可能性。

其实 K 线图级别和分辨率的概念更为相似。

DPI：每英寸包含多少点。

某级别 K 线：每根 K 线包含多少分钟的数据信息。

某级别 K 线的这个特点，可以推导出两个有意义的结论。

A. 如果 K 线的总数量相同，那么可以观察到的走势长度不同，精细程度也不一样。

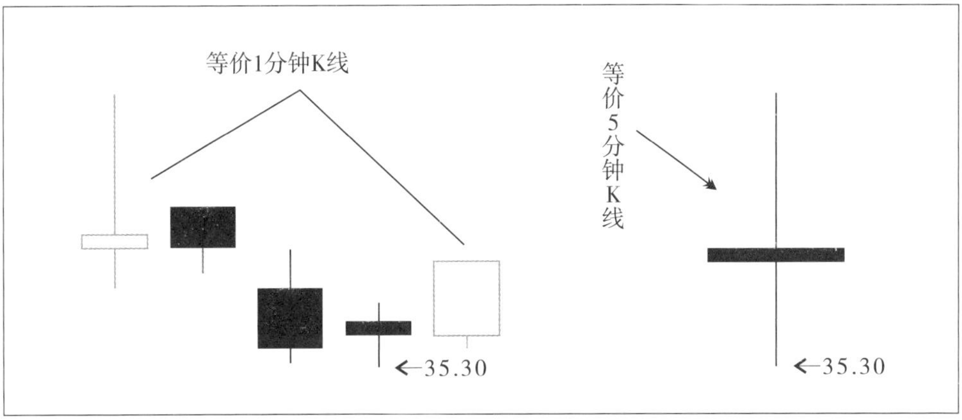

图 4-2-5 同段交易 1 分钟与 5 分钟 K 线图

图 4-2-6 是布达拉宫不同比例尺下的俯视图，每幅图中的像素点数量一致，不同比例看到的实景面积不同，细节不一。第一幅图可以看到较大的面积，但只有大致的轮廓，最后一张展现出布达拉宫的主体结构，可以清楚地看出树的影像。

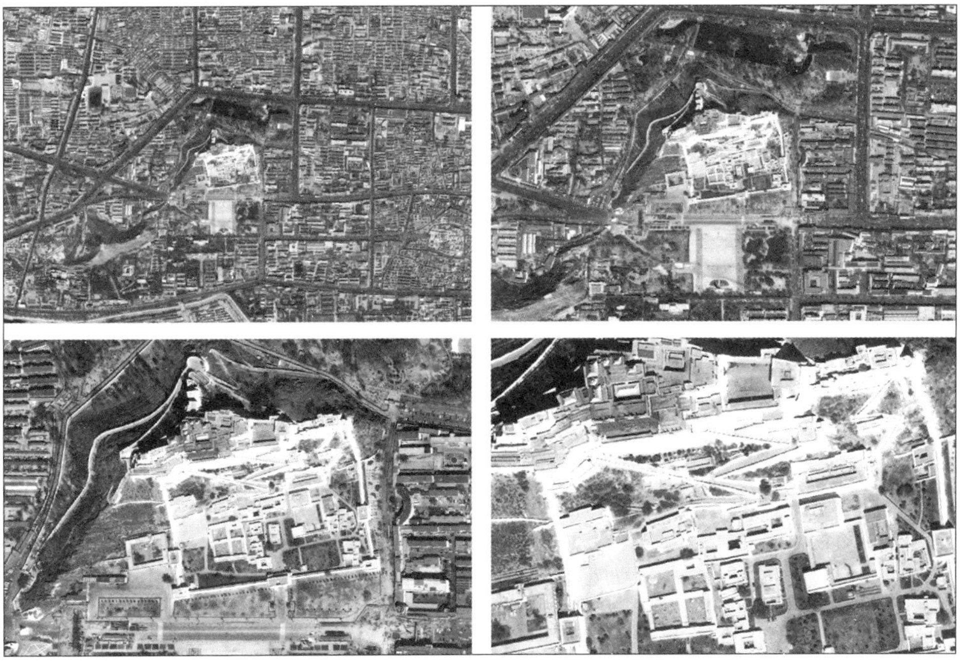

图 4-2-6　不同比例尺下的布达拉宫卫星地图

炒股软件中的 1 分钟、5 分钟、30 分钟等时期周期，就相当于观察地形地貌时使用的不同比例尺。

B. 对于同一段走势，使用不同级别 K 线图进行观察时，由于底层交易数据是一样的，所以没有本质的区别，只表现为不同的精细程度。

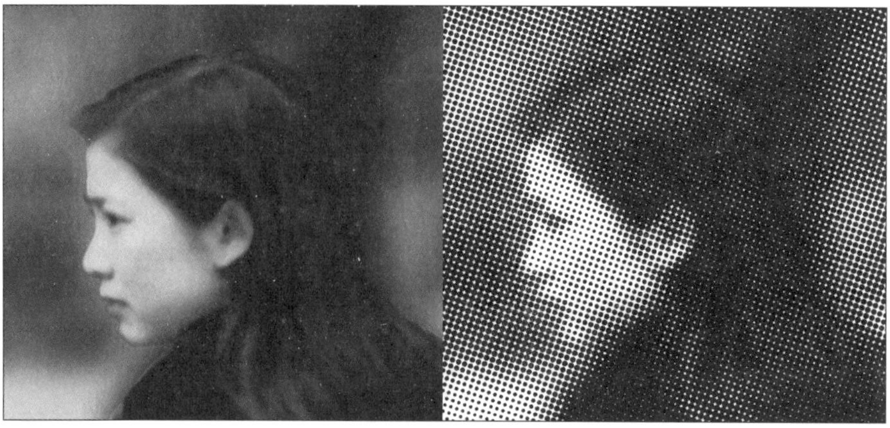

图 4–2–7　相同数据不同取值方式的差异

如图 4–2–7 所示，左图是一个印刷品的截图，右图是左图放大几十倍后的情况，与原图相比可谓面目全非。但有时需要以这种视角来观察图片，比如判断某处的色彩，确定原图的分辨率，等等，这和使用不同级别 K 线图观察同一段走势时的情况一样。

（4）如何选择 K 线图的级别。

K 线图的级别不同，展现出的结构区别也很明显。图 4–2–8 是东方财富某日的日 K 线图与 1 分钟 K 线图对比图。

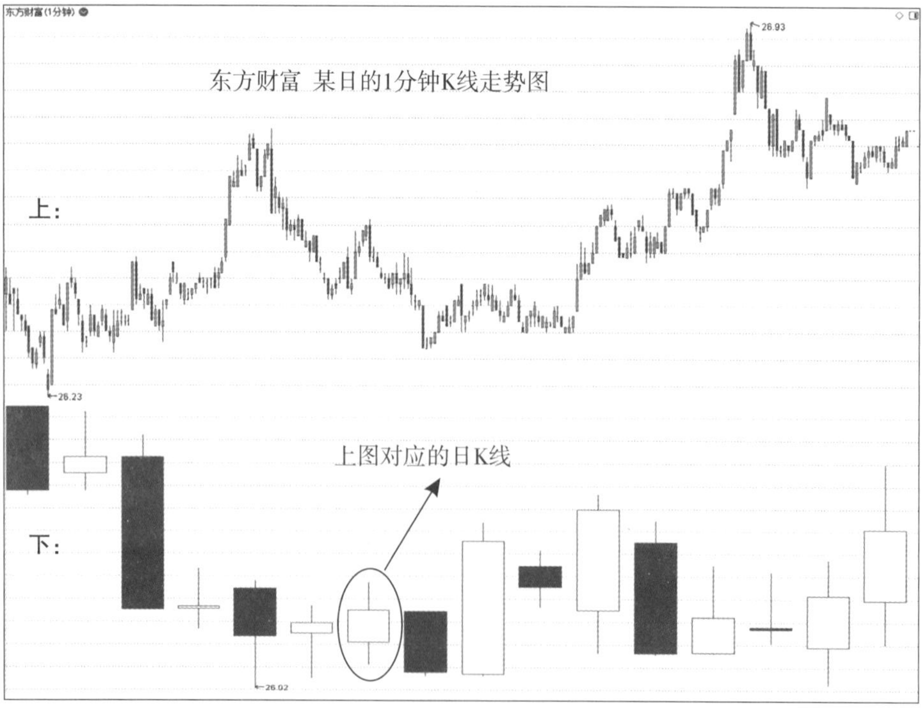

图 4–2–8　1 分钟与日 K 线图情况对比

1 分钟 K 线图是将每分钟的交易信息生成 1 根 K 线，每天 4 小时的交易时间，共产生 240 根 1 分钟 K 线，如图 4–2–8 中上图所示。

日 K 线图则仅在当天的原始交易数据中选取开盘价、收盘价、最高价和最低价四个价格信息，其余高低点都被抹去，如图 4–2–8 中下图所示。

根据上述特点，可以在不同的场景中区别使用。当我们进行选股操作时，为了快速浏览大量股票，一般使用日线、周线以上级别的 K 线图，它们可以展现更多的走势，让大家对股票走势全貌一目了然，方便对后续走势作出直观的判断。若使用 1 分钟类的小级别 K 线图，就把自己局限在一段小小的走势之中，难免“不识庐山真面目”。

介入股票后的实战操作中，最好不要使用日线类的大级别 K 线走势图，因为它们的变化频率太慢，细节太少，不利于操作。

使用不同级别 K 线图观察市场走势情况，和平时查看地图没有区别，如图 4–2–6 所示，如果观察的重点是布达拉宫周边的街道分布，肯定会选用左上的卫星地图。但如果想观察一下布达拉宫的主体构造，比如有几个大殿，则会选择右下的地图。

有一种常见的错误认知，认为级别越大，准确率越高，这无疑又是一个低层次思辨能力下的产物。炒股软件的级别仅仅是一个取值精密程度的单位，它们的底层交易数据都是一样的。非要说区别，那应该是等待后续走势结果的时间，日 K 线需 1 天时间，分钟级别的 K 线则实时跟踪着走势进程。

单纯地“加大”K 线图级别，无法满足交易者对于准确性的要求。1 分钟级别的下一根 K 线与下一周的新周 K 线，结果同样难以预测，但从可能发生意外的概率看，下 1 分钟的 K 线更好预测。

总之，级别不存在大的好、小的差或者小的好、大的差这种区别，关键看你使用的目的，恰如其分地使用最好。

（二）缠论级别及级别序列

缠论关于级别的设定有以下几个特点。

（1）缠论级别的本质是结构，与时间毫无关系。

缠论的级别设定和炒股软件中的 K 线级别有本质的区别。如果炒股软件的级别设定还与时间有一点点关系，那么缠论的级别设定完全与时间无关。

比如我们在 1 分钟级别的 K 线图上，按理论要求找出了一段本级别的走势，无论是趋势还是盘整，只要它是一个已经完成的走势，那么起止之间的结构就是缠论的第一级别。至于完成这个走势需要使用多少原始数据，花费多少时间，都无须考虑，也无法预测。所以说缠论级别是一种结构，与时间完全无关。

图 4-2-9 和图 4-2-10 均为 1 分钟 K 线图，分别划分出了一段 1 分钟的缠论走势类型。图 4-2-9 中，缠论 1 分钟走势的形成大约需要不到 2 天时间。图 4-2-10 中，光大证券的 1 分钟上涨走势持续了半个多月。二者比较，可以证明缠论的级别与时间没有任何关系。

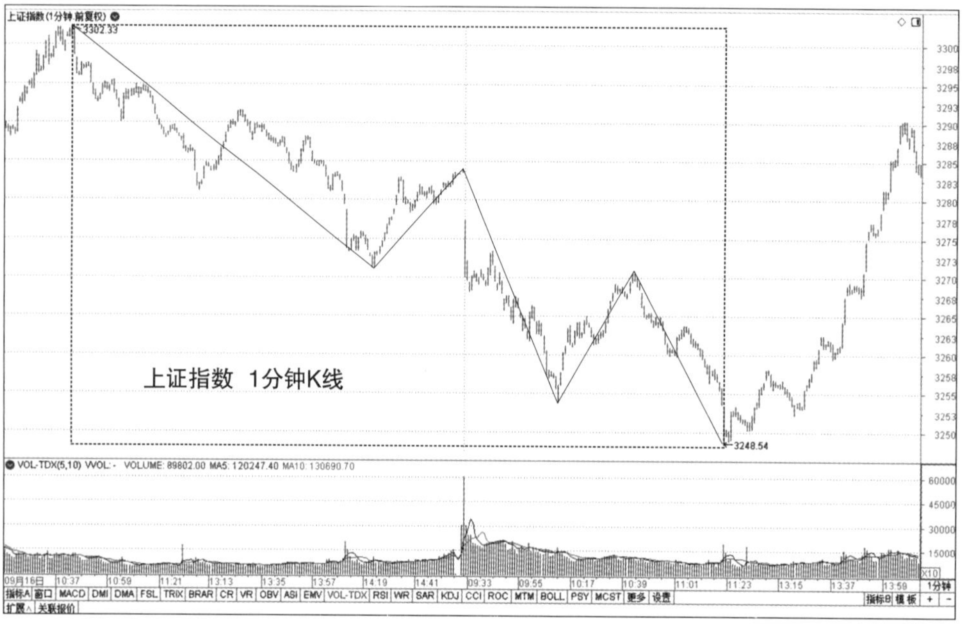

4-2-9　缠论的 1 分钟级别之一

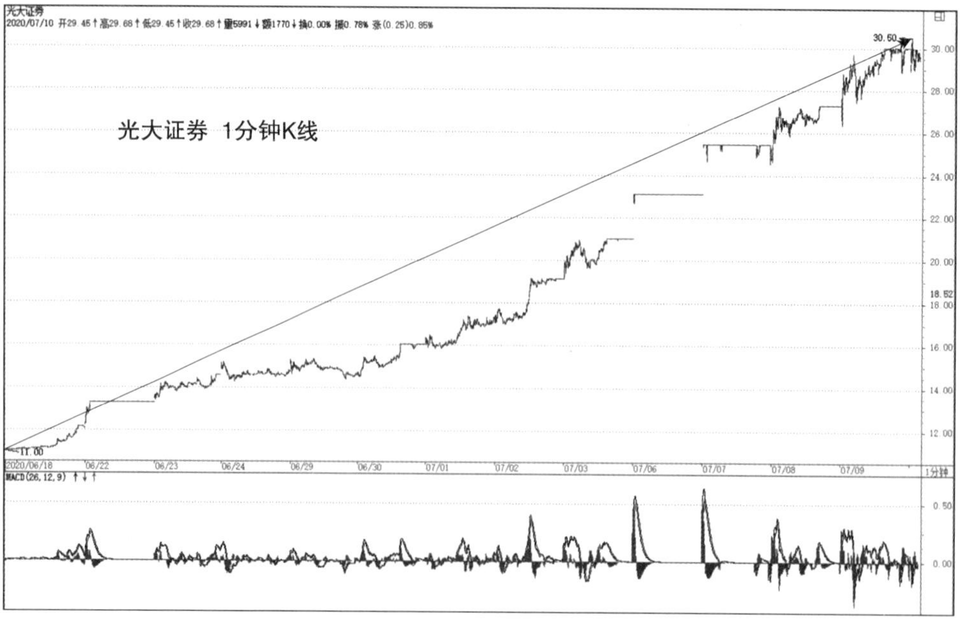

4-2-10　缠论的 1 分钟级别之二

（2）缠论的理论最小级别走势及其作用。

早期，缠中说禅还使用过最小级别的概念。原始交易数据中的低、高、低三笔成交可看作是顶分型，高、低、高三笔成交可以构成底分型，这样可以推导出笔、线段、走势中枢之类的构件，并最终得到一个完整的缠论走势类型，它就是理论上的最小级别走势。

现实中应该没有人从原始交易数据开始缠论的走势推导，但缠论关于走势中枢与走势类型的定义有个致命缺陷，还须借助这种最小级别的推导方式来辅证定义的合理性。

走势中枢：某级别走势类型中，被至少三个连续次级别走势类型所重叠的部分，称为走势中枢。

盘整：在任何级别的任何走势中，某完成的走势类型只包含一个走势中枢，就称为该级别的盘整。

趋势：在任何级别的任何走势中，某完成的走势类型至少包含两个以上依次同向的走势中枢，就称为该级别的趋势。

定义中的走势类型与走势中枢互为对方的定义项，即俗称的循环定义。

（3）缠论默认使用 1 分钟级别的 K 线图进行走势推导。

分时成交数据仅仅是一堆数字，连图形化、K 线化都没完成，直接使用不但繁琐，甚至是无法完成的。分时成交图受制于周期，难以在较长时间内连续使用，因此实用性也达不到理论要求。操作的现实性，使得缠论最终选择将某级别 K 线图作为理论推导的载体。

一般炒股软件默认的最小级别 K 线图是 1 分钟，缠论默认的走势划分也由此开始。以后如无特别说明，缠论默认的最小级别就是在 1 分钟 K 线图上确立的。

（4）缠论默认的级别序列。

缠论使用的底层 K 线图一经确认就不再改变，高级别走势均在此 K 线图上推导得出，所以缠论的级别序列与炒股软件 K 线图级别之间并无太大关系。从严格的意义上讲，缠论的级别序列应该是第一级别、第二级别……第 n 级别。但这种表示方式会造成交流困难，说者麻烦，听者糊涂。

如果将所有级别都标注在底层 K 线图上，图形会很复杂，也不利于观察。因此，缠中说禅筛选出部分软件中的级别，作成缠论的级别序列，一般为 1 分钟、5 分钟、30 分钟，等等。

与此同时，将缠论级别序列对应标注在 1 分钟、5 分钟和 30 分钟等 K 线图上，简称为缠论的 1 分钟级别、5 分钟级别和 30 分钟级别，详见表 4–1“缠论级别序列与 K 线周期对照表”。

表 4-1　缠论级别序列与 K 线周期对照表

软件级别	1 分钟	5 分钟	30 分钟	日线	周线	月线	年线
缠论级别	第一	第二	第三	第四	第五	第六	第七

（5）底层 K 线图的选取。

有时并不需要对走势做太细致的分析，跳过炒股软件默认的最低级别——1 分钟级别也是可以接受的。比如，直接在 5 分钟甚至更高级别的 K 线图上进行走势推导，这时的缠论第一级别就不再是 1 分钟级别，而是 5 分钟级别了，其后级别顺延。

（6）关于缠论级别的错误认知。

目前市场上有一种普遍观点，认为选用高级别的 K 线图可以提高判断的准确性。很明显这是一个比较宽泛的说法，首先需要对高级别进行准确的定位，然后才能具体分析出它对走势判断的影响。

A. 盲目使用高级别 K 线图进行走势推导。

比如，对某只股票的走势进行分析时，在采用 5 分钟还是日线级别的 K 线走势图问题上，很多人本能地认为大级别走势图看到的结果更加准确，如果日线不行，就改用周线甚至月线，这明显是一个低层次思辨能力的产物。站在缠论的视角，准确性不但不能提高，反而因走势过分粗略而降低了。

图 4-2-11 是光大证券 5 分钟 K 线图，从图形上可以明显看出它已经跌破了筑顶的走势中枢，其后即便还有对中枢区间的回拉，也不能排除生成第三类卖点的可能，总的来说，一个下跌走势已经形成。

图 4-2-12 是光大证券的日 K 线图，这张图的形态就要乐观很多，整体是一个向上笔，目前仅仅处于一个幅度很小的回调之中，再创新高也很正常。

对比以上图形，你会不会为自己的聪明才智而骄傲，为自己的远见卓识而自豪？只是改变了观察使用的 K 线图级别，就看出了股票的未来走势。

可惜这只不过是一个错觉，是大级别带来的错觉。缠论高级别的走势比低级别走势具有更强的稳定性，但那是由于走势结构决定的。高级别比低级别具有更为复杂的结构，因此更加稳定，破坏起来更困难。但并非使用高级别 K 线图进行走势推导，就可以轻松获得，名义上级别虽然提升了，但缠论的实际级别却变小了。

上述情况很像使用体重秤称首饰，158 克的项链称出了 0.2 公斤，你肯定高兴不起来吧？有点常识的人就知道，并非是项链的质量增加了，而是秤的误差增大造成的错觉。

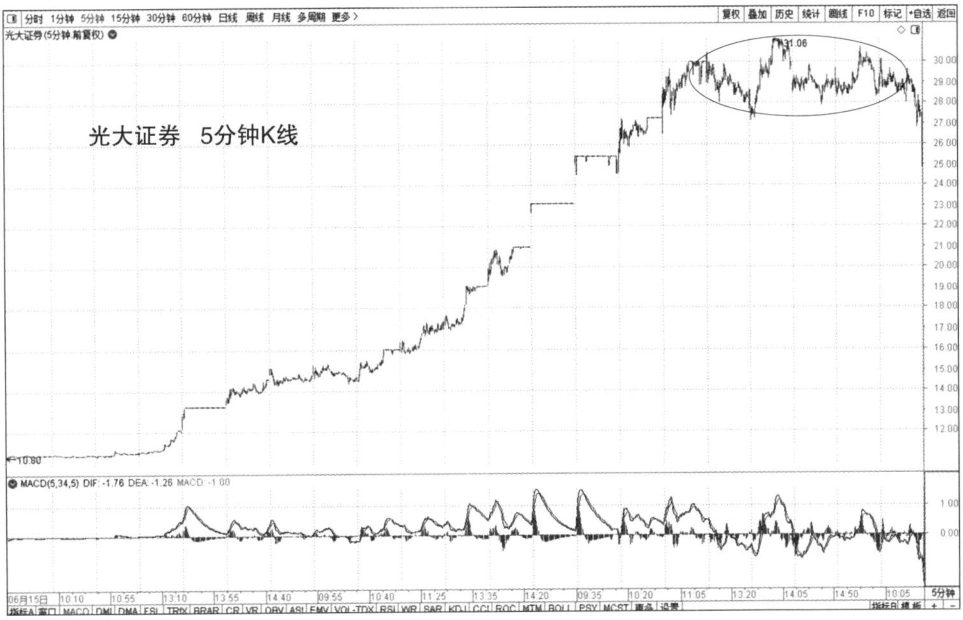

图 4-2-11　光大证券 5 分钟 K 线图

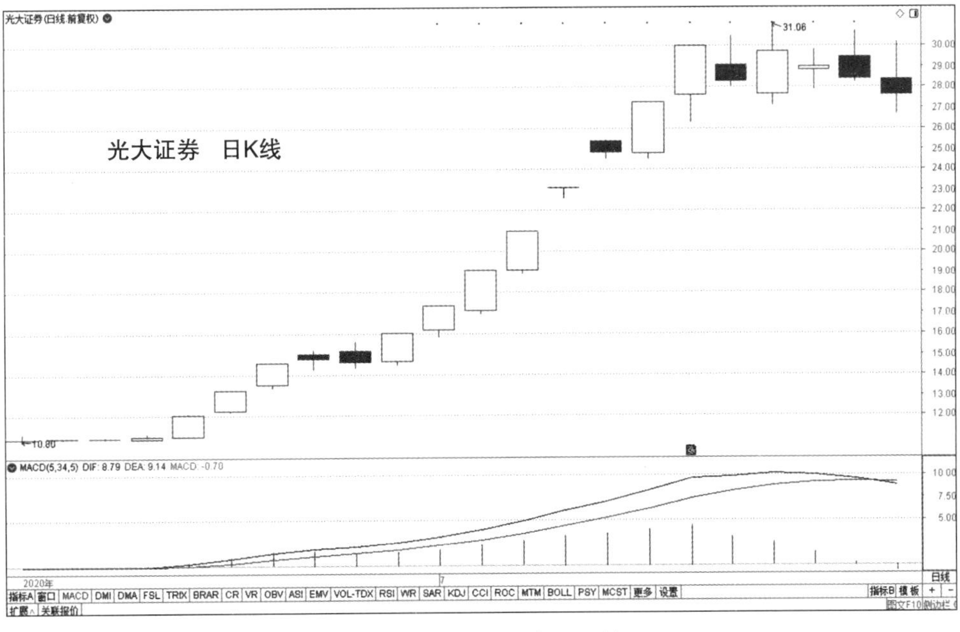

图 4-2-12　光大证券日 K 线图

仍以图 4-2-12 光大证券的例子来进行说明。选择日 K 线图进行分析时，只能划分出一笔。按缠论级别设定，它代表着第一级别以下级别的走势类型，且是一个不那么合格的第一级别以下级别，就像上面所说的 0.2 公斤一样。

使用 5 分钟级别 K 线图推导时，可以划分出的缠论构件就非常丰富了，有类中枢、标准走势中枢，等等，整体走势属于缠论的第一级别。按缠论对于级别的设定，5 分钟的第一级别与日线上的第一级别以下级别，当然还是 5 分钟 K 线图上的级别更高，这没什么好奇怪的。K 线数量越多，组成的结构越复杂。

在 5 分钟级别上，这段上涨走势可以有更准确的判断。比如，目前一个向下走势类型已经开始，下跌走势的结束位置可以通过背驰、分型等方式进行判断。

图 4-2-13 虚线框中是光大证券的后续走势。从结果看，基于 5 分钟图形上得出的结论更为实际。至于日 K 线图上能否延续成线段类走势，目前仍然缺少判断的依据。

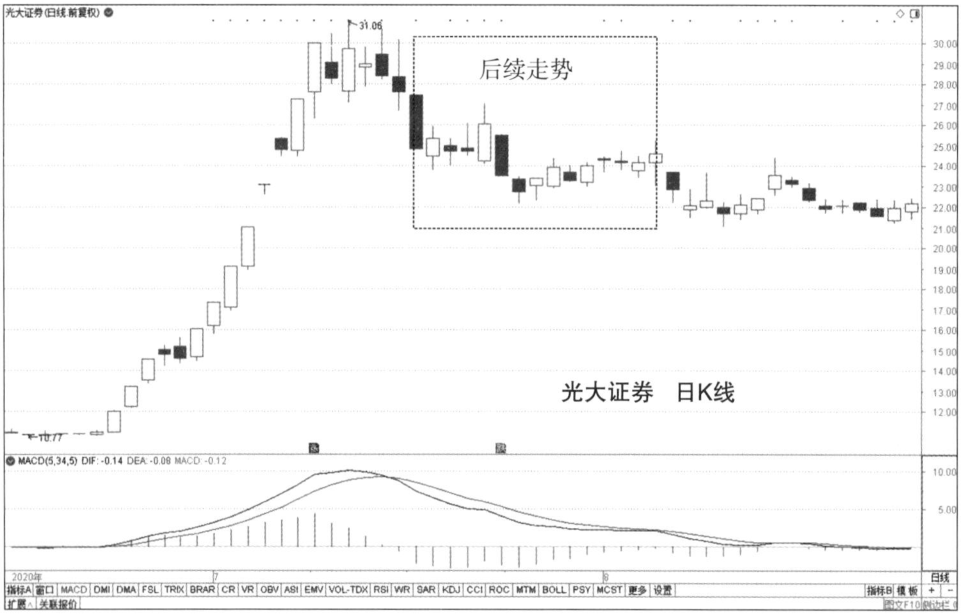

图 4-2-13　光大证券日 K 线图

B. 使用缠论的高级别走势进行操作。

使用高级别 K 线图来推导走势，不但不能提高判断的准确性，甚至因缺少可供分析的元素而无法为走势准确分类。那么，采用高级别的缠论走势进行操作，能否增加操作的可靠性呢？

这里的高级别是缠论的高级别，是通过小级别推导而来的。比如使用 1 分钟 K 线图建立起的缠论走势划分，操作时采用了 5 分钟或以上级别。毫无疑问，这种情况下的高级走势更为可靠，破坏走势的条件更为苛刻，所以确实可以提高操作的可靠性。

本文之初提到的宁德时代的例子，如果你的操作级别是 1 分钟，那么买卖的次数将会非常多。但如果你的操作级别是 5 分钟，基本可以全程持有。

C. 在不同级别 K 线图上进行缠论走势分析。

这是一种最为常见的错误，即缠论的级别不是通过递推得到的，而是通过转换 K 线图级别的方式获取。比如，缠论 1 分钟走势在 1 分钟的 K 线图上分析，缠论 5 分钟走势在 5 分钟的 K 线图上判断。

这应该是错误地认为市场走势本身具有级别上的关联吧，只要把 K 线级别与缠论级别的本质搞清楚，对该问题就会有明确的答案。

这种方式往往因其结果自相矛盾而深陷泥潭，无法自拔，甚至引发对理论的怀疑，比如质疑高级别上的笔是不是次级别的线段，等等。

（7）如何根据走势结构选取缠论的底层 K 线图。

进行走势划分时，如何选取底层 K 线图很关键。选取的级别太小浪费时间，级别过大又会造成“用体重秤称首饰”的尴尬。

图 4–2–14 所示为上证指数同一段走势在不同级别下的表现。

周级别 K 线图上，由于调整走势形成的底分型处在其后的顶分型中，因此不算一笔，整体走势只是周 K 线上的一笔。

日 K 线图上是一段线段类走势组合成的缠论第一级别走势，中间存在一个类笔中枢。

上证 30 分钟 K 线图，同样是由线段类走势组合成的缠论第一级别盘整，但有了不少细节可供分析。比如走势中的调整，日线上是一个三笔构成的向上盘整，30 分钟 K 线图上则是由 9 笔构成，完全可以使用 MACD 之类的指标进行辅助分析。

周线上的一笔明显无法胜任走势分析的重任，仅仅只有一笔，意味着连一个第一以下级别的走势类型都没有形成，自然无法当作走势推导的底层数据来使用。从实际操作来看也是如此，它不包含任何调整走势，甚至连有意义的锚点都无法提供。

日 K 线图上的线段类走势，可以看作缠论第一级别以下级别的走势类型，提供的有用信息依然太少。比如中间的调整走势，仅仅是三笔组成的一个线段，明显无法使用走势背驰或者分型等方式来判断其结束位置，所以同样无法作为走势分析的底层 K 线图。

30 分钟 K 线图上是一个线段类组合而成的第一级别走势。其中的调整走势，细节较为丰富，可以通过比较背驰、判断分型结构等手段进行实际操作，算得上是一个较为合格的走势推导载体，缠论走势分析最少也需使用这样的走势图。

因此，对一段已经完成的走势进行缠论分析，选取的底层 K 线图至少要能划分出一个本级别的走势类型。

这里特别强调：确定了缠论推导使用的 K 线图后，所有缠论高级别都是在这个低级别 K 线图上推导出来的。比如使用 1 分钟级别 K 线图进行走势分析，那么缠论 5 分钟级别与炒股软件的 5 分钟 K 线图没有任何关系。

图 4-2-14 不同周期下的缠论走势结构

（8）缠论级别与走势结构的关系。

缠论级别不是时间概念，而是结构概念。虽然使用的底层 K 线图会影响走势级别的命名，但我们关注的重点应放在最终呈现出的结构上。

选择的底层 K 线图上，如果走势无法呈现出一个完整的走势类型，那么就不能以 K 线图的级别对走势进行命名，还需要加上它的结构名称。

比如日 K 线图上的笔结构，不能简单地把它叫做“缠论日线级别走势”，而应该称为“日线上的一笔”。

以上情况从侧面提示我们，缠论的构件之间同样包含着“级别”信息，这是一种类似于父子、母女般的关系，称为构件的亲缘关系。

比如，线段至少包含三笔，走势中枢最少需要三个线段构成，等等。套用级别的概念，可以大致推导出：缠论最小级别 K 线图上的线段，其缠论级别大约为 –1，笔的级别粗略等于 –2。据此测算，缠论日 K 线图上的笔结构与 5 分钟级别缠论走势大致相当。

当然构件间不存在精确的对应关系，以上只为合理选择级别给出一个简单的判断方式。

（三）缠论的两种走势划分规则

缠论的级别其本质是一种结构，必然受到走势划分方式的影响，这里主要探讨一下这方面的问题。

1. 制定两种走势划分规则的原因

(1) 解决循环定义的问题。

缠论走势中枢和走势类型的定义有一个很大的缺陷，它们互为对方的定义项，即俗称的循环定义。比如使用走势中枢数量来定义走势类型，同时又通过走势类型来构建走势中枢，造成了逻辑上的混乱。为此，针对不同的级别，缠中说禅制定出了两套不同的走势递归规则。

缠论第一级别（最低级别）递归规则：缠论第一级别（最低级别）通过 K 线分型—笔—线段推导出第一级别的走势中枢，从而递归出第一级别的走势类型。

缠论第二及以上级别递归规则：缠论第二及以上级别，则通过次级别的走势类型推导出本级别的走势中枢，进而推导出本级别的走势类型。

这样就完美地避开了循环定义的情况。

(2) 交易的现实性不支持 K 线图级别无限分解。

比如，仅仅使用缠论第二种递归规则时，推导缠论 1 分钟级别走势中枢时，就需要使用 1 分钟以下级别的 K 线图。然而大多数炒股软件都没有提供秒级别的 K 线，从而使得这项工作无法完成。

缠论的第一种递归规则，可以在 1 分钟的 K 线图上定义出 1 分钟以下级别的走势类型，因此从理论的现实性出发，缠论也需要两种不同的走势划分方式。

2. 最小级别 K 线图上的走势划分规则

缠论最小级别与使用单一级别进行走势划分的情况是一致的，同样没有次级别走势可以参考，所以在“教你炒股票”108 课中，它们被称为同级别的走势。

同级别走势划分规则最早出现在“教你炒股票”第 17 课中，缠中说禅给出了如图 4-2-15 所示的上涨、下跌与盘整结构，并作出相应的定义。

虽然定义不太严谨，但参考其走势结构，依然可以确定它们就是后期给出的线段类上涨、线段类下跌以及类笔中枢概念。

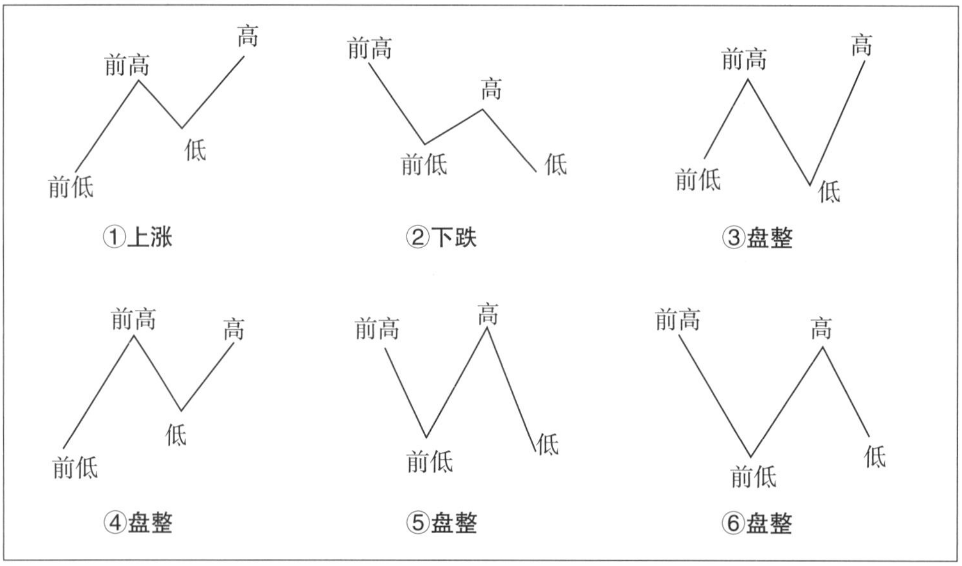

图 4-2-15　同级别的上涨、下跌与盘整

由同级别的设定可知，最小级别 K 线图中的上涨、下跌及盘整结构都是同一级别的。不仅如此，构成线段与类笔中枢结构的笔也因为无法再分解，同样是最小级别的，它们之间的“级别”感觉来自于父子、母女般的亲缘关系。

最小级别 K 线图上的走势划分规则总结：

在此级别的 K 线图上，走势划分的重点是通过分型—笔—线段，划分出一段最小级别的走势类型（即同级别的上涨、下跌与盘整走势），其最为显著的特点是由笔构成了重叠区域。笔不能构成走势中枢，这一点缠中说禅说得非常明确，见“教你炒股票”第 83 课原文：

一个最简单的问题，为什么不能由笔构成最小中枢？其实，这不是一个问题。为什么？因为实质上，我们是可以设计这样的程序，也就是用笔当成构成最小中枢的零件，但这样构造出来的系统，其稳定性极差。

众所周知，一笔的基础是顶和底分型，而一些瞬间的交易，就足以影响其结构。例如，突然有人打错单，或者有人给老鼠仓送货，那么全天走势的分析就大变样了。而由线段构成最小中枢，则不存在这个问题。为什么？一个线段的改变，不会因为一个偶尔一笔的错误而改变。也就是说，线段受偶尔性的影响比较少。想想要破坏一个线段的麻烦程度，就知道这一点。

因此，拥有类笔中枢结构的线段类走势，其级别与笔一致，没有增加，这与次级别走势类型构成本级别走势中枢的情况形成巨大的反差。

如图 4-2-16 中左图，1 分钟级别 K 线图上三笔构成一个线段，三笔重叠区域称为类笔中枢。右图三笔构成的同级别盘整，也按类笔中枢处理。笔与构造成功的线段、类笔中枢均不升级，同为 1 分钟级别。

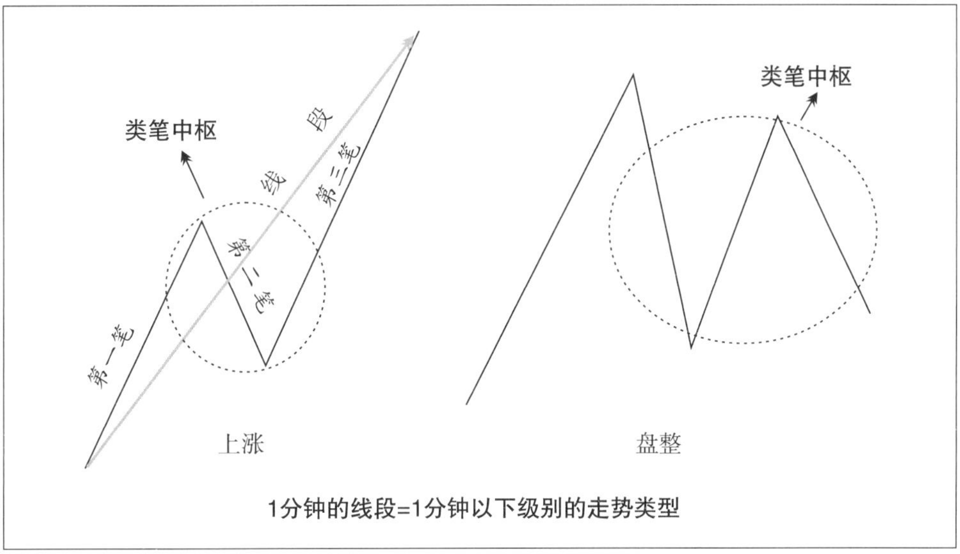

图 4-2-16 最小级别上线段级别的确定之一

注意：这里笔、线段、类笔中枢的级别是按 K 线图级别确定的，不是缠论的级别。

如果把最小级别 K 线图上的线段类走势看作缠论的最小级别走势类型，那就意味着类笔中枢与走势中枢没有区别了，这就挑战了理论中关于走势中枢只能由走势类型构成的规定，当然不被允许。最终，缠论将最小级别 K 线图上的线段类走势，设定为缠论最小以下级别的走势类型。

如图 4-2-17 所示，1 分钟 K 线图上连续三个线段类走势有重合，意味着三个 1 分钟以下级别的走势类型有重叠，构成了 1 分钟的走势中枢，进而可以定义 1 分钟的走势类型。

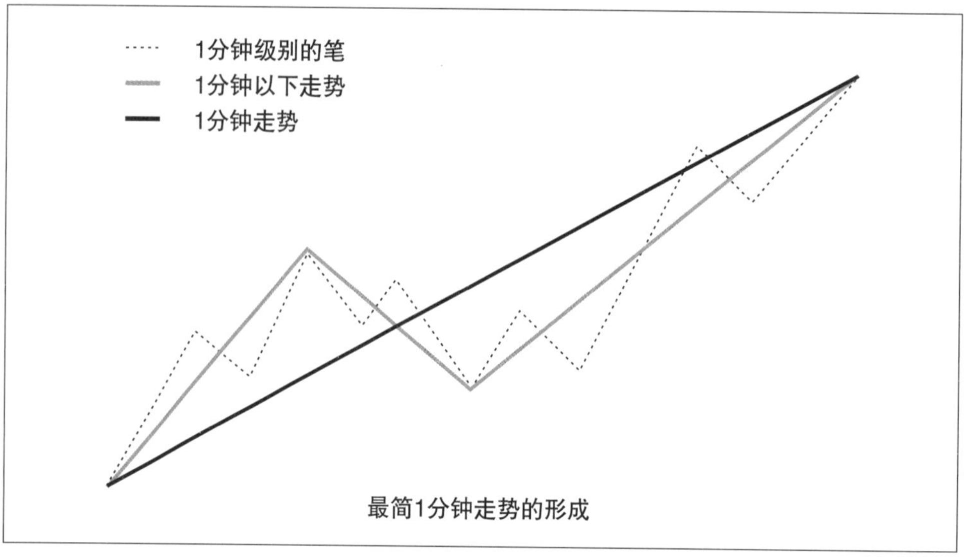

图 4-2-17　最小级别上线段级别的确定之二

3. 高级别 K 线图上的走势划分规则

高级别指 5 分钟及以上级别，在此类级别的 K 线图上，首先面临着如何展现次级别走势的问题，对此完全依靠理论的设定。缠论选择将次级别已完成的走势类型，以笔的形式记录在本级别的走势 K 线图上。

如图 4-2-18 中左图，三个 1 分钟的走势类型，在 5 分钟 K 线图上标注为三笔，它们组成了一个“线段”。由于三笔代表着三个 1 分钟级别的走势类型，所以重叠区域构成了一个 5 分钟的类中枢，整个走势扩大为 5 分钟的线段类盘整。

如图 4-2-18 中右图，如果调整走势构成的是标准走势中枢，整个走势是 5 分钟的标准盘整。

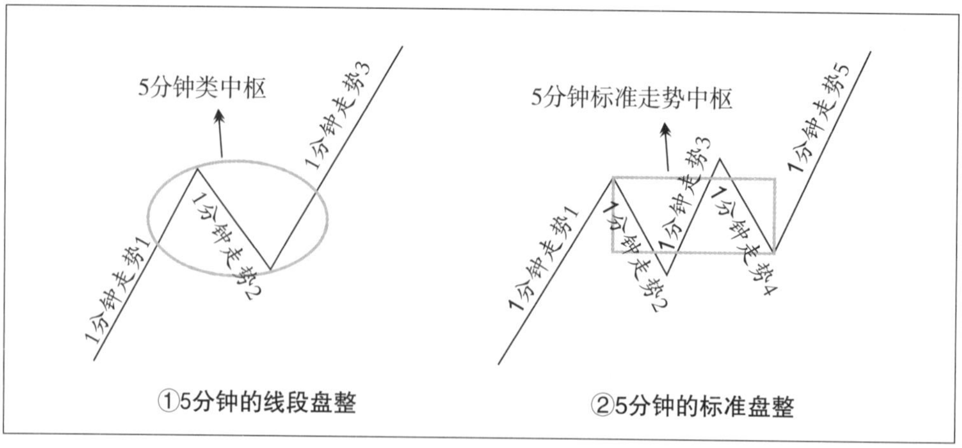

图 4-2-18　高级别的“线段”

特别提醒：这里仿佛使用笔构造了走势中枢，其实按标注方式，高级别 K 线图上的笔代表着次级别的走势类型，所以走势中枢依然由次级别走势构造。

下面以实际走势为例，解释一下级别序列的标注方式。图 4-2-19、图 4-2-20、图 4-2-21 分别是同一段走势的 1 分钟、5 分钟及 30 分钟 K 线图。

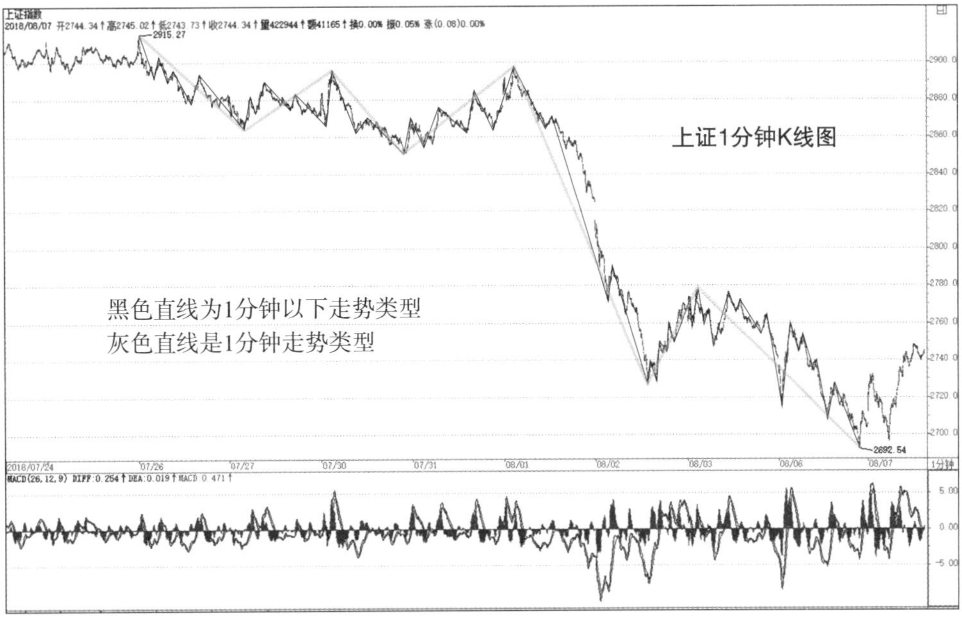

图 4-2-19　走势划分的例子（1 分钟图上）

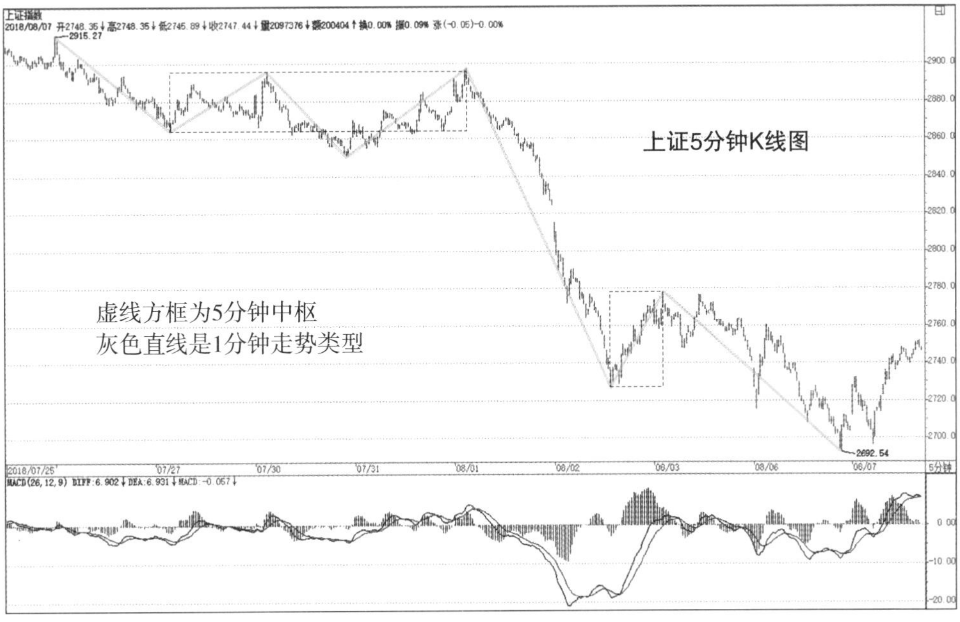

图 4-2-20　走势划分的例子（5 分钟图上）

整个走势分别标注如下。

1 分钟 K 线图：如图 4–2–19 所示，黑色直线代表 1 分钟以下级别的走势，三段有重叠的 1 分钟以下级别走势构成 1 分钟级别的走势中枢，据此有了符合理论要求的 1 分钟走势，图中以灰色直线表示。

5 分钟 K 线图：如图 4–2–20 所示，整个走势简化成 7 根灰色直线代表的 1 分钟走势。图中虚线方框是由 1 分钟走势构成的 5 分钟走势中枢，共有两个，一个是标准走势中枢，一个是类走势中枢，整个走势为含有两个 5 分钟走势中枢的 5 分钟下跌走势。

30 分钟 K 线图：如图 4–2–21 所示，5 分钟的下跌走势在本级别图上就是一笔，用灰色虚线表示。

图 4–2–21　走势划分的例子（30 分钟图上）

高级别 K 线图上的走势划分规则总结如下：

如图 4–2–22 所示，图中黑色的 1 分钟走势在 5 分钟的 K 线图上标注为一笔，如果连续三笔有重叠，就形成了 5 分钟的走势中枢，进而形成 5 分钟的走势。它们在 30 分钟 K 线图上被标注成一笔，以灰色代表。

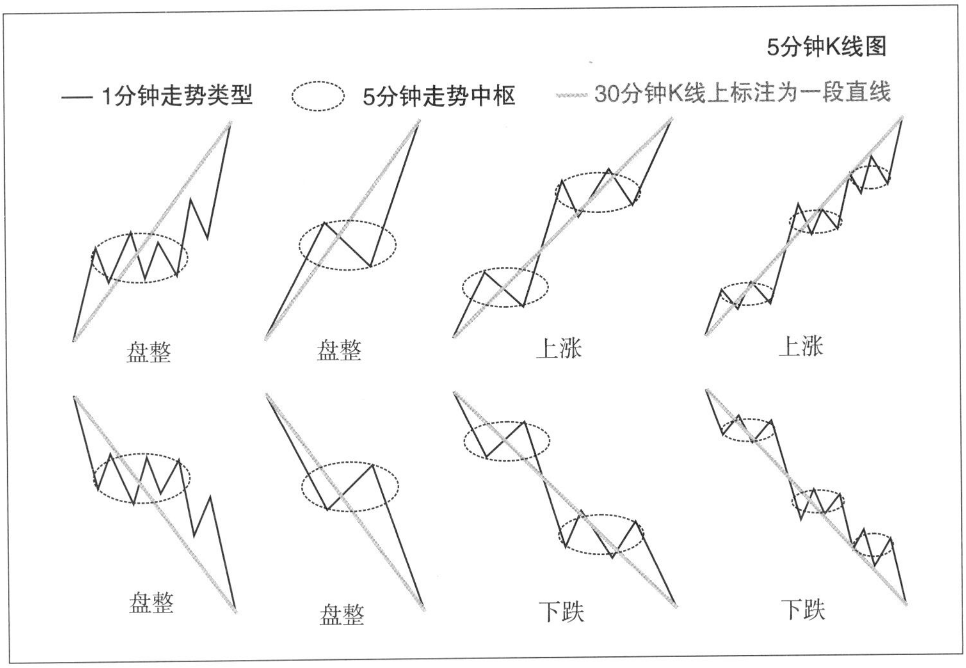

图 4-2-22　高级别走势划分规则

（四）本书对最低级别走势类型定义的完善

1. 缠论中的最纸级别走势类型定义及使用方式

通过走势中枢的数量判断走势类型，是缠论广为人知的走势分析方式。一段已完成的走势中包含一个走势中枢为盘整，包含两个以上同向、同级别走势中枢的走势称为趋势。

这种方式只适用于缠论高级别的走势，缠论最小级别或同级别走势分解时有一套不一样的体系，最大的特点在于单独定义了盘整结构，因此无法通过类笔中枢数量定义盘整与趋势。

走势类型的不同定义方式，带来了不同的走势连接，图 4-2-23 展现了最小级别 K 线图上的各种走势连接。

下面通过一个具体案例分析一下这种连接方式的利弊。

图 4-2-24 是“教你炒股票”第 54 课中的一个例子，它困扰笔者很长时间。按常规走势划分方式，g0 到 g7 的走势应该如图 4-2-25 所示，是一个有着两个类笔中枢的走势，d7 是这个走势的第一类买点。但是缠中说禅给出了两种分解方式，都与此相差甚远。

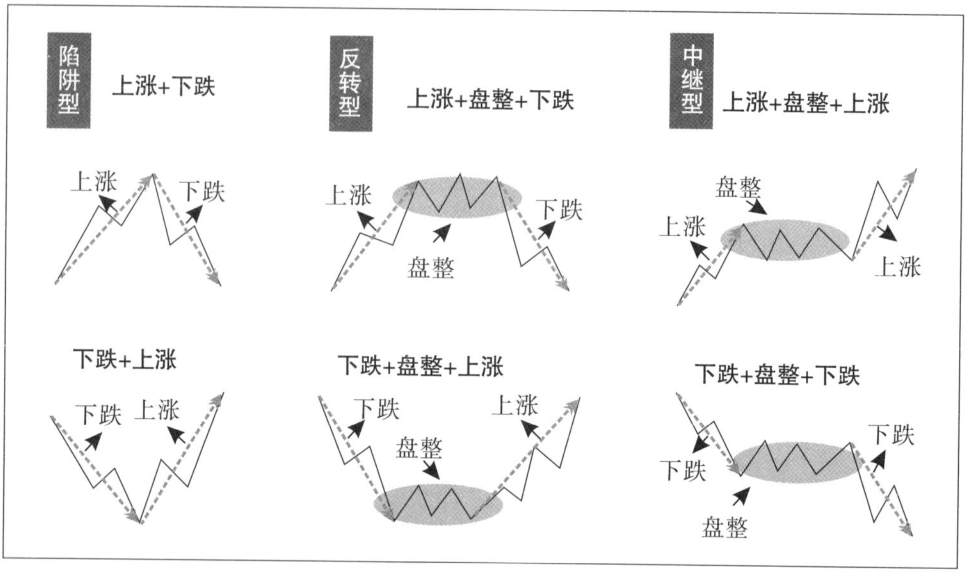

图 4-2-23　最低级别的走势连接

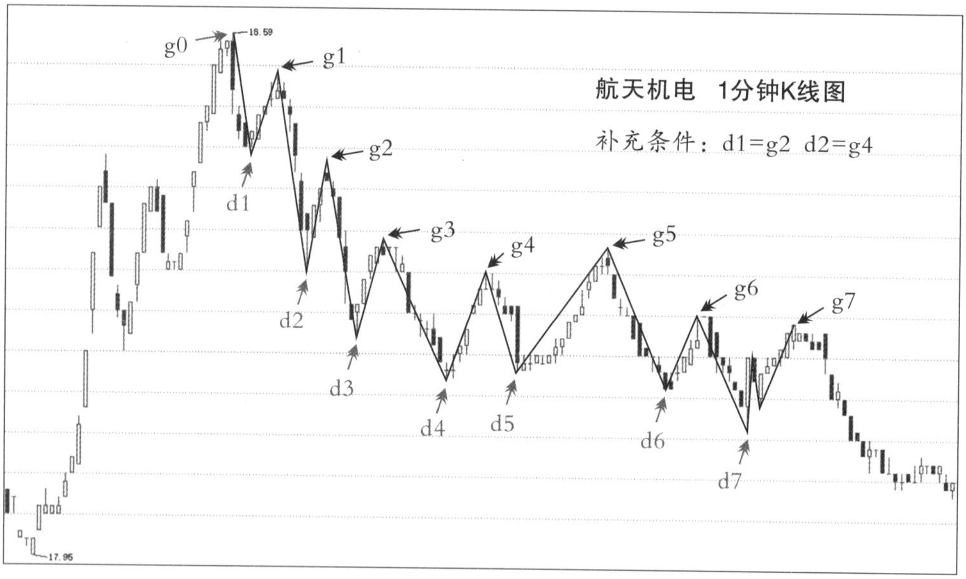

图 4-2-24　“教你炒股票”第 54 课中航天机电的走势划分

第一种分解：

如图 4-2-26 所示，g0d6=g0d1+{(d1g1+g1d2+d2g2)+(g2d3+d3g3+g3d4)+(d4g4+g4d5+d5g5)}+g5d6+d6g6

第二种分解：

如图 4-2-27 所示，g0g6=g0d1+d1g1+g1d2+{(d2g2+g2d3+d3g3)+(g3d4+d4g4+g4d5)+(d5g5+g5d6+d6g6)}

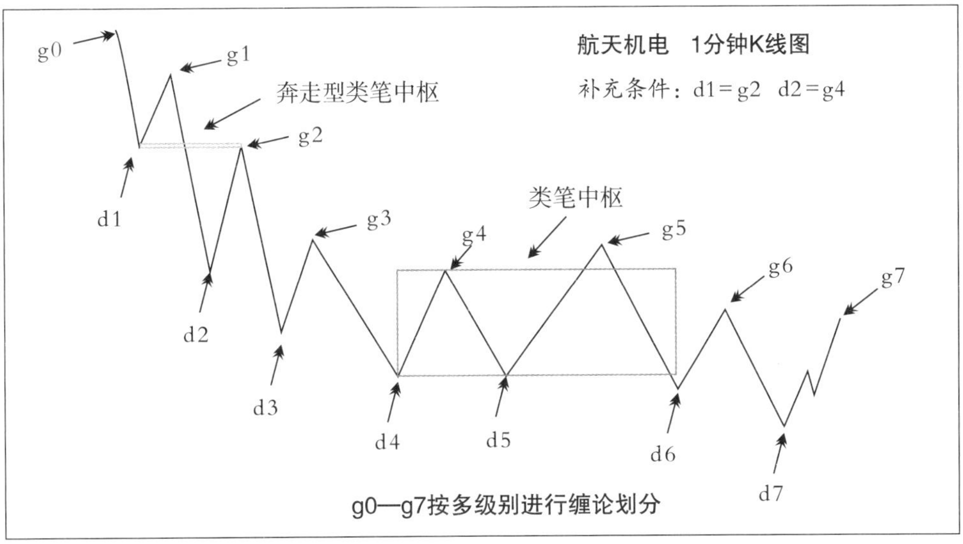

图 4-2-25　航天机电 1 分钟 K 线图常规走势分解

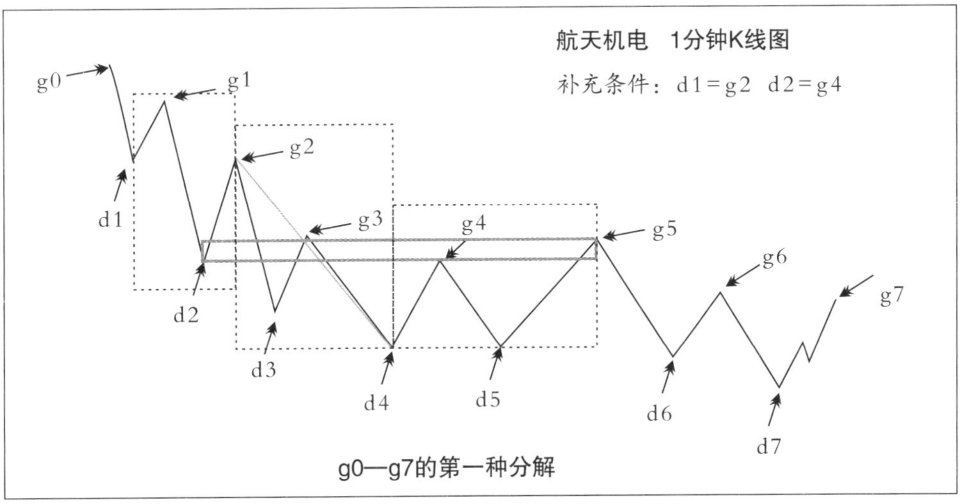

图 4-2-26　航天机电 1 分钟 K 线图走势分解（一）

明白了缠论的两种走势划分方法后，上述分解方式就不奇怪，也很好理解了。

首先要确定本例使用了哪种划分规则，这一点在“教你炒股票”第 54 课开始的叙述中可以看出端倪：

昨天刚好谈到，当你以某级别分析图形时，就先假设了次级别是线段。这图里，除了最后一个，其余每一个 dngn、gndn+1 都是 1 分钟以下级别的，所以都可以看成没有内部结构的线段。

考虑到当时还没有推出缠论线段的概念，“没有内部结构的线段”应该就是一段直线，即后文中所说的笔。“这图里，除了最后一个，其余每一个 dngn、gndn+1 都是 1 分钟以下级别的”，这句话证明分析使用了无法再次分解的 1 分钟 K 线图，应按最小级别（同级别）划分规则进行分析。

图 4-2-26 所示的是第一种分解方式，g0—g2 可以视作围绕 [d1，g2] 的盘整走势，g2—d4 是一个线段类下跌，d4—g5 又是一个盘整。按 1 分钟级别走势连接方式，它们组成了一个盘整 + 下跌 + 盘整的走势组合，并因三个走势有重合而构造出高级别的走势中枢，中枢区间为：[d2，g5]。

图 4-2-27 所示的是第二种分解方式，g0—d2 是下跌走势，d2—g3、g3—d5 以及 d5—g6 为三个盘整，因为它们之间有重合，所以构成一个高级别的走势中枢，中枢区间是 [d3，g5]。

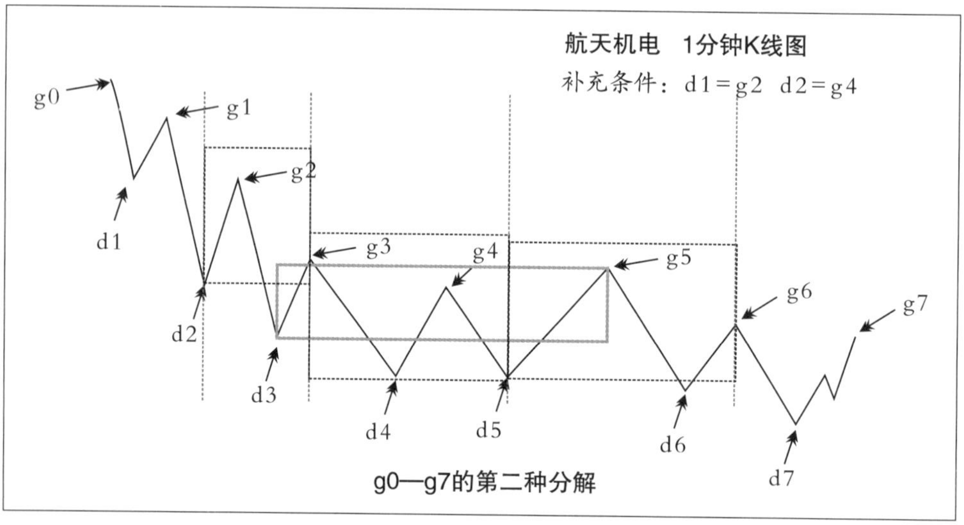

图 4-2-27　航天机电 1 分钟 K 线图走势分解（二）

本例中对于同级别盘整走势的使用，如果还不够明朗，那么“教你炒股票”第 57 课的划分就非常清晰了。

如图 4-2-28 所示，图中的 8—9 段也是基于这种划分规则作出的，7—10 整体划分为同级别的上涨 + 盘整 + 上涨的走势连接。

相比之下，高级别的走势中枢没有被单独使用，它们有机地结合在走势之中，所以才有了以走势中枢数量决定走势类型的可能。正是由于最低级别的盘整走势被单独划分，独立使用，才使得最低级别无法按类笔中枢数量确定线段类走势的类型。

这种“怪异”的划分方式，既不符合大家的习惯，也造成了走势分析的混乱，看一下上面航天机电的例子就很清楚了。

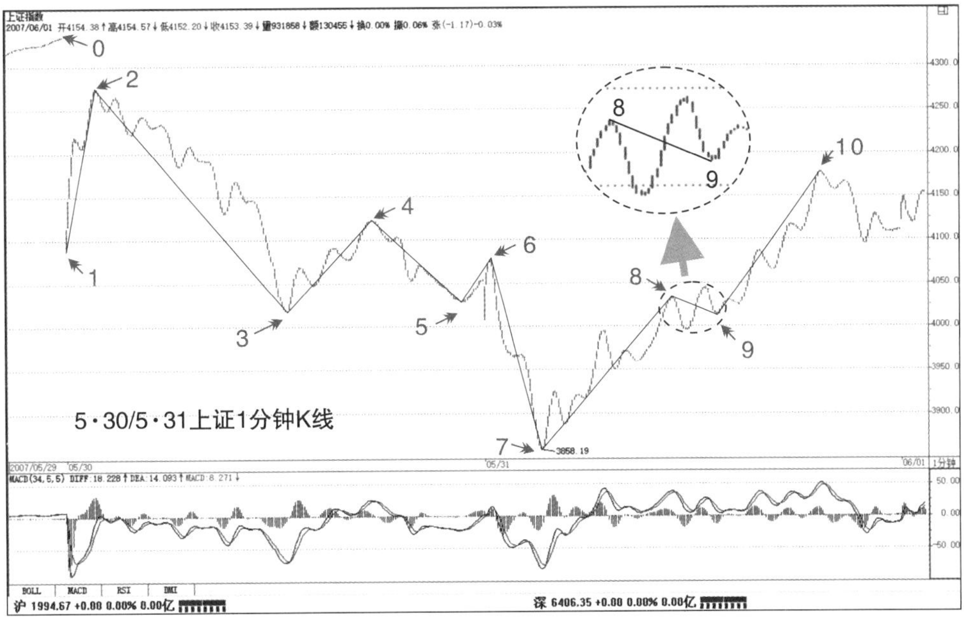

图 4-2-28　1 分钟级别上的划分规则

2. 最低级别或同级别盘整走势类型的演变

不过现在这个问题已经不复存在，在“教你炒股票”第 64 课中，缠中说禅对同级别盘整的用法进行了修改，它们不再作为一个单独的走势类型，而是作为整体走势的一部分，与高级别中的标准走势中枢用法一致。

图 4-2-29 是“教你炒股票”第 64 课中的走势划分情况，图中 105—106 之间圆圈处有一个类笔中枢，但这次缠中说禅没有把它单独划出，而是包含在整个 105—106 的线段类上涨中，此后的走势划分也都与此相同。至此，缠中说禅修改了早期最小级别盘整走势的使用方式。

3. 本书对最低级别走势类型的完善

如此一来，1 分钟级别 K 线图上的线段类走势，按类笔中枢数量决定走势类型的障碍被扫清。更为重要的是，如果不重新定义最小级别 K 线图上的盘整，那么此级别上将只有上涨和下跌的概念。

为了理论的完善，在参考高级别走势划分规则的基础上，本书将最低级别的线段类走势也按类笔中枢数量加以区分，即拥有一个类笔中枢的线段叫线段类盘整，拥有两个及以上类笔中枢的线段称作线段类趋势。

与高级别唯一的不同是，类笔中枢不太稳定，所以原盘整结构的类笔中枢最好不要当作线段类走势的阶段性完美信号。

对两种划分方式的总结如下。

理论上，只有最小级别才存在笔与线段的概念，它们是缠论推导时不可或缺的元素。高级别走势中的笔非笔，线段非线段，只是形似而已，完全无法套用笔与线段的定义，其本质是若干次级别走势类型的复合结构。

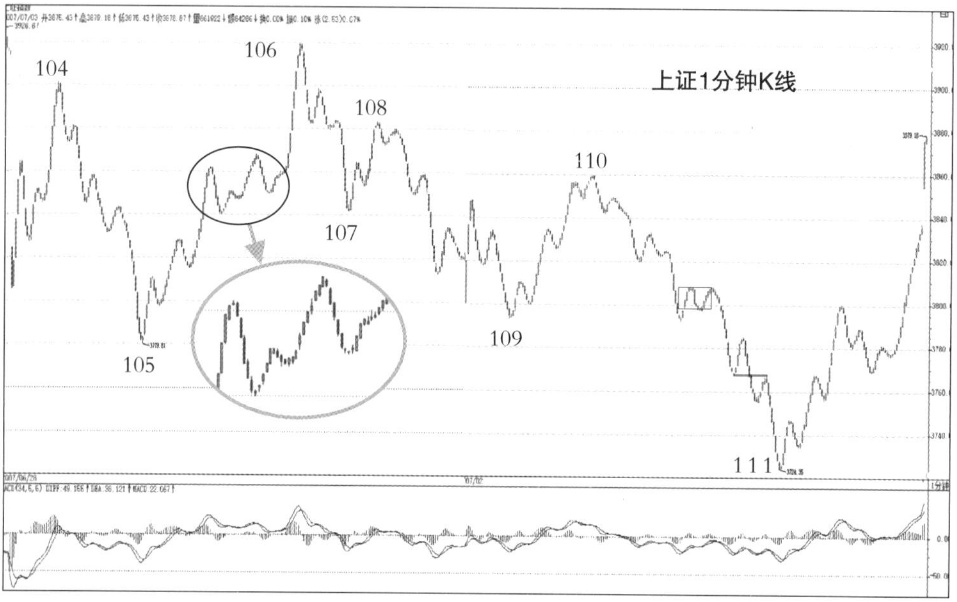

图 4-2-29　“教你炒股票”第 64 课的走势划分

（五）线段类走势在缠论中的定位

1. 线段是最简单的走势类型

由上面内容可知，线段类走势非但不是后期推出的新概念，反而是最早出现的，并且贯穿整个“教你炒股票”108 课课程始末，只是由于前期没有给出严谨的定义，因而被大家忽略了。

虽然它在最小级别和高级别中的含义有所不同，但都无法否定它作为最简走势类型的存在。

1 分钟 K 线图上的线段虽然不包含符合理论要求的中枢，但不要忘记缠中说禅设计线段类走势的初衷，就是为了确认 1 分钟以下级别的走势，所以它当然是一种走势类型。

5 分钟及以上级别中的线段，只是“长”得像线段而已，它们使用了与线段定义完全不一样的规则，并非由笔构成，而是由次级别走势组合而成，自然是走势类型。

2. 线段类走势的最终定位

1 分钟 K 线图上的线段中不包含合格的走势中枢，因此稳定性堪忧，所以以下分析主要应用于 5 分钟及以上级别。但如果你使用的最小级别足够大，也可以按此规则操作。

图 4-2-30 所示是缠中说禅在“教你炒股票”第 62 课中给出的线段基本结构，线段类走势只能包含类中枢，如果类中枢与类中枢之间有缺口，则拥有的类中枢数量不限。

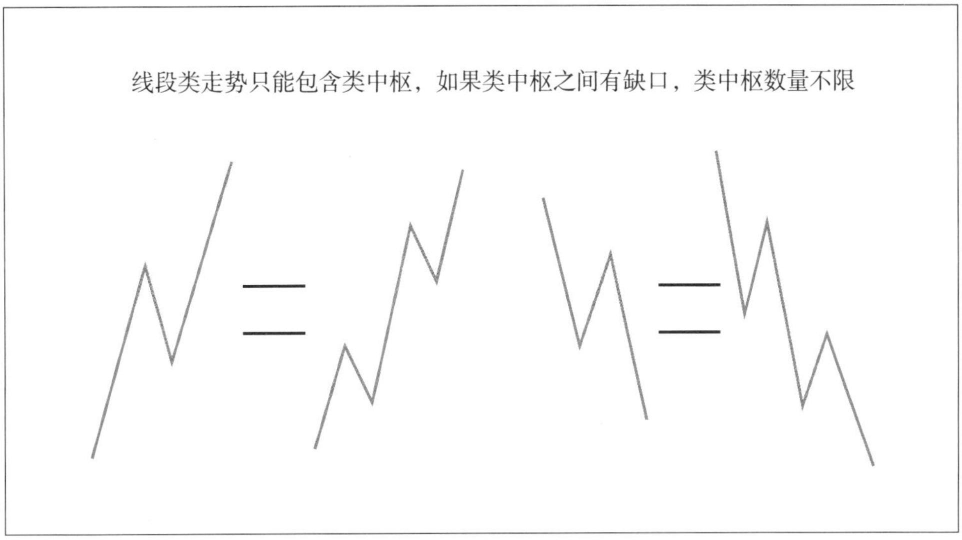

图 4-2-30　线段的基本形态

如图 4-2-31 所示，对于包含标准走势中枢的走势，以及同时包含类中枢与标准走势中枢的情况，翻遍“教你炒股票”108 课也没有明示。

不过站在次级别的角度上看，拥有标准走势中枢的走势，自然是标准走势——标准趋势与标准盘整。

对于同时包含两种不同类型中枢的情况，则可以根据类中枢与标准走势中枢的不同特点进行分类。

类中枢走势虽然在结构上也重创了原趋势，但持续时间短，并且其后延续了新高或新低的走势，所以原趋势并未被破坏，其产生的原因甚至可能是“乌龙指”类的偶然因素。

标准走势中枢则更多地代表多空的一个自由换手平台，此时多空力量暂时维持平衡，其后走势向上或向下的概率对半。

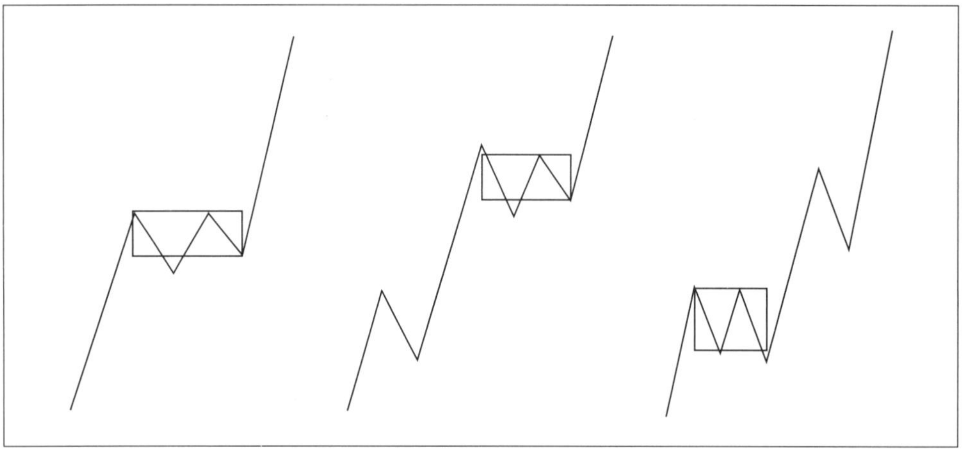

图 4-2-31　缠论中没有给出准确定义的走势

从这一点来说，类中枢虽具有大部分标准走势中枢的特点，但不能作为走势阶段性完美的信号。

如图 4-2-32 所示，根据类中枢与标准走势中枢的最主要差别——类中枢不能当作走势阶段性完美的信号，所以只要类中枢没有出现在走势类型的最后，依然按标准走势中枢处理。当其作为走势中的最后一个中枢出现时，按线段类走势处理。

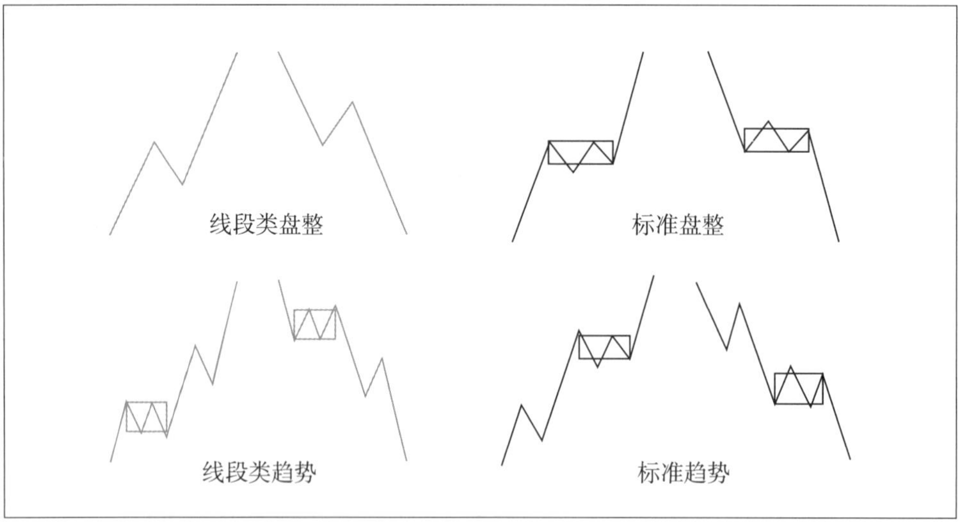

图 4-2-32　线段类走势与标准走势的异同

根据这种处理方式，图 4-2-32 中左侧走势因最后一个中枢为类中枢而被称为线段类走势——线段类盘整或线段类趋势。右侧走势的最后一个中枢为标准走势中枢，所以以标准走势来命名——标准盘整或标准趋势。

三、走势的多义性

上节着重介绍了缠论的级别和级别序列概念，但实际走势中仍有不少情况处于理论的模糊地带，造成对走势解读的分歧。

当然，这里因分歧产生的多义性不是含糊性。一个含糊的理论，其分类、概念等呈现的含糊性，只是证明该理论基础的含糊。而多义性是站在一个严格、精确的理论基础上，用同一理论的不同视角对同一现象进行分析。

前面分析过，走势中枢因其方向未明，形态各异，从而成为走势分析中的混乱之源，走势的多义性大多与它有关。

有些多义性可以通过更严谨的定义或附加条件来消除，有些则无须加以约束。另外，因为走势存在多义性，还为分析增添了新的视角，丰富了研判手段。

下面给出了三种比较常见的多义性走势。

（一）与走势中枢级别相关的多义性

1. 围绕走势中枢的震荡走势超过 6 段产生的多义性

如图 4–3–1 所示，三段 1 分钟以下级别的走势 1、2、3，形成一个 1 分钟的走势中枢。当围绕走势中枢的震荡达到 6 段时，该中枢共有 9 段 1 分钟以下级别的走势，按每 3 个 1 分钟以下级别走势可以构成一个 1 分钟走势中枢计算，相当于三个 1 分钟走势类型有重叠，此时仍按 1 分钟级别走势中枢计算，明显不太合理，走势的多义性就此产生。

解决这个多义性问题，只要对围绕中枢震荡走势的数量进行限制，就可以消除。

为此，缠论规定，一旦围绕走势中枢的震荡达到 6 段，原走势中枢级别扩大。比如，围绕 5 分钟走势中枢的震荡走势达到 6 段时，走势中枢的级别扩大为 30 分钟。

缠论走势中枢级别扩大定理：围绕中枢的震荡走势不能超过 5 段，一旦出现 6 段，加上形成中枢本身那 3 段，就构成更大级别的中枢。

2. 两个走势中枢震荡区间有重叠造成的多义性

如图 4–3–2 所示，当围绕连续两个同级别走势中枢的波动区间产生重叠时，走势中枢也升级。

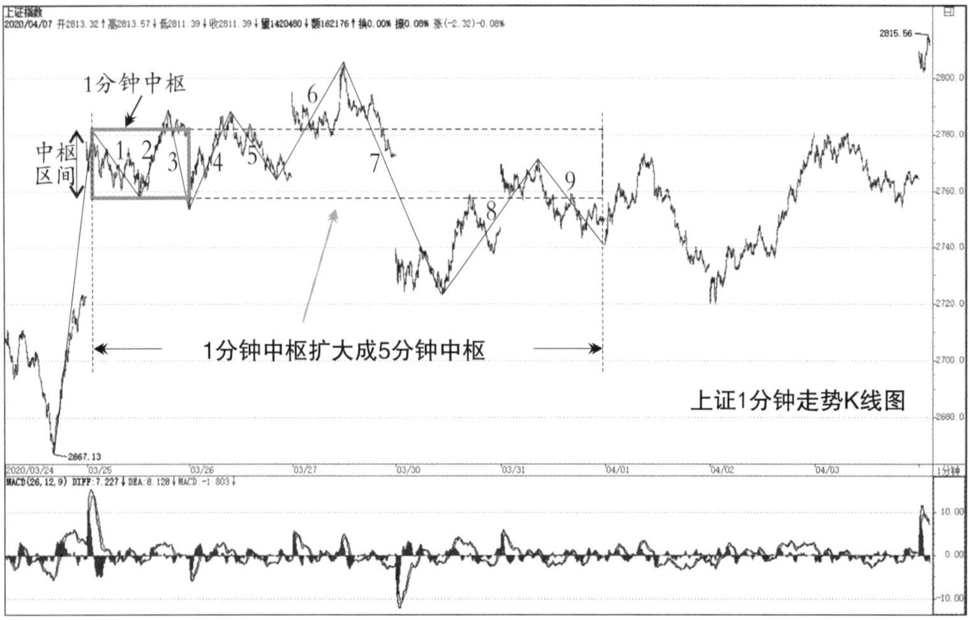

图 4-3-1 震荡形成高级别走势中枢的情况

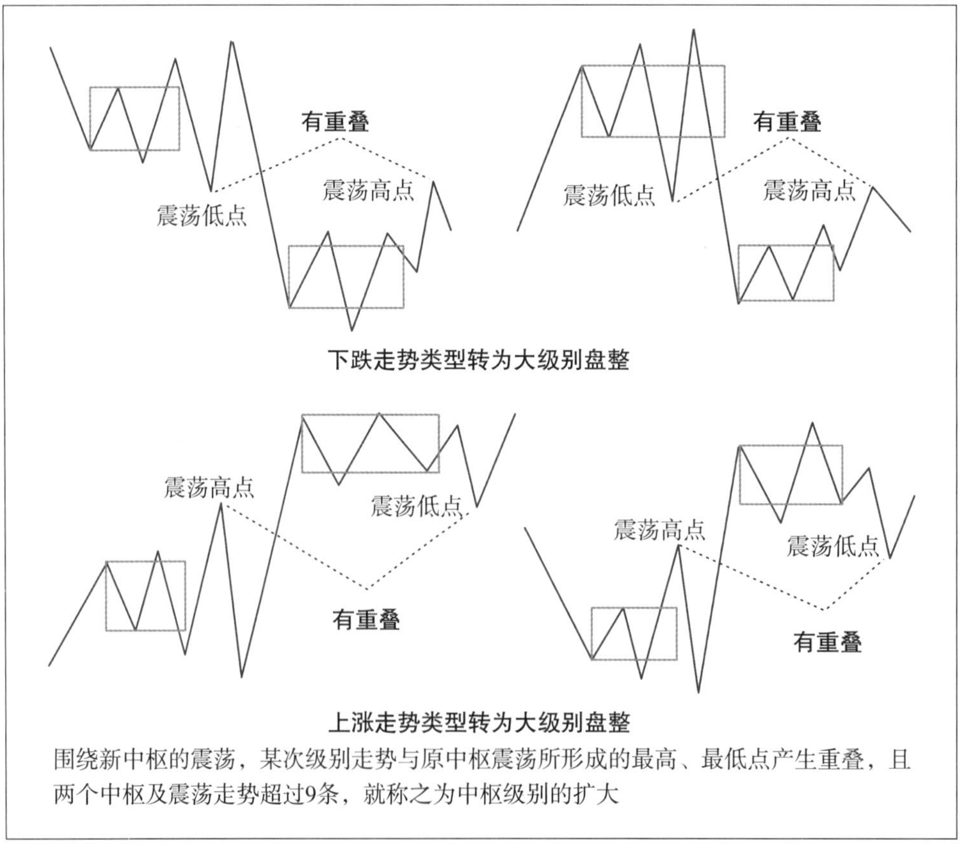

图 4-3-2 构成高级别走势中枢的情况

对于这种情况，课程中实例不多，不过存在大量两个相邻走势中枢波动区间重叠不升级的情况，因此这条规则应该是上述中枢级别扩大定理的“加强版”。参考上面走势中枢级别增加的条件，依然需要大约 9 段走势才能升级。如果仅仅是两个“裸”中枢，虽有交集亦不能升为更大的级别。

另外，相邻走势中枢的走向也存在差异。比如图 4–3–3 中光大证券的例子，两个走势中枢渐行渐远，而图 4–3–4 中两个走势中枢逐渐接近。

这两种情况都按形成高级别走势中枢来处理，就反映不出以上的区别，也不利于后续走势分析，因此图 4–3–3 中的走势可按两个同级别走势中枢处理，最终构成了一个小级别的趋势。

图 4–3–3　走势中枢震荡区间有重合之一

图 4–3–4 所示，如整体拥有 9 段以上走势，则升级为一个高级别的走势中枢。

形成的高级别走势中枢，缠中说禅没有对其中枢区间作出明确的规定，有些解读文章将它设定为两个中枢的交集，即一个很狭窄的区间。考虑到锚定效应，感觉还是选取后中枢区间为高级别走势中枢区间为好，它的意义远超二者那个小小的重叠区域。

（二）选择不同底层交易数据造成的多义性

缠论默认的底层交易数据为 1 分钟级别 K 线图。如果投资者的操作级别是 30 分钟，那么改用 5 分钟级别的 K 线图一定可以接受。如此一来，得出的缠论走势划分就与前者不尽相同，这就是选择不同级别底层 K 线图造成的走势多义性。

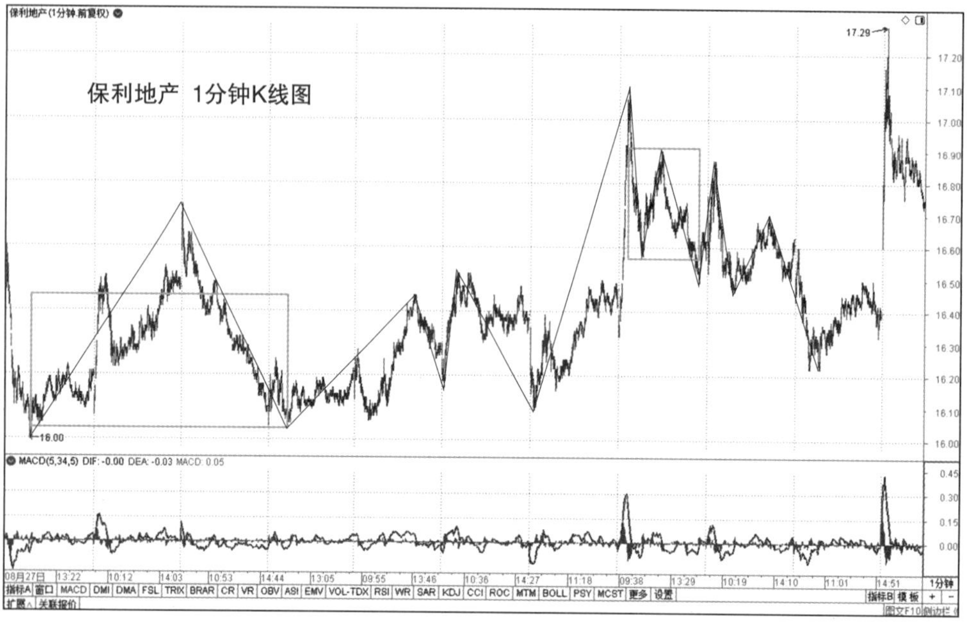

图 4-3-4　走势中枢震荡区间有重合之二

1. 缠论级别相同，但称谓不同的情况

图4-3-5、图4-3-6分别是亚士创能相同时间段的1分钟和5分钟级别的K线走势图。

根据K线生成规则，两幅K线图是对同一批交易原始数据进行处理的结果，图形只有精细程度的差异，但如果分别作为缠论划分走势时的底层数据，就会造成走势的多义性。

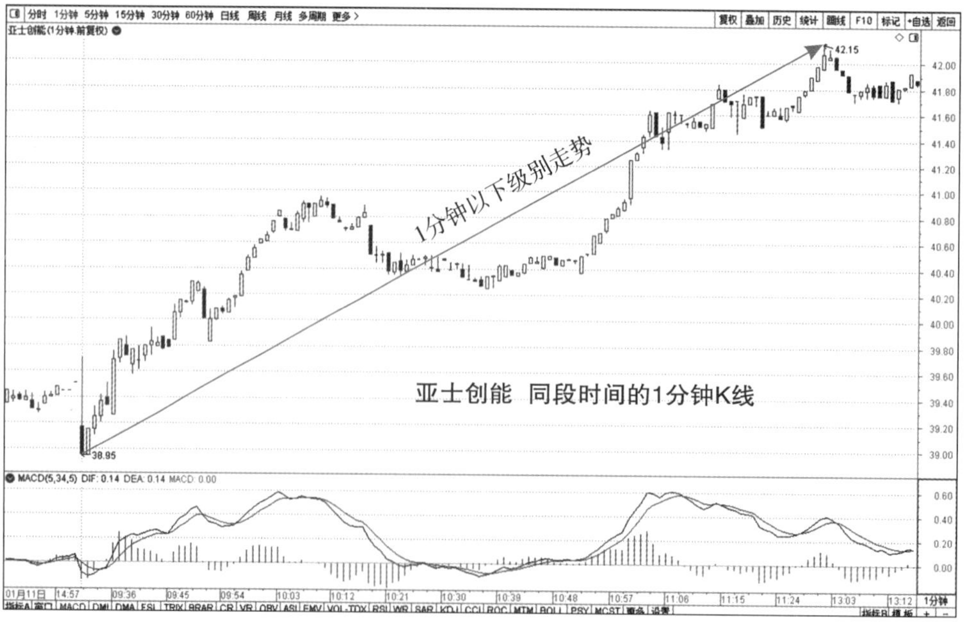

图 4-3-5　1 分钟 K 线图上递推走势

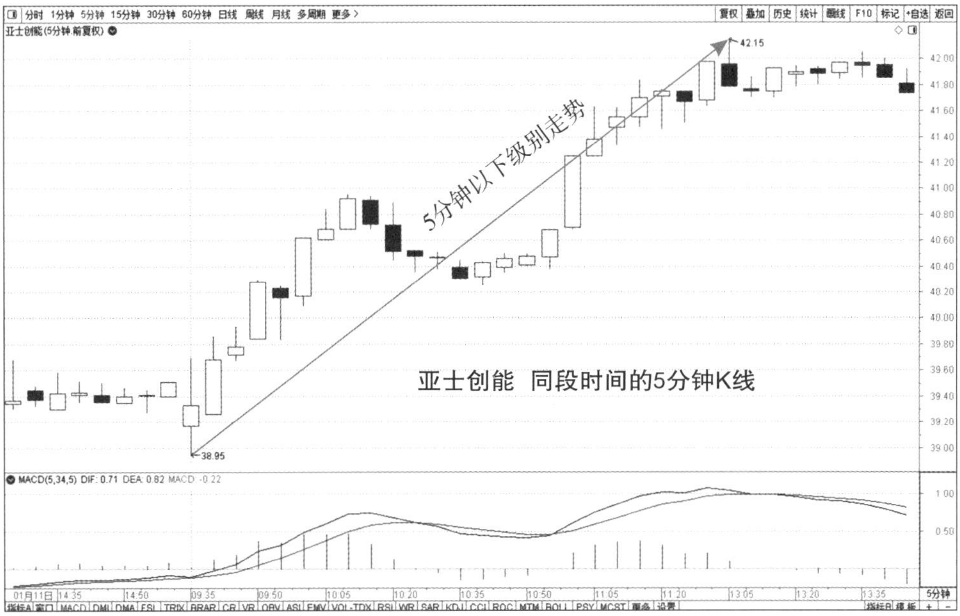

图 4–3–6　5 分钟 K 线图上递推走势

两个 K 线图中，走势均为一段线段类上涨，根据缠论级别的设定，同是缠论第一级别以下级别。不同的是，图 4–3–5 中的走势称为 1 分钟以下级别，图 4–3–6 中的走势称作 5 分钟以下级别。

这就是选择不同周期 K 线图作为底层交易数据引发的多义性。

2. 缠论级别与称谓均不同的情况

选择不同级别的底层数据，仅仅影响走势称谓的现象比较少见，更多的是下面所述的情况。

图 4–3–7、图 4–3–8 分别是东方财富同一时段的 5 分钟及 1 分钟 K 线走势图。选择 5 分钟 K 线图作为底层数据时，35.03 ～ 38.86 元是一个缠论第一级别以下级别的走势。改用 1 分钟 K 线图进行分析时，35.03 ～ 38.86 元是由五个线段重叠而成的缠论第一级别走势类型。

以上情况，不但称谓不同，走势的实际级别也不同。

本例中两个 K 线图走势，缠论走势的级别相差一级，其原因在于交易数据图形化时使用了不同参数，5 分钟与 1 分钟的 K 线图相比，丢失了 80% 的 K 线，因此平滑了走势，过滤掉了一些小的波动，相应来说结构也就变得简单了。

这两种多义性，理论上无法绝对避免，因为走势是客观存在的，但不同的市场参与者采用何种级别进行分析却是主观的，交流的基础首先要统一条件。

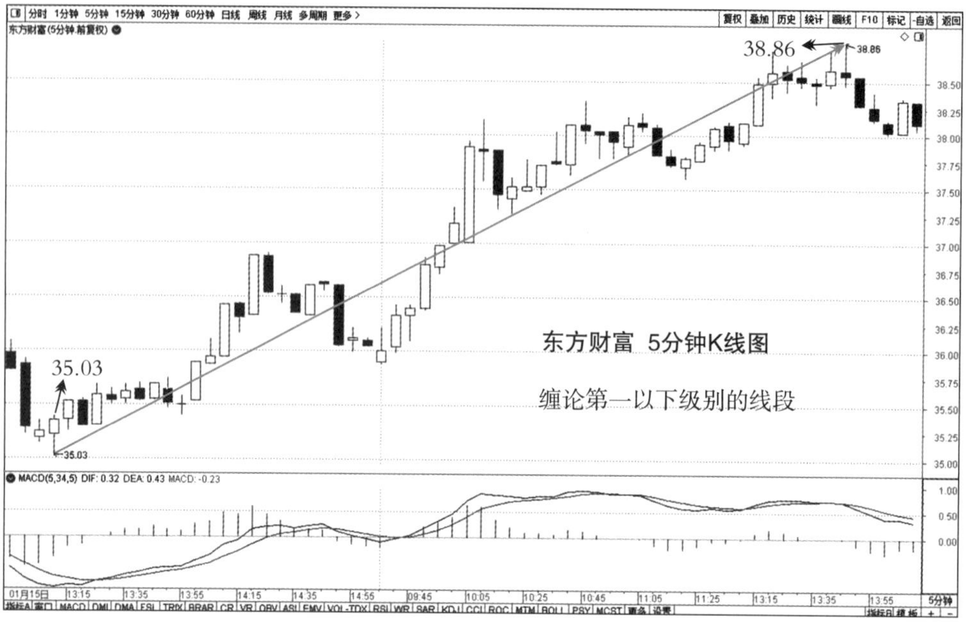

图 4-3-7　使用 5 分钟 K 线图进行递推

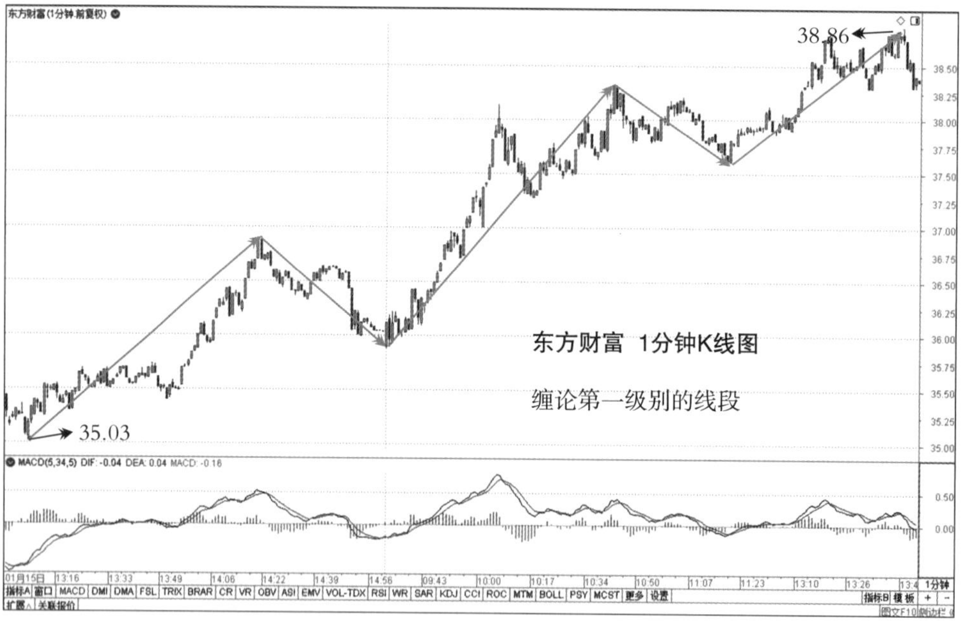

图 4-3-8　使用 1 分钟 K 线图进行递推

（三）不同观察视角造成的多义性

1. 拆分组合造成的多义性

走势类型的连接符合运算的结合律，即：A+B+C=（A+B）+C=A+（B+C），其中 A、B、

C 的走势可以是不同级别的。因此，站在多义性的角度，根据该结合律，任何一段走势都可以有很多不同的解读方式。

图 4–3–9、图 4–3–10、图 4–3–11 是同一段走势三种不同的拆分组合方式，给出了三种不同的分析视角，实际操作中可以根据需要自由切换。

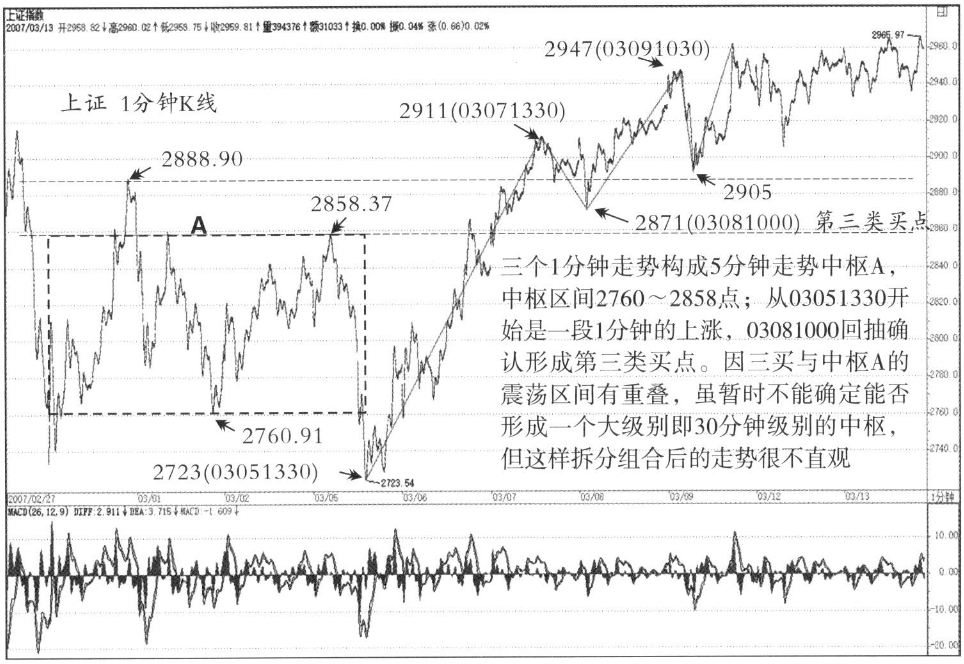

图 4–3–9　第一种拆分组合方式

第一种拆分组合方式，如图 4–3–9 所示。

三个 1 分钟级别走势类型构成 5 分钟走势中枢 A，中枢区间 2760 ～ 2858 点；

从 03051330 开始是一段 1 分钟的上涨，03081000 回抽确认形成第三类买点。

因第三类买点与中枢 A 的震荡区间有重叠，虽暂时不能确定能否形成一个大级别即 30 分钟级别的中枢，但这样拆分组合后的走势很不直观。

第二种拆分组合方式，如图 4–3–10 所示。

三个 1 分钟级别走势类型构成 5 分钟走势中枢 A，中枢区间 2760 ～ 2858 点。

其后从 2723（03051330）～ 2947（03091030）是一个 1 分钟的上涨，但使用 2905 点作为中枢 A 的第三类买点。

这样，从 03091030 开始构造的新中枢与中枢 A 就没有重叠区间了。

这样拆分组合走势比较清楚直观，可以最大限度地运用缠论分析走势，比如标准背驰，等等。

第三种拆分组合方式，如图 4-3-11 所示。

三个 1 分钟走势构成 5 分钟走势中枢 A，中枢区间 2760 ～ 2858 点。

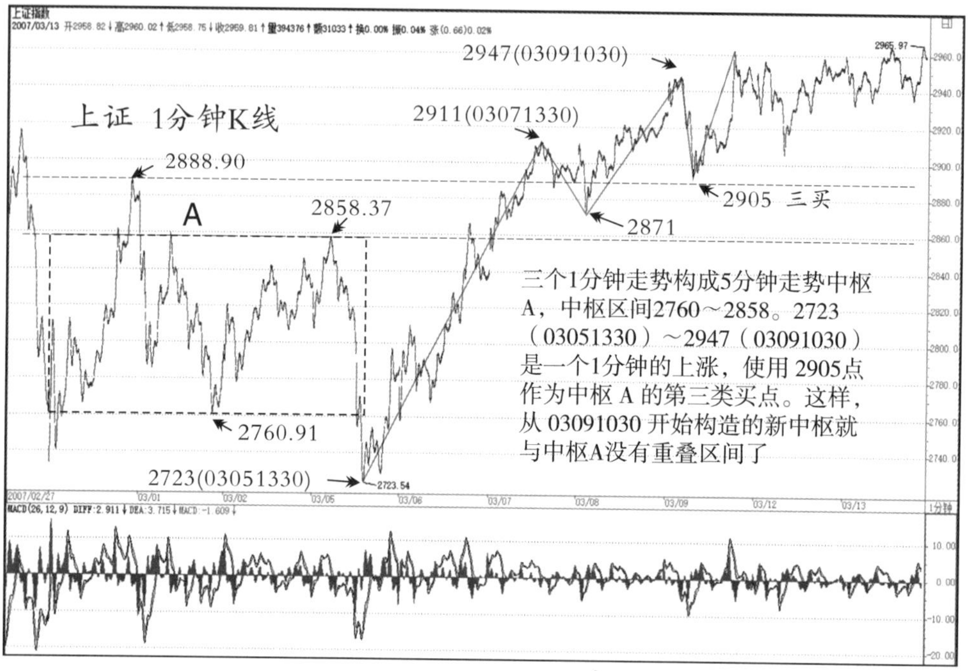

图 4-3-10　第二种拆分组合方式

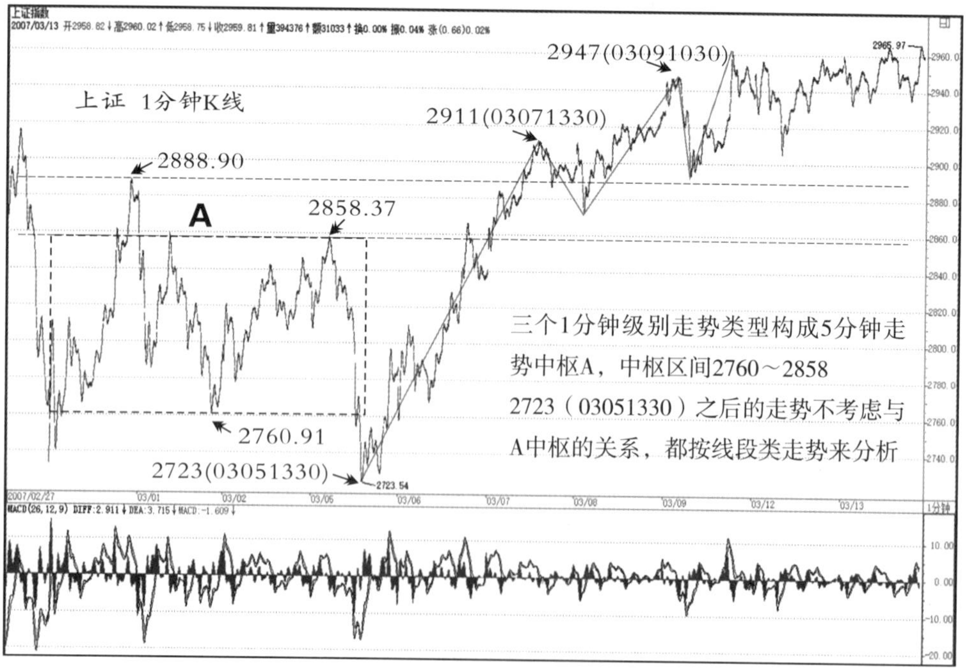

图 4-3-11　第三种拆分组合方式

2723（03051330）之后的走势不考虑与 A 中枢的关系，都按线段走势来分析。

这种拆分组合方式，当然也是符合理论要求的，但 03081000 形成的第三类买点的意义没有体现出来。按这种方式分析，就会很恐慌地等待一个盘整背驰的出现，以终结这个线段类走势。

2. 对围绕中枢震荡走势的不同分解产生的多义性

图 4-3-12 是上证指数 2019 年 12 月 17 日至 20 日的 1 分钟 K 线图，17 日、18 日的震荡走势形成了一个 1 分钟的走势中枢。

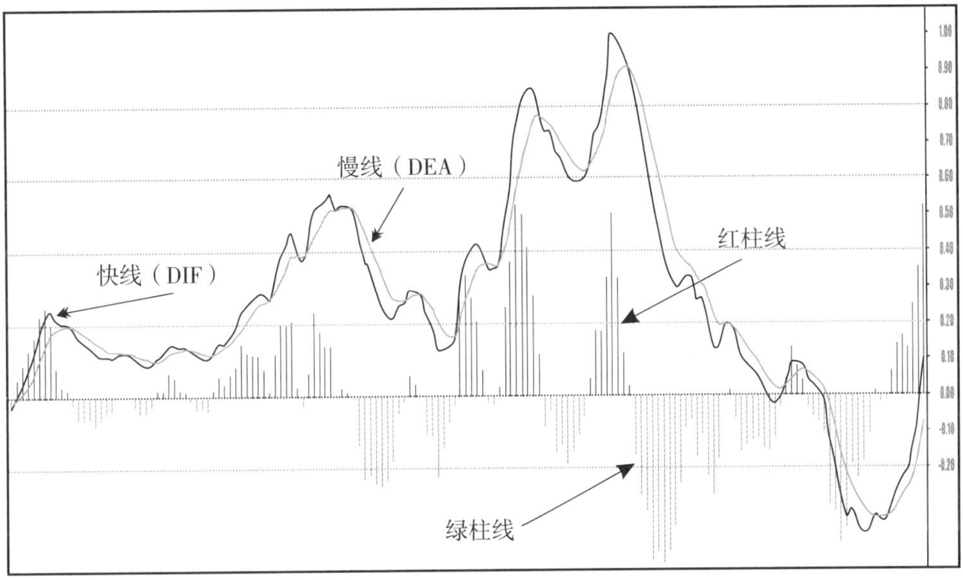

图 4-3-12　走势不同划分之一

第一种划分：

图中走势 1、2、3、4、5、6 可以看作是围绕 1 分钟走势中枢的震荡，当震荡走势达到 6 段时，1 分钟走势中枢扩展成 5 分钟级别，以后的分析可以按 5 分钟走势中枢进行，中枢区间仍是原 1 分钟走势中枢的中枢区间。

第二种划分：

如图 4-3-13 所示，可以将最近几天的走势看成一个 1 分钟的下跌与上涨走势有重叠，它们基本构成了一个 5 分钟的类中枢，但中枢区间与第一种划分方法相去甚远，这就是中枢震荡走势不同划分造成的多义性。

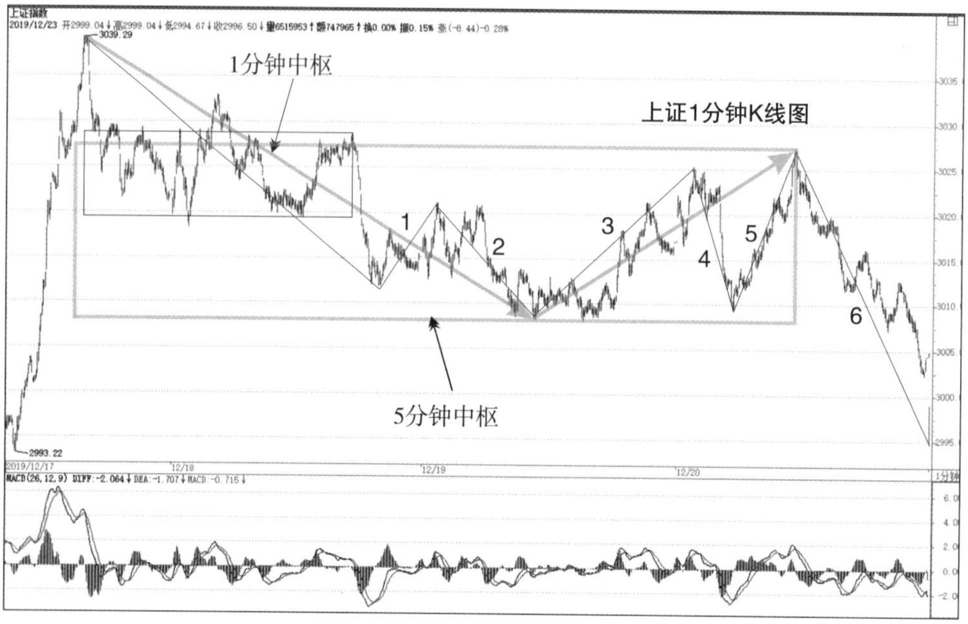

图 4-3-13　走势不同划分之二

第五天

缠论的标准买卖点

本篇内容：

一、MACD 指标简介

二、为走势接上“心电图仪”

三、缠论标准买卖点分析

写作目的：

炒股理论的终极目标是为了指导操作，本章重点介绍了缠论的标准三类买卖点。

标准三类买卖点主要依靠MACD指标进行判断，因此先简单介绍MACD技术指标，并给出缠论中的使用方式及注意事项。

一、MACD 指标简介

（一）缠论走势的心电图仪

任何市场中人，都是被生死了的。生死无处可离，生死就在呼吸之间。不离生死而从容于生死，没有这种大勇猛，一切理性都不过是垂死的哀鸣。对于市场来说，介入就是介入生死，无所依据地从容于各种模式之间，无所往而生其心，而心实无所生，方可于生死而从容。

——“教你炒股票”第 4 课“什么是理性？今早买 N 中工就是理性”

这里的“生死”并非操作者眼中的盈亏、胜负，它讲述的是市场中走势的生存或毁灭。要做到“不离生死而从容于生死”，必须先搞清楚一个走势因何生，为何死。

1. 上善若水——决定走势生死的内在原因分析

水是自然界中的重要物质，同时也是自然界最灵性的存在，老子用“上善若水，水善利万物而不争，处众人之所恶，故几于道”来描述它。

众所周知，由于地势原因，水仅仅依靠重力作用就能形成涓涓细流，最终汇集成江河。水遇山绕行，见坝积蓄，低处成湖，高处成瀑，反映出自然界的一个基本法则——能量永远遵循阻力最小的途径。

道法自然，这个自然界的普遍原则在投资市场中一样适用。多空力量孰强孰弱，决定了股价运行的方向。

某级别走势类型代表了多头或空头主导下的一段攻势，当主导力量被消耗殆尽时，原方向的走势死亡，同时意味着反方向的走势新生。

2. MACD 指标——缠论走势的心电图仪

多空力度是一个虚无缥缈的概念，难以直接观察。不过，常见的 MACD 指标具有监测能力，指标中的红绿柱线能实时反映出多空的力度。

下面先简单介绍一下 MACD 指标。

（二）MACD 指标简介

1. MACD 指标的构成和基本参数

MACD指标全称“指数平滑异同移动平均线”，指标名称揭示出它包含以下三层含义。

指数平均线：表明这个指标是以收盘价格为基础经过平均计算得出的。

平滑：平滑的计算方式很复杂，可以简单理解为首先对价格进行加权处理，日期越近权重越大，然后再进行平均运算，最终得到一个波动平缓的价格曲线。

异同：通过指标中快慢线的位置关系以及逐渐靠拢还是慢慢发散，展示多空的力量状态。

（1）MACD 指标的构成。

如图 5–1–1 所示，MACD 指标由三部分组成，分别是快线（DIF）、慢线（DEA）和柱线（BAR）。

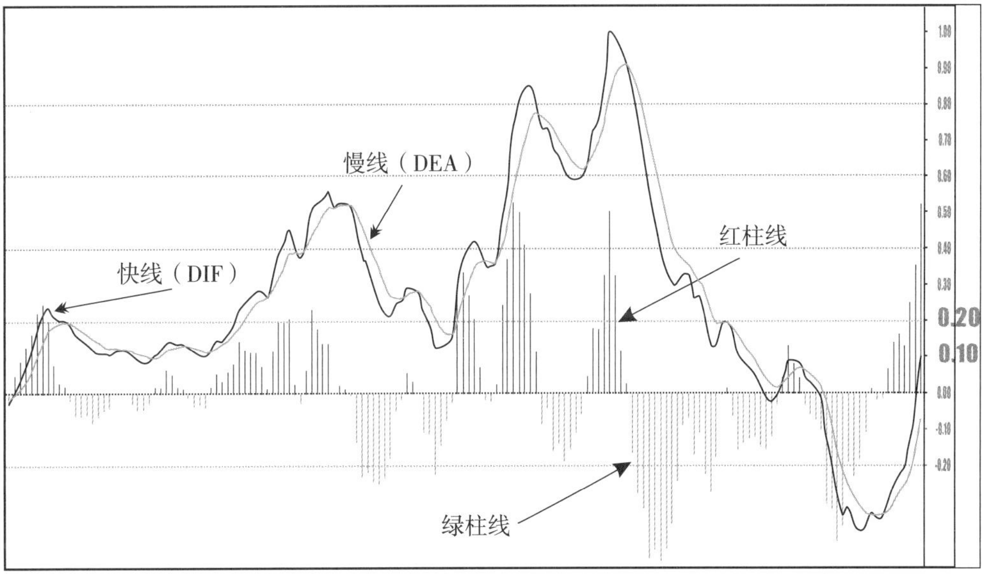

图 5–1–1　MACD 指标的构成

快慢线一般使用黄色和白色表示，即俗称的“黄白线”，本书中用不同的灰度表示。

柱线（BAR）默认为红绿两种，红柱线代表多头力度，绿柱线表现空头力度。

（2）MACD 指标的重要参数。

如图 5–1–2 所示，MACD 指标有三项重要参数，分别是短期（SHORT）、长期（LONG）和中期（MID）参数。

快线（DIF）是经平滑处理后的短周期与长周期平均指数的差值。

慢线（DEA）是快线按中期值进行加权平滑处理后的数值。

由快慢线的计算方式可知，短期（SHORT）与长期（LONG）是相互呼应的，所以短周期的取值必须小于长周期值。中周期值则相对独立，希望快慢线反差大，反应更灵敏，就选取小一些的参数值，反之则使用较大参数值。

柱线（BAR）是快线与慢线的差值，差值为负时形成绿色柱线，正值形成红色柱线，分别代表空头与多头的力度。为了方便观察，柱线的高度默认为快慢线差值的 2 倍，这个参数同样可以在软件中修改。公式“输出平滑异同平均：（DIF-DEA）*2，COLORSTICK”，其中的“2”就是柱线高度的系数。

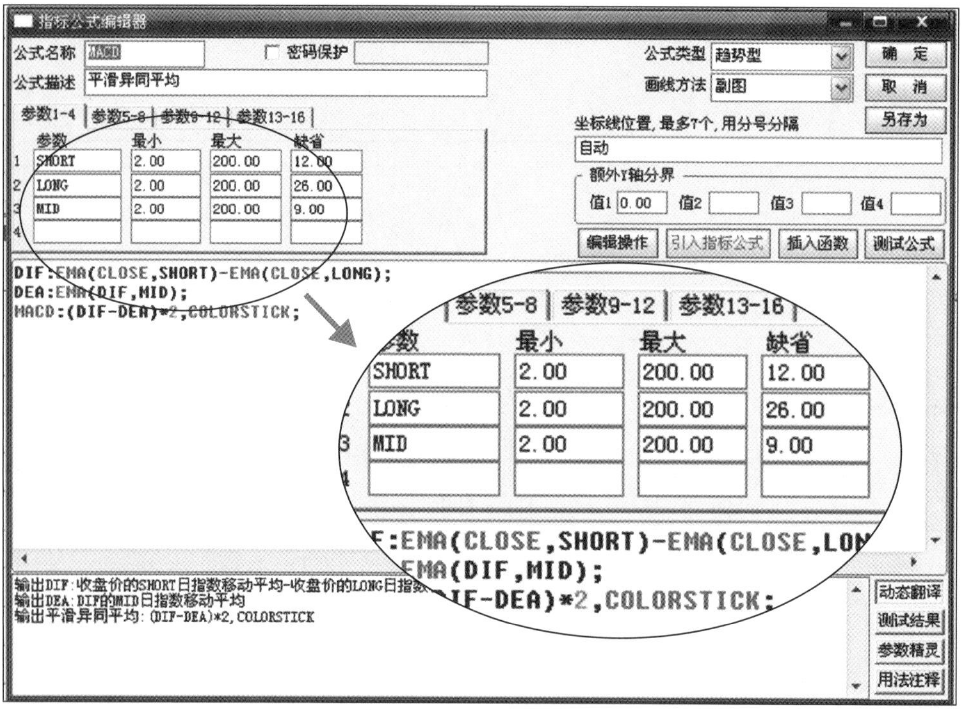

图 5-1-2　MACD 指标参数。

MACD 指标作为指标之王，既属于震荡指标，也是一种趋势指标。

如图 5-1-1 所示，指标以 0 轴为分界线，将市场划分成多头市场和空头市场，快慢线位于 0 轴以上为多头市场，反之则表明股价运行在空头市场中。

2. 指标参数的设定与修改

如图 5-1-2 所示，目前 MACD 指标的缺省参数一般设置成“12，26，9”，分别是短期（SHORT）、长期（LONG）、中期（MID）的 MACD 指标周期值，这些参数修改起来很方便。

短周期参数设定为 12，长周期取值为 26，可能和我国股市早期一周有 6 个交易日有关，12 天代表两周，26 天则是一个月的平均交易时间。

除此之外，还有一组常见的周期参数值“5，34，5”，它加大了短周期与长周期的差值，将中周期值设定得很小，所以指标更灵敏，比较适合短线操作时使用。

使用 MACD 指标不仅要考虑参数值，还要注意使用的级别，即指标在哪个周期的 K 线图上使用，分钟、日、周、月等 K 线周期代表着不同的意义。如日 K 线图中，指标周期以日为单位；在 30 分钟 K 线图上，则以 30 分钟周期计算相应的指标值。

3. 柱线的简单使用方法

柱线是快慢线之间的差值，如图 5-1-3 所示。柱线的颜色间接反映快慢线的位置关系，柱线呈红色时表明快线在慢线之上运行，柱线呈绿色时则相反，慢线位于快线之上。

（1）柱线收敛与发散。

如图 5-1-3 所示，MACD 指标柱线的一个重要作用，是通过研究它的收敛（逐渐缩短）和发散（逐渐伸长），观察市场多空力量的对比变化，找出多空力量对比变化的转折点。

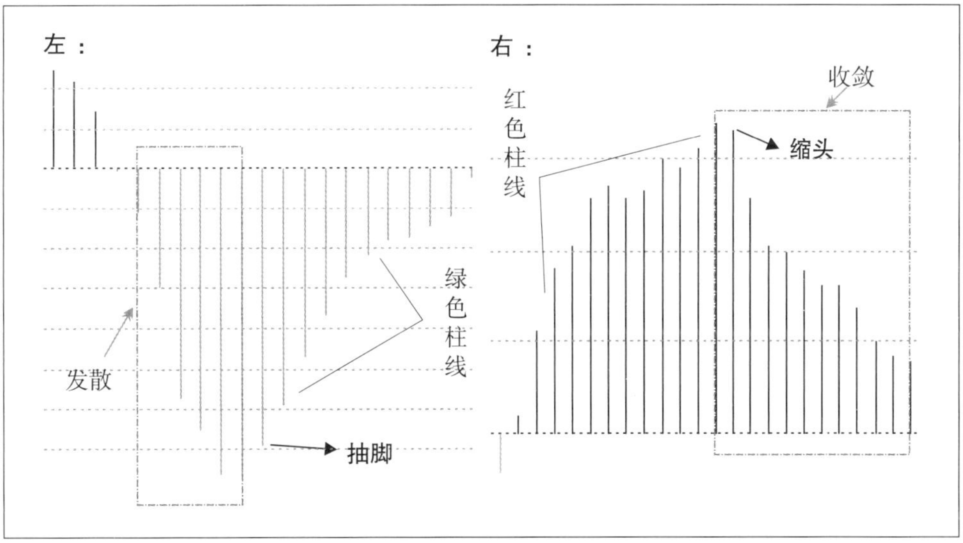

图 5-1-3　MACD 指标柱状线

MACD 柱线收敛：表示市场原方向的能量在减弱。

MACD 柱线发散：表示市场原方向的能量在增加。

MACD 柱线的长度代表市场力度的大小，红柱线伸长表示上涨力量增强，红柱线的长度越长，表示上涨力度越强；绿柱线伸长时表示下跌力量增强，绿柱线的长度越长，表示下跌力度越强。

（2）柱线抽脚与缩头。

如图 5-1-3 中左图，在下跌走势中，绿柱线会在 0 轴之下不断向下发散，下跌动能在绿柱线最长时达到最大。当绿柱线达到最长后，出现短于前一根柱线长度的柱线时，就出现了“抽脚”，说明市场下跌动能开始减弱，短期内有转势的可能。

如图 5-1-3 中右图，在上涨过程中，红柱线会在 0 轴之上不断向上发散，上涨动能在红柱线最长时达到最大。以最长柱线为分界点，之前的红柱线是依次伸长的，之后的红柱线依次缩短。红柱线第一次缩短称为“缩头”，说明市场上涨动能开始减弱，短期内有转势的可能。

（3）杀多点与逼空点。

杀多点：如图 5-1-4 中左图，当 MACD 指标绿柱线从 0 轴之下回抽到 0 轴附近，但没能突破 0 轴，转而又开始向下发散时，开始发散的第一根绿柱线便是“杀多点”。“杀多点”对应的 K 线称为“杀多棒”，其特征通常是放量的实体大阴线。

逼空点：如图 5-1-4 中右图，当 MACD 指标红柱线从 0 轴之上回抽到 0 轴附近，但没能向下突破 0 轴，转而又开始向上发散时，开始发散的第一根红柱线就是“逼空点”。从“逼空点”开始，股价往往会以更快的速度放量上涨，使得空头在此之后找不到好的入场点，所以称为“逼空点”。“逼空点”对应的 K 线称为“逼空棒”，其特征通常是放量的实体大阳线。

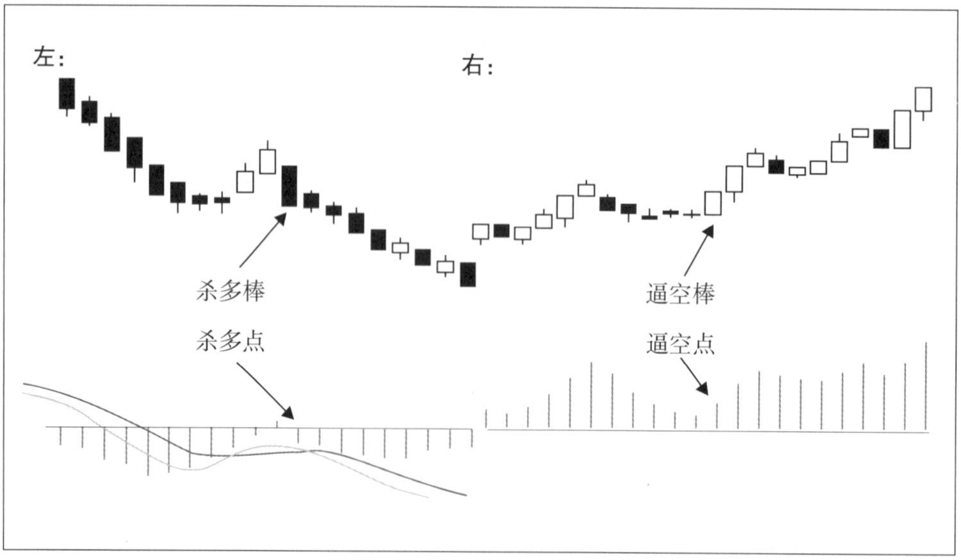

图 5-1-4　杀多棒与逼空棒

4. MACD 指标在极端走势下的使用方法

（1）小级别强劲走势下 MACD 指标的用法。

小级别指软件设定的最小级别，一般为 1 分钟级别（有些软件可提供秒级别的 K 线图）。

1 分钟以上级别可以参考次级别的 K 线走势图，没必要采用下面的方式进行操作。

强劲走势的定义是整个走势中 MACD 指标黄白线一直在 0 轴之上运行，无法触及 0 轴，同时代表走势力度的红绿柱线面积可能越来越小，走势却一直延续。这种走势，本级别无法使用常规的 MACD 指标找出缠论背驰点，在没有次级别可供参考的情况下，就要用到 MACD 指标的超买超卖乖离度指标判断买卖点。

MACD 指标可以以黄白线与 0 轴的位置关系作为趋势指标使用，以柱线的收敛与发散作为震荡指标使用。此外，还可以以 MACD 指标红绿柱线的极限长度，当作超买或超卖的乖离度指标。

系统默认红绿柱线的长度是快慢线差值的 2 倍，代表了多空力量的相对强度。不同个股的柱线极限值受到股东结构、股东群体交易习惯等因素的影响，有一定的惯性，可以笼统地将它看作股性活跃度指标。

图 5-1-5 是水井坊的一段强劲 1 分钟上涨走势图。从该 1 分钟走势可以看出，17.50 元时对应的红柱子高度是一个标杆，其后股价再次快速上冲时，18.50 元与 19.08

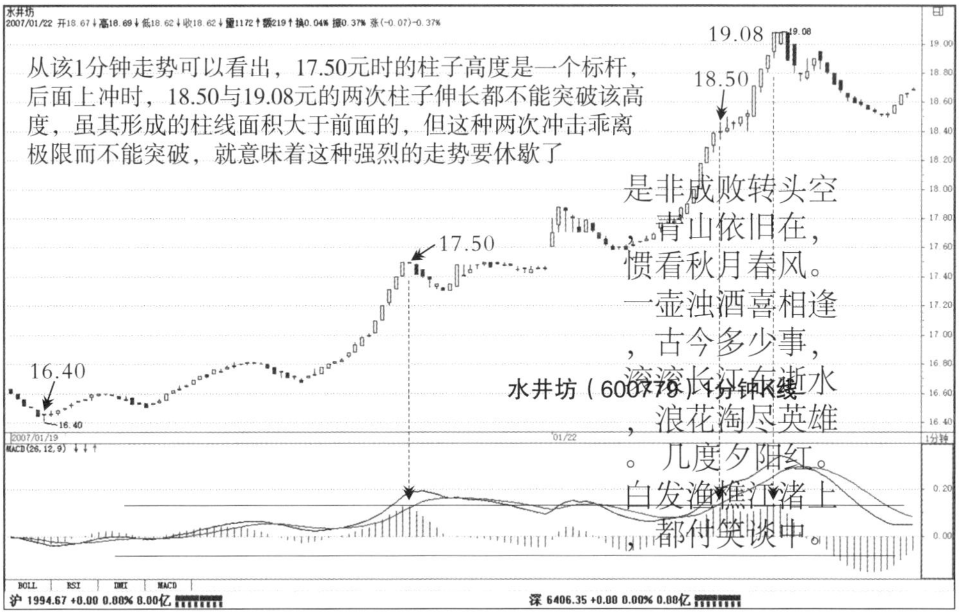

图 5-1-5　MACD 乖离度的使用方式

元对应的两次红柱子伸长，都不能有效突破该红柱子的高度。根据柱线面积比较，虽然走势并没有出现背驰，但事不过三，这种两次冲击乖离极限都不能有效突破，就意味着强劲的走势要休歇了。

（2）涨（跌）停板走势下的 MACD 指标用法。

MACD 指标设计时未考虑到中国股市的涨跌停板制度，因此，出现涨跌停板后，该指标会严重失真，此时不能简单地利用背驰等信号来操作。造成这种困扰的原因，需要从 MACD 指标红绿柱线的产生方式入手。

以上涨为例，柱线的长度取决于快慢线的差值，快慢线数值都与快线的计算方法有关。当股价涨停时，用以计算快线的长短周期值的差值逐渐趋近并最终等于 0，根据 MACD 指标计算公式，快线比慢线衰退得更迅速，所以表现为红柱线迅速收缩，并产生出绿柱，最终红绿柱线均消失，黄白线停留在 0 轴上。

图 5-1-6 是巴比食品上市之初的 1 分钟 K 线走势图。按照中国股市惯例，每天股票开盘时涨停，红柱线爆出。随着涨停的幅度加大（同为 10%，但基数每天增加），红柱线越来越长。股价涨停后，红柱线开始收敛并产生出绿柱，最终快慢线全部归零，红绿柱线消失，由此结束一天的交易。

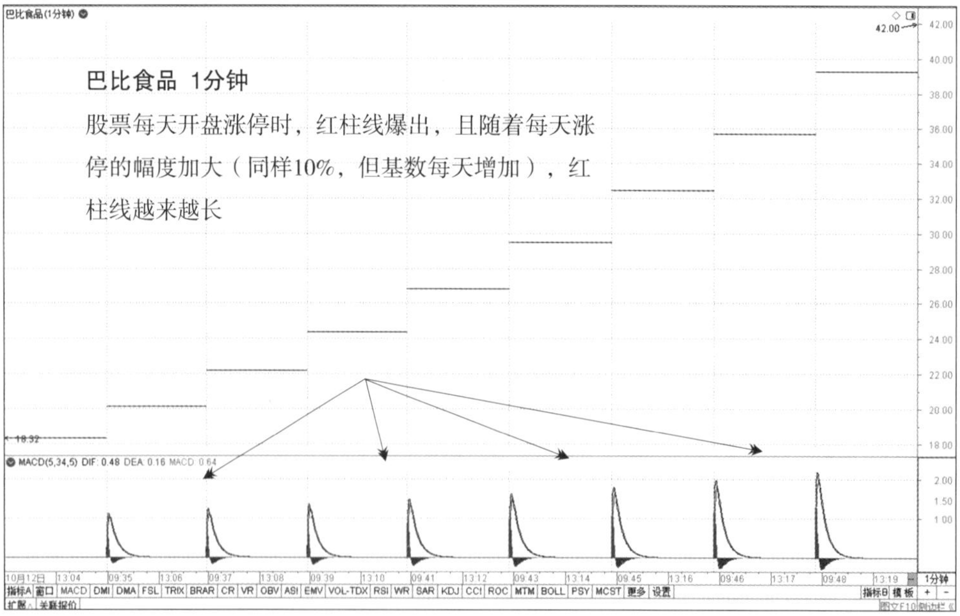

图 5-1-6　涨停板 MACD 指标使用方法之一

遇到这种一字板上涨的股票，一方面可以以涨跌停板价格作为最小的中枢来看，只要中枢不断上移，就可以不管，直到中枢上移结束。中枢上移结束，意味着进入一个较大的调整，然后再根据大一点级别的走势来判断这种调整是否值得参与。

另外，也可以直接使用大级别的 K 线图，如图 5-1-7 是巴比食品 30 分钟 K 线图，这样能够得到一个变化相对缓慢的 MACD 指标红绿柱线图形，分析时显得更直观。

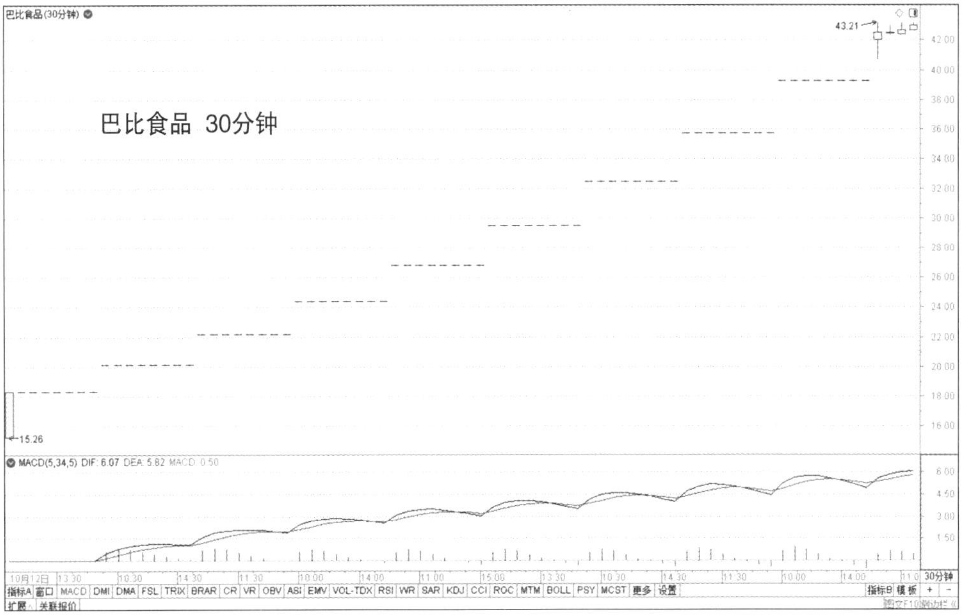

图 5-1-7 涨停板 MACD 指标使用方法之二

二、为走势接上“心电图仪”

1. 为走势接上“心电图仪”的原因

所有理论的终极目标都是为了指导实践操作，买卖点是操作中一个无法回避的问题。

一个合格的买卖点应该是 100% 安全的，意味着买卖点后，理论上能够保证市场必然产生转折，即卖出后股价转而下跌，买入后股价开始上涨，没有任何模糊或需要分辨的情况。然而，经验告诉我们，走势中的任何一点都面临着走势延续或转折两种可能。

当然，这个结论也不是绝对的。举个不太恰当的例子，一场惨烈的车祸后，司机重伤昏迷，送医救治，此时你无法贸然判断他的生死。将他送入重症监护室，插上各种管子，接上各种仪器后，他的生死就变得有迹可寻了。

看似随机的走势也是如此。依缠论划分走势后，就好比将走势送入了重症监护室，

MACD 等技术指标担负着监测走势的重任。此时走势中的每个位置都具有了全新的含义，交易者可以明确感知此时走势是否安全，有没有转折的可能，以及是什么级别的转折，等等。

与之对应的，就会有许多符合理论要求的操作机会可供选择，比如走势标准背驰点、盘整背驰点以及某类买卖点，等等，它们构成了理论视角下的所有买卖机会。

这些逻辑必须可以量化，可以精准描述，否则如空中楼阁、水中花镜中月一样虚幻。应该没有人看到双眼无神、印堂发黑的人，就断言他不久于人世吧。

走势中的操作机会是通过 MACD 指标进行精准定位的，指标的黄白线以及柱状线就是走势的心电图。

2. 如何使用 MACD 指标

（1）校准 MACD 指标参数。

稍微细心的人都会发现，选取不同的指标参数，会影响指标的呈现。

图 5-2-1、图 5-2-2 同为拓普集团的一段 30 分钟 K 线走势图，图 5-2-1 中 MACD 指标采用软件默认的参数，即长周期为 12，短周期为 26，中周期为 9。图 5-2-2 中 MACD 指标采用更灵敏的“5，34，5”取代默认参数。因 MACD 指标参数不同，所以红绿柱线的形态也发生了明显变化，前者 MACD 指标忽略了一些小的回调，后者 MACD 指标与走势的契合度更高。

图 5-2-1　MACD 指标不同参数情况之一

图 5-2-2　MACD 指标不同参数情况之二

使用 MACD 指标时，可以根据个人习惯合理调整参数，以最大程度地契合自已的操作。注意，契合的不是走势，而是个人操作习惯。有时为了忽略小的回调走势，选择不那么灵敏的参数，即使红绿柱线面积与走势起始位置略有偏差也可以接受，一切以操作习惯为主。

（2）背驰比较的是红绿柱线面积。

MACD 指标最重要的作用是判断走势是否出现背驰。

背驰，顾名思义就是背道而驰的意思，它表示股价走势和多空力度表现得截然相反，因此观察的重点是多空力度。

同样是上涨走势，同样代表一段多头的进攻，它们依然可能各具特点。这就如不同季节的降雨一样，夏雨猛烈而短暂，秋雨淅淅沥沥，绵绵不绝，但仅仅以下雨的强度或下雨持续的时间评价雨水大小是有失公允的。

图 5-2-3 所示的东方通信和图 5-2-4 所示的立讯精密，它们同为 A 股市场著名的牛股，但走势拥有不同的特点。东方通信像夏天的雨，立讯精密比较接近秋天的雨，这种差异会反映在各自的 MACD 指标红绿柱线上。

东方通信红柱子密集，相对长度高，持续了大约 1 个月左右。立讯精密红柱线虽短，但持续时间更长，前后数月有余。因此，计算多头力度时，必须将这种差别考虑在内，仅比较 MACD 指标柱状线长度或持续时间都不全面。

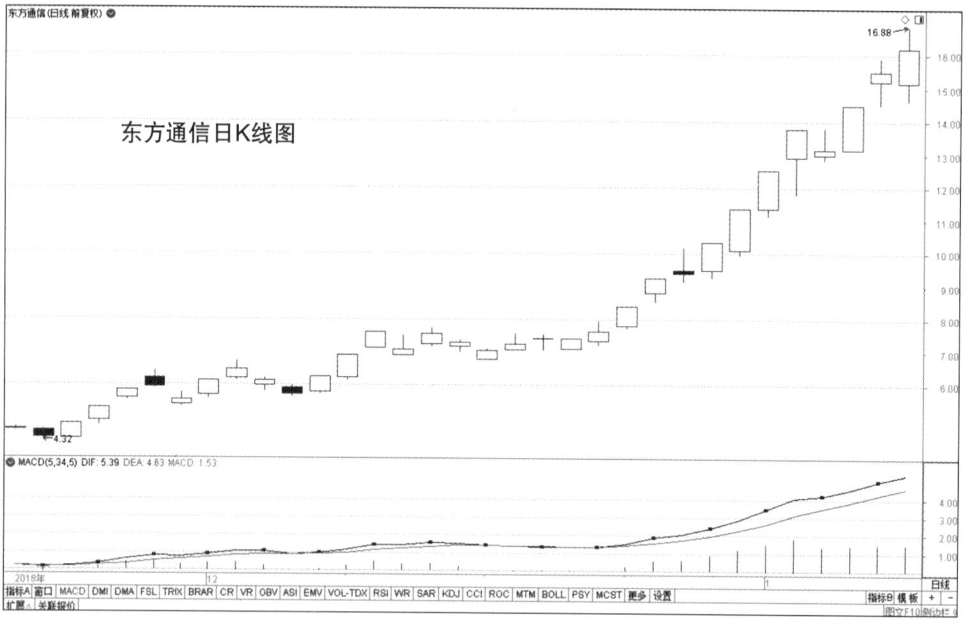

图 5-2-3　不同级别上涨的 MACD 指标红绿柱线情况之一

图 5-2-4　不同级别上涨的 MACD 指标红绿柱线情况之二

现实生活中，描述降雨大小采用的是降雨量，它是平均降雨强度与持续时间的乘积。缠论比较多空力度时，借鉴了这种方式，使用红绿柱线面积，它们代表了平均力度与持续时间的乘积，这与表示降雨大小使用降雨量这个指标并无二致。

（3）判断缠论背驰的重点是走势划分。

MACD 指标并非为缠论量身定制，指标的计算方式和生成 K 线的方式很类似，都是以固定时间周期为单位计算多空状态。缠论中的走势可以说与时间无关，所以，即便是缠论中的一段持续上涨走势，MACD 指标也会出现黄白线跌破 0 轴的情况，红绿柱线更是如图 5-2-5 所示交替出现，此时利用指标计算背驰与否就无从谈起。要想利用好 MACD 指标，必须先将走势按缠论重新划分，这样即知道何时以何种级别对哪段走势对应的红绿柱线面积进行比较。

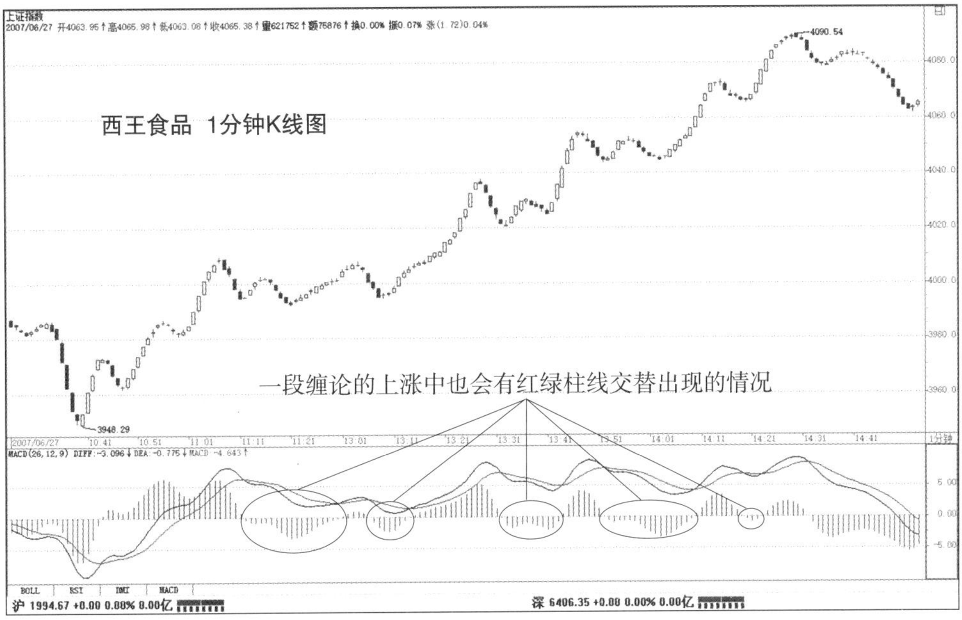

图 5-2-5 MACD 指标红绿柱线的显示情况

（4）背驰判断需满足的条件。

图 5-2-6 是一段已经完成的走势类型，无论是盘整还是趋势，其间都必然包含一段调整走势。调整走势在走势中表现为类中枢或标准走势中枢，它们像战争中的休整阶段。中枢前后的小级别走势，可以看作是原走势主导方的两次进攻，背驰就是通过比较它们的力度来判断的。

进行背驰判断需满足以下两个条件。

首先，作为连接走势的走势中枢，不管是类中枢还是标准走势中枢，都必须满足将 MACD 指标黄白线拉回 0 轴附近的要求，以此证明调整走势的力度是符合理论要求的。

其次，走势中枢后的小级别走势段，必须明显突破中枢区间，以保证它们不再是围绕走势中枢震荡的一部分。

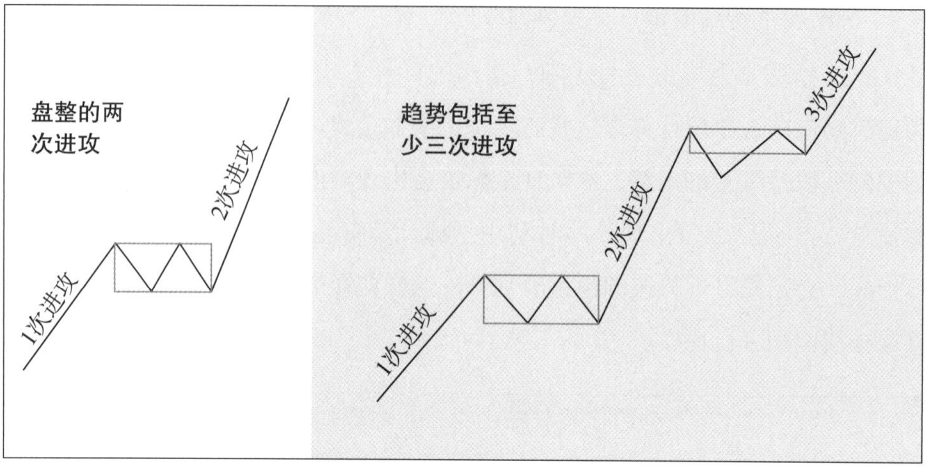

图 5-2-6　盘整与趋势的标准结构

（5）判断走势背驰的方法。

当后一段走势对应的 MACD 指标柱线面积小于前一段时，表明走势背驰。

图 5-2-7 是上证指数 1 分钟 K 线图的一段走势，图中走势由 a、b、c 三段组成，是一个线段类盘整。图中 c 段对应的 MACD 指标红柱线面积明显小于 a 段，表明这段 1 分钟线段类盘整走势出现背驰。

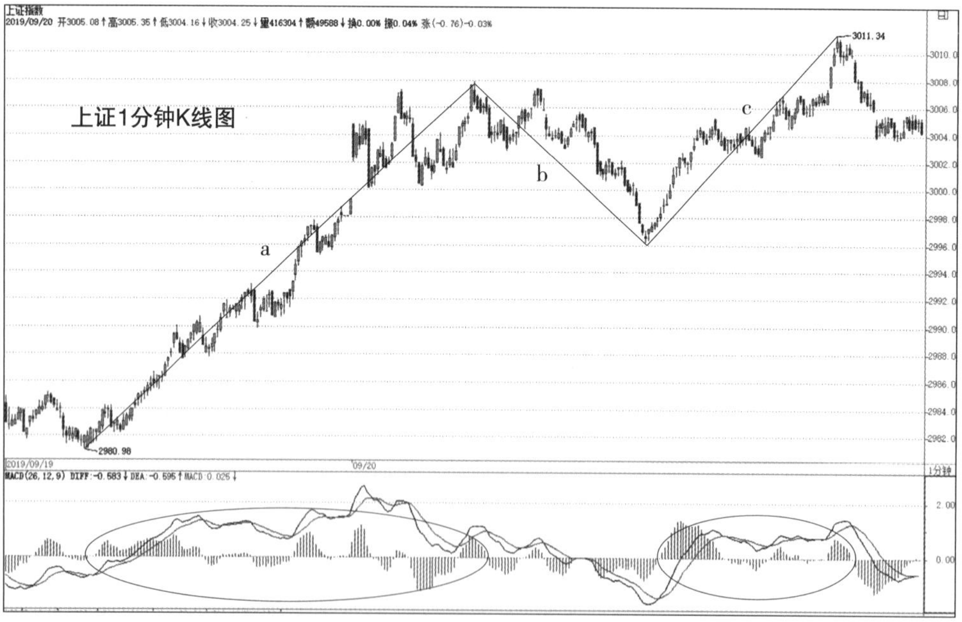

图 5-2-7　使用小周期 K 线图进行背驰比较之一

趋势走势的背驰判断方法与此相似。如图 5-2-8 所示，一个拥有两个中枢的下跌走势，走势段 c 与走势段 b 相比，对应的 MACD 指标绿柱面积减少时，表明整个下跌走

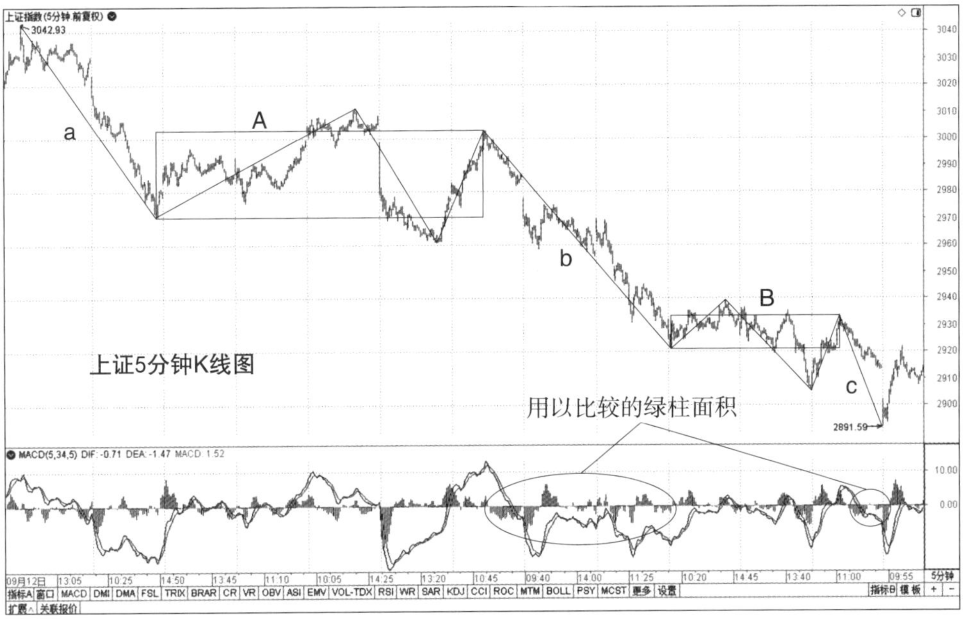

图 5-2-8　使用小周期 K 线图进行背驰比较之二

势出现背驰。

快速判断 MACD 指标是否背驰的方法如下。

由于 MACD 指标不是为缠论量身打造的，它的柱线计算方式与 K 线相同，都是以固定时间周期计算指标值，比如，每天交易可以产生 240 根 1 分钟级别柱线或 1 根日线级别的柱线。和 K 线一样，小级别展示了走势演变的过程，其间有复杂的形态。大级别走势则简单明了，直接给出了结果。在进行背驰判断比较面积时，应该避繁就简，选择与走势划分匹配度高的级别的 K 线图。

如图 5-2-7、图 5-2-8 所示，由于使用的 K 线图级别过小，指标波动频率太快，所以用来比较的走势段对应的 MACD 指标红（绿）柱线面积中，红绿柱线夹杂，必须在头脑中加以框算才能得出结论。

如图 5-2-9、图 5-2-10 所示，分别将 K 线图周期提高到 15 分钟和 30 分钟，使用的 K 线图级别和缠论划分的走势契合度很高，用来比较的 MACD 指标柱状线中只有单一颜色的柱线，面积清晰可辨，很容易判断走势是否出现了背驰。

实际操作中，无需拘泥于 K 线图的级别，选择的 K 线图周期与走势中枢前后走势段契合度越高越好。

缠论 1 分钟走势的背驰判断，观察 15 分钟、30 分钟的 K 线图同样有效。

图 5-2-9　使用大周期 K 线图进行背驰比较之一

图 5-2-10　使用大周期 K 线图进行背驰比较之二

3. 走势的常规“心电图”呈现

为了更好地理解缠论走势心电图仪的使用方法，下面以一段双中枢的上涨走势为例简单叙述一下。

如图 5-2-11 所示，最简的上涨走势可以简化为 a+A+b+B+c，其中的 a、b、c 为次级别以下走势，A、B 为本级别的走势中枢。

为了绘制方便，黄白线用一根线代表。这样处理后，一段具有双中枢的上涨走势，其 MACD 指标黄白线的常规表现如下。

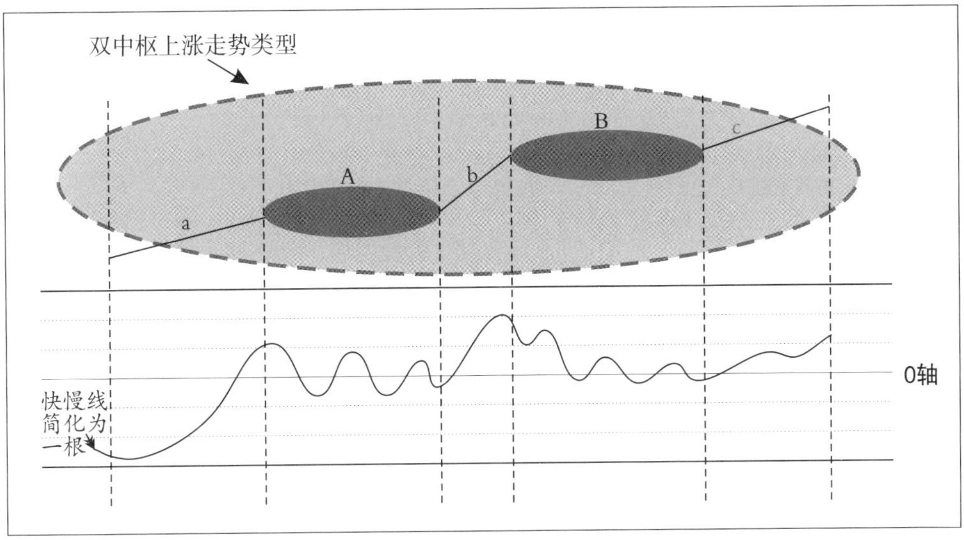

图 5-2-11　上涨走势时 MACD 指标呈现的状态

a 段：黄白线从 0 轴下方上穿过来。

A 段：黄白线停留在 0 轴附近，并围绕 0 轴上下震荡。当然，类中枢需要满足黄白线拉回 0 轴的要求。

b 段：黄白线由 0 轴急速拉起，走出最有力度的一段上涨。

B 段：黄白线回拉 0 轴，围绕 0 轴上下震荡。

c 段：黄白线由 0 轴再次拉起，但力度低于 b 段，形成标准背驰，从而宣告这段趋势即将终结。

三、缠论标准买卖点分析

市场走势不过是表相，其波动的内在原因与水的流动规律一样，都遵循最小阻力方向这一规律。

这种规律在市场中表现为股价的上涨与下跌，决定因素是多空力度对比。逆势力量初始表现为各种调整走势，但因调整走势存在于任何级别之中，使得逆势力量依然具有级别的概念。在这种情况下，多空力量的对比就不再是简单的比较，首先要对市场走势进行缠论划分，这样才能分清力度的级别或者某级别的力度。

缠论走势类型分为趋势与盘整，不同走势类型具有不同的特点。相较于盘整，如图 5-3-1 所示，趋势最少包含三段进攻，代表了趋势方更加坚定的信念和不达目的誓不罢休的决心。然而，正如《左传》所言，“一鼓作气，再而衰，三而竭”，一段趋势背驰了，走势完美后，意味着原趋势力量被消耗殆尽，受到的反噬作用也更加强烈，尤其这段趋势经历了多个走势中枢时。

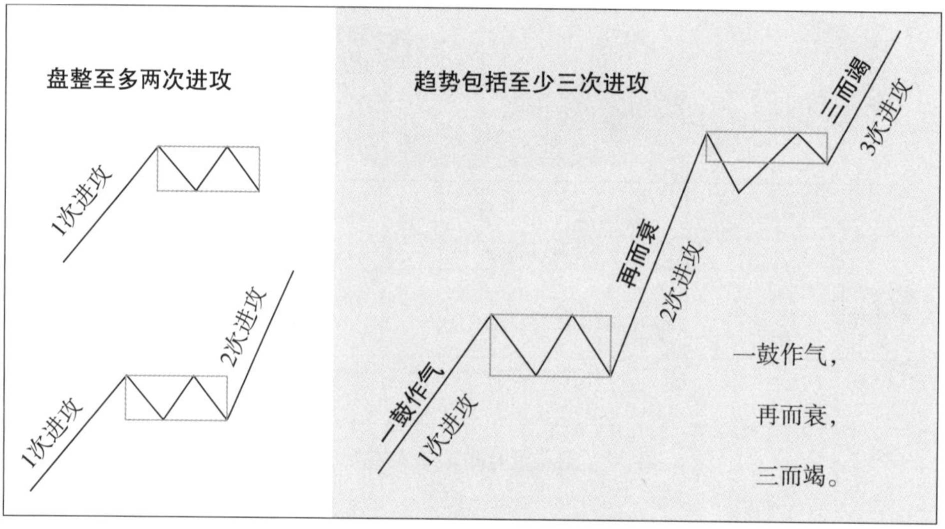

图 5-3-1　盘整与趋势的异同

盘整走势则相对平和，多空双方都没有倾情投入，背驰后继续纠缠的可能性很大。

趋势背驰展现了主导力量从产生到灭亡的全过程，这个过程完美地诠释了多空力量此消彼长的过程，对于研究走势的内在规律十分有价值，是感知多空力度不可多得的样本，因此缠中说禅称其为缠论的标准走势。趋势背驰同样可以称作标准背驰。

上涨 + 下跌或者下跌 + 上涨式的走势连接，是对走势生死循环的完美演绎。缠中说禅把趋势 + 反趋势的走势连接当作缠论标准走势连接，其间产生的买卖点称为缠论标准买卖点。

（一）缠论的趋势

1. 至少有两个中枢

如图 5-3-2 所示，标准背驰存在于一段趋势中。趋势，意味着最少有两个互不重叠的同级别走势中枢。

最简趋势表达方式如下。

趋势的级别由走势中级别最大的走势中枢决定，所以某完成的趋势中，连接两个走势中枢的走势必然是中枢以下级别的。按最简趋势计算，整个走势可以分解成两个本级别走势中枢和三个次级别或以下级别的走势。

如图 5-3-2 所示，a、b、c 为三个次级别及以下级别的走势，它们的级别可以不相同，甚至就是一段缺口。A、B 标记的是两个本级别走势中枢。整个走势简化为 a+A+b+B+c，这是趋势的最简表达方式。以后为了方便描述，标准趋势就以这种 a+A+b+B+c 的最简形式出现。b、c 是进行趋势背驰比较的两段同向走势。

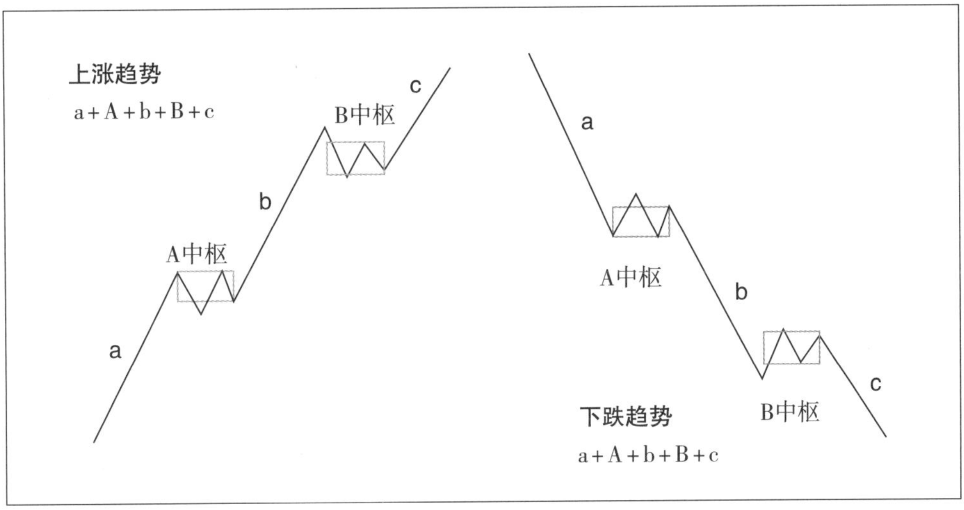

图 5-3-2　最简趋势结构

2. 两个中枢必须为同级别

以标准趋势 a+A+b+B+c 为例，走势中枢 A 和 B 的级别必须一致。假设 A、B 级别不同，整个走势可以看成围绕大级别走势中枢的盘整，走势只能按盘整背驰来分析。

如图 5-3-3 所示，当中枢 A 的级别大于中枢 B 的级别时，整个 a+A+b+B+c 走势可分解为（a）+A+（b+B+c），其中 a 与 b+B+c 是围绕大级别中枢 A 的震荡走势。

当中枢 A 的级别小于中枢 B 的级别时，整个 a+A+b+B+c 走势可分解为（a+A+b）+B+（c），其中 a+A+b 与 c 是围绕大级别中枢 B 的震荡走势。

（二）缠论趋势背驰的当下判断

这里的当下判断特指走势进行当中即可进行判断，没有延迟性，无须结合后续走势即可确定。

这种情况需要满足严苛的条件，只可能出现在趋势背驰中，且相邻两个级别的趋势同时背驰。

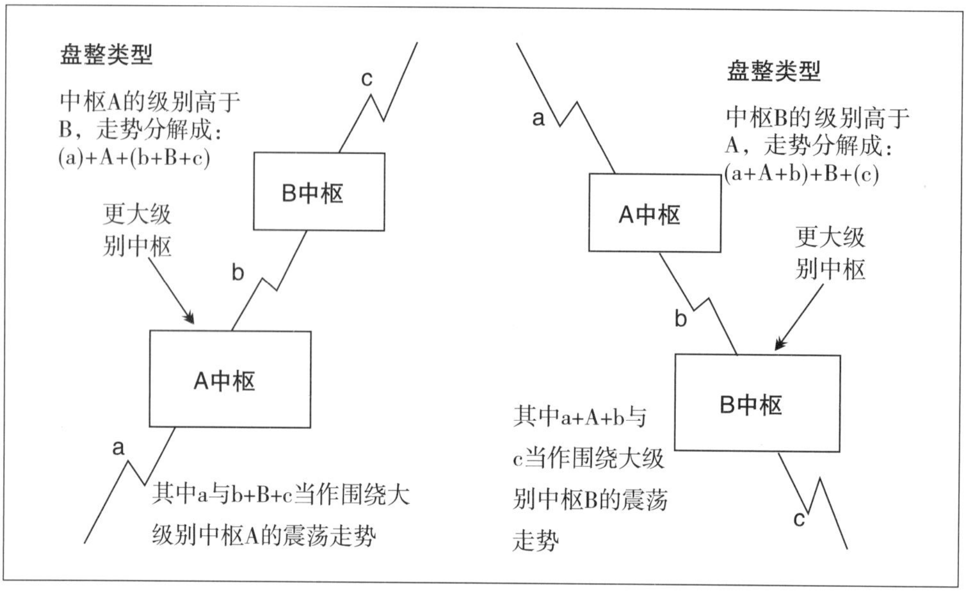

图 5-3-3　两中枢级别不同时的趋势分解

比如一个某级别的上涨走势，只有当次级别的 c 段与 b 段产生标准背驰，且次级别 c 段内部标准背驰时，可以当下确定此段上涨背驰成立。

相邻两个级别是否同时发生背驰，需要用到缠论区间套的分析方法。

缠论区间套定理：某级别的转折点，可以通过小级别背驰段逐级收缩范围来确定。

区间套无疑是一个拥有巨大吸引力的分析技巧，可惜过于理想化了。

缠中说禅给出的使用方式是，对于因背驰产生的走势转折，先找到其背驰段，然后在次级别图里，找出此背驰段的次级别背驰段，将该过程反复进行下去，直到最低级别，相应的转折点就在该级别背驰段确定的范围内。

譬如十进制数 9999 加 1，其个位、十位、百位、千位会产生共振，同时进行升级处理。缠论的区间套与此相仿，但没有那么完美。

问题出现在以下两个方面。

首先，走势背驰后能否转折，受到诸多偶然因素的影响，即便是标准走势背驰，也存在转折失败的可能。这一点后面会有详细分析。

其次，走势背驰并非走势转折的唯一原因。

不过，标准背驰转折失败的情况比较少见，所以一般把标准背驰作为走势转折的标志。两相邻级别同时发生趋势背驰，成为理论上唯一能保证小级别背驰引发高级别转折的情况。

如图 5-3-4 所示，一个 5 分钟级别的最简上涨走势 a+A+b+B+c，如果走势段 c 对应的红柱面积小于走势段 b，且 1 分钟级别的走势段 c 内部发生趋势背驰，就是上述两级别同时背驰的情况，表明原有的 5 分钟上涨走势被破坏。

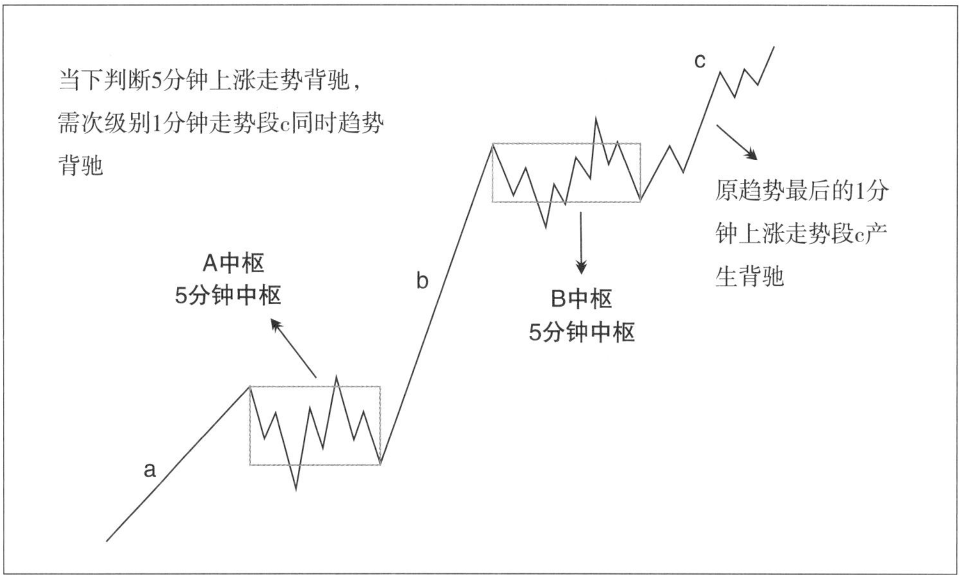

图 5-3-4　5 分钟趋势背驰判断

如果走势段 c 的内部背驰不是趋势背驰，则不能当下得出整个 a+A+b+B+c 走势背驰，因为盘整背驰的力度比较小，不一定能引发走势转折，甚至不排除背驰形成 5 分钟走势中枢 B 的第三类买点的可能。

综上所述，当下判断趋势背驰时，对于 c 段有严格的要求，因为突破中枢 B 的小级别走势 c，既是围绕中枢 B 的震荡走势，又是 a+A+b+B+c 这个大趋势的第三段小级别离开。分析走势段 c 时，重点和难点就是如何区分它是围绕中枢 B 的盘整背驰段，还是整个趋势的标准背驰段。

下面深入分析一下最简单的 a+A+b+B+c 趋势中的走势段 c，看看哪些情况有可能发生。

（1）走势段 c 未能创出新高或新低，只能当作围绕中枢 B 的盘整背驰。

为了证明 c 段不再是围绕中枢 B 的震荡，c 段最起码也要比之前的震荡走势更强大才行，这就要求 a+A+b+B+c 这个趋势，上涨走势时 c 段必须创出新高，下跌走势时 c 段必须创出新低。

如图 5-3-5 所示，围绕走势中枢 B 的震荡走势 c'，如未创出新高或新低，则只能当作中枢 B 的震荡走势，进行盘整背驰判断。

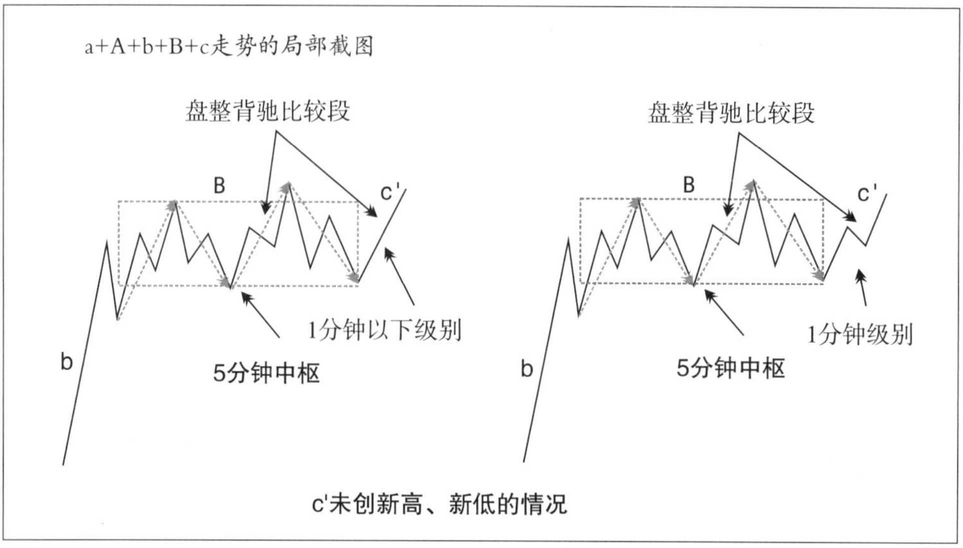

图 5-3-5　c 段走势的可能情况之一

（2）走势段 c 不包含走势中枢 B 的破坏点。

如图 5-3-6 所示，趋势以下级别 c'，即使突破了走势中枢 B，创下了新高或新低，并不代表对走势中枢 B 的有效破坏，接下来的回拉走势完全可以再回到中枢 B 里，所以在走势 c' 没有形成中枢 B 的破坏点之前，c' 只能当作围绕走势中枢 B 的震荡走势，进行盘整背驰判断。

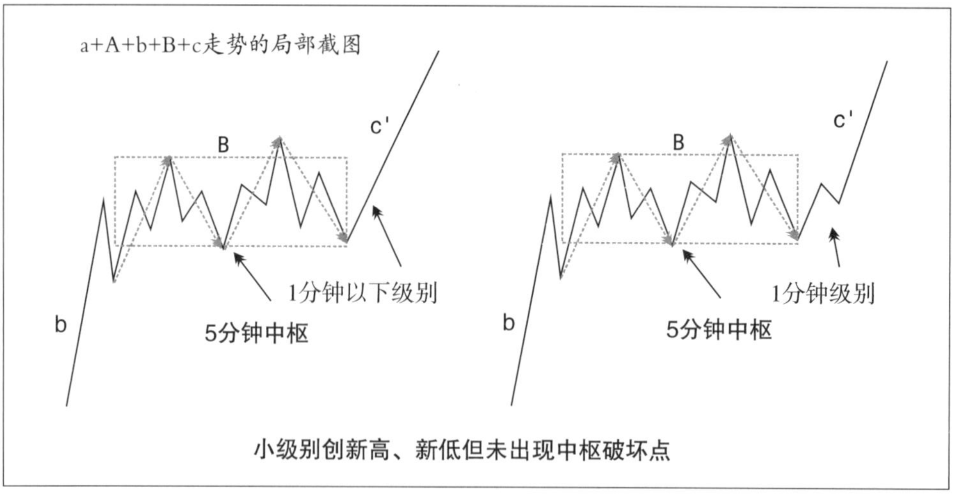

图 5-3-6　c 段走势的可能情况之二

（3）走势段 c 创出了新高或新低，并且包含中枢 B 的破坏点。

走势段 c 创出了新高或新低，并且包含中枢 B 的破坏点，满足这两个条件的走势，依然可以根据走势段 c 的级别，将走势分为以下两种情况。

A. 走势段 c 为次级别以下级别。如果次级别以下级别的突破走势形成了对中枢 B 的破坏点，此时的走势段 c 依然只能看作围绕走势中枢 B 的盘整，可以与中枢 B 之前的 b 段进行比较。不过，即使走势段 c 与走势段 b 相比，MACD 指标背驰成立，也不能认为整个趋势背驰，因为 c 段的级别还小，生长为次级别时，完全可能不再背驰。

而且走势级别越小，力度越大。如果向上突破中枢 B 的 c 段级别小于中枢前的 b 段，往往表明走势背驰的可能性不大了，尤其当这个离开段为缺口时，此时的次级别以下中枢破坏点具有很大的参与价值。

如图 5-3-7 所示，1 分钟以下级别走势突破中枢创出新高，回调形成小级别中枢破坏点，此时的走势段 c 依然只能看作围绕中枢 B 的盘整。

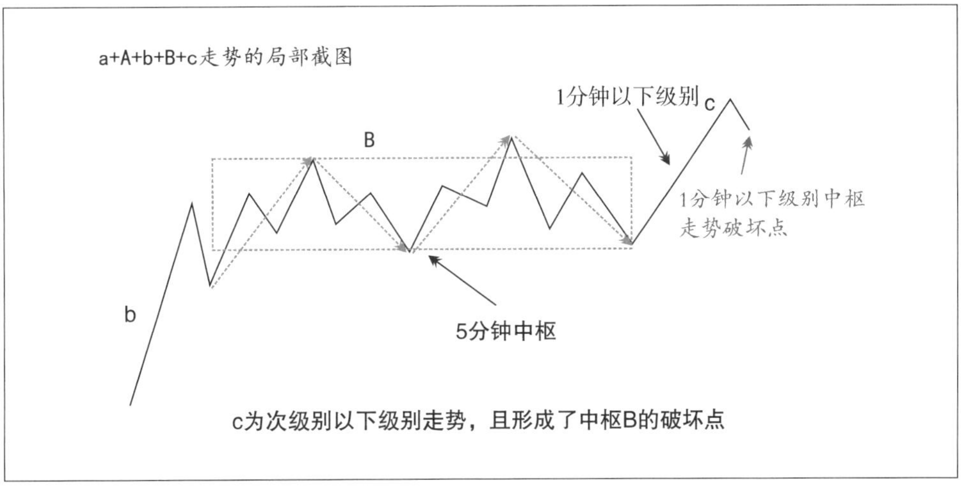

图 5-3-7　c 段走势的可能情况之三

不过，出现这个 1 分钟以下级别的中枢破坏点，整个 a+A+b+B+c 走势就很难再背驰了，所以这个中枢破坏点很有参与价值。

B. 走势段 c 为次级别的情况。次级别走势段 c 离开中枢 B，代表走势已经最少有一个次级别的中枢。突破中枢 B 后，以一个小级别回踩来确定突破的有效性，这里同样形成一个小级别的第三类买点。

当 c 段走势最终出现内部背驰时，c 段是个最少包含两个次级别中枢的趋势，c 段的内部背驰也是一个趋势背驰。整个 a+A+b+B+c 这个大趋势的标准背驰也确定无疑了。

如图 5-3-8 所示，一个拥有 1 分钟走势中枢 c1 的 1 分钟走势，突破了中枢 B 且创下新高，并以 1 分钟以下级别回踩中枢 B，最终形成一个 1 分钟以下级别的破坏点 s，宣告对原中枢 B 突破的有效性，在 s 点附近形成一个新的 1 分钟走势中枢 c2。

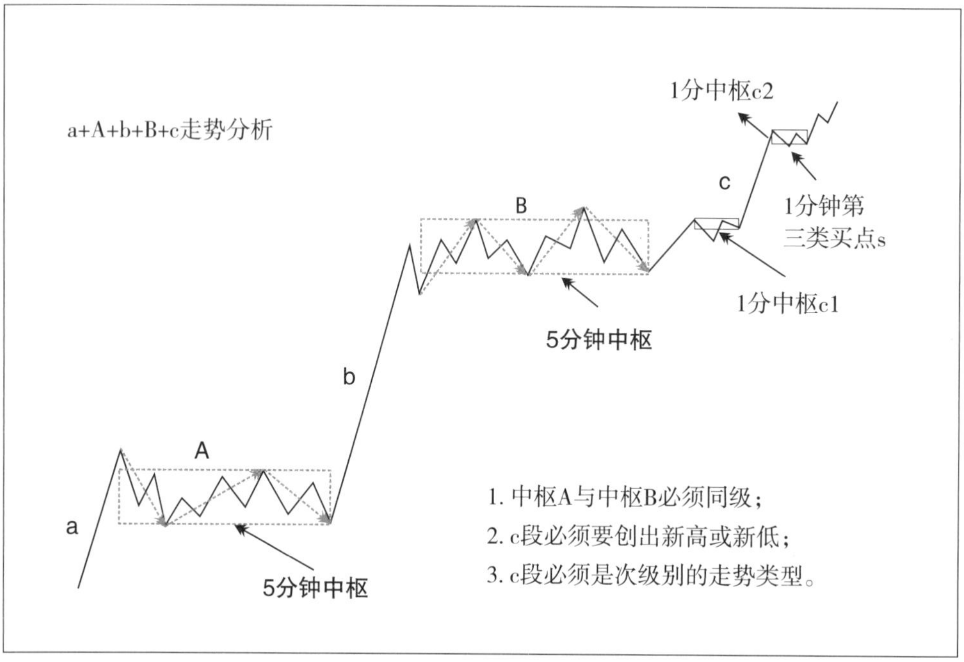

图 5-3-8　标准背驰需满足的条件

此时的走势段 c，是一个拥有两个 1 分钟级别走势中枢 c1、c2 的 1 分钟上涨走势，当这个走势内部产生标准背驰从而结束走势时，整个 a+A+b+B+c 走势的 c 段相比 b 段同样背驰，这就确保了整个走势 a+A+b+B+c 出现了标准背驰。

这是唯一可以当下确定走势转折的情况。

走势段 c 的内部背驰，以及整个大级别趋势的背驰，都是通过 MACD 指标来辅助判断的。具体方式是通过比较相关走势段对应的 MACD 红柱面积，如后者更小，那么标准背驰成立。

从以上分析得到一个重要启示：判断走势是否背驰时，首先要确定用来进行背驰比较的走势段是否已经完成。

（三）缠论趋势背驰的后续走势分析

常言道，“强弩之末，势不能穿鲁缟”。趋势背驰后，原趋势力量基本消耗殆尽，它面临着反方力量的疯狂反扑，反击强度与原趋势相仿。

一段最简单的趋势 a+A+b+B+c，其中的走势中枢 A、B 至少包含三段次级别走势，a、b、c 各按一段次级别走势计算，共有 1（a）+3（A）+1（b）+3（B）+1（c）=9 段次级别走势。由于趋势背驰后的修正走势是针对原来整个趋势的，所以转折后的走势最少包含 9 段次级别走势。

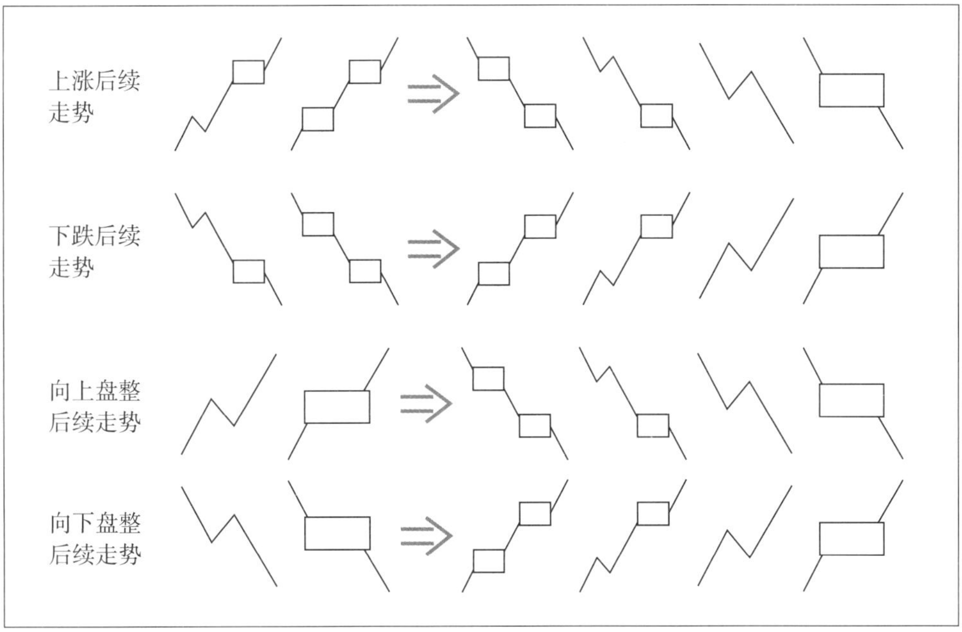

图 5-3-9 走势类型的连接

按照如图 5-3-9 所示的走势类型连接方式，趋势之后必然是反趋势或逆向的盘整。

反趋势很好理解，比如 1 分钟的上涨走势背驰后，连接一个 1 分钟级别的下跌。

如果背驰后是一个盘整走势，则 1 分钟级别的力度明显不够，因为只有 1（a）+3（A）+1（b）=5 段次级别走势，所以趋势转折后如果是盘整，最少是一个高级别的盘整。

比如 1 分钟的下跌走势背驰后，如果是盘整，则至少是一个 5 分钟级别的盘整。

下面就趋势背驰后的可能走势进行详细分析。

1. 趋势背驰后，形成更大级别的盘整

如图 5-3-10 所示，背驰后依次走出三个次级别走势 f1、f2、f3，并至少触及到下跌趋势最后一个中枢区间，确保了反弹的力度。如果最终形成盘整走势，那这个盘整走势一定比原下跌趋势级别更高。

这个高级别的盘整有两种构成方式。

A. 如图 5-3-10 所示，趋势背驰后的三个次级别走势 f1、f2、f3 构造出本级别的走势中枢，并最终扩展成高一级别的走势中枢 F。

B. 如图 5-3-11 所示，趋势背驰后的三个次级别走势 f1、f2、f3，构造了一个本级别的线段类盘整，并最终因三段本级别的走势重叠，构造出高级别的走势中枢 F。

下面看一个趋势背驰后，形成高级别盘整的实例，如图 5-3-12 所示。

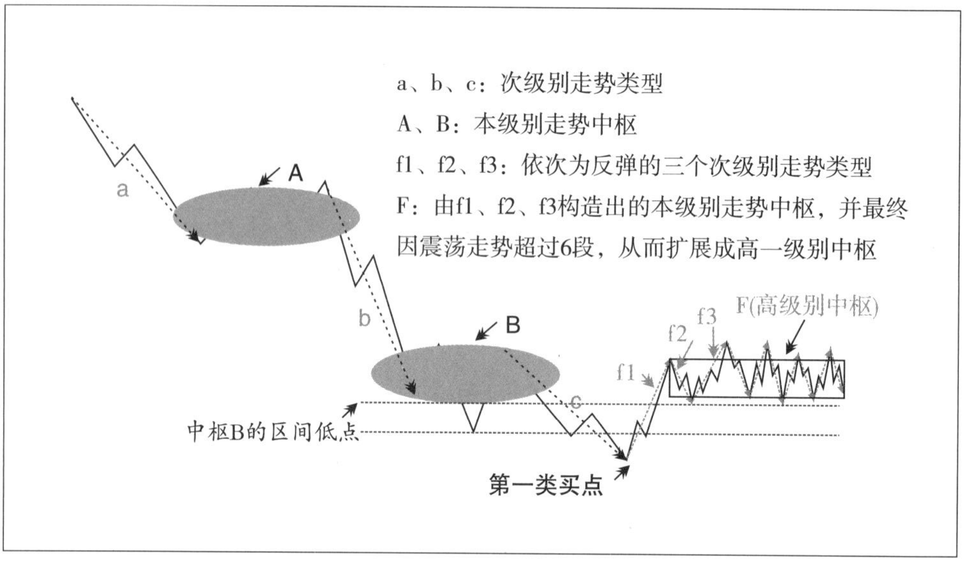

图 5-3-10　趋势背驰第一种情况：该级别更大级别的盘整（1）

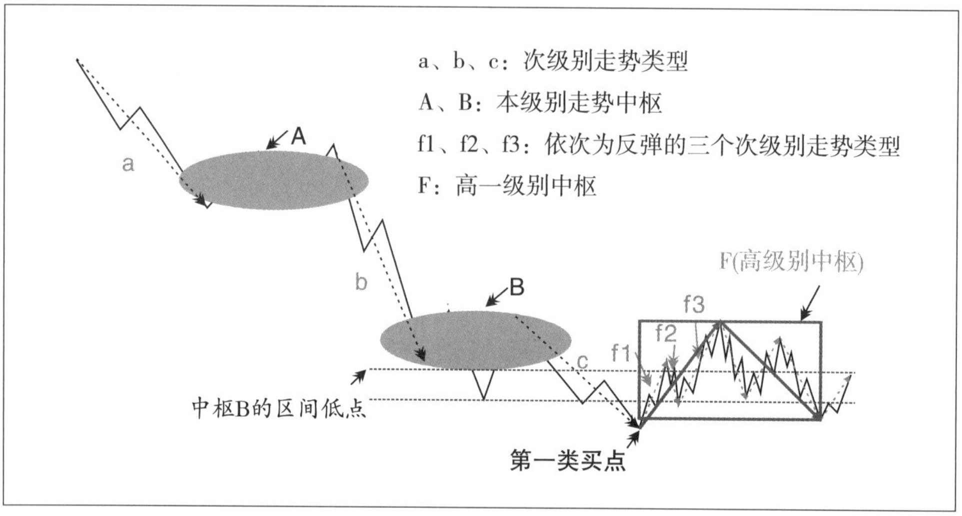

图 5-3-11　趋势背驰第一种情况：该级别更大级别的盘整（2）

6004 点开始的下跌走势，是 1 分钟级别的，共有三个本级别的走势中枢。

5032 点是这个下跌走势的标准背驰点，其后的 1 分钟以下级别走势把股价拉回了下跌最后一个中枢，充分证明了背驰后的反弹力度。

最终反弹形成了一个 5 分钟级别的中枢，走势也扩展成一个 5 分钟级别的盘整。

对照上述高级别盘整走势的形成方式，本例是第二种情况。

趋势背驰并形成高级别盘整走势，并不意味着走势完成，走势依然有机会扩展成大级别的趋势，所以背驰形成高级别盘整走势仅仅是一个暂时性完美的走势。

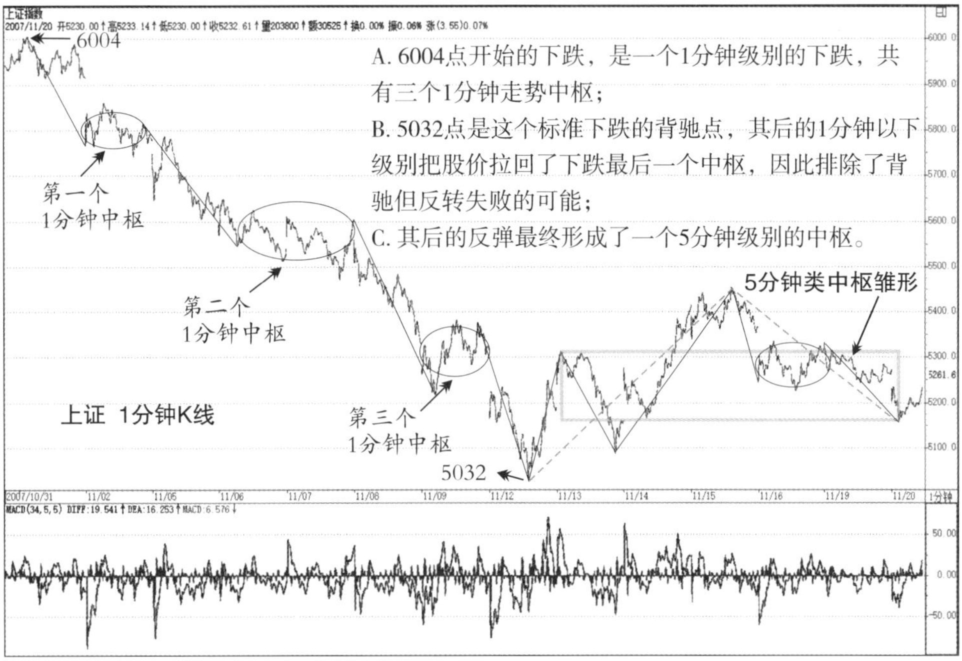

图 5–3–12　趋势背驰形成高级别盘整的例子

2. 趋势背驰形成同级别或以上级别反趋势

标准下跌走势 a+A+b+B+c 背驰后，如图 5–3–13 所示，反转走势 f1、f2、f3…依次形成两个与下跌级别相同的中枢 F1、F2，确保了一个与原趋势同等级别的反向趋势。

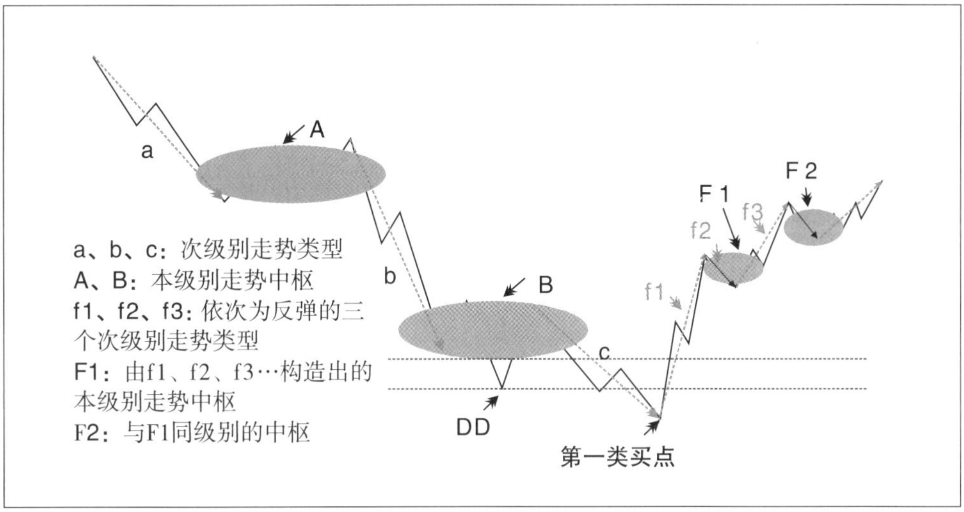

图 5–3–13　缠论背驰形成同级别或以上级别反趋势

它与形成高级别盘整的区别在于第一段走势上，这里的第一段至少是一个拥有双走势中枢的趋势。形成高级别盘整的情况时，是无法构建出依次同向的双走势中枢的。

3. 趋势背驰但转折失败的情况

缠论深层次思辨方式提醒我们，意外情况无法避免，给出背驰但转折失败的情况分析，是一个成熟理论必需具有的担当。

趋势背驰后，如果第一段次级别反弹走势没能触及原下跌最后一个中枢的中枢区间，那么就必须考虑趋势背驰后转折失败的情况。

没有回到原中枢区间，必然产生一个原走势中枢的破坏点，其后的走势依然有以下两种可能。

（1）形成高级别的向下盘整走势。

如图 5-3-14 所示，第一类买点后的次级别走势 f1，触及了原中枢 B 的震荡低点，但没回到原中枢区间，形成了中枢 B 的破坏点。这时重点观察后面的 f2 走势与 c 段走势是否盘整背驰，如果出现盘整背驰，则会再形成一个新的中枢 F。

如果中枢 B + 新中枢 F 的次级别走势超过 9 段，就将原中枢 B 的级别扩展成更大级别的走势中枢，原下跌走势不但没有被破坏，反而升级成为更大级别的向下盘整，高级别走势中枢由中枢 B+ 新中枢 F 组成。

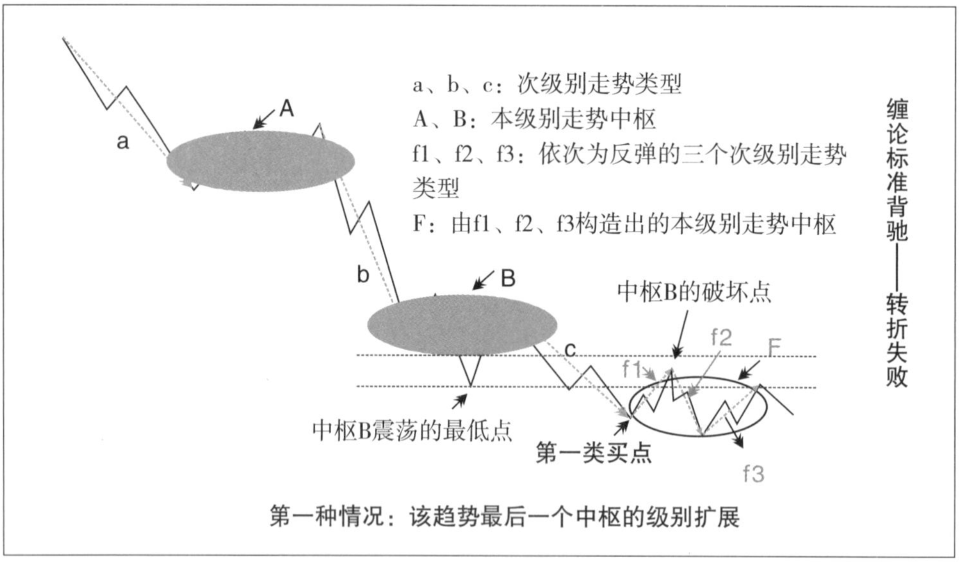

图 5-3-14　趋势背驰但转折失败的情况之一

（2）原趋势延续。

如图 5-3-15 所示，下跌走势背驰后的次级别走势 f1，触及了原中枢 B 的震荡低点，但没有回到原中枢区间，形成了中枢 B 的破坏点。这时重点观察后面的 f2 走势与 c 段走势是否盘整背驰。如果没有发生盘整背驰，则最少还有两个次级别的走势 f3、f4 需要构造，最终形成新的同级别、同方向的走势中枢，原下跌趋势没有被破坏，走势得以延续。

注意：出现这种情况表明背驰判断错误。

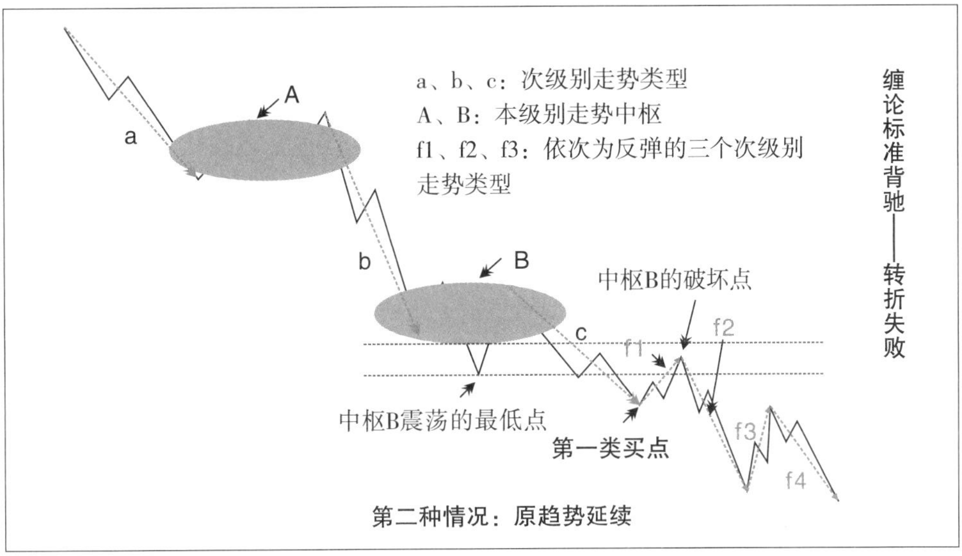

图 5-3-15　趋势背驰但转折失败的情况之二

4. 趋势背驰但转折失败的原因

缠中说禅在博客中时常将走势转折的理由归结为背驰，因此不少人把走势背驰当作走势转折的充分必要条件，其实背驰依然代表了状态而不是原因。

趋势背驰表明原趋势力量变弱，但这只能看作是具备了反转的条件，走势反转仍需要反趋势力量的进攻方可做到。有时环境会影响到反趋势力量的进攻决心。

（1）大盘的情况。

大盘走势反映了市场的总体情况，如果大盘不好，表明大环境恶劣，此时即使出现下跌背驰，多头也很难有强烈的拉升意愿，反弹力度自然很难保证，转折失败亦在情理之中，现实中背驰了又背驰就属于这种情况。

（2）买点与卖点情况不同。

首先，拉高股价和物理学中将球体推至山顶一样，必须施加外部力量。反观球体从山顶滑落，则只需重力作用就可实现。股价的涨跌也是如此，上涨必须有真金白银的投入。当市场人气涣散，持股信心不足时，完全可以造成股价自由跌落。

其次，人们进行逃顶、抄底操作时的心态也有很大的不同。逃顶时害怕下跌，相对果断；抄底时则力图便宜，所以比较挑剔、犹豫。这种差异使得上涨背驰的卖点准确程度大大超过下跌背驰产生的买点。

综上，买卖股票时，应充分考虑以上因素。总体而言，买入需要谨慎，卖出则可以坚决、果断一点儿。

如果没有上述背驰但转折失败的因素，趋势背驰后反转失败的概率很低，可以把趋势背驰后的走势简单称为“更大级别的盘整或同级别及以上级别的反趋势”。

（四）缠论标准的三类买卖点

如图 5-3-16 所示，5 分钟的下跌走势背驰后，无论形成 30 分钟盘整还是 5 分钟及以上级别的上涨，都必然先构造出一个 5 分钟的盘整走势，见图中的 f1、f2、f3 三段 1 分钟走势，由此可以推导出缠论的第一类、第二类买卖点。

1. 缠论标准的第一类买卖点

下跌走势背驰时的背驰点，就是缠论的第一类买点。同理，上涨走势背驰时的背驰点，为缠论的第一类卖点。

2. 缠论标准的第二类买卖点

如图 5-3-16 所示，一个 5 分钟的下跌走势背驰后，必然产生一个 5 分钟的盘整走势，它们由三个 1 分钟走势 f1、f2、f3 组成。第二段 1 分钟级别调整走势即 f2 的低点，就是第二个确定可以盈利的机会，它是缠论的第二类买卖点。

同理，上涨走势背驰后，第二段次级别上涨的高点，就是缠论的第二类卖点。

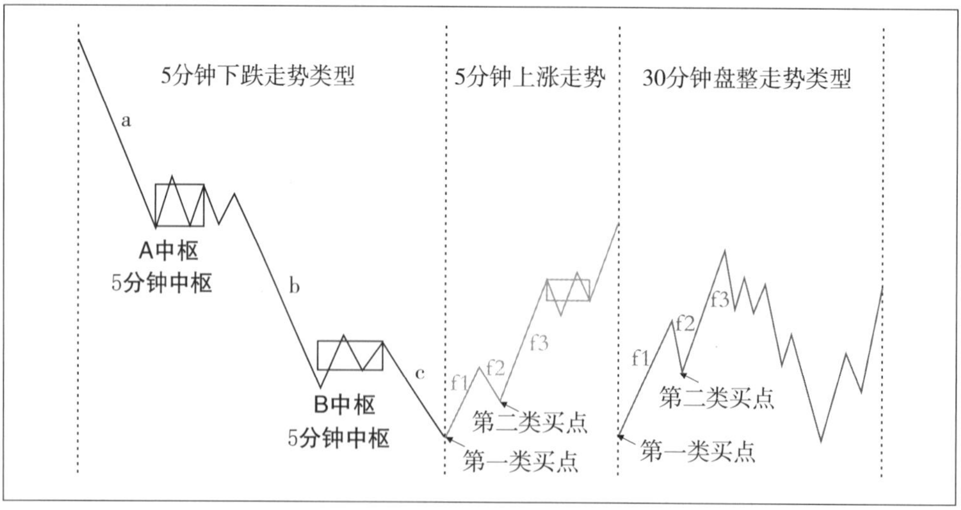

图 5-3-16　下跌走势类型背驰后续走势

3. 缠论标准的第三类买卖点

如图 5-3-17 所示，当沿走势方向产生了新的走势中枢破坏点时（回拉不触及原中枢区间），整个走势依然是一个正常健康的形态，最少还有一段次级别的冲高或下跌，所以缠中说禅将走势中枢的破坏点设定为缠论的第三类买卖点。

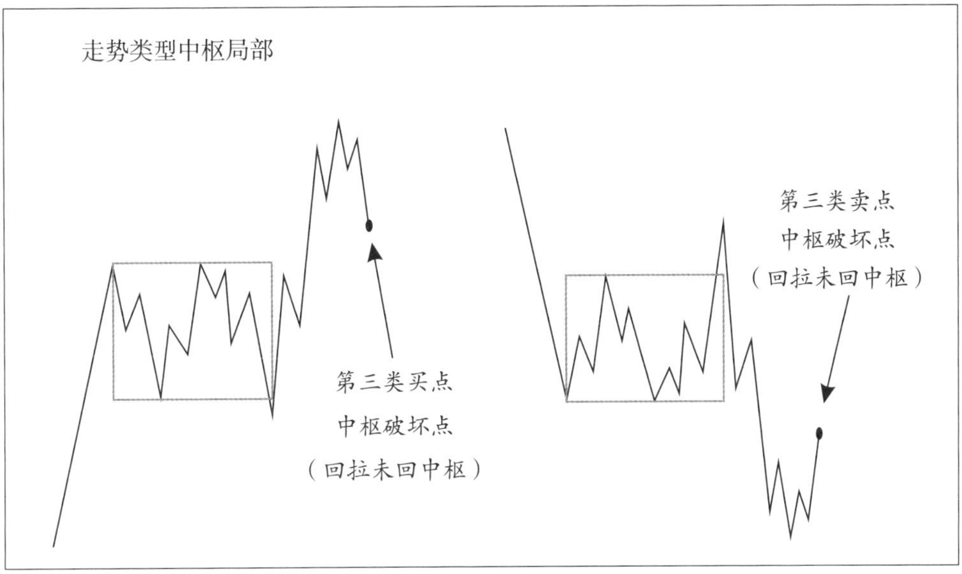

图 5-3-17　形成第三类买卖点的情况

（五）走势生死轮回中的买卖机会分析

至此，缠论仅有的三类标准买卖点都定义完成了，很明显它们并非走势中出现的所有机会，但却是把握性最大、安全度最高、获利能力最强的机会。

仔细分析，缠论的第一类、第二类买卖点针对的是趋势结束，第三类买卖点针对的是原走势延续，所以买卖点位不能简单、孤立地看待，要将它们放在走势的生死轮回中分析，这样才是鲜活的，有生命力的。

比如，如果错过了第一类买点，还有第二类甚至第三类买点可供选择。同样，如果第一类卖点没有卖出，可以选择第二类或第三类卖点。

最麻烦的情况是应该卖出时却买入了。还记得西王食品的例子吗，交易记录 1 反映的就是这种现象：股票冲顶时，很多人认为股价还可以涨得更高，于是买入了，结果股价转而向下发展。当下跌走势确定，那么唯一可以做的就是逢反弹高点出掉，因为走势转折后的下跌幅度和时间难以预料。

这就是缠论除了三类买卖点外还强调的一个概念——节奏！

如果上涨代表生，那么下跌意味着死，买卖过程正好经历了一个走势由生到死的全过程。

1. 没有节奏——只有死！

缠中说禅将节奏与买卖点对应起来，他在博客文章中多次强调，“市场中的节奏，只有一个，买点买、卖点卖”，所以很多人把节奏与买卖点混为一谈。

节奏就是生死，就是股价向上与向下的两种结构，就是完全分类下的“可介入”与“不可介入”状态，买卖点是配合节奏给出的介入、退出的时机节点。

市场很仁慈，在生死过程中给了大家三次选择机会，如果错过第一类买卖点，还有第二类买卖点。如果连第三类买卖点都错过，连错三次，死了也活该。

这里特别提醒，三类买卖点都错过了，并不意味着节奏就此改变，第三类卖点之后的任何一次反弹依然是卖出的时机，所以对于节奏的把握永远是第一位的，远远超过对买卖点的判断。

2. 标准走势的生死轮回

一种常见的股票炒作方式是吸筹→拉升→出货→下跌→再次筑底。这种炒作方式在市场中表现为一段趋势 + 反趋势的走势连接，它完美演绎了多空力量此消彼长的过程，所以缠论称其为标准走势连接。

下面结合这种趋势类型的连接，找出各个阶段存在的买卖机会以及缠论定义的标准买卖点，以加深对缠论标准买卖点的理解。

整个走势循环由四个阶段组成，底部阶段→上升阶段→顶部阶段→下跌阶段，如图 5–3–18 所示。

其中底部阶段以出现下跌背驰为标志，顶部阶段以出现上涨背驰为信号予以确认。

3. 走势中存在的买卖机会

走势中枢是走势阶段性完美的信号，走势的延续与转折都与其相关，所有买卖点必然对应着与该级别最近一个中枢的关系。

中枢是否被破坏以及如何被破坏，就成为走势延续与转折的关键点。

如图 5–3–19 所示，根据前面相关课程，围绕中枢有四个有实际操作价值的关键点：两个走势背驰点，两个中枢破坏点。

这四个关键点在中枢上下成对出现，它们表达的意思截然相反。中枢之上的背驰点和中枢之下的中枢破坏点为卖点，中枢之下的背驰点和中枢之上的中枢破坏点为买点。

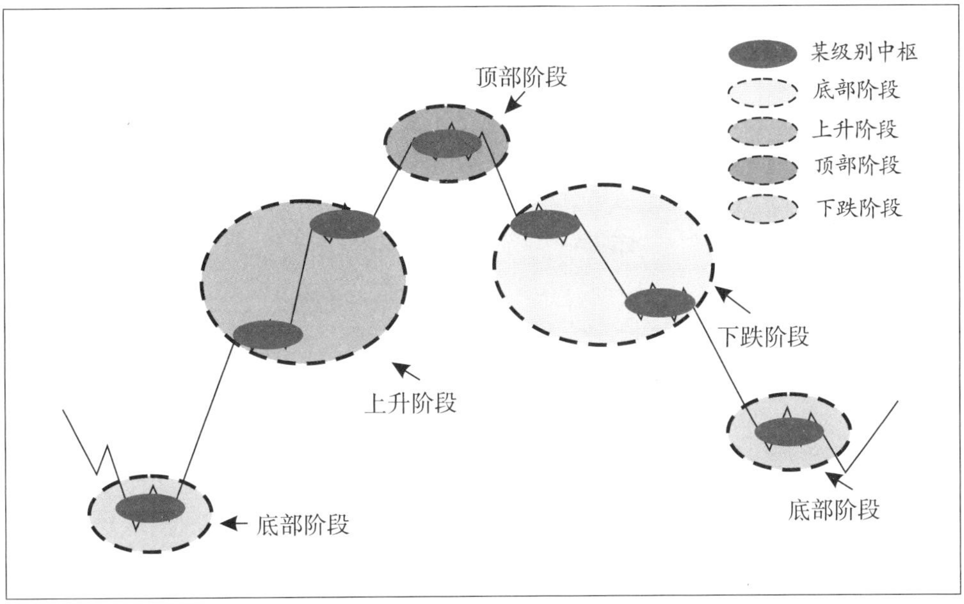

图 5-3-18　常见走势循环模型

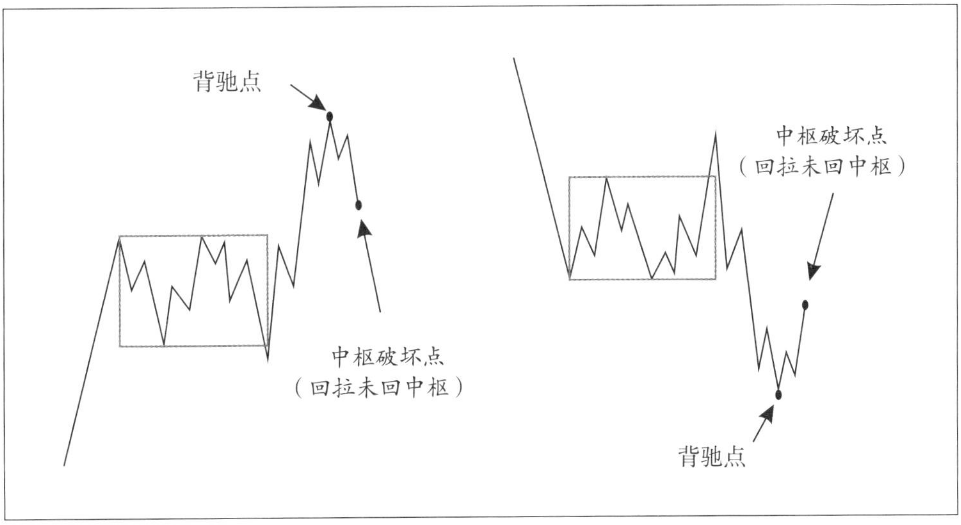

图 5-3-19　围绕中枢有实际价值的两个操作点

4. 走势生死轮回下的缠论买卖点全分析

股价在不同级别中周而复始地经历着底部阶段→上涨阶段→顶部阶段→下跌阶段→底部阶段的循环过程，小级别上尤其明显。由于股价走势具有自同构性结构，所以只需弄清楚单一级别中的走势特点，就可以推而广之。

（1）底部阶段。

这里的底部是相对的，主要是这个阶段之前一定是一个下跌的走势，如图 5-3-20

右侧下跌阶段。这个下跌走势最少包含两个走势中枢，此时的背驰点是一个标准的走势背驰点。

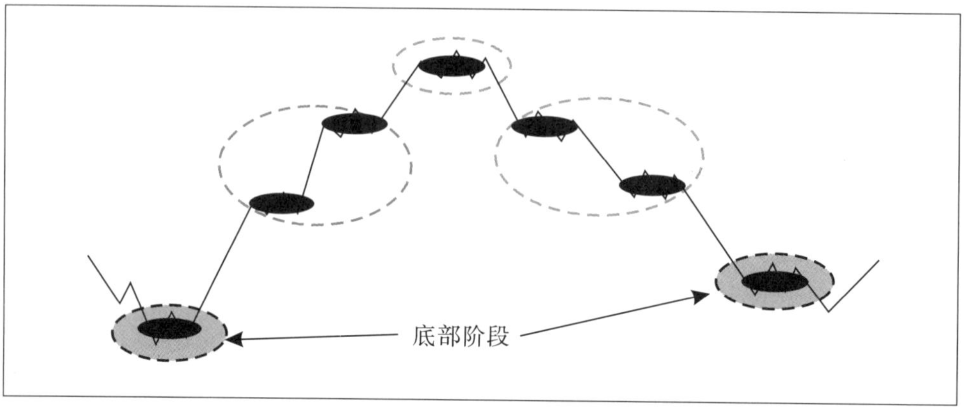

图 5-3-20　股价涨跌循环阶段中的底部阶段

如果底部之前的走势不是标准趋势，而是一个盘整走势，也可以根据 MACD 指标的背驰来操作，不过盘整背驰不保证股价必然回拉原中枢区间。具体情况见后面关于非标准买卖点的分析。

底部阶段的买卖机会如图 5-3-21、图 5-3-22、图 5-3-23 所示。

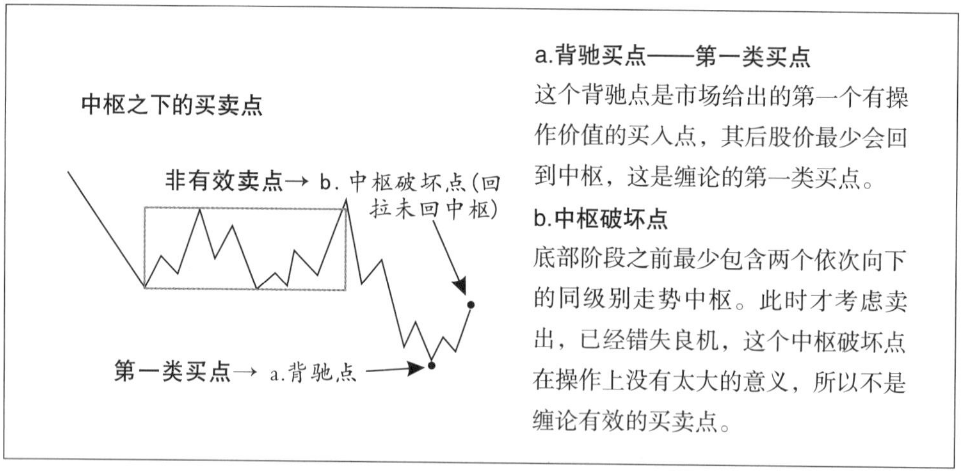

图 5-3-21　底部阶段的买卖机会（一）

（2）上涨阶段。

本阶段在第二个依次向上的同级别中枢构造成功后被确定，此时缠论上涨走势成立，所以本阶段被称为上涨阶段，如图 5-3-24 所示。

在这个中枢之前一定至少有一个位置更低的同级别中枢，它也可以是下跌走势最后的那个中枢。该阶段的买卖机会如图 5-3-25、图 5-3-26 所示。

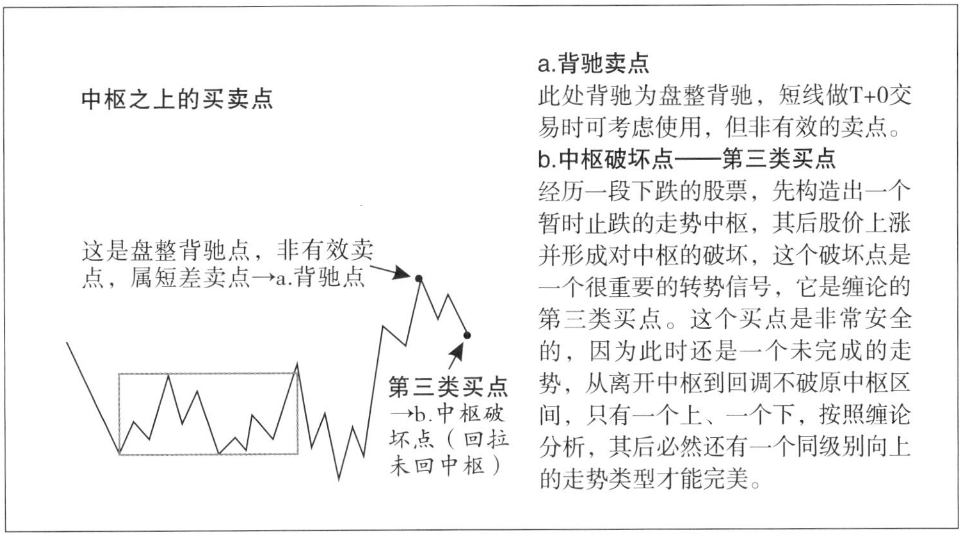

图 5-3-22　底部阶段的买卖机会（二）

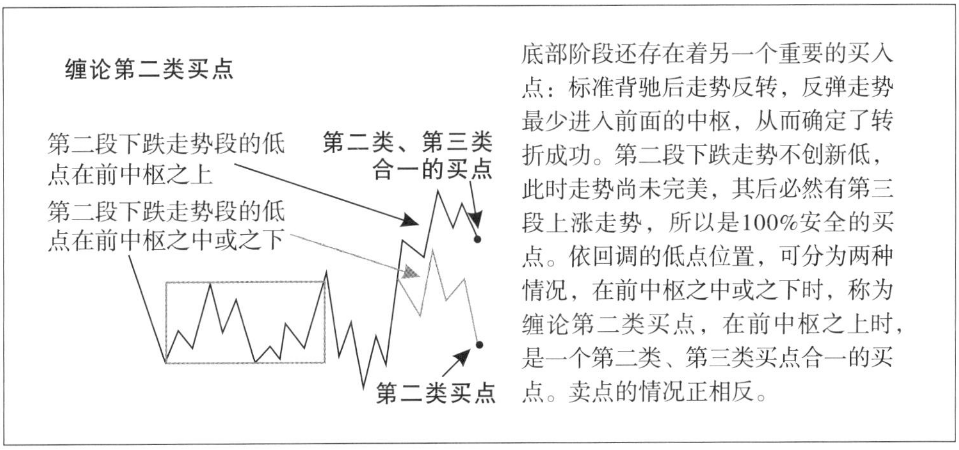

图 5-3-23 底部阶段的买卖机会（三）

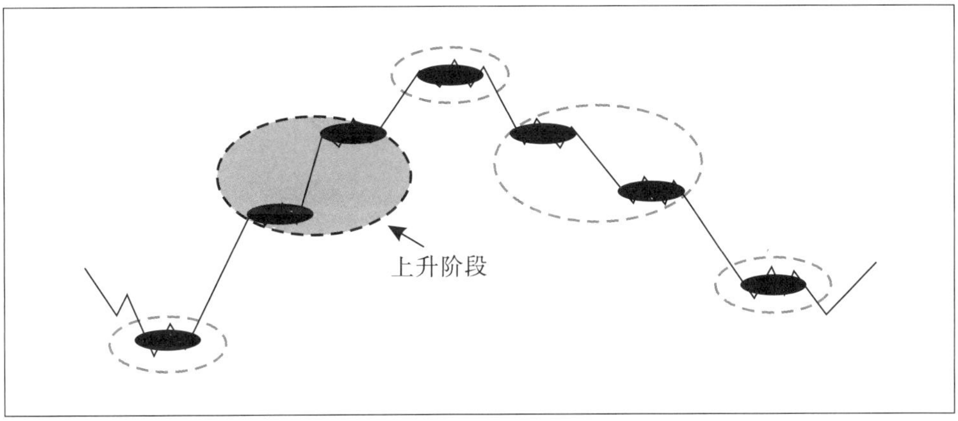

图 5-3-24　股价涨跌循环中的上涨阶段

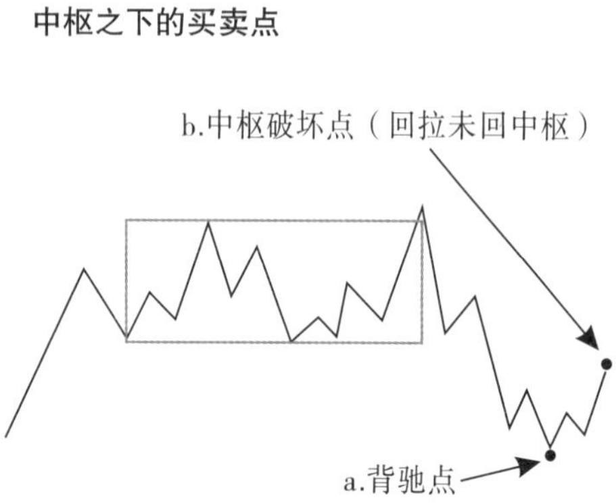

a.背驰买点

此处的中枢背驰点不是标准的走势背驰，不代表走势反转，仅仅是一个盘整背驰点，很明显它不是缠论第一类买点，仅仅做为短差买点。实际上第一类、第二类买点仅仅会出现在底部阶段，其后只有第三类买点。

b.中枢破坏点

在这个中枢破坏点之前如果还出现过一个中枢上的背驰卖点，那么这段上涨走势转折的可能性就很大了，走势进入到下一个阶段——顶部阶段。

图 5-3-25　上涨阶段的买卖机会（一）

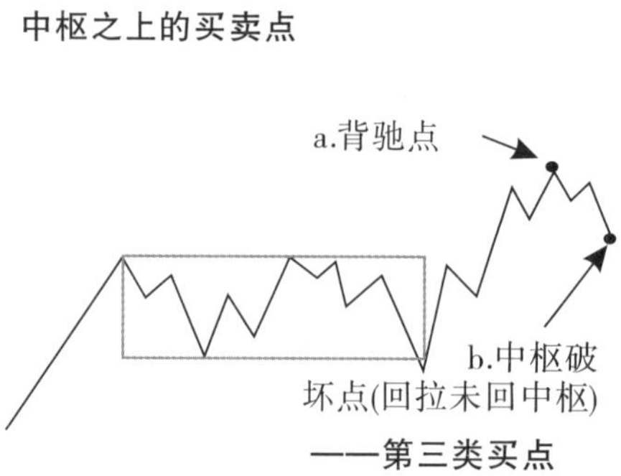

a.背驰卖点

这里出现上涨标准背驰点以及其后中枢下方的破坏点，代表走势进入到下一个阶段——顶部阶段。

b.中枢破坏点——第三类买点

中枢破坏点表明当前的上涨走势一切正常，且可能将有一段新的上涨走势。它是缠论的第三类买点。

图 5-3-26　上涨阶段的买卖机会（二）

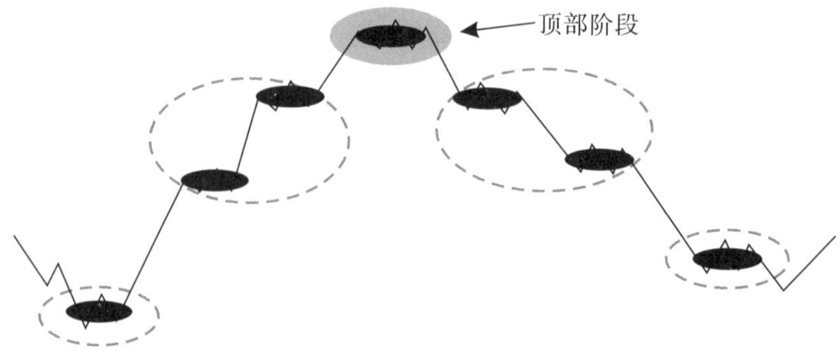

图 5-3-27　股价涨跌循环中的顶部阶段

（3）顶部阶段

股价依次同向产生 N（N ≥ 2）个中枢后，上涨的动能越来越弱，最终出现明显的上涨背驰点（第一类卖点），并被一个中枢的破坏点确定（第三类卖点），这个最后的中枢的演变过程就是顶部阶段。该阶段的买卖机会如图 5-3-28、图 5-3-29 所示。

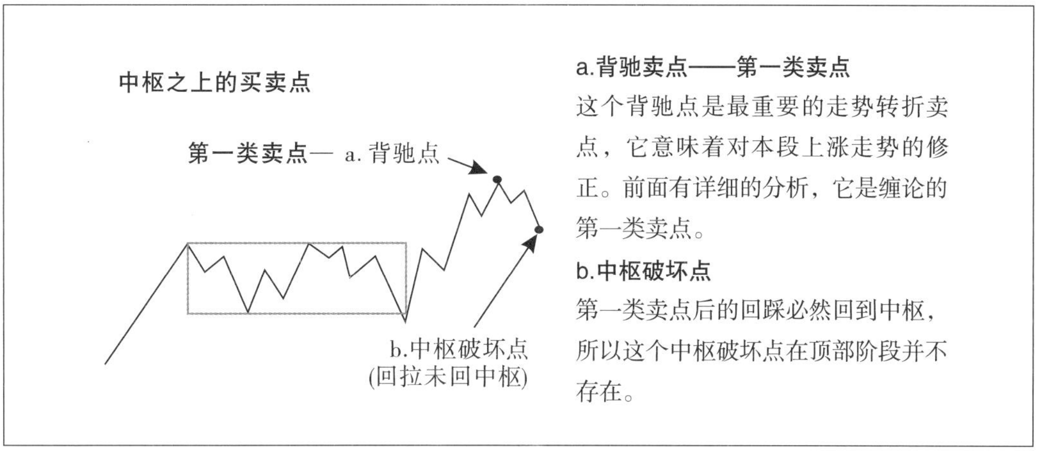

图 5-3-28　顶部阶段的买卖机会（一）

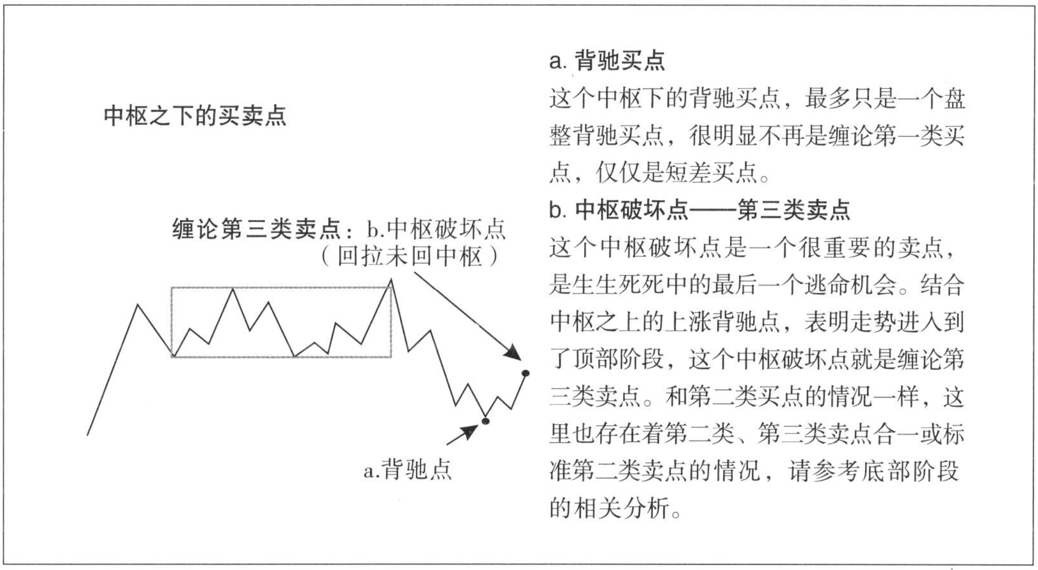

图 5-3-29　顶部阶段的买卖机会（二）

（4）下跌阶段

股价经历了底部阶段—上涨阶段—顶部阶段，终于构建出同级别的第二个向下的中枢，股价下跌阶段正式确立。该阶段的买卖机会如图 5-3-31、图 5-3-32 所示。

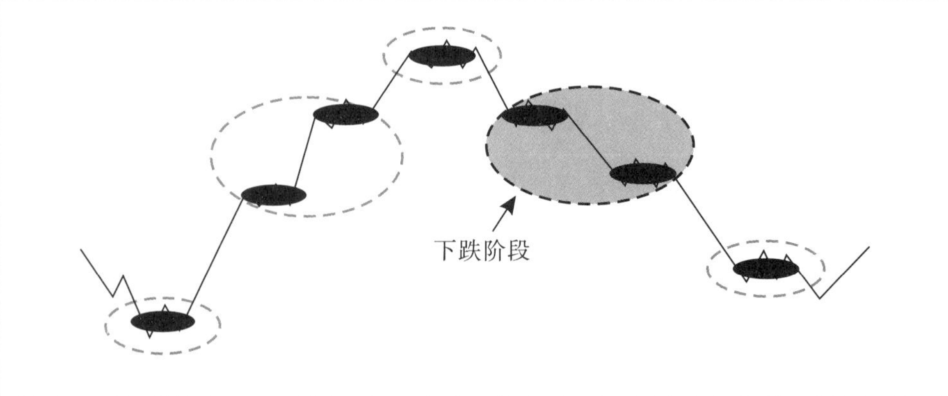

图 5-3-30 股价涨跌循环中的下跌阶段

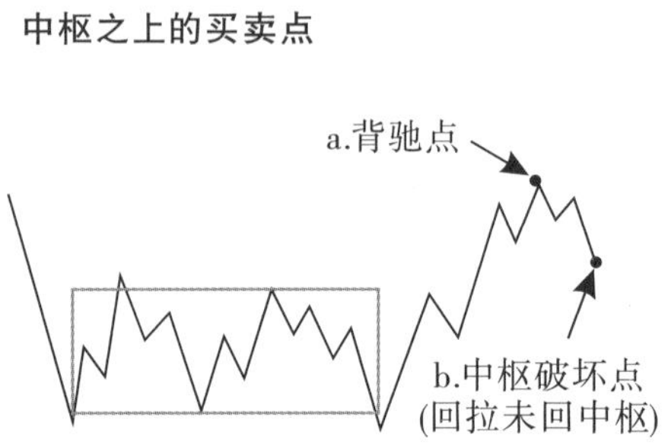

a.背驰卖点

这个背驰点是盘整背驰点，所以仅仅是一个短差的机会。

b.中枢破坏点

排除了底部阶段的可能性，即便前面的背驰点是盘整背驰点，其后的下跌也必然会回到中枢，所以这个破坏点在下跌阶段并不会出现。

图 5-3-31　下跌阶段的买卖机会（一）

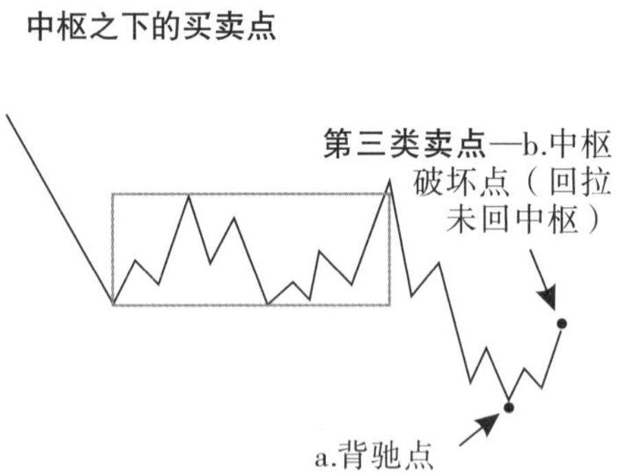

a. 背驰买点

此处如果出现背驰点，那么走势可能转化为底部阶段，这和下跌阶段的设定不符，所以暂不考虑这种情况。

b. 中枢破坏点

此处的中枢破坏点表明股价下跌趋势得到延续，其后一定还有一个下跌的走势段。虽然相比顶部阶段的转折卖点有点晚，但依然是缠论的第三类卖点。

图 5-3-32　下跌阶段的买卖机会（二）

第六天

缠论具有普遍意义的买卖点

本篇内容：

一、什么是缠论具有普遍意义的买卖点

二、引发走势被破坏的原因分析

三、破坏原走势的结构分析

四、确定缠论具有普遍意义的买卖点

五、走势结构的演化与点位

写作目的：

缠论的标准三类买卖点是特殊情况下的产物，因此必须为操作寻找具有普遍意义的方式，它们就是缠论具有普遍意义的买卖点。

缠论具有普遍意义的买卖点主要依据分型来发现，利用走势类型是否被破坏来确定。

一、什么是缠论具有普遍意义的买卖点

（一）普遍意义买卖点的必要性

为什么有了缠论的标准买卖点，还要寻找具有普遍意义的买卖点呢？这个问题的答案如图 6–1–1 所示，应该很好理解。

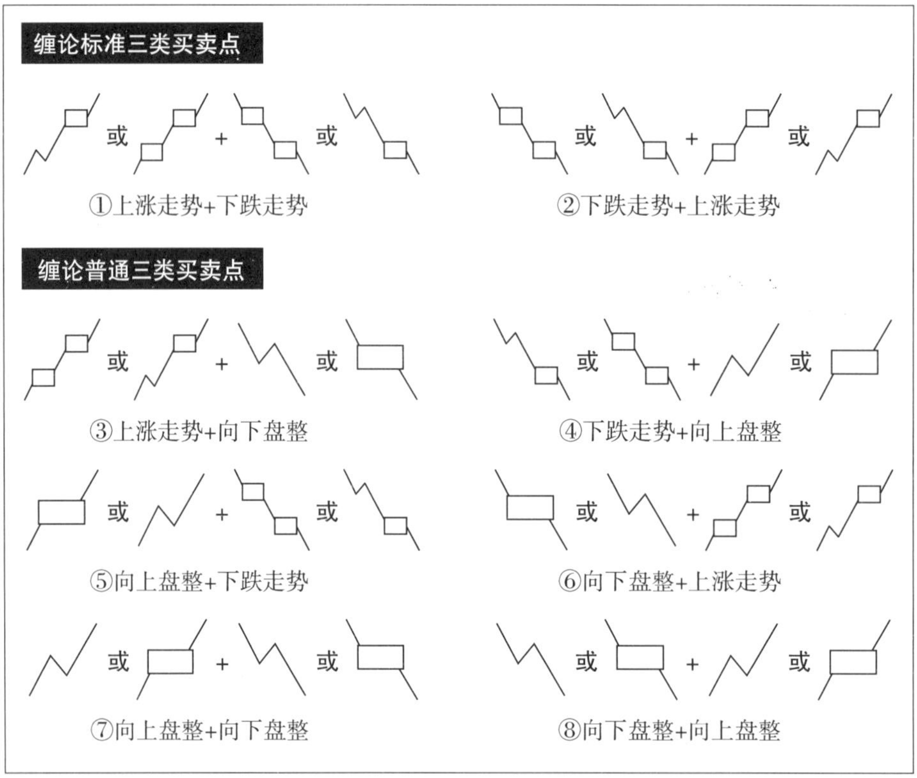

图 6–1–1　走势类型的连接

如图 6–1–1 所示，缠论标准买卖点仅仅出现在图中①或②的趋势 + 反趋势连接中，除此之外的③④⑤⑥⑦⑧六种走势类型连接，都不会产生完备的缠论标准三类买卖点，所以标准买卖点仅仅是特殊的存在，不具有普遍意义。

想想判断趋势背驰时走势段 c 需要满足的条件，现实中可以说是可遇不可求。有鉴于此，必须为缠论找到一种具有普遍意义的买卖方式。

（二）普遍意义买卖点应符合缠论要求

正如前面展示的那样，走势中存在许多机会，但大多不符合缠论三类买卖点的要求。缠论标准的第一类、第二类买卖点是原走势被破坏时产生的，出现标准的第三类买卖点代表了原走势的延续。

同理，缠论具有普遍意义的买卖点，也必须出现在足以影响走势状态的位置。

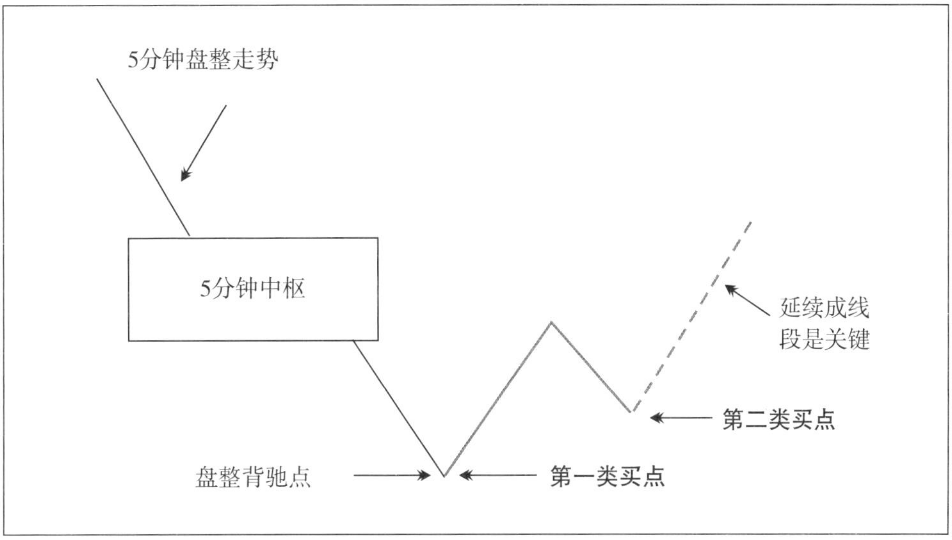

图 6-1-2　盘整走势的买卖点

如图 6-1-2 所示，一个 5 分钟的盘整走势，它的背驰点可以作为缠论的类第一类买点，其后的第一次回调低点，可以看作是类第二类买点，但目前只能说它们疑似第一类、第二类买点，能否成立还必须参考其后的走势。若后续能完成图中虚线部分的笔，走势延续成线段，破坏了前走势，前述的类第一类、类第二类买点才能成立。

第三类买卖点比较单纯，无须考虑原走势类型及后续走势情况，只要满足理论定义即可。

（三）缠论普遍意义买卖点的精确定位

缠论标准买卖点是在次级别走势上确定的，更加精准的定位则需要在次次级别上进行。

如图 6-1-3 所示，一个 5 分钟级别的上涨走势类型，其标准的第一类卖点即趋势背驰点，是通过比较走势中枢 B 前后的 b 段与 c 段的 MACD 指标背驰得到的。走势段 c 是个 1 分钟的上涨走势，确定它的内部出现背驰，更是使用了 1 分钟以下级别。

这绝对不是一个好的结论，它意味着缠论的买卖点最少需要观察两个级别的走势。如果你是某级别的操作者，需要在次级别及次次级别上精准定位。

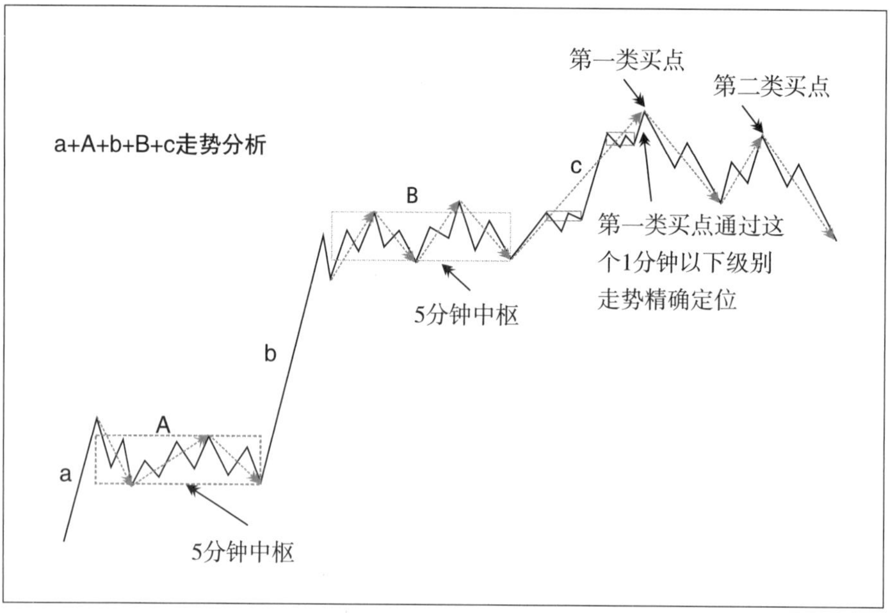

图 6-1-3 缠论第一类买点的精确定位

二、引发走势被破坏的原因

（一）什么是走势被破坏

1. 原走势的破坏并非指走势类型的破坏

在分析走势被破坏的原因之前，首先需要明确什么是原走势被破坏。

因盘整与趋势具有方向性，所以原走势被破坏就不是简单的走势类型被破坏，向下盘整转为下跌走势，虽走势类型不同，但方向一致，它们不能看作真正意义上的走势被破坏，只能是原走势的延续，从向下盘整延续成为下跌走势。

因此，原走势被破坏必须是方向上的，比如上涨走势转为向下盘整，向下盘整转为向上盘整，等等。

2. 背驰并非走势破坏的唯一原因

标准买卖点是根据趋势背驰推导出来的，那么背驰是否具有普遍意义，是否可以推广到各种场景，成为缠论具有普遍意义买卖点产生的唯一原因呢？答案是否定的。翻看一下实际走势图，即使是趋势，在不背驰的状态下，也可能被破坏。如果将走势背驰作为走势被破坏的唯一原因，那么将错过大量缠论的第一类买卖点。

既然走势背驰不是走势被破坏的唯一原因，就有必要将所有走势被破坏的情况进行分类分析，找出其中的规律。

（二）走势背驰引发原方向走势被破坏

首先，以背驰与否为标准，可以分为两类。

A. 趋势背驰引发的原方向走势被破坏。这种情况将产生标准的三类买卖点，前面有详细的阐述，这里不再重复。

B. 盘整背驰引发的原方向走势被破坏。走势类型分为趋势与盘整，所以走势背驰同样包括盘整背驰。

有背驰就有反弹，这一点是不分趋势与盘整的。总体来说，盘整背驰的力度要小一些，而且不能保证背驰后的走势必然发生转折，甚至不能保证背驰引发的调整可以触及最近走势中枢或类中枢的区间。

盘整背驰在市场中大量出现，下面重点讨论一下盘整背驰。

1. 盘整背驰的三种结构

A. 如图 6–2–1 所示，三个同级别走势类型 a、b、c，其中 b 为调整走势，且 c 与 a 相比 MACD 指标出现背驰。

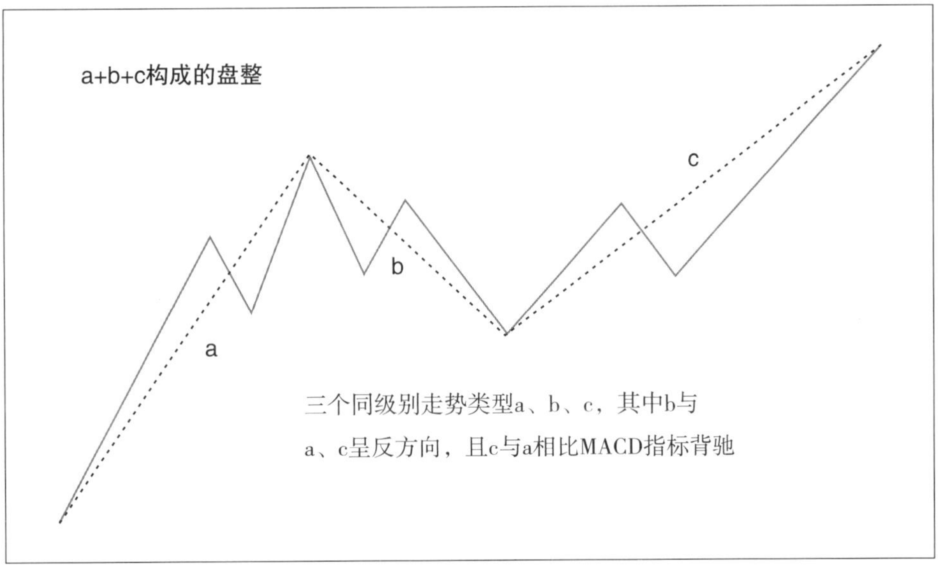

图 6–2–1 盘整背驰比较方式（一）

B. 如图 6–2–2 所示，两段次级别走势 a、b 和本级别走势中枢 A 组成的 a+A+b 盘整走势，当离开中枢的b段与进入中枢的a段走势相比，MACD指标出现背驰。

C. 如图6-2-3所示，围绕中枢A震荡的次级别依次同向的两段走势进行对比，MACD指标出现背驰。

盘整背驰的判断方法如下。

缠论盘整背驰的判断依然借助MACD指标，判断方法与标准背驰基本相似。需要注意的是，上面用以连接两个走势的调整走势b或中枢A，应满足把MACD指标黄白线拉回0轴附近的力度要求，然后比较其前后走势对应的MACD指标红绿柱线面积，后者小于前者，则盘整背驰成立。

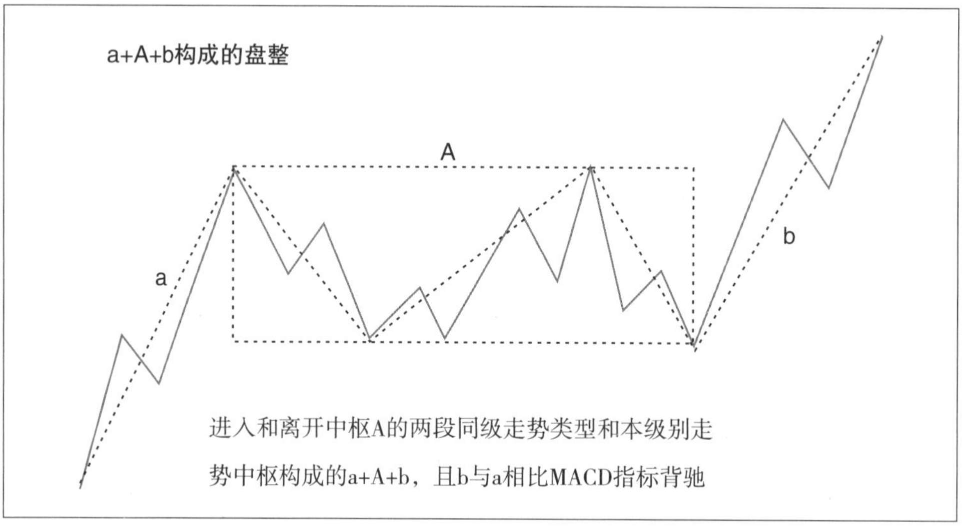

图6-2-2　盘整背驰比较方式（二）

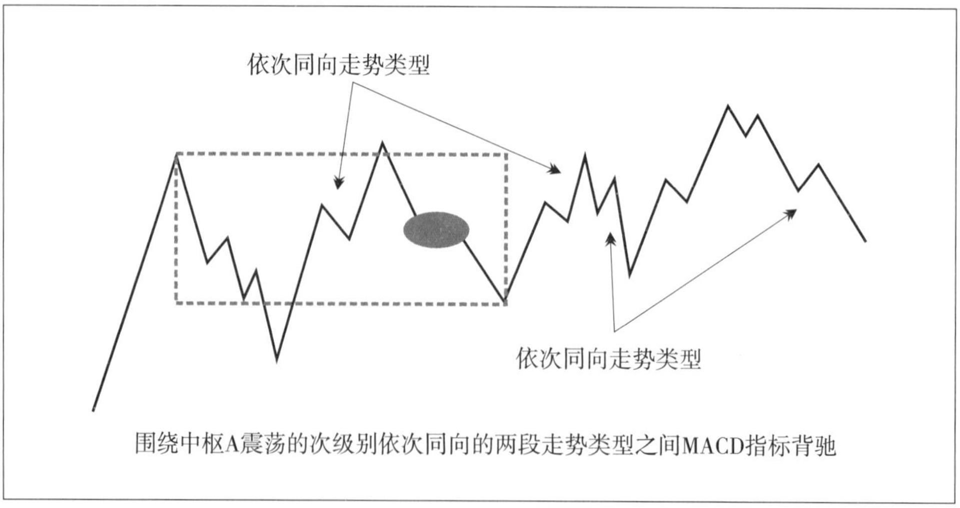

图6-2-3　盘整背驰比较方式（三）

2. 盘整背驰后续走势分析

盘整背驰的力度较弱，所以不是所有的盘整背驰都会造成原走势被破坏。按盘整背驰后的调整走势力度，可以分为以下两种情况。

A. 回调回到原中枢。如图 6-2-4 中的第一种情况，盘整走势 a+A+b，b 与 a 相比出现盘整背驰，其后的回调走势 c 跌回原中枢 A。如果下一次上涨不破前高或虽破前高但再次盘整背驰，则走势大概率反转。

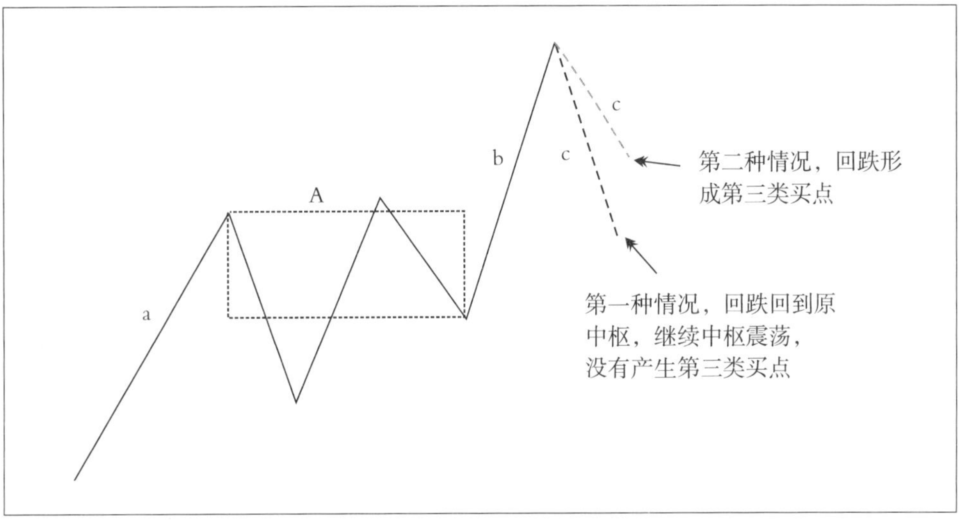

图 6-2-4　盘整背驰后的两种情况

如图 6-2-5 所示，2007 年 1 月 17 日的上证指数 5 分钟 K 线图上，构成一个标准的盘整背驰。

图中 12 日 14:35 到 16 日 9:45 构成 a 段，16 日 9:45 到 16 日 13:30 构成 b 段，16 日 13:30 到 17 日 13:05 构成 c 段。其中 b 段制造了 MACD 指标黄白线对 0 轴的回拉，c 段与 a 段相比构成背驰。13:05，c 段对应的三片红柱面积加起来也没有 a 段两片红柱面积的和大，显然背驰了，所以要走人了。随后的回跌，指数马上跌回大的中枢之内，所以不可能有什么第三类买点，最终原方向走势被破坏。

B. 回调不回原中枢。如图 6-2-4 中的第二种情况，盘整走势 a+A+b，b 与 a 对比出现盘整背驰，其后的回调走势 c 没有跌回原中枢 A，走势 c 的低点就是 A 中枢的破坏点——第三类买点，此时走势不但不会反转，反而会形成一个新的走势中枢，由盘整走势 a+A+b 演化成一个 a+A+b+B 的上涨走势。

图 6-2-6 是万科 A 的 15 分钟 K 线图，图中标示的是一个 a+A+b 的盘整走势。12 月 15 日 10:45 出现盘整背驰，所以要先退出。其后的次级别回跌没有回到前面的中枢

A 里，并在 18 日 9:45 构成了标准的第三类买点，这时候就该重新回补了。最终原方向走势得以延续。

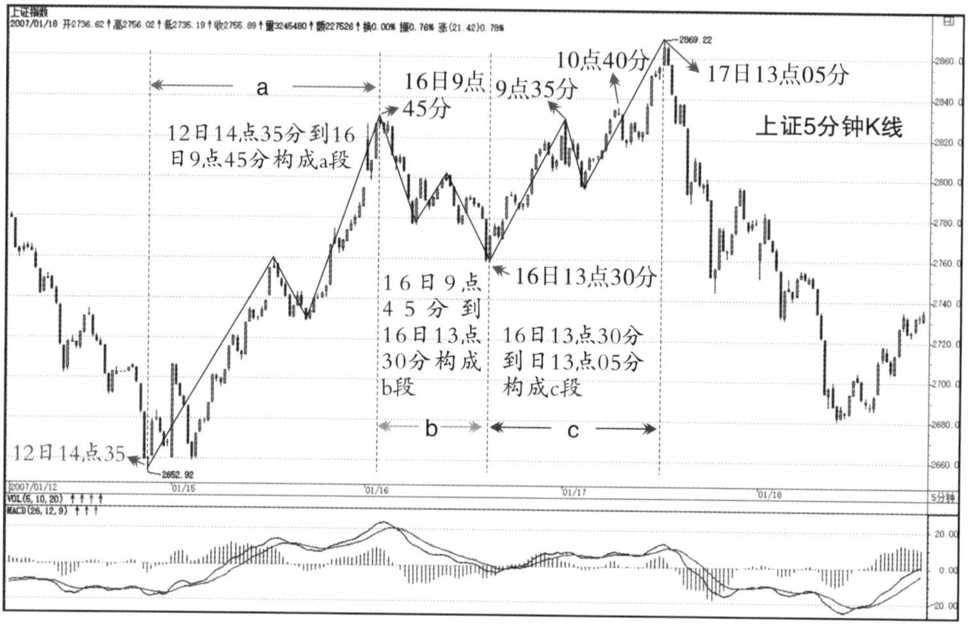

图 6-2-5　一个盘整背驰的例子

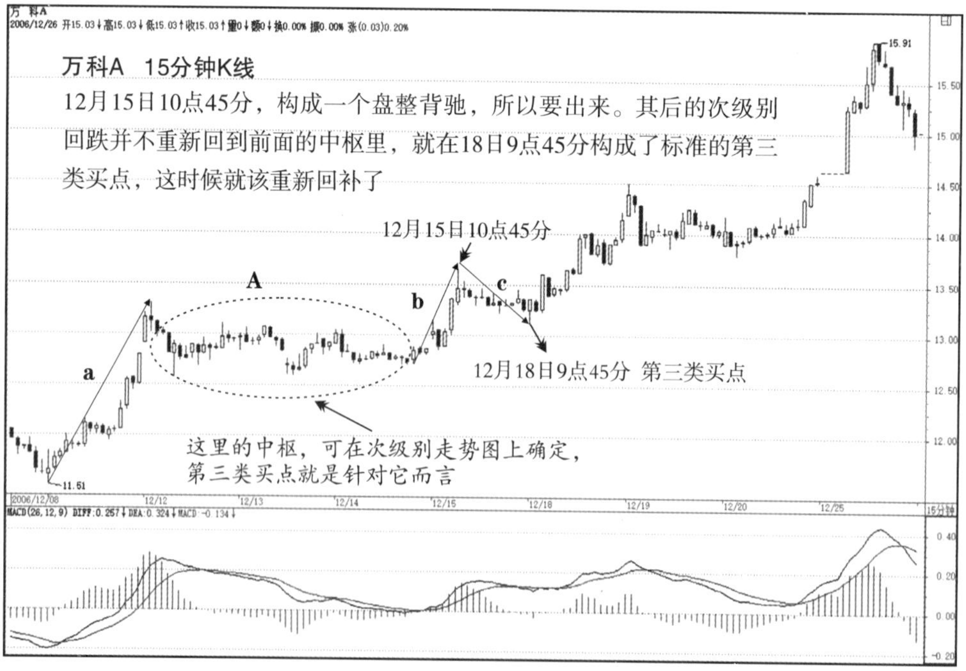

图 6-2-6　盘整背驰形成第三类买点的例子

以上案例是出现在“教你炒股票”早期课文中的实例，所以存在不太严谨的地方，引用它们只为方便学习。

3. 识别牛股大底——大级别盘整背驰的作用

同样是盘整背驰，后续走势存在天壤之别，因此依据小级别的盘整背驰进行操作，福祸难料，意义不太大。尤其当股价处于高位时，依据小级别盘整背驰操作，风险就更大了，往往是刀口舔血的营生。

不过，盘整背驰依然有很大的作用。比如为了迅速浏览股票，有时不得不使用大级别的K线图，特别是周线以上级别的。此时许多个股并没有明显的趋势，仅仅是一个大级别的震荡走势，只有盘整背驰可供参考。但由于级别很大，这种盘整背驰发现的机会，往往是历史性的大底部。

根据盘整背驰的定义，图6-2-7、图6-2-8、图6-2-9中展示的个股，在季K线上都出现了盘整背驰的情况，其盘整背驰点是这些牛股的大底。

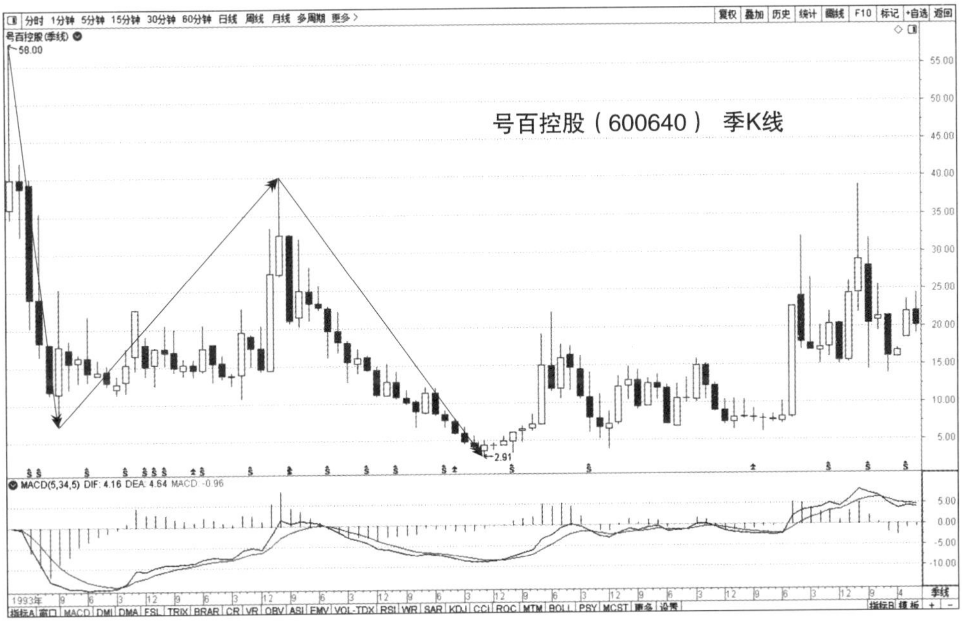

图6-2-7 号百控股季K线走势图

盘整背驰找出的买卖点，可以借鉴标准买卖点的定义方式来命名。

如果用来进行盘整背驰比较的第三段走势略破第一段的低点，可以看作是类第一类买点，不破则为类第二类买点。

图6-2-7中的号百控股（600640）、图6-2-8中的平安银行（000001）和图6-2-9中的深振业A（000006），都是盘整背驰形成了类第一类买点；图6-2-10中的中船防务（600685），盘整背驰形成了类第二类买点。

大级别K线图直观但不精确，忽略了很多细节。周线以上级别的盘整背驰，发现的背驰段往往是一个很大的区域，对于大资金来说足够实用，但如果是小资金，据此操作就太浪费时间了，需要找到更精确的底部买点，具体操作可以借鉴区间套的方式。

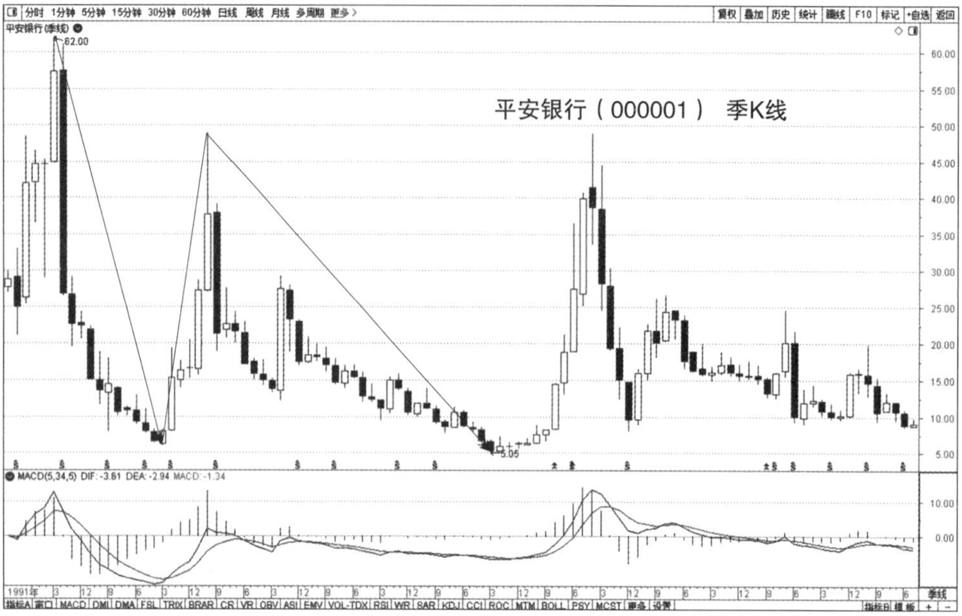

图 6-2-8　平安银行季 K 线图

图 6-2-9　深振业 A 季 K 线图

下面以中船防务（600685）为例，介绍一下区间套在大级别盘整背驰中的使用方法，即如何快速找到介入时机。

（1）季线图。

如图 6-2-10 所示，虚线圆圈下面的 MACD 指标绿柱面积明显小于第一段走势产生的绿柱面积，此时可以将圆圈内的走势看作是季线周期图上的背驰段。

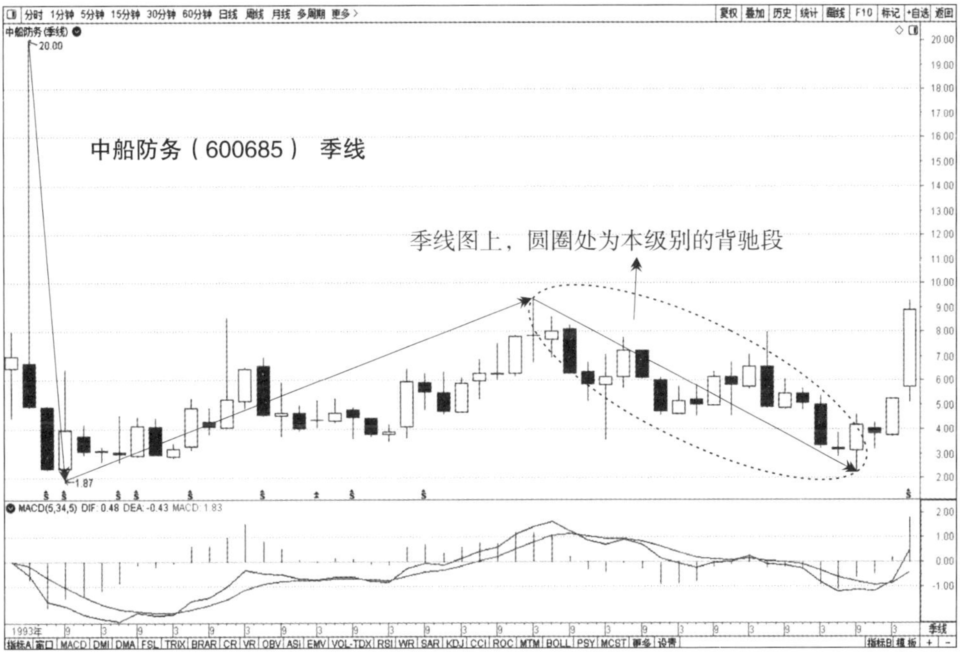

图 6-2-10　中船防务季 K 线图

（2）月线图。

如图 6-2-11 所示，整个月线图对应着季线图上的背驰段，是一个标准的 a+A+b 的盘整走势，虚线圆圈处是这个盘整背驰的背驰段。

（3）周线图。

如图 6-2-12 所示，整个周线图对应着月线图上的背驰段，是一个标准的 a+A+b 的盘整走势，明显看出虚线圆圈处为这个盘整背驰的背驰段。

（4）日线图。

如图 6-2-13 所示，整个日线图对应着周线图上的背驰段，是一个标准的 a+A+b+B+c 的趋势，虚线圆圈处是这个标准趋势的背驰段。

这个级别逐渐缩小的过程，还可以继续向更低级别进行，理论上可以精确到每笔交易。

使用区间套分析背驰走势时，需要注意以下情况。

根据 MACD 指标的计算方式，绿柱线总是一点一点生长出来的，这就注定了下跌之初绿柱线面积小于上一个下跌段对应的面积。因此，在做背驰段绿柱线面积比较时，

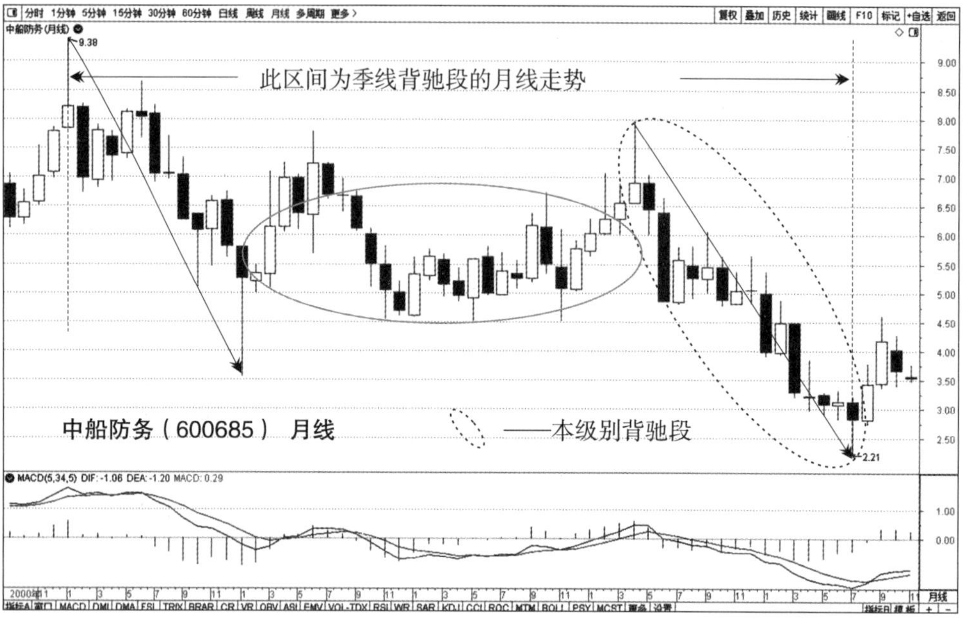

图 6-2-11　中船防务月 K 线图

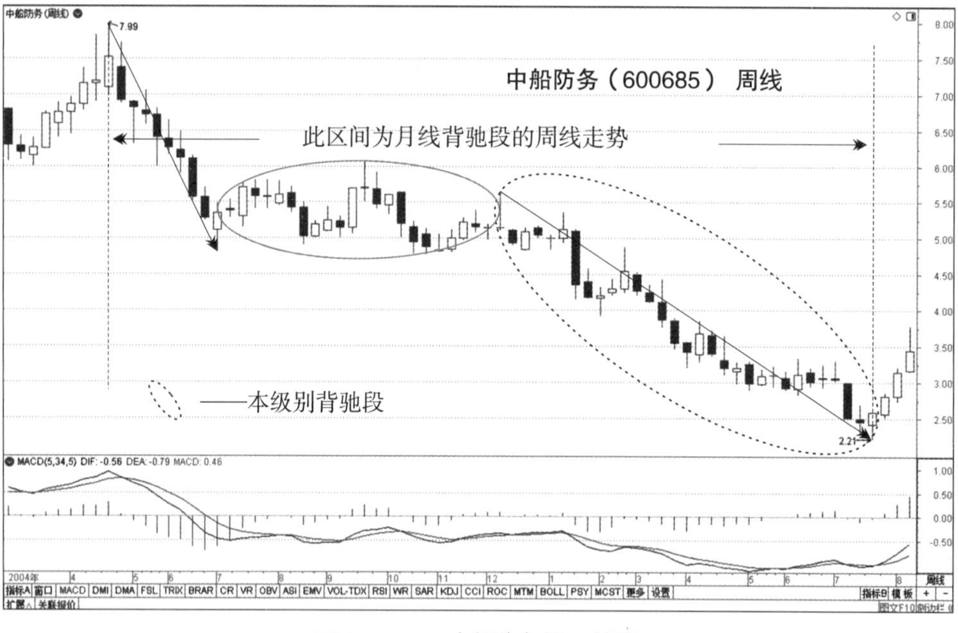

图 6-2-12　中船防务周 K 线图

应在后一段走势对应的 MACD 指标绿柱线发散再收敛，最终基本为 0 时再进行。至少也要在绿柱线开始收敛时进行，这样就必须将所得面积乘以 2。

（三）走势没有背驰但被破坏

突发因素太多，意外经常发生，使得炒股成为一件复杂的事。市场走势并非只有走势背驰后才有可能转折，走势反转完全可以因一个小的局部溃败快速发展起来。

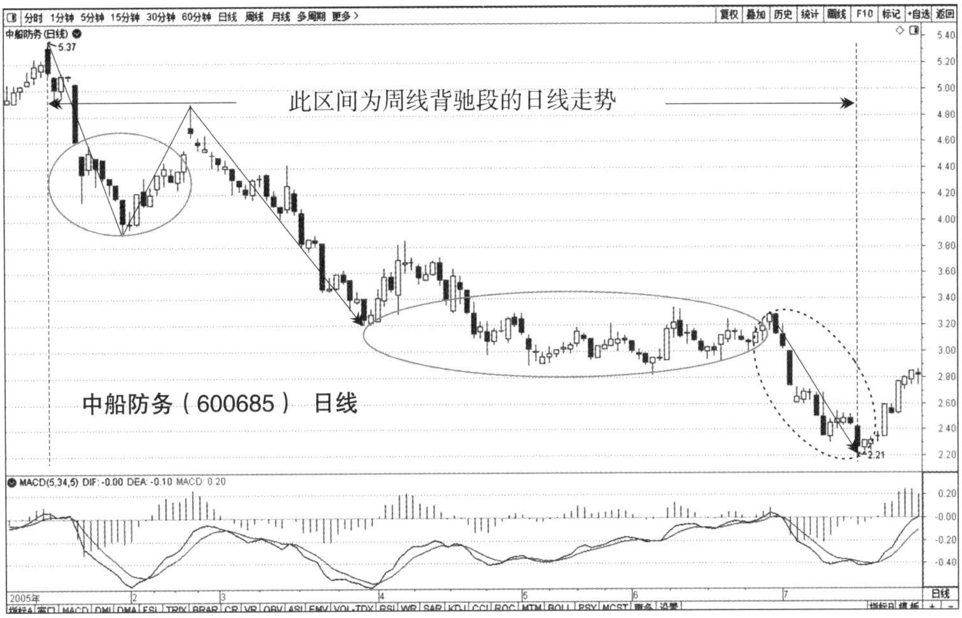

图 6-2-13　中船防务日 K 线图

1. 小级别背驰引发原走势被破坏

比如图 6-2-14 中的 5 分钟上涨走势，其走势段 c 对应的 MACD 指标红柱面积远远大于 b 段，整个 5 分钟的上涨走势并没有背驰，但不能排除走势段 c 这个最后 1 分钟走势内部发生背驰，引发整体走势被破坏，产生一个新的、方向相反的 5 分钟走势的可能

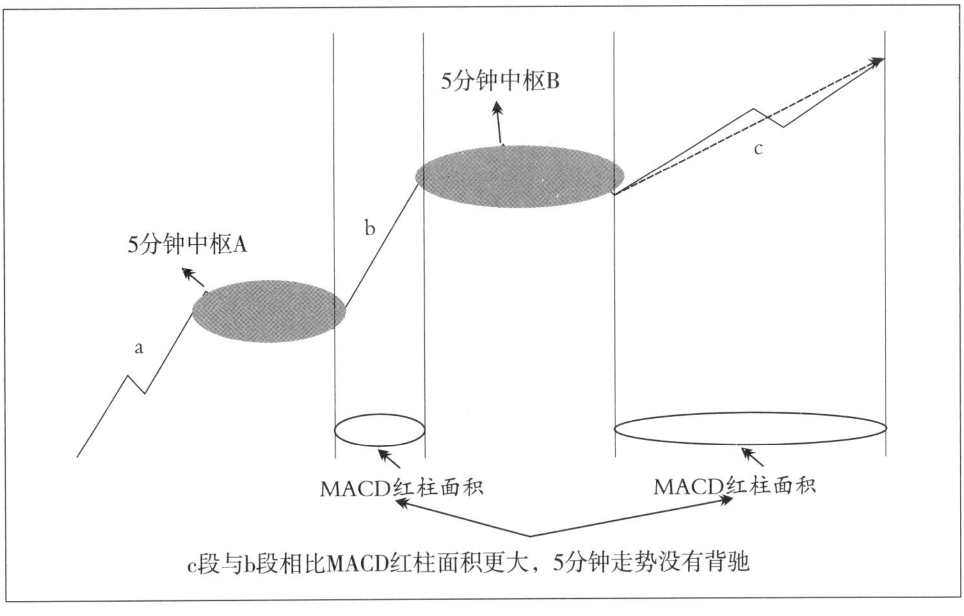

图 6-2-14　大级别没有背驰的情况

性。这就是图 6–2–15 中所示的第一种情况，也是“教你炒股票”原文中反复说的“小级别背驰引发大级别转折”的情况。

2. 与背驰无关的走势转折

图 6–2–15 所示的第一种情况，也不是走势转折的绝对原因。缠中说禅在“教你炒股票”第 83 课中说：

叛徒成为叛徒之前，必然是同志，甚至就是同志中的牛人。而最危险的敌人，总是志同道合的所谓同志的背叛，同一阵营内部的塌陷才是最有杀伤力的。无论多头空头，死的时候，沿着那滴血的刀看上去，那双眼睛，一定是你最熟悉的。

图 6–2–15 所示的第二种情况，无关原走势的类型，可以是盘整，也可以是趋势，同样与小级别走势是否背驰没有必然关系，重点在于小级别调整走势出现后的走势发展上。

缠中说禅说转折必提背驰，所以很多人将走势转折与背驰对应起来。实际走势中，因背驰导致转折的情况只占一部分，走势背驰也绝非唯一原因，因此这里不再简单地将本级别没有背驰但转折的情况定义为“小级别背驰引发大级别转折”。

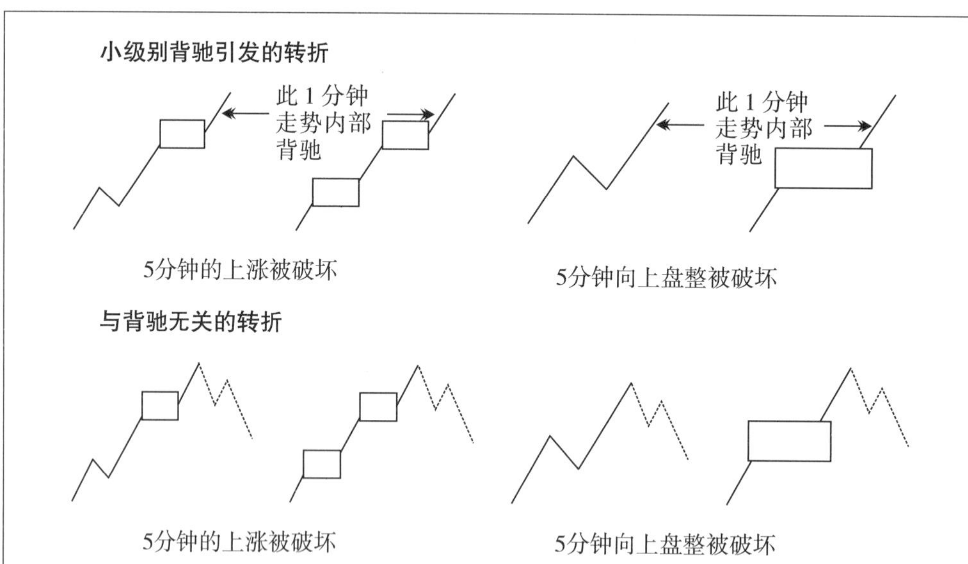

图 6–2–15　原走势没有背驰但转折的常见情况

缠论具有普遍意义的买卖点，必须可以应对各种情况。但从走势被破坏的原因入手，显然无法得出具有共性的规律。任何级别，任何走势，无论背驰与否，原方向走势都可能被破坏。

三、破坏原走势的结构分析

趋势、盘整、背驰、不背驰，走势都有可能被破坏，因此从走势被破坏的原因入手是徒劳无功的。

除了从破坏原因入手，还可以从走势被破坏时的结构入手。其结构必然是某种自同构性结构，必然为某些缠论构件。

（一）缠论具有转折逻辑的构件

翻看缠论的构件，标准走势中枢和分型两种构件均含有走势转折逻辑。

1. 标准走势中枢

出现标准走势中枢，代表多空力量暂时取得平衡，其后走势上涨或下跌的概率均等，因此被称为走势暂时性完美信号。标准走势中枢构造成功，当然可以看作是走势可能终结的标志。

2. 分型

分型代表着反向力量的三次阻击，并且最终取得了局部胜利，它本身就是为走势转折而生的，自然算得上是可能转折的信号。

如图 6-3-1 所示，图中这两种情况很好区分，以走势中枢为转折的情况，相当于常见的 a+A+b 的盘整走势缺少 b 段，常见的 a+A+b+B+c 的趋势没有构造出最后的 c 段就转折了。

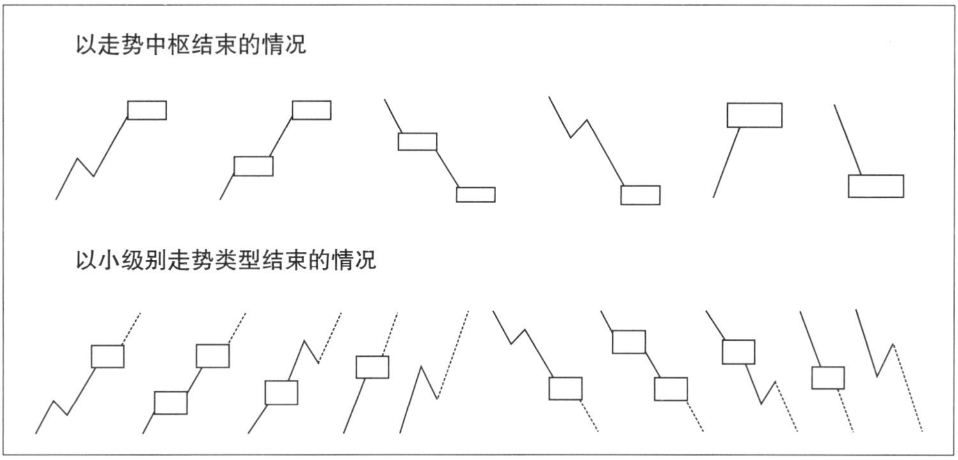

图 6-3-1　原方向走势结束结构分析

市场中不存在第三种转折结构，因此上述结构具有普遍意义。

（二）以标准走势中枢结束的走势分析

如图 6-3-2 所示，走势中枢构造成功后，就没有标准的第一类、第二类买卖点了，围绕走势中枢的操作只能是高抛低吸，具体为中枢上沿区间卖出，下沿附近买回。

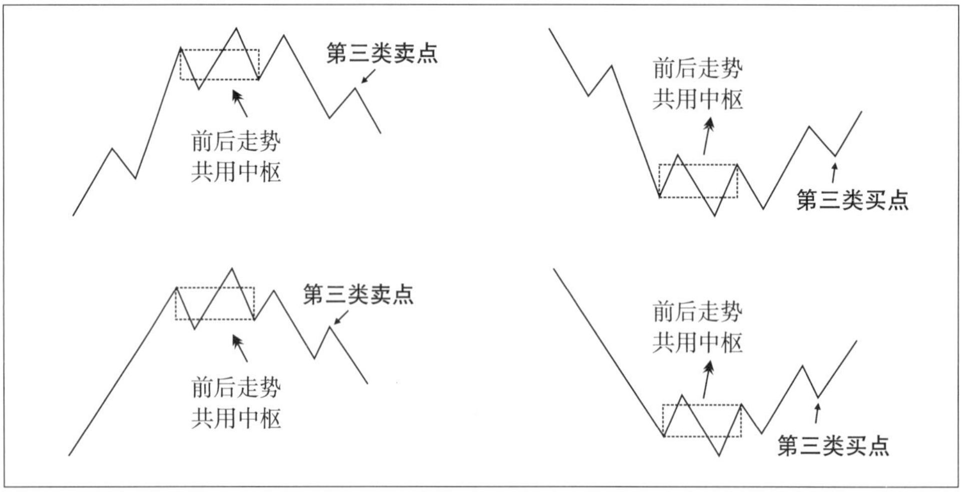

图 6-3-2　标准走势中枢引发的原方向走势被破坏

原走势被破坏，意味着构造出反向第三类买卖点，即上涨走势出现了第三类卖点，下跌走势构造出了第三类买点。

由于走势转折发生在最后一个走势中枢中，所以当走势中枢的破坏点产生时，最后一个走势中枢既是前走势的完美信号，又是新走势的起点，它为前后两个走势所共用。

以走势中枢结束的走势，因中枢的多空均衡属性，造成买卖点比较难以把握。理论上来说，走势中枢的后续走势，上涨、下跌概率对半，但从围绕走势中枢的震荡走势中仍然可以看出端倪，这里会用到中枢震荡强度的概念。

1. 判断中枢震荡强度的关键点

如果围绕中枢的震荡走势更多地位于中枢的上半部分，则视为强势震荡，反之是偏弱震荡。

图 6-3-3 是一个中枢震荡监视器，它在原走势中枢的基础上增加了一条中轴线。中轴线取中枢区间的中值，以字母 Z 标记，中枢区间高点设为 B，区间低点标注为 A。中轴线的加入，将中枢区间分为上下两个部分。

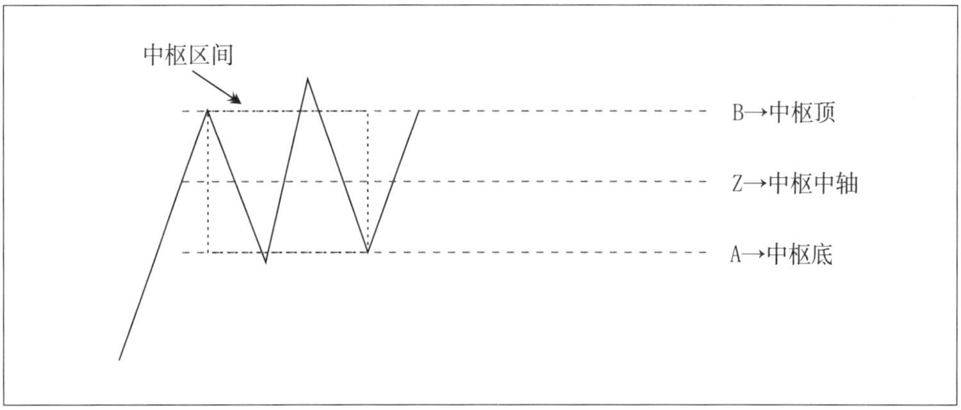

图 6-3-3　中枢震荡监视器

2. 判断中枢震荡强弱的方式

如图 6-3-4 所示，将围绕中枢震荡的走势中点，依次标记为 Z1、Z2、Z3…Zn，连接Z1、Z2、Z3…Zn,并与中轴线进行比较,中枢震荡中点线相对高于中轴线称为强势震荡，反之为弱势震荡。

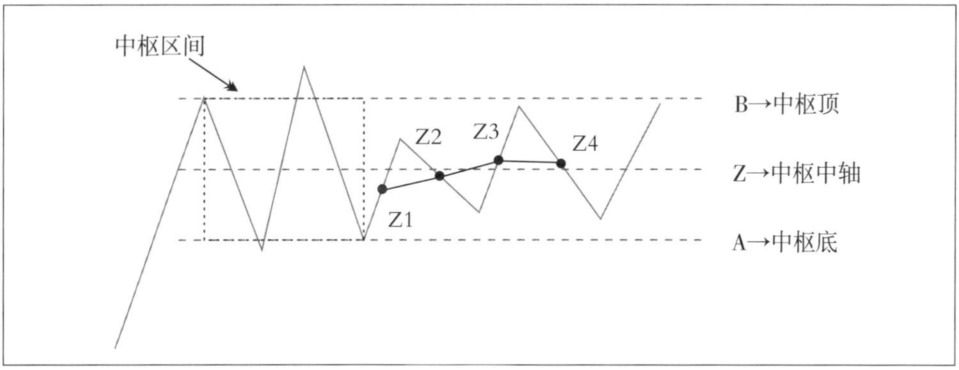

图 6-3-4 中枢震荡强弱分析

3. 中枢震荡强弱的一些有意义的结论

（1）强势震荡可参与。

如图 6-3-5 所示，中枢震荡中点连线位于中枢中轴线之上，是可参与的中枢震荡。

（2）弱势震荡要谨慎。

如图 6-3-6 所示，中枢震荡中点连线位于中枢中轴线之下，这种情况下参与中枢震荡的风险就比较高，可能无法安全卖出。

（3）一种常见的诱空诱多形态。

如图 6-3-7 所示，那些 Zn 缓慢提高，但又没力量突破中枢区间的走势，要小心其中蕴藏的突然变盘风险。一般来说，这种走势都会构成所谓的上升楔形之类的诱多图形。与之相反，下降楔形同样存在着诱空的可能，道理与之相仿。

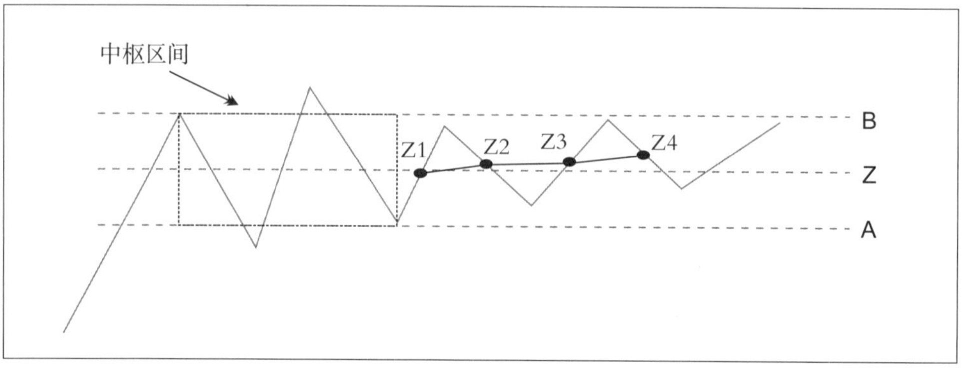

图 6-3-5　强势中枢震荡

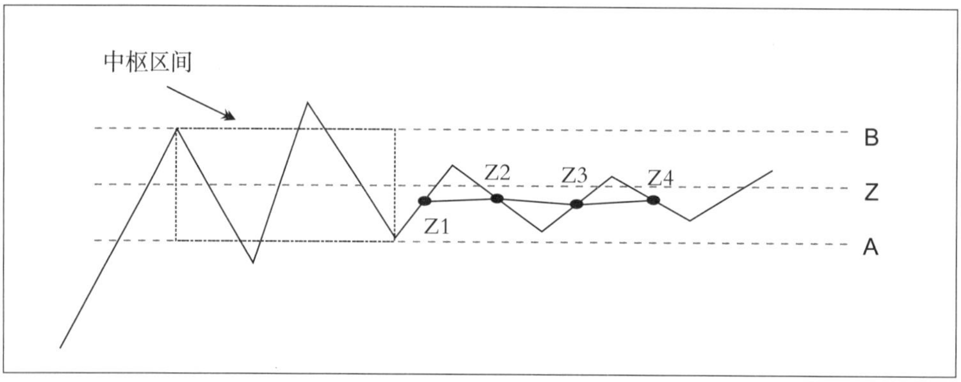

图 6-3-6　弱势中枢震荡

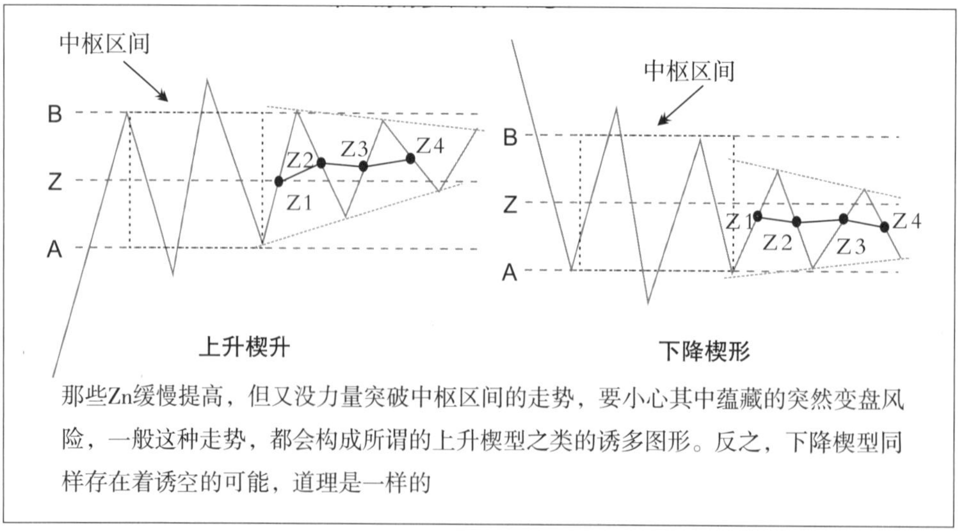

图 6-3-7　常见的诱多、诱空形态

4. 突破中枢的常见走势结构

如图 6–3–8 所示，中枢震荡中，次级别的走势类型其实是很重要的。如果次级别的走势类型是一个趋势，Zn 又相应地配合，那么一定要注意变盘随时有可能发生。特别是那种最后一个次级别类中枢在中枢之外的情况（形成第三类买点），一旦下一个次级别走势在该次级别中枢区间完成，震荡走势就会出现变盘。

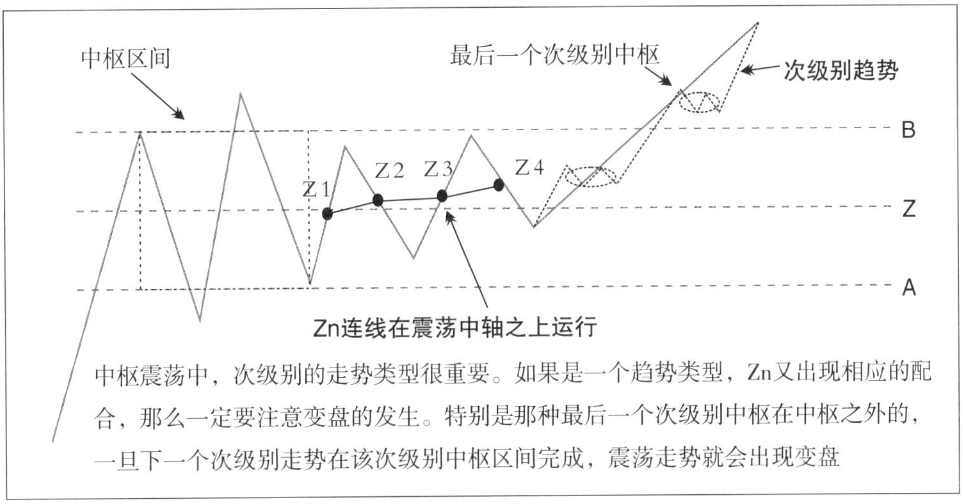

图 6–3–8　常见的中枢破坏走势

（三）以分型结构转折的走势分析

图 6–3–1 中以小级别走势类型结束，就是以分型结构转折的情况。转折的分型结构出现在原走势最后一段小级别走势中，见图中虚线部分。以分型结构转折的情况包罗万象：原走势既可以是趋势，也可以是盘整。原走势是否背驰，同样不影响对转折的判断，因此具有普遍意义。如果能找出相应的操作方案，则具有极高的实战价值。

1. 分型的基本结构

分型是缠论中独有的一种基本结构。如图 6–3–9 所示，分型由三个非包含关系的分型元素构成。

其结构特点为：

顶分型中分型第二元素的高点为三者最高，底分型中分型第二元素的低点是三者中最低的。

分型第三元素未能创出新高或新低，代表反方力量取得了暂时性胜利。

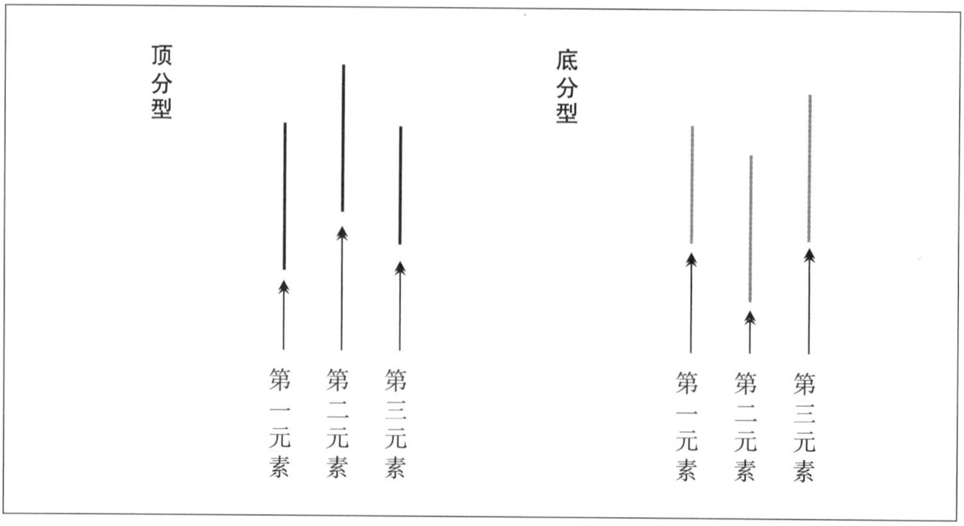

图 6-3-9　分型基本结构

2. 不同类别的分型

分型作为缠论的基础构件，自然具备自同构性结构的特点，因此构成分型的三个元素可以是 K 线，也可以是笔、线段或者标准走势类型。它们对应着几种不同类别的分型：K 线分型、笔分型以及线段类分型等，这些分型出现在不同类别的走势中。

3. 走势转折时的分型类别

本书的缠论级别序列是通过小级别递归方式得到的，递归规则在缠论最低级别和缠论第二及以上级别中存在差别，因此分析走势转折的分型类别时，必须将这种因素考虑在内。

根据原走势最后一段小级别走势的级别，转折分型类别同样有两种可能，下面由递归规则入手，具体分析一下。

A. 缠论最小级别走势的递归。在最低级别 K 线图上，找出符合理论要求的 K 线分型→最低级别的笔→最低以下级别的走势类型（其最简结构为线段）→缠论第一级别走势类型。

B. 缠论第二及以上级别的走势递归。本级别 K 线图上的一笔（代表次级别的走势类型）→本级别的走势（其最简结构为线段）

比较两种递归方式，最大不同之处在于笔的含义不同，具体表现在以下两个方面。

A. 推导方式不同。缠论最低级别 K 线图上的笔通过 K 线推导而来。缠论第二及以上级别 K 线图上的笔，与本级别 K 线结构无关，仅仅是记录了次级别已完成的走势类型。

B. 代表的意义不同。缠论最低级别 K 线图上的笔，是构成最低以下级别走势类型的一个基础构件。缠论第二及以上级别 K 线图上的笔，则代表了次级别走势类型。

（1）最小级别走势转折分型类别分析。

缠论本级别的买卖点在次级别上确定，所以 1 分钟级别的买卖点出现在 1 分钟以下级别走势构成的分型结构中，5 分钟及以上级别走势的买卖点出现在次级别走势构造的分型结构中。

下面以缠论 1 分钟级别买卖点的分型类别来进行说明。

由于最简的 1 分钟以下级别走势是个线段，所以可以粗略地认为，符合 1 分钟级别操作者的买卖点，出现在 1 分钟级别线段构成的分型结构中。

图 6-3-10 是大盘 6004 点附近的 1 分钟 K 线走势图，如果操作级别为 1 分钟，那么大盘 6004 点附近的卖点将出现在向上线段 1、向上线段 2、向上线段 3 组成的线段类分型结构中。

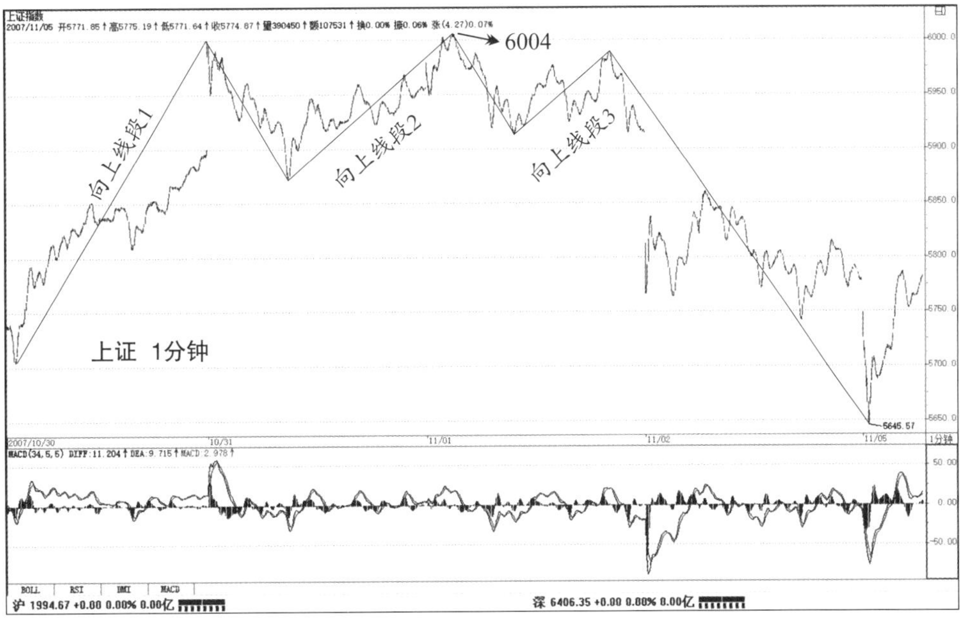

图 6-3-10 线段分型

（2）缠论第二及以上级别买卖点分型类别分析。

同理，符合 5 分钟级别操作者的买卖点，存在于 1 分钟走势类型构成的分型中。使用 5 分钟级别 K 线图时，它将是一个笔分型。

以宁德时代为例，如图 6-3-11 所示，图中的笔代表了 1 分钟级别的一段已完成的走势类型，5 分钟的买卖点必然出现在由向上笔 1、向上笔 2 和向上笔 3 构成的笔分型中。

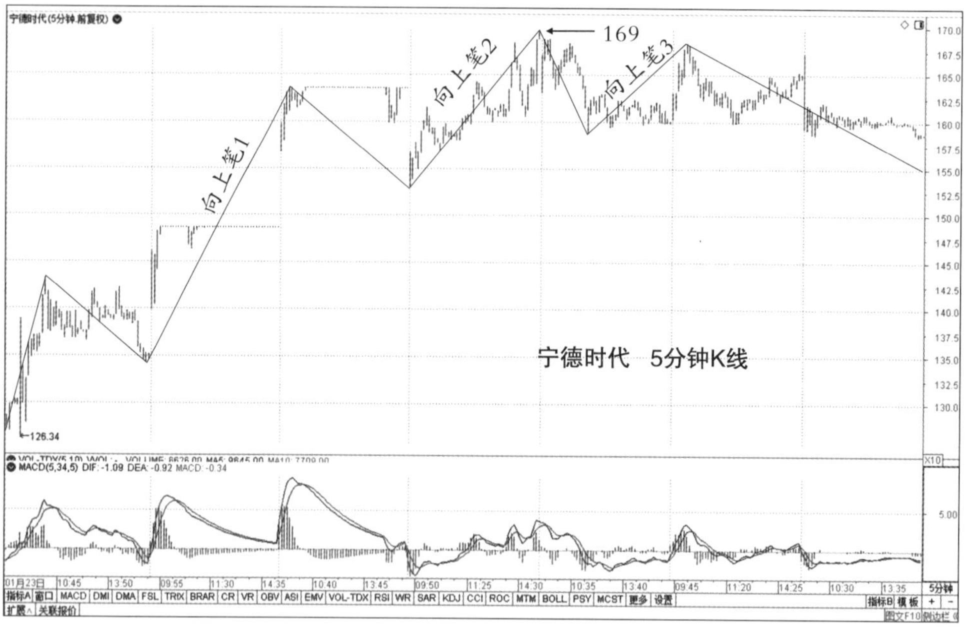

图 6-3-11 5 分钟走势笔顶分型

4. 不同类别分型间的相互关系

缠论的买卖点可以使用区间套方式进行精准定位，主要是通过降低级别实现的。比如 30 分钟级别的买卖点，可以在 5 分钟级别 K 线图上缩小范围。

不过，如果是 1 分钟级别的操作者，或者高级别操作者需要使用 1 分钟以下级别进行买卖点定位时，就会发生无次级别 K 线图可供使用的窘况，此时只能利用缠论构件间拥有的类似父子、母女般“亲缘关系”进行定位。分型具有的自同构性结构，使得不同类别走势转折时必然出现相应类别的分型。比如 K 线构成的笔，其起止位置必然存在着 K 线分型。线段由笔组成，线段的产生与结束同样有笔分型存在。这就为买卖点的精准定位提供了另外一种可能：线段类分型结构找出的买卖区间，可以通过同级别笔分型缩小范围；笔分型找出的买卖点，可以利用 K 线分型结构精准定位。

如图 6-3-10、图 6-3-12、图 6-3-13 是上证 1 分钟级别的 K 线走势图，图中分别标出了 6004 点附近的几个不同类别分型结构。

图 6-3-10 标注的是由向上线段 1、向上线段 2、向上线段 3 组成的线段类分型，1 分钟级别买卖点就在这个分型结构中。

图 6-3-12 是向上线段 2 顶点附近的笔分型，由向上笔 1、向上笔 2、向上笔 3 构成，通过它们可以为向上线段 2 的卖点精准定位。

图 6-3-13 是由三根 K 线构成的 K 线顶分型，对应着图 6-3-12 中向上笔 2 的高点

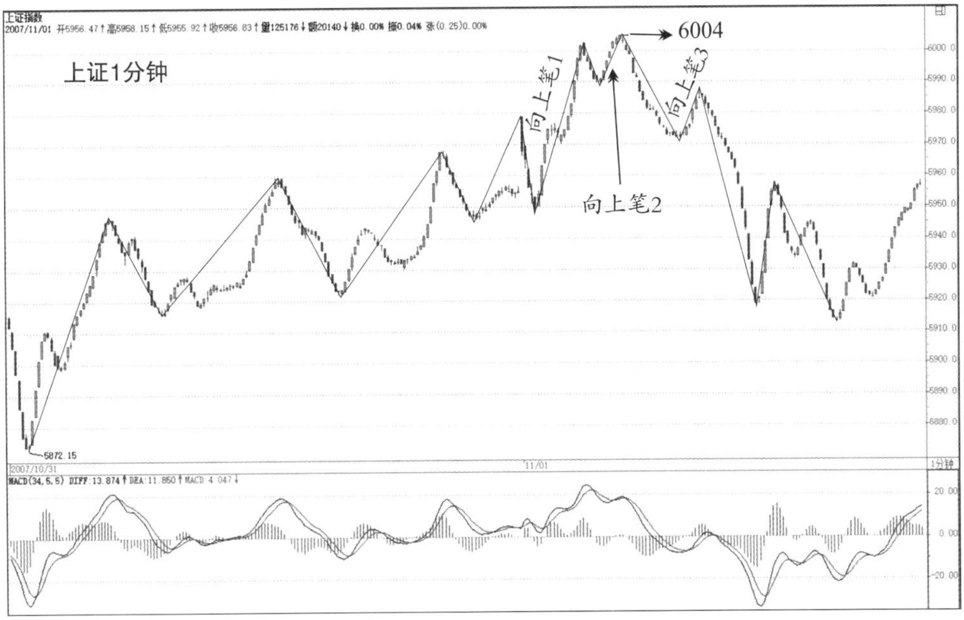

图 6-3-12　大盘 6004 点附近笔分型

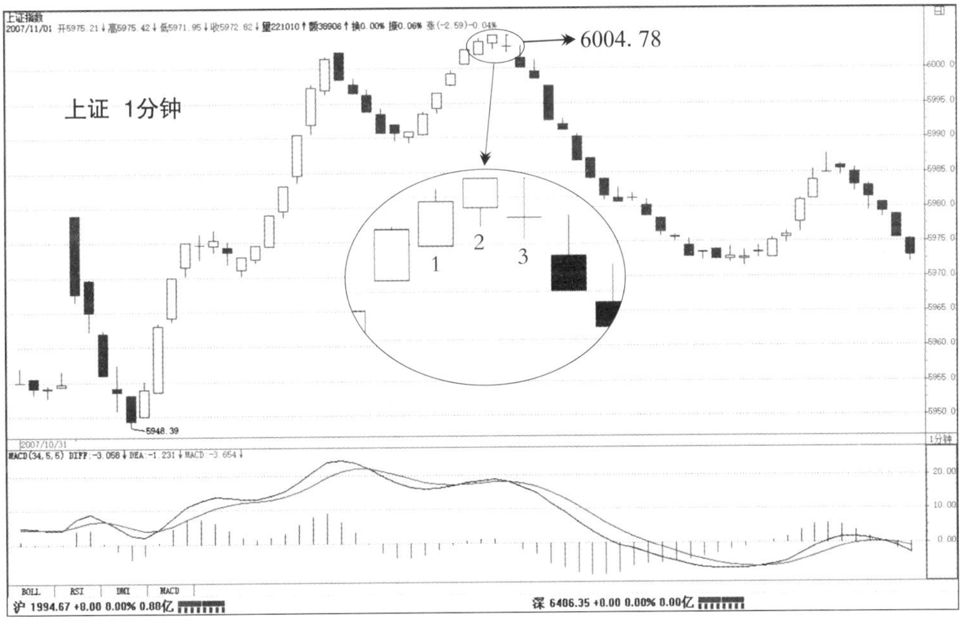

图 6-3-13　大盘 6004 点附近 K 线分型

位置，这是缠论最为精准的买卖点分型结构。

5. 在分型结构中确定缠论买卖点

如图 6-3-14 所示，2019 年底，宁德时代突然发力，短短几个月时间，股价由 70 元左右上攻到 170 元附近。对其间走势进行细致划分，它是一段 5 分钟级别的上涨走势，中间虽几次出现调整，但均未破坏原走势。直到股价创出 169 元的历史新高，才出现了分型。

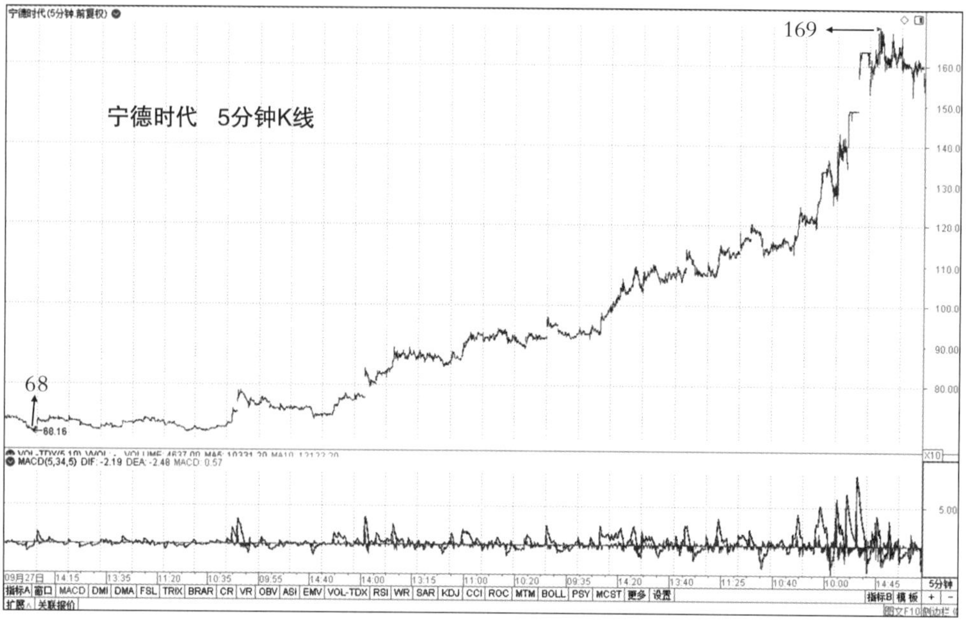

图 6-3-14 宁德时代 5 分钟 K 线图

图 6-3-15 为宁德时代 5 分钟级别的股价 K 线走势图，对应着缠论的第二级别，其中的笔代表 1 分钟级别的走势类型。

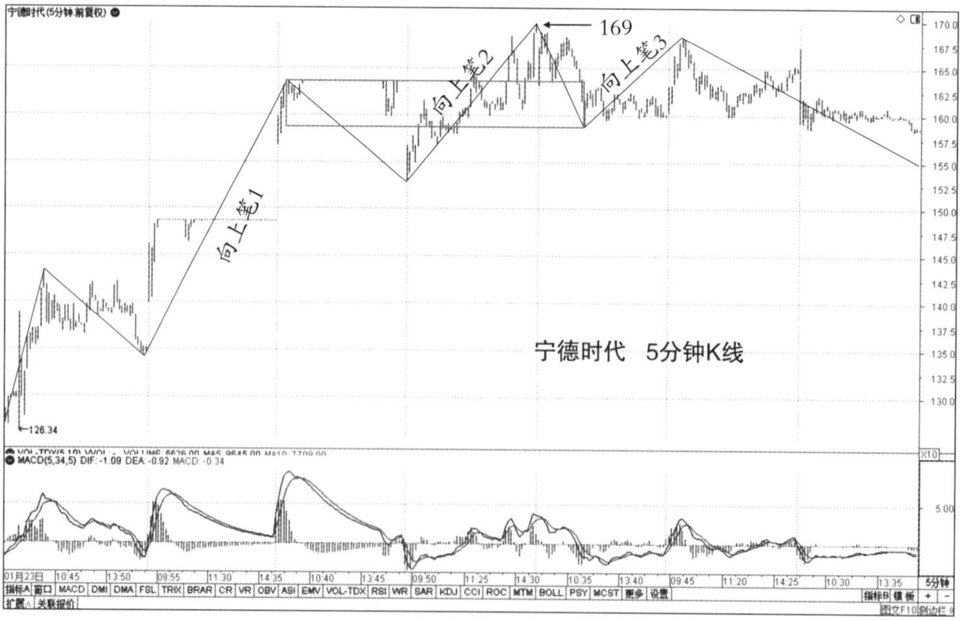

图 6-3-15 分型与走势中枢的异同

股价 169 元附近，出现由向上笔 1、向上笔 2 和向上笔 3 构成的顶分型。其中向上笔 2 创下了新高，但与向上笔 1 相比，明显出现背驰。向上笔 3 是多头的第三次尝试，它的高点未能超越向上笔 2，确认了空头力量强大。由向上笔 1、向上笔 2、向上笔 3 组成的结构，完全符合顶分型的定义，顶分型成立。

至此，宁德时代始于 2019 年底的这段 5 分钟级别上涨，构造出了第一类、第二类卖点。顶分型结构中向上笔 2 的高点 169 元，就是这段上涨走势的第一类卖点，向上笔 3 的高点为其第二类卖点。

这个分型结构产生了巨大的威力，随后股价一路回调，最终到达 110 元附近。

6. 分型与走势中枢的异同

分型与走势中枢功能相似，结构也差不多。比如图 6-3-15 宁德时代的例子中，构成顶分型的区间，同样形成了一个标准的走势中枢，见图中的方框部分。

不过，并非所有的分型都同时具备标准的走势中枢结构。比如图 6-3-16 中，A 股市场的大顶 6124 点附近，三个向上线段构成了线段类分型，但无法构成标准走势中枢。图 6-3-12 中向上笔 1、向上笔 2、向上笔 3 构成的笔分型同样如此。

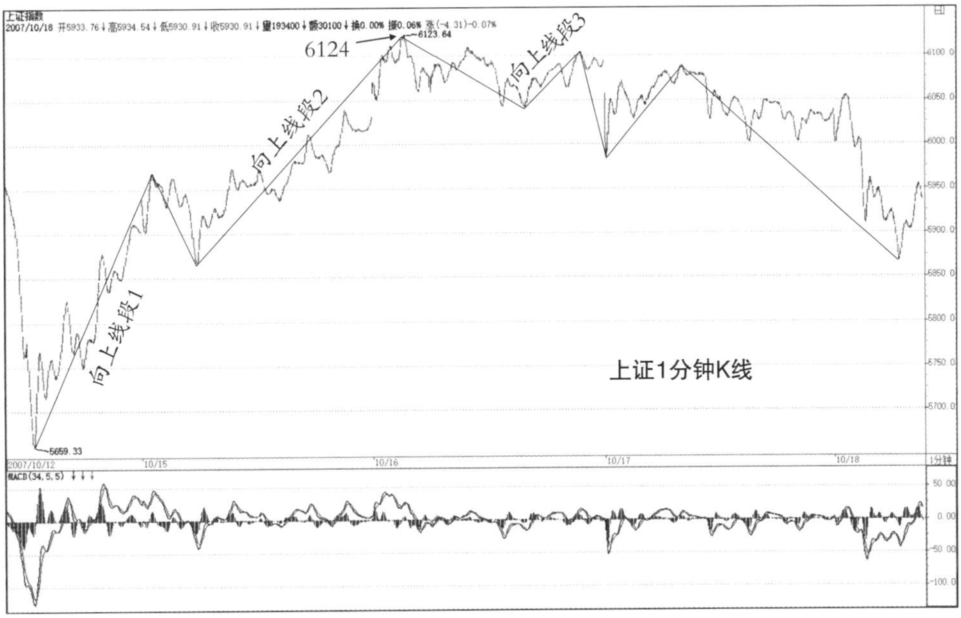

图 6-3-16　分型与走势中枢的异同

二者形态相似又区别明显，源自定义上的不同。分型强调原走势反向力量的三次强力阻击，因此造成“一鼓作气，再而衰，三而竭”的效果，结构中间元素的高点或低点是整个组合结构中最高或最低的，即创出阶段性高点或低点。

走势中枢最重要的是三段走势有重叠区间，以此证明多空力量趋于平衡，对于能否创出新高和新低，则没有硬性要求。

因此分型结构的出现，更多地是代表多空力量暂时性攻守易势，是可能转折的信号。若其后形成了走势中枢，意味着多空力量再次达到平衡，此时分型的作用被削弱，可改用走势中枢的延续、破坏等方式进行辅助判断。

（四）未用线段特征序列作为分型元素的原因

对于缠论略有了解的人，可能已经发现本书没有使用缠中说禅定义的线段特征序列这个分型，甚至没有引用线段特征序列这个概念，下面就此作出解释。

1. 线段的特征序列及特征序列分型

缠中说禅在“教你炒股票”第 67 课中给出了线段特征序列的概念，并以此为基础构建了线段走势转折时的笔分型结构。对于相关内容的学习，首先从线段的特征序列入手。

（1）线段的特征序列。

图 6-3-17 分别为线段类上涨与线段类下跌走势，它们由向上笔与向下笔组成。上涨段中，只有相邻的向下笔之间会有缺口。下跌段中，缺口存在于相邻的向上笔中，因此缠中说禅把它们定义为线段的特征序列。

线段特征序列：上涨段中的向下笔与下跌段中的向上笔。

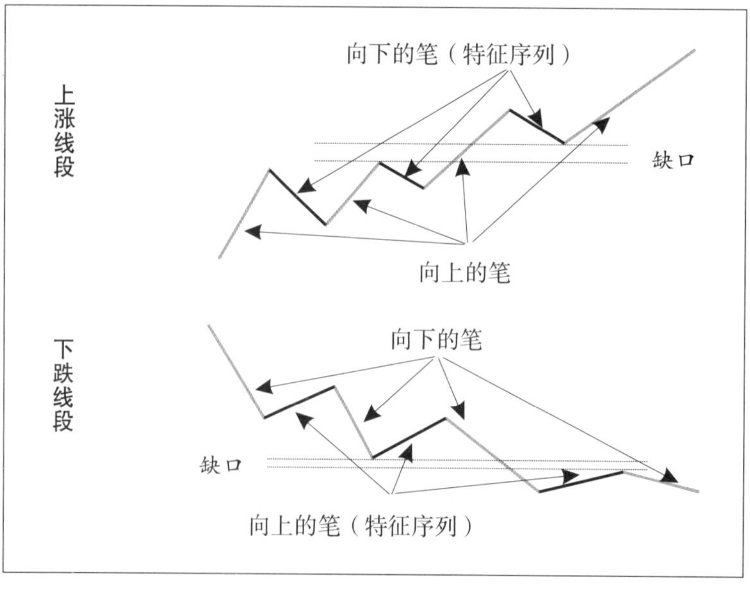

图 6-3-17　线段的笔特征序列

（2）线段的特征序列分型。

图 6–3–9 是 K 线的分型结构，它们由三根 K 型组成，分别称为分型的第一、第二、第三元素。

无论同级别还是多级别线段类走势，转折时都会形成一个本级别的笔分型结构。特征序列分型，顾名思义是利用线段的特征序列来构造转折时的分型，它们依然被称为分型三元素。

图 6–3–18 是缠中说禅手绘的示意图，专为说明特征序列分型的情况，并给出了特征序列分型的等价 K 线图。图中的第一、第二、第三特征序列元素是笔者标注的，其中分型第一、第二元素应该没有太大的分歧，但第三元素一定会引起不少的争议。

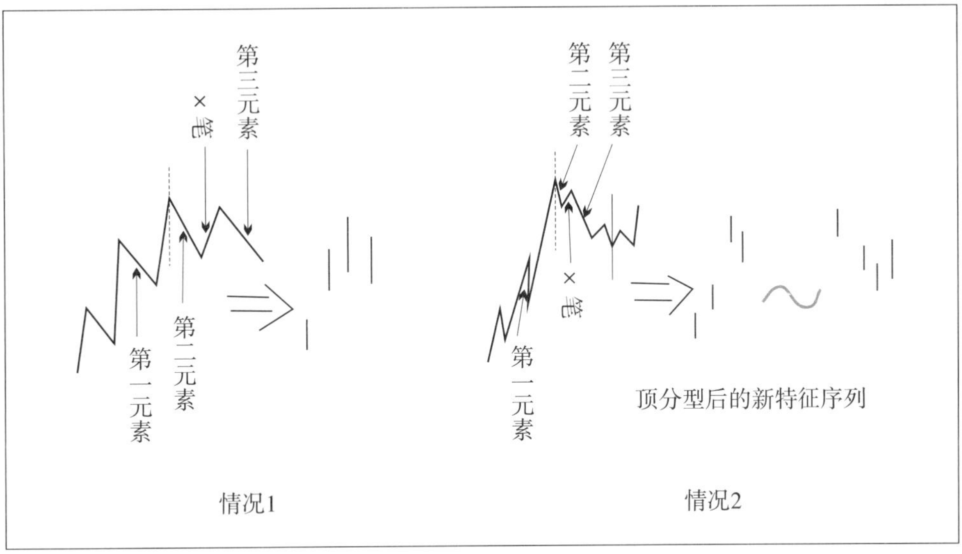

图 6–3–18　缠中说禅手绘分型

按特征序列的定义，分型第二元素之后，上涨走势会转为下跌，这样线段的特征序列应由向下笔改为向上笔，所以分型第三元素应该是目前第三元素之前那一笔（图中标为 × 笔）。不过如此一来，它永远被分型第二元素所包含。在反复观察缠中说禅的手绘图后，确定了他给出的 K 线分型第二、第三元素之间不存在包含关系，从而如图中那样标出了第三元素，这种划分的正确性同样被后续课程所证明。

2. 特征序列分型的缺陷

（1）分型的第三元素缺乏充分的理论基础。

线段特征序列的概念，使得图 6–3–18 中分型第三元素的划分存在讨论空间，无论选择目前的第三元素还是选择其前面的 × 笔，结构都不够完美。

A. 选择目前第三元素之前的 × 笔。因为分型第二元素之后的走势转为下跌，特征序列相应地变成向上笔。若选择分型第三元素之前的 × 笔，分型结构的第二元素与第三元素之间必然存在包含关系，即便不需要处理，三笔形成的结构也不能满足分型的定义。

B. 按目前的选择。缠中说禅显然意识到分型三元素存在问题，所以他专门强调“分型第二元素不属于前后两个走势中的任一走势”。其实不属于前后走势的又何止这一笔呢，构成分型结构的第三元素，显然是前面上涨段的特征序列，但如果分型第二元素确定了走势转折，分型第三元素就不属于新走势中的特征序列。如此一来，构成分型的三笔只有第一笔是可以确定的线段特征序列，引入线段特征序列分型的意义又在哪里呢?

（2）加大了非包含处理时的难度。

更为重要的是，分型特征序列元素的认定混乱，造成分型元素包含处理的极大困扰，堪称灾难级别。

分型第二元素是一个假设的转折点，转折成功与否难以预料，但是否进行包含处理，却与这个假设息息相关，因此不得不经常对之前的走势划分进行修改。

理论最重要的作用是指导实践，记得刚开始按线段特征序列分型方式进行操作时，甚至不敢复盘，因为这里的分析太过复杂，经常自己都记不清楚原来的划分依据。

（3）不符合操作习惯，实用性较低。

特征序列元素与线段方向相反，所以考察一个顶分型是否成立时，判断的依据却是三个向下的笔，这不符合平常的操作习惯。这种做法不但“怪异”，而且无法操作：顶分型以确定卖点为主，向下笔找出来的却是买点。

此外，当特征序列分型第三元素确立时，离顶点已经很远了，此时卖出只能是一种补救行为，而且很大可能卖在了低位，又不得不追高买回。

可能有人会说，下跌笔开始的位置当然要考察前面的向上走势，但这不应该成为画蛇添足的借口，直接使用向上的三笔构造分型不好吗?

3. 使用线段特征序列的原因分析

相邻元素之间可能出现缺口，是线段特征序列最大的特点，缠中说禅因此定义了线段的特征序列，并以此构造走势转折时的分型。

如图 6–3–19、图 6–3–20 所示，引入特征序列后，可根据特征序列分型第一、第二元素之间有无缺口对走势进行分类。

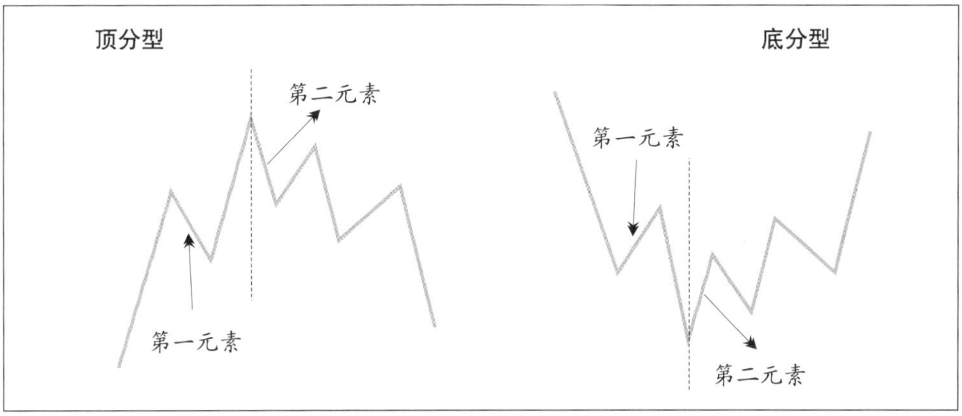

图 6-3-19　第一种情况：分型第一、第二元素间没有缺口

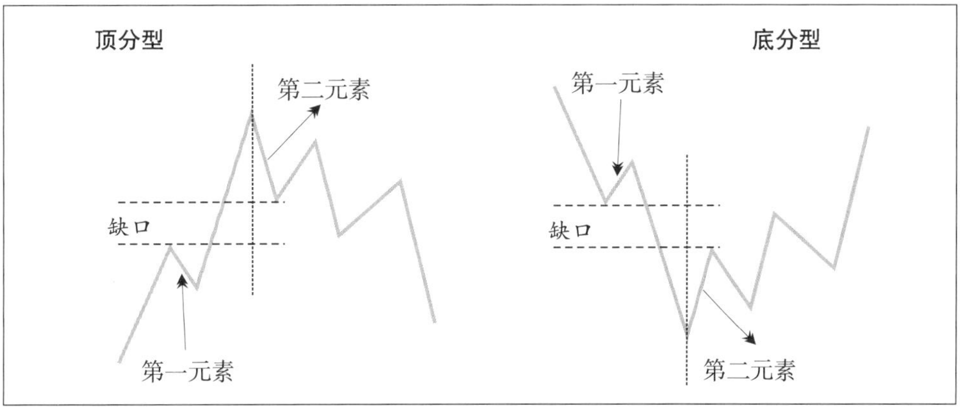

图 6-3-20　第二种情况：分型第一、第二元素间有缺口

如此大动干戈，只为一个简单的分类，着实有种得不偿失的感觉，而且这种分型结构，第二元素与第三元素之间永远不会存在缺口。

当然，以上只是“见山只是山，见水只是水”的缠论第一重境界看法。缠论走势类型中可以包含若干同向、同级别的走势中枢（本书统一了同级别与多级别走势类型的划分，无须区分这两种情况），因此即使形成了新的同级别走势中枢，甚至反向同级别一段走势，都不代表着原走势必然被破坏，还需要参考新走势与原走势最后一个中枢的位置关系，即平常所说的“一段还是两段”，这应该是缠中说禅引入线段特征序列分型的深层次原因。

实际上，如图 6-3-21 所示，如果不考虑线段的特征序列，按分型结构的内在逻辑，选择线段中的同向三笔来构造分型，其效果是一样的。

首先，这样划分符合以前的操作习惯。走势的第一类卖点可以通过分型第二元素与第一元素之间的背驰进行判断，分型第三元素的高点就是走势的第二类卖点。

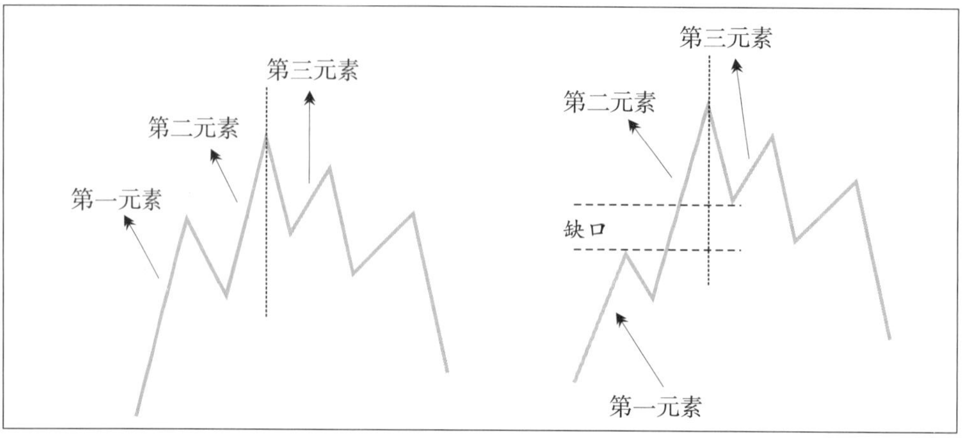

图 6-3-21　本书采用的分型结构

至于走势中的包含关系，则无须添加各种判断，更是无须特殊处理。所有形成包含关系的地方，不过是构建出了新中枢或者围绕某走势中枢的震荡，只需对其中的多义性进行规定，按常规方式处理即可。

用以判断调整走势力度的缺口，如图 6-3-21 所示，改在分型第一元素与第三元素之间，这样完全不影响实际操作，在分型第三元素产生前，缺口是否存在就已经明朗。

综上所述，本书没有采用线段特征序列作为分型的基本元素。

四、确定缠论普遍意义的买卖点

（一）分型结构孕育出缠论普遍意义的买卖点

如图 6-4-1 所示，走势转折区间的基本结构分为两种：一种是原走势以标准走势中枢结束，另一种是以一个小级别走势终结。

从严格意义上讲，这两种情况就是一种，标准走势中枢同样由小级别走势类型构成，所以以走势中枢结束的情况，依然可以看作从某段次级别走势开始。不同之处在于，标准走势中枢形成后，围绕走势中枢震荡的任何一段次级别走势，都有可能成为破坏原走势的那个走势段。

如此一来，原走势被破坏都可以归为小级别走势终结的情况，可以通过分型找出转折位置。分型结构孕育出的买卖点，就是缠论具有普遍意义的买卖点，它们不受走势类型、走势状态的限制，是一个适用性极强的分析方法。与之相比，原来的标准买卖点，仅仅是特定条件下的特殊处理方式。

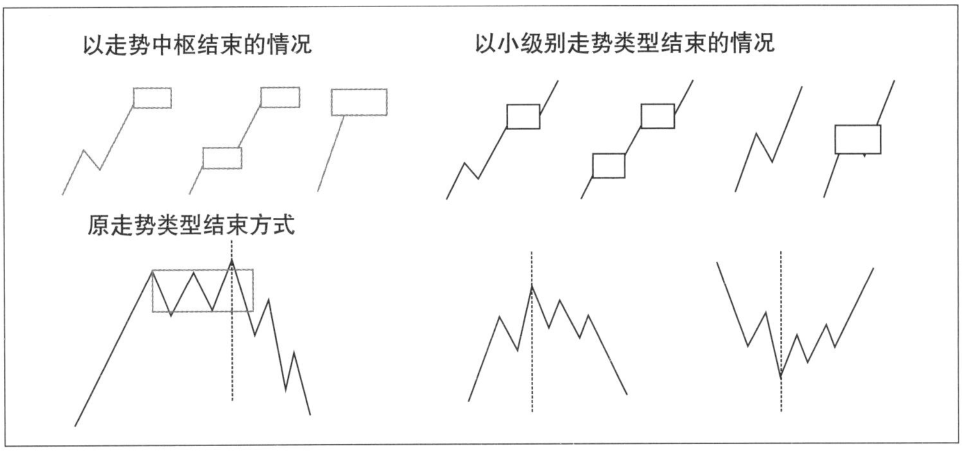

图 6-4-1　原走势类型结束方式

这里强调分型，并非否定背驰的作用，只是考虑到背驰的局限性，从而将它置于次要地位，背驰依然是走势完美与否的最好辅助判断。如果走势背驰的同时又产生了分型结构，那么走势被破坏的概率就非常高了。

1. 缠论具有普遍意义的第一类、第二类买卖点

仍以 5 分钟的上涨走势为例，如图 6-4-2 所示，这是一个 5 分钟的上涨走势，其中 A、B 为 5 分钟的走势中枢，a、b、c 是三个 1 分钟或以下级别的走势。

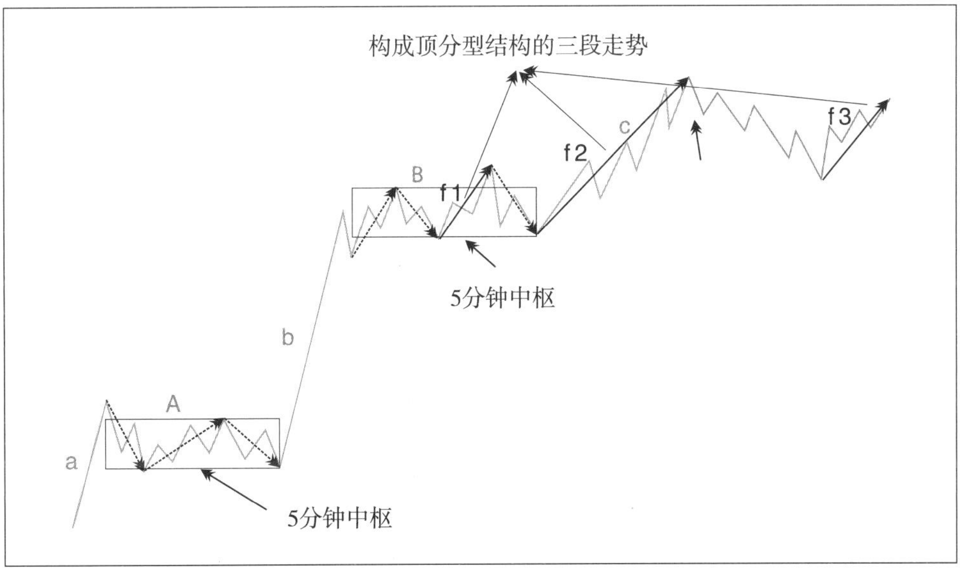

图 6-4-2　缠论具有普遍意义的买卖点

截至走势 f3 完成时，这个 5 分钟级别的上涨走势构造出了一个顶分型结构，它们由 f1、f2、f3 三段向上走势构成。走势 f2 的高点即顶分型的顶，就是缠论的第一类卖点，

顶分型第三段向上走势 f3 的高点，是缠论的第二类卖点。

很显然这是一个大概的说法，因为在走势 f3 完成之前，无法确定走势 f2 能否创出顶分型结构的顶。

以一个实际走势为例，看一下缠论买卖点的确定过程。

图 6-4-3 是上证 1 分钟的 K 线走势图，从 5462 点开始的走势是一个 1 分钟级别的上涨。当 1 分钟以下级别的向上线段 1 完成时，走势明显没有出现背驰。这一点可以通过图 6-4-4 进行观察，它是同段走势 5 分钟级别的 K 线图，专为观察 MACD 指标时使用。

图 6-4-3　上证 1 分钟 K 线走势

如图 6-4-3 所示，当 1 分钟以下级别的向上线段 2 完成时，从 6-4-4 的 5 分钟 K 线图上，明显可以看出走势出现背驰了。向上线段 1 与向上线段 2 具有构造一个线段类顶分型的可能，6004 点这个新高也有很大概率成为顶分型的顶点。

当 1 分钟以下级别的向上线段 3 完成时，由于没有创出新高，完全符合构造顶分型的理论要求。至此走势的顶分型结构完成，向上线段 2 的高点就是缠论具有普遍意义的第一类卖点，向上线段 3 的高点就是缠论具有普遍意义的第二类卖点。

确定上述买卖点时，依然使用了背驰判断。如果走势转折不是以盘整或趋势背驰开始的，那么就可能会错过走势的第一类买卖点。假如上面的向上线段 2 没有创出新高 6004 点，意味着向上线段 1 的高点就是走势转折的顶点，向上线段 2 变成了分型结构中的第三段走势。向上线段 1 完成时，走势没有出现背驰，这个第一类卖点就无法当下发现，走势中只存在第二类买卖点。

图 6-4-4　上证 5 分钟 K 线走势

2. 缠论具有普遍意义买卖点的精准定位

给出了缠论具有普遍意义的买卖点后，还需要精准地确定它们的位置。上面的案例使用了某段走势的高点这种比较含糊的说法，这种说法很难转化为实际的操作。

如图 6-4-5 所示，向上线段 2 不是一个趋势，6004 点自然不是一个标准背驰点，这给我们确认缠论第一类卖点带来了困扰。

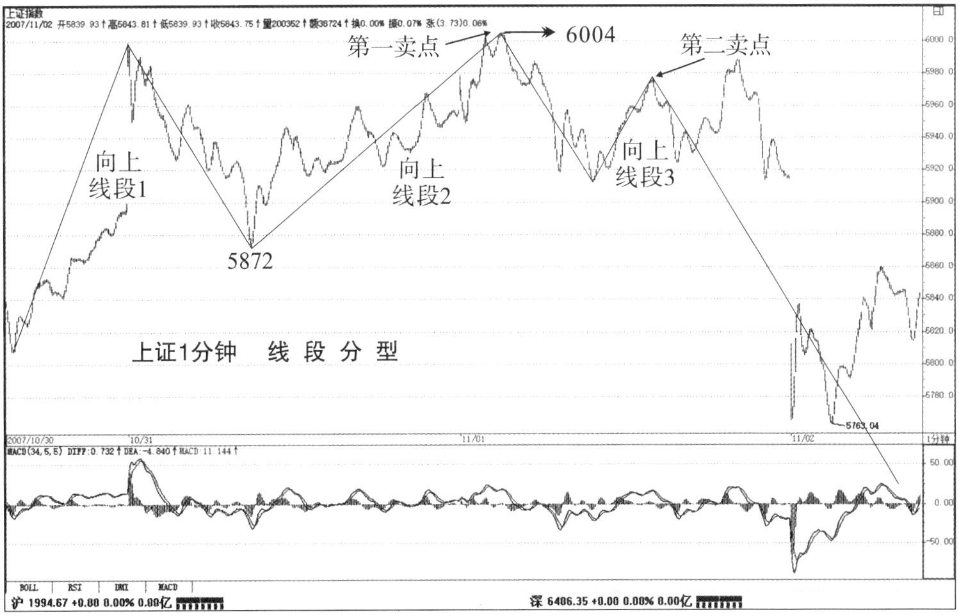

图 6-4-5　上证 1 分钟 K 线走势

不过除了走势背驰，还可以通过细分走势，守株待兔地等待向上线段类走势的结束信号——出现笔顶分型结构。

图 6–4–5 中的顶分型，是一个 1 分钟级别的线段类分型。由于 1 分钟级别已经是缠论的最低级别，所以无法再进行级别上的细分。好在缠论构件间还存在着亲缘关系可以利用，线段被破坏一定有同级别的笔分型存在。

图 6–4–6 是向上线段 2 以笔为基础细致划分的结果，向上笔 1、向上笔 2、向上笔 3 构成笔顶分型。

如图 6–4–7 所示，从 5872 点至 6004 点的这段上涨，中间出现过多次疑似的背驰点，但笔顶分型构造成功却只有这一次，这足以证明分型结构对于判断走势转折的实用性。

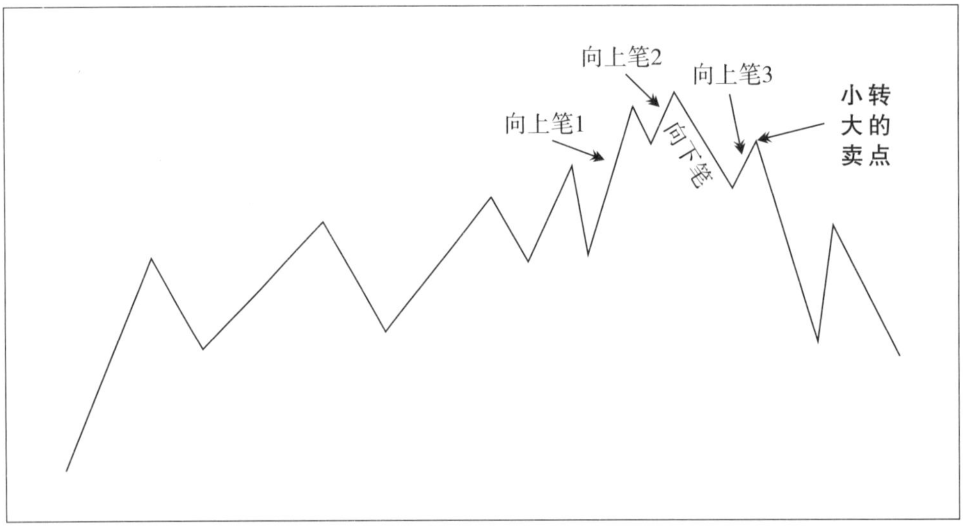

图 6–4–6　向上线段 2 中的笔分型之一

利用分型操作，原则上是滞后的，因为构造分型需要时间，如果等分型构造成功后再操作，可能错过了走势的第一类卖点。好在笔顶分型级别足够小，即使是笔分型的第二类卖点，也仍在线段类顶点区间。

图 6–4–7 中向上线段 2 的顶点 6004 点这个卖点，就可以按这种方法予以确认。这种方法虽然无法当下得出笔分型中向上笔 2 的高点 6004 点就是整个线段类走势的顶点，但笔分型向上笔 3 完成时，笔分型成立的概率大大提高了，此时的高点与 6004 点仅仅相差 5 个点，依然处于线段类顶点的区间范围，完全可以作为线段类分型结构的第一类卖点使用，线段类的第二类卖点以此类推。

按照以上思路，卖点范围还可以进一步精确。如图 6–4–8 所示，按笔与 K 线的亲缘关系，可以将笔分型的顶部进一步细化成 K 线分型。

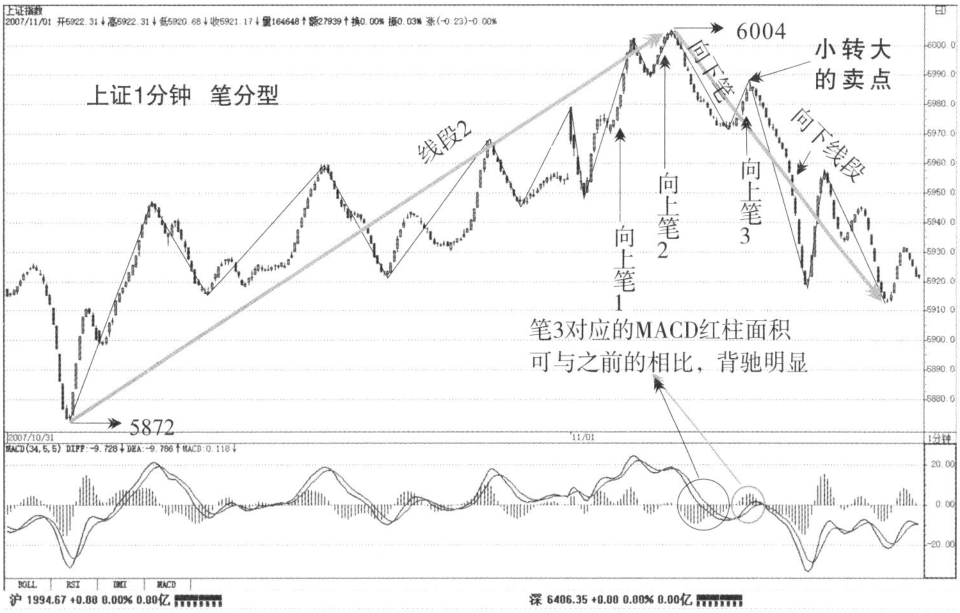

图 6-4-7　向上线段 2 中的笔分型之二

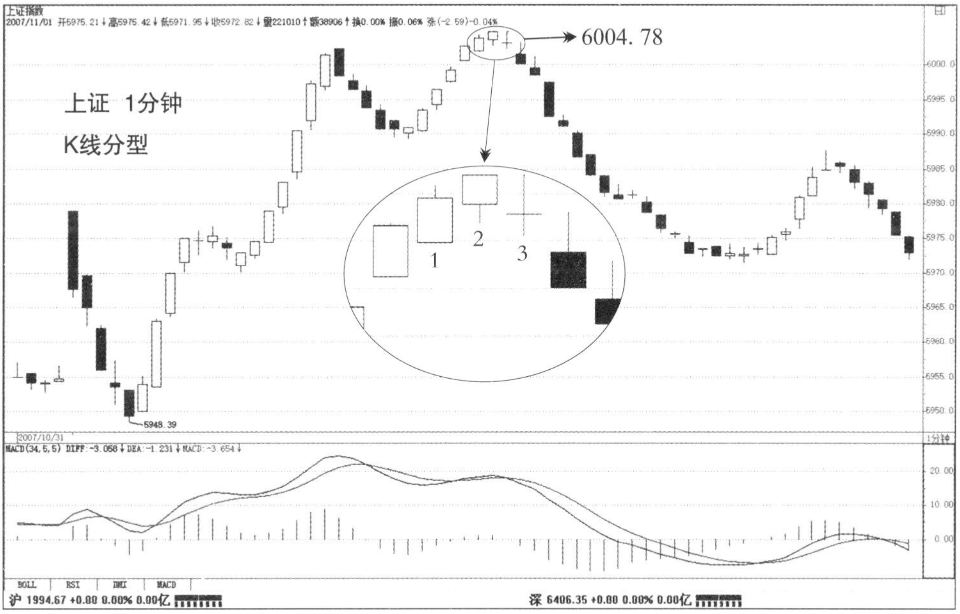

图 6-4-8　向上笔 2 中的 K 线分型

3. 走势小转大的关键点

缠论具有普遍意义的买卖点，都可以使用上述方式确定，即通过次级别分型结构的第三段走势来确定。从结构上看，它是原走势转折的必经之路，是原走势从健康、正常转为危险、不安全的第一个信号。

分型结构第三段走势结束点的作用远超于此，它还是一个小转大的关键点。这里的“小转大”和缠中说禅的意思有很大的不同，在“教你炒股票”108 课中，“小转大”指小级别背驰引发大级别的转折，强调了小级别背驰的重要作用。本书这里不再把背驰作为转折的唯一因素，“小转大”仅仅代表走势从小级别转为大级别。

如图 6-4-5 所示，向上线段 3 后的走势如果破了线段 3 的低点，意味着向下走势级别扩大，由原来的 1 分钟以下级别扩大到了 1 分钟级别。如果它是原方向走势中诞生的第一个反向线段，那么原走势也将升级，由 1 分钟级别升级为 5 分钟级别，这就是小转大的由来。

4. 判断小转大买卖点的技巧

如图 6-4-7 所示，向上线段 2 的高点附近形成了一个笔顶分型结构，共有三个向上笔。其中向上笔 1、向上笔 2 的走势尚属正常，向上笔 2 与向上笔 1 可能存在小级别的背驰。连续上涨末期，走势往往表现为惯性上涨，即大多数人都选择观望。通过 MACD 指标观察多空力度时，会发现多空都不太强，而且有越来越弱的趋势。此时沿用原来的背驰判断方式，就会出现常说的背驰了又背驰的情况。

比如图 6-4-7 中向上线段 2 在笔顶分型构造成功之前，后笔的力度就有小于前笔的情况。更为尴尬的是，按原来的背驰判断方式，由于向上笔 2 的力度太小，所以向上笔 3 对应的 MACD 指标红柱面积是大于向上笔 2 的，这样向上笔 3 虽没有创新高，但 MACD 指标却没有显示背驰。

实战中，这种背驰了又背驰的走势，主要是由于多头追高意愿不足，空头也不敢轻易出手造成的，走势呈现出惯性上涨。此时需要静静等待一个大的调整，力度最少也要满足将 MACD 指标黄白线拉回 0 轴附近的要求，然后再视多头的反击情况决定下一步如何操作。如果再次拉起的力度无法接近或越超调整力度，或者股价无法创出新高，就可以判断走势背驰了。这种背驰判断方法不再刻板地利用相邻同向笔进行 MACD 指标的背驰比较，而是改用前后相邻笔进行对比。

如图 6-4-7 所示，向上笔 3 对应的 MACD 指标红柱面积不再与之前的同向笔 2 进行比较，而是与它之前的向下笔进行比较。此时虽然一个笔产生的是红柱线面积，另一个笔是绿柱线面积，但它们本质上都是走势力度的呈现。向下笔的调整把 MACD 指标拉回 0 轴，确保了调整力度足够大。向上笔 3 的力度如不能接近或大于前者，意味着走势大概率要转折了。

这种操作思路就不怕“同志的背叛”或者突发事件的影响了。

（二）原走势被破坏与第一类、第二类买卖点

下过中国象棋的人都知道，“帅”不是被杀死，而是被困死的。只有控制住了对手“帅”的腾挪空间，才可能最终战胜对手。因此，行棋落子讲究的不是一车一炮的得失，而是整体谋划，这就是“行棋当善弈，落子谋全局”这句话的来历。善弈意味着不是简单的见招拆招，而是不同思路、不同布局的对抗。实战中你的谋划因受到对手的制约，不可能顺利地实施，因此需要随机应变。

缠论具有普遍意义的买卖点也是如此，走势的分型结构出现后，得出的买卖点暂时只能算作“疑似”。

如图 6-4-9 所示，一段走势构造出了顶分型，并不意味着原走势被破坏，依然还有由盘整变成同向趋势或者原趋势延续的可能，具体情况后面再详细分析。

如图 6-4-10 所示，只有当顶分型后的走势满足以下两点，才能将“疑似”的缠论买卖点转为确定的买卖点。

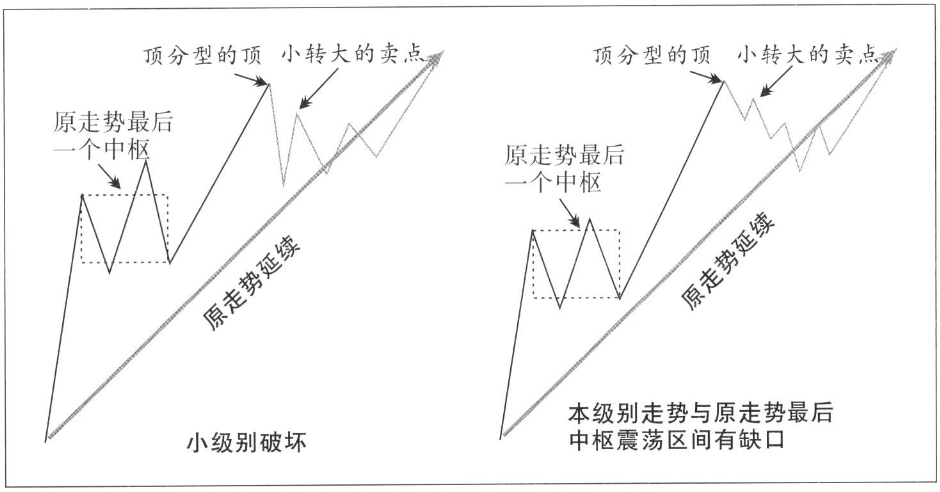

图 6-4-9　原走势未被破坏

比较图 6-4-9 与图 6-4-10 中的情况，能够发现原走势是否被破坏有以下两个关键点。

（1）原走势只能被新的反向同级别走势破坏。

如图 6-4-9 中左图，即使顶分型成立（小转大的卖点出现），也不代表原走势已经被破坏，它需要顶分型后的走势至少拓展成原走势级别。

（2）新形成的走势与原走势中最后一个走势中枢有重叠。

由走势类型的定义可知，沿走势方向可以不断形成新的本级别走势中枢，其走势均未被破坏。

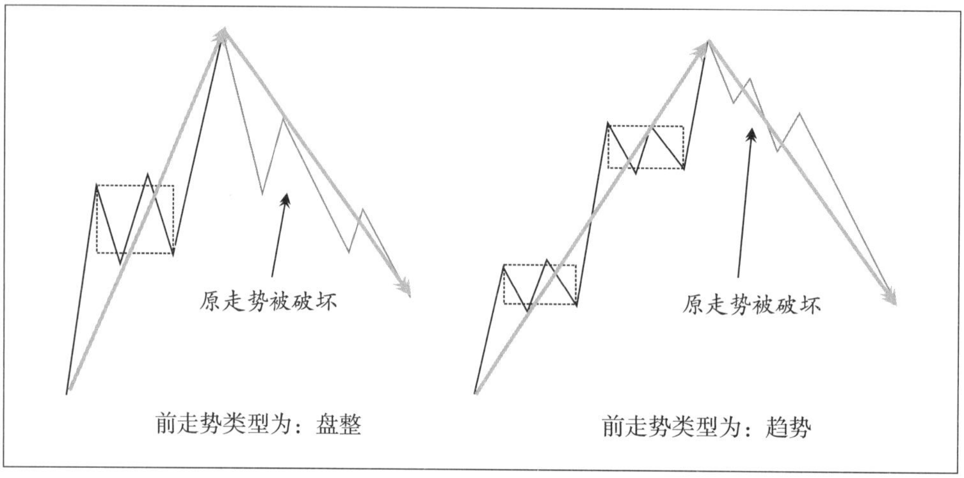

图 6-4-10　原走势被破坏确定了缠论的第一类、第二类卖点

如图 6-4-9 中右图，如果新形成的走势中枢与原走势中最后一个走势中枢区间没有重叠，无论走势如何折腾，都不会破坏原走势。

综上，分型构造成功并非大功告成，还要继续跟踪走势的后续演化情况，只有确定原走势被破坏了，买卖点才能被确认。

上述确认买卖点的方法有延迟，这也是缠论广受诟病的原因之一。其实从深层次思辨能力来看，复杂事物只有应对，没有预测。市场每时每刻都给出了走势的答案，买卖点成立也好，不成立也罢，都是机缘注定，这就要求我们对市场可能的走势要有全面的应对方案。这看起来更像是下棋之类的博弈，虽然思路可以有万千条，但最重要的是随机应变，从问题导向型思辨模式转换为结果导向型思辨模式。

“市场总是对的！”面对如此强悍的市场，全面应对方案依然重要，这是与市场互动的思路所在。比如分型构造出来之后，是不是缠论相应的买卖点，就是一个很好的问题。正因为有这个问题存在，才能对市场走势进行完全分类，才会有进一步的操作。

下面就原走势是否被破坏进行分类分析，让实战中的交易者可以自行评估其风险与收益比，从而在市场博弈中扩大胜率。

（三）分型后的走势分析

1. 最低级别与高级别走势的两种不同划分方式

由于这两种情况很容易混淆，不得不再次复习一下。

（1）低级别走势的缠论划分。

如图 6-4-11 所示，1 分钟级别的 K 线图是缠论默认的最小级别。

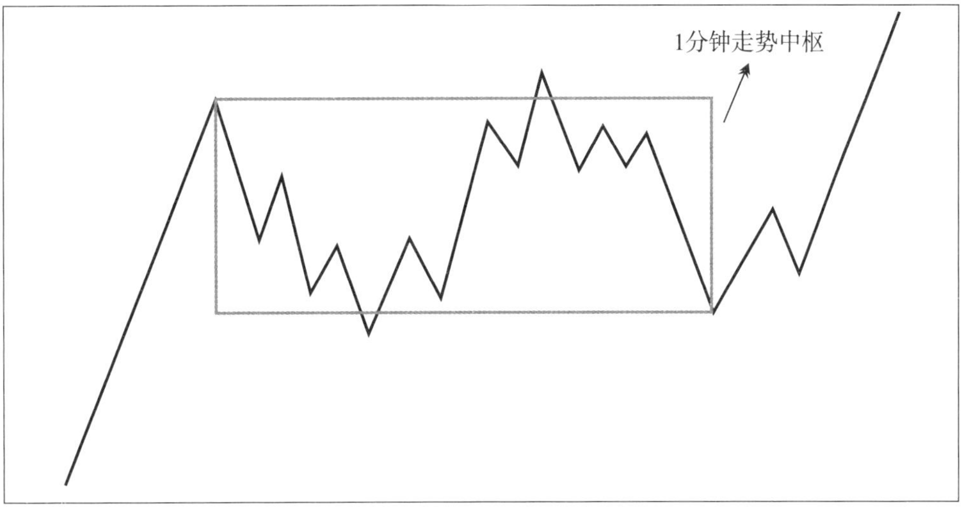

图 6-4-11　最低级别中枢：至少由线段构成

在该级别上，按照缠论的规则，至少也要使用线段类走势来代表 1 分钟以下级别的走势，1 分钟的走势中枢需要由三段有重叠的线段类走势构成。

图中的笔与线段是同级别的，都是缠论 1 分钟以下级别，仅仅有亲缘关系上的差异，笔是线段的局部细节，可以对线段类走势进行细分处理。

（2）高级别走势的缠论划分。

如图 6-4-12 所示，按缠论的标注方式，在 5 分钟及以上级别 K 线图上，须以笔的形式将次级别的走势标注出来，所以图 6-4-12 中标示的是以笔构造的中枢，而且是一个高级别的走势中枢。

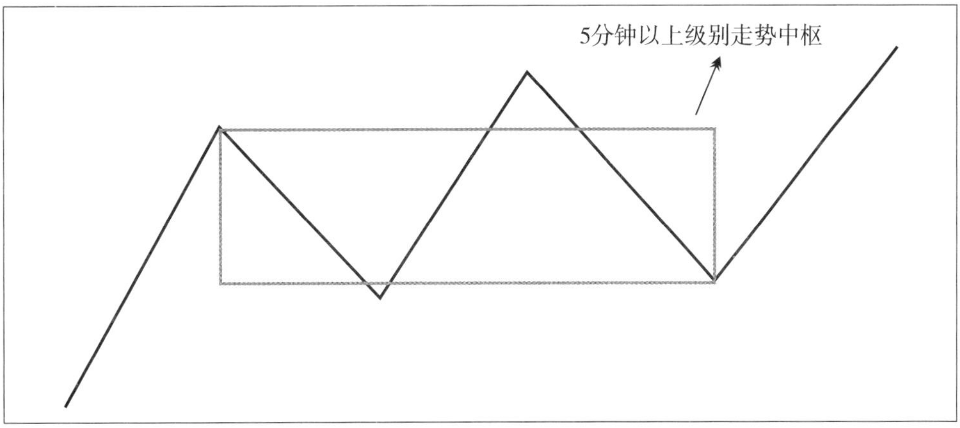

图 6-4-12　最低以上级别中枢：由笔构成走势中枢

比如，5 分钟 K 线图上的笔代表了 1 分钟级别的走势，三笔构成的走势中枢是 5 分钟级别，进而可以推导出 5 分钟的走势。

本书统一了最低级别与高级别走势类型的定义方式，因此下面主要讨论高级别走势的情况，最低级别或同级别的情况可以自行补充。

如无特殊标注，本级别 K 线图上使用“笔”构造走势中枢，比如 30 分钟 K 线图上三笔有重叠构成一个 30 分钟走势中枢。

2. 分型构成后，原走势被破坏的情况

前面分析过原走势被破坏、走势转折的两种形式，一种是从走势中枢开始，另一种由小级别走势类型开始。其中以走势中枢开始的转折，没有什么好分析的，走势中枢区间上沿是卖点，下沿是买点。当逆向第三类买点或卖点出现时，原走势被破坏，围绕中枢震荡的高点、次高点与低点、次低点就是缠论具有普遍意义的第一类、第二类买卖点。

下面主要分析一下从小级别走势开始的走势被破坏。原走势被破坏必须满足下面两个条件。

（1）原走势只能被同级别的走势破坏。

只有同级别的走势才能破坏原走势。比如某级别的一个走势，可以通过同级别的笔分型得到相应的买卖点，但笔代表次级别的走势，所以要确定原走势被破坏，必须小转大后延续成本级别的走势。

如图 6-4-13 中右图，即使次级别的走势破了原方向走势最后一个中枢的底，但因级别不够，原走势也没有被破坏，这是“教你炒股票”108 课中直接笔破坏的情况。

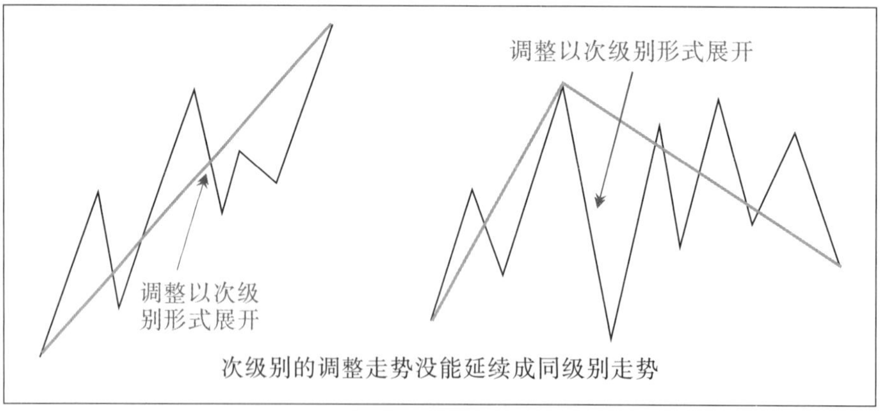

图 6-4-13　原走势没有被破坏（一）

（2）新产生的调整走势必须与原走势中最后一个中枢（类中枢）震荡区间有重合。

向上的盘整有可能演化为上涨走势，上涨走势也可能延续，这两种情况原走势都没有被破坏。所以，由分型开始的调整走势，如不能触及原走势最后一个中枢或类中枢的高点，就暂时不用考虑原走势被破坏的情况。

同理，向下盘整或下跌走势被破坏的前提，是分型开始的调整走势能触及原走势最后一个中枢或类中枢的震荡低点。

如图 6-4-14 所示，即使调整走势为原走势的同级别，只要与原走势最后一个中枢（类中枢）的震荡高点有缺口，原方向走势就没有被破坏。

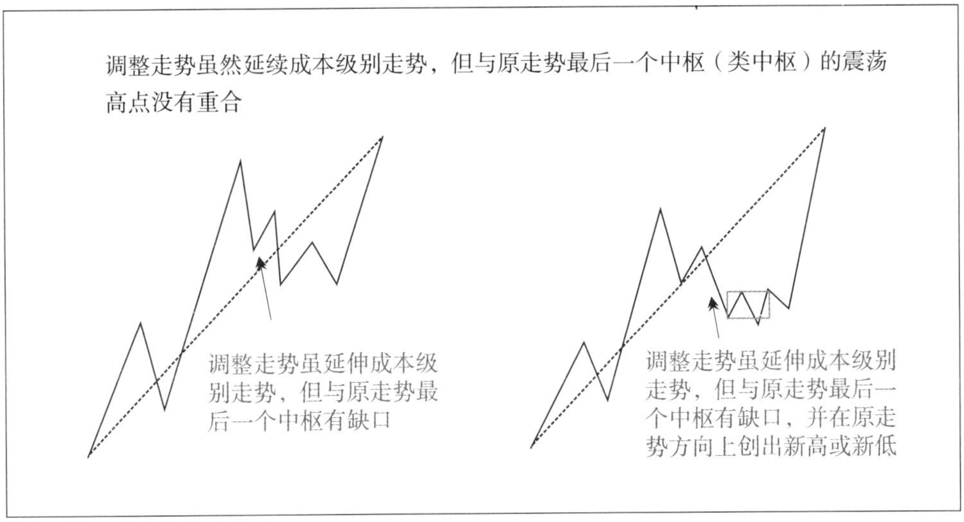

图 6-4-14　原走势没有被破坏（二）

剔除了上述两种原走势不能被破坏的情况，只剩下调整走势拓展成为同级别走势，且与原走势最后一个中枢（类中枢）的震荡高（低）点有重合的情况。讲到这里，麻烦的事情发生了，针对这段走势可以有两种不同的走势划分方法，造成了新的理解上的多义性，需要进行设定加以消除。

如图 6-4-15 所示，调整以本级别的走势进行，调整的第一段次级别走势与原走势最后一个类中枢的高点有重合，这种情况下，两种走势划分都是符合理论要求的。

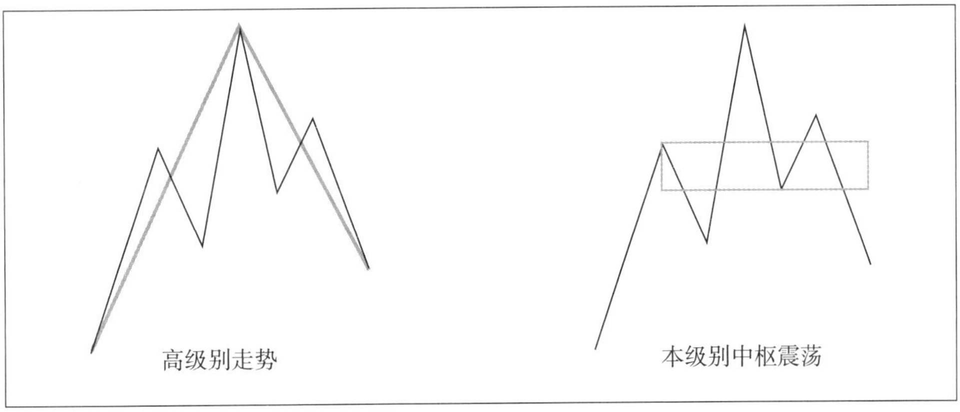

图 6-4-15　同一段走势产生的多义性

A. 如图 6-4-15 中左图，方向相反的两段本级别走势连接，实际上走势拓展成了一个未完成的高级别走势，原走势被破坏。

B. 如图 6-4-15 中右图，图中走势也可以看成是围绕原走势最后一个走势中枢的震荡，由于震荡走势尚未达到 6 段，所以原走势延续。

针对以上情况，同时考虑到下一段走势还有包含前一段走势的可能，可以制定出如下规则（与“教你炒股票”108 课的说法略有不同）。

如图 6-4-16 所示，如果后面的次级别走势与分型结构第三段没有包含关系，则按原走势被破坏的方式处理；若后面的次级别走势与分型第三段有包含关系，则按本级别走势中枢震荡处理。

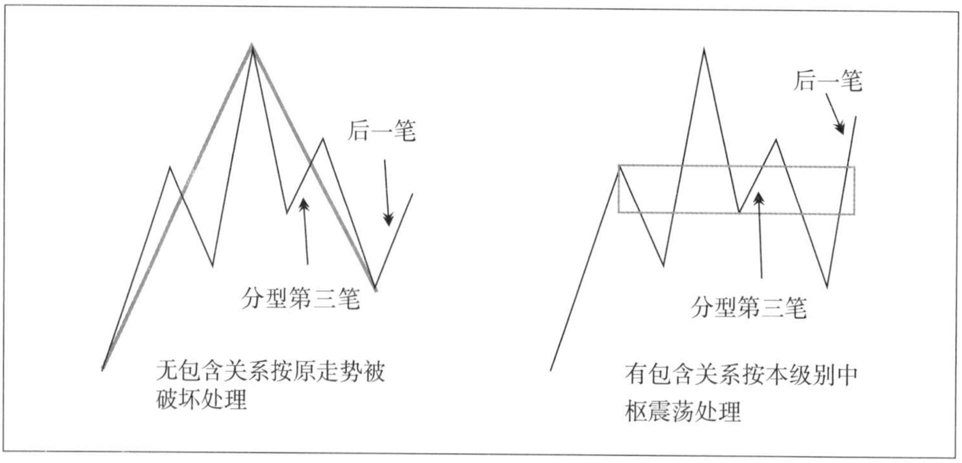

图 6-4-16　走势多义性的处置方式

（3）分型构成后，原走势扩大为高级别走势的情况。

原走势级别扩大，除因原走势被破坏产生新的反向走势外，还可能因为原走势最后一个中枢的级别扩大造成。

原走势最后一个中枢级别扩大共有以下两种情况。

A. 围绕走势中枢的震荡达到 6 段。如图 6-4-17 中左图，顶分型构造成功后，围绕原走势最后一个中枢的震荡走势超过 6 段，整个走势升级为高级别的走势。此时走势方向没有发生变化，显然不属于原走势被破坏的情况，当然也不属于原走势延续，因为走势延续针对的是某一固定级别。

B. 构造出了高级别的走势中枢。走势升级还有另一种可能，如图 6-4-18 所示，调整走势没有封闭与原走势最后一个中枢的缺口。但如果随后的走势形成了高级别的中枢，如图 6-4-17 中右图所示，那么原走势升级。

这里要区分图 6-4-18 中的情况，右图中的类中枢是由一段次级别与两段本级别走势组成，类中枢的级别自然没有增大，所以不属于走势升级的情况。

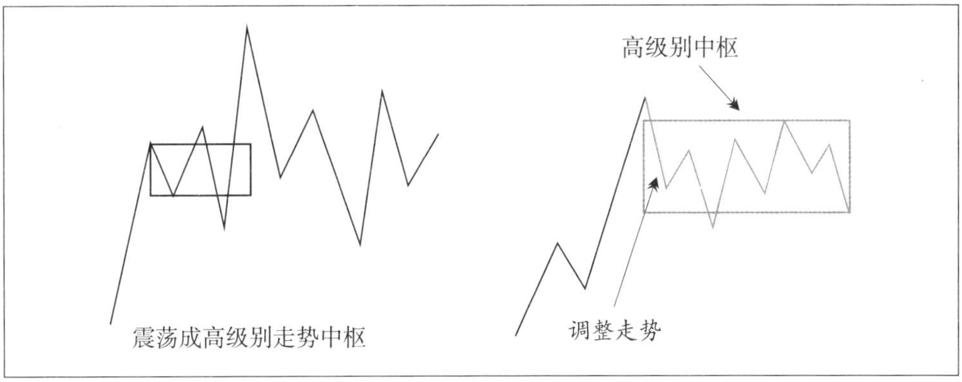

图 6-4-17　走势扩大成高级别的走势之一

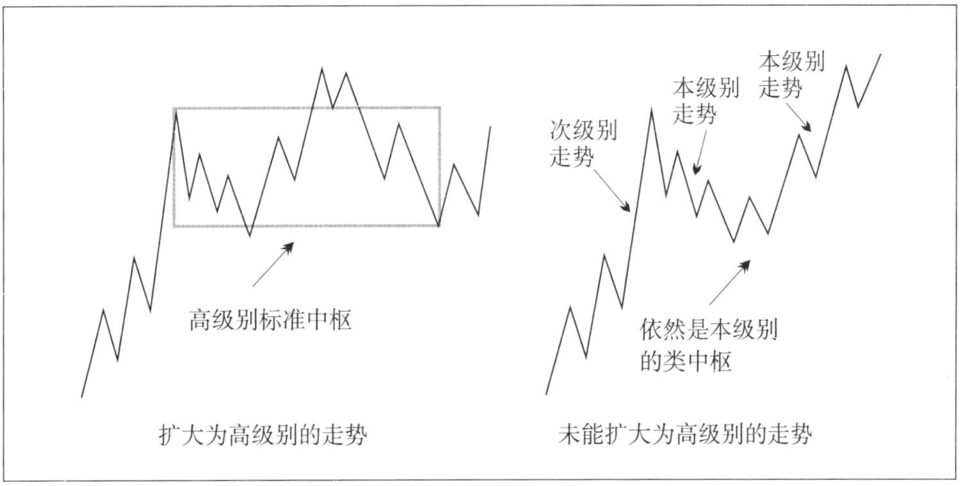

图 6-4-18　走势扩大成高级别的走势之二

（四）分型构成后的走势总结

为了使走势划分更有条理性，分型构成后，依照第一段次级别调整走势的力度，将调整走势进行分类。

如图 6-4-19 所示，顶分型构造成功后，意味着向上 3 笔（次级别走势）业已完成，而且第 3 笔（次级别走势）未能创出新高，这个小转大的转折点也是成立的，以上为后续走势分析的前提条件。

调整走势共有以下三种情况，见图 6-4-19。

A. 有缺口。第一段次级别调整走势与原走势最后一个中枢（类中枢）震荡高（低）

点有缺口，这是力度最小的一种调整。

如图 6-4-20 中图①所示，次级别调整走势与原走势最后一个中枢（类中枢）的震荡高（低）点有缺口，其后走势又在原趋势方向创出新高或新低，此时原走势没有被破坏。

如图 6-4-20 中图②所示，次级别调整走势延伸成本级别的走势，并与原走势最后一个中枢（类中枢）的震荡高（低）点有缺口，其后在原趋势方向又创出新高或新低，此时原走势没有被破坏。

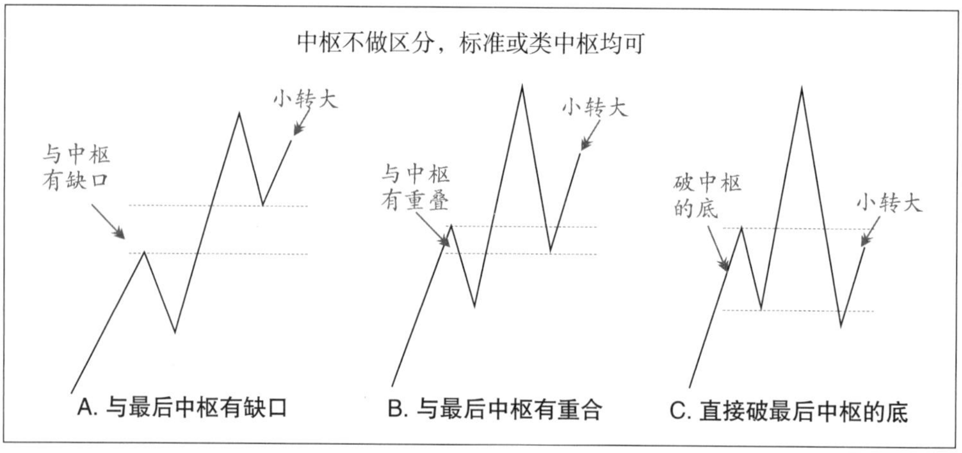

图 6-4-19　调整走势力度分析

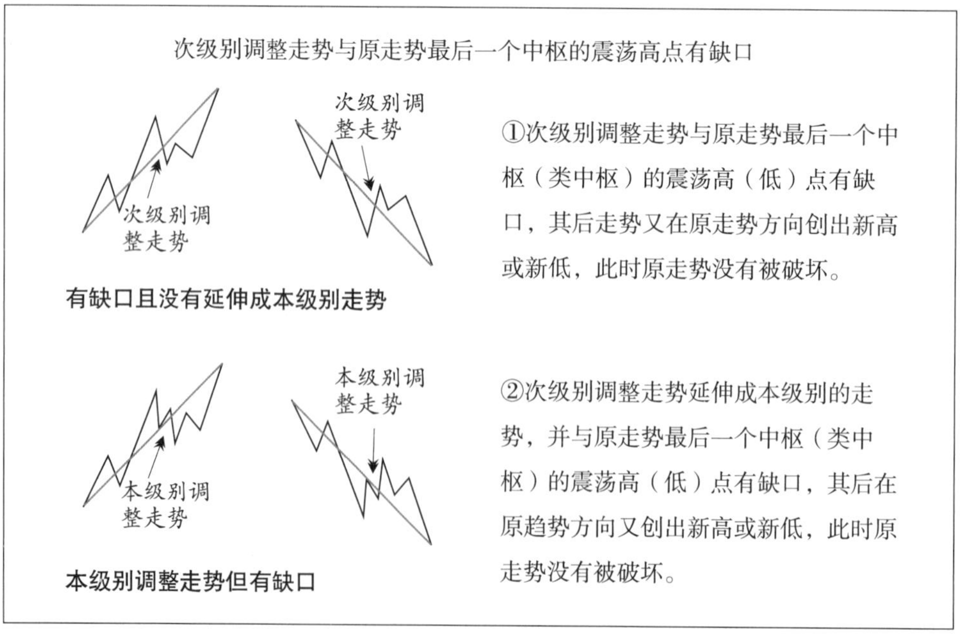

图 6-4-20　有缺口且原走势未被破坏

B. 缺口被封闭。第一段次级别调整走势封闭了原走势最后一个中枢（类中枢）的震荡高（低）点。

原走势未被破坏包括以下两种情况，如图 6–4–21 所示。

如图 6–4–21 中图①所示，次级别调整走势虽然封闭了原走势最后一个中枢（类中枢）的震荡高（低）点，但没有延伸成本级别的走势，其后走势重新创出新高或新低时，原走势没有被破坏。

调整走势与原走势最后一个中枢（类中枢）有重叠

原走势未被破坏

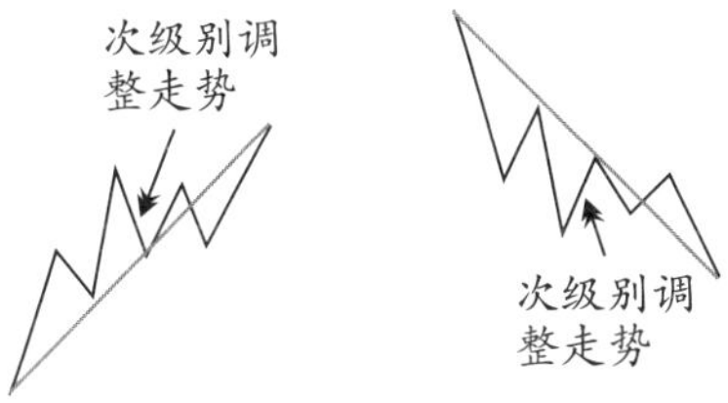

①次级别调整走势虽然封闭了原走势最后一个中枢（类中枢）的震荡高（低）点，但没有延伸成本级别的走势，其后走势重新创出新高或新低时，原走势没有被破坏。

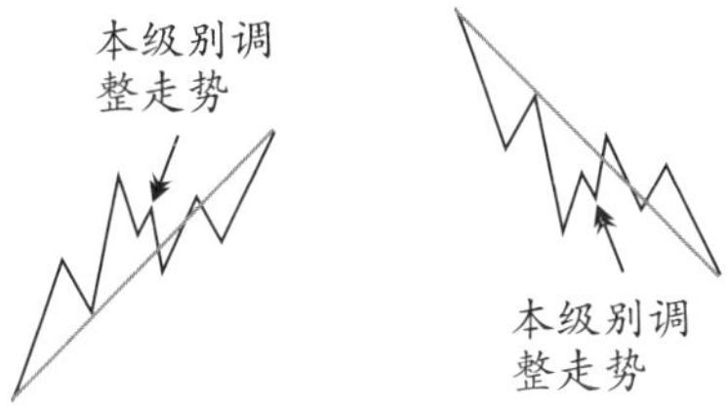

②本级别调整走势封闭了原方向走势最后一个中枢（类中枢）的震荡高（低）点，但此后没有再延伸，当走势重新创新高或新低时，原走势没有被破坏。

原走势被破坏

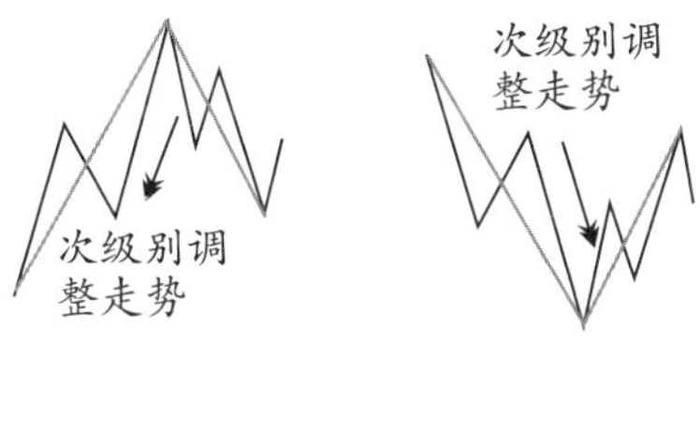

③次级别的调整封闭了原走势最后一个中枢（类中枢）的震荡高（低）点，并且延伸成本级别走势，在确定后段次级别走势不会包含前段次级别走势的情况下，原走势被破坏，这是小转大最常见的方式。

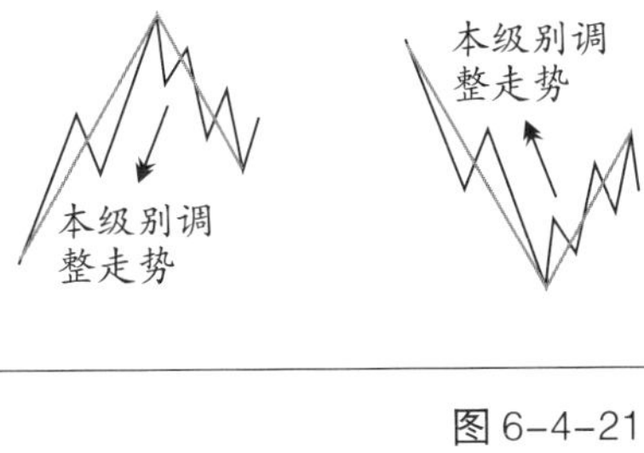

④本级别的调整走势封闭了原走势最后一个中枢（类中枢）的震荡高（低）点，又继续延伸，在确定后段次级别走势不会包含前段次级别走势的情况下，原走势被破坏。

图 6–4–21　缺口被封闭的情况

如图 6-4-21 中图②所示，本级别调整走势封闭了原走势最后一个中枢（类中枢）的震荡高（低）点，但此后没有再延伸，当走势重新创新高或新低时，原走势没有被破坏。

原走势被破坏包括以下两种情况，如图 6-4-21 所示。

如图 6-4-21 中图③所示，次级别的调整封闭了原走势最后一个中枢（类中枢）的震荡高（低）点，并且延伸成本级别走势，在确定后段次级别走势不会包含前段次级别走势的情况下，原走势被破坏，这是小转大最常见的方式。

如图 6-4-21 中④所示，本级别的调整走势封闭了原走势最后一个中枢（类中枢）的震荡高（低）点，又继续延伸，在确定后段次级别走势不会包含前段次级别走势的情况下，原走势被破坏。

C. 直接破坏原走势最后一个中枢的底或顶。第一段调整走势以次级别的形式破坏了原走势最后一个中枢（类中枢）的底。

如图 6-4-22 中图①所示，原方向走势未被破坏的情况：调整走势直接以次级别的形式破坏了原走势最后一个中枢（类中枢）的底或顶，其后未能在破坏方向延伸成本级别走势，而是在原走势方向延伸成本级别走势，原走势未被破坏。

原走势被破坏包括以下三种情况，如图 6-4-22 所示。

如图 6-4-22 中图②所示，次级别调整走势不但封闭了原走势最后一个中枢高（低）点，且破坏了那个中枢的底（顶），当调整走势延伸成本级别时，原走势类型被破坏。

如图 6-4-22 中图③所示，次级别调整走势不但封闭了原走势最后一个中枢高（低）点，而且破坏了那个中枢的底（顶），虽没有马上延伸成本级别走势，但最终还是在破坏方向延伸成本级别走势，原走势被破坏。

如图 6-4-22 中图④所示，次级别调整走势不但封闭了原走势最后一个中枢高（低）点，而且破坏了中枢的底（顶），如果后面出现原走势最后一个中枢的第三类买卖点，原走势被破坏。

（五）走势破坏规则对缠论划分的影响

走势破坏规则对走势的划分会产生很大的影响。

图 6-4-23 是上证指数 1 分钟的 K 线走势图，图中走势是一个 1 分钟的线段类下跌。图中 A、B、C、D 处的调整虽然具备线段类的走势结构，但因未能满足破坏原走势的条件，所以没有单独划分出来。

次级别调整走势破坏原方向走势最后一个中枢（类中枢）的底或顶

原走势未被破坏

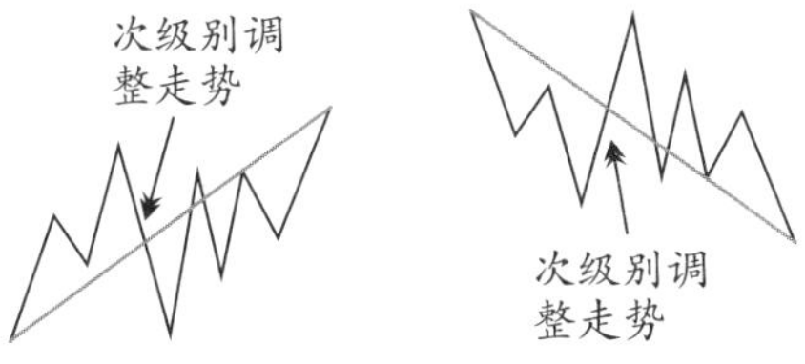

①调整走势直接以次级别的形式破坏了原走势最后一个中枢（类中枢）的底或顶，其后未能在破坏方向延伸成本级别走势，而是在原走势方向延伸成本级别走势，原走势未被破坏。

原走势被破坏

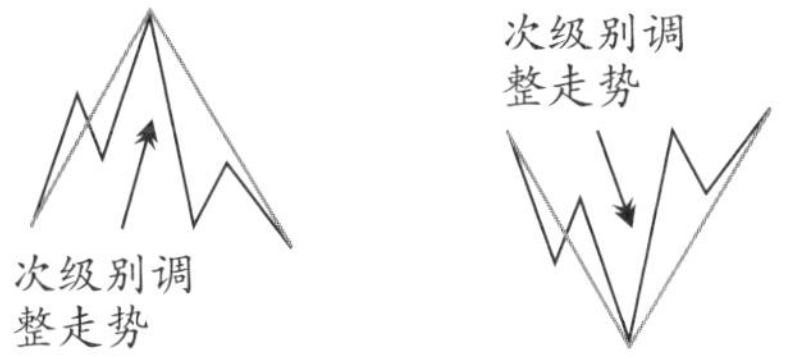

②次级别调整走势不但封闭了原走势最后一个中枢高（低）点，且破坏了那个中枢的底（顶），当调整走势延伸成本级别时，原走势类型被破坏。

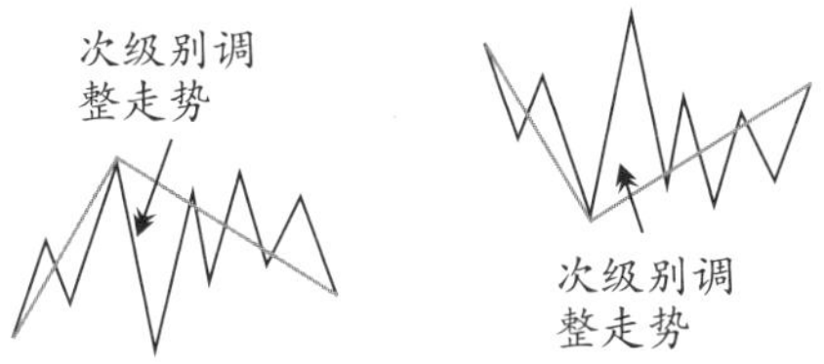

③次级别调整走势不但封闭了原走势最后一个中枢高（低）点，而且破坏了那个中枢的底（顶），虽没有马上延伸成本级别走势，但最终还是在破坏方向延伸成本级别走势，原走势被破坏。

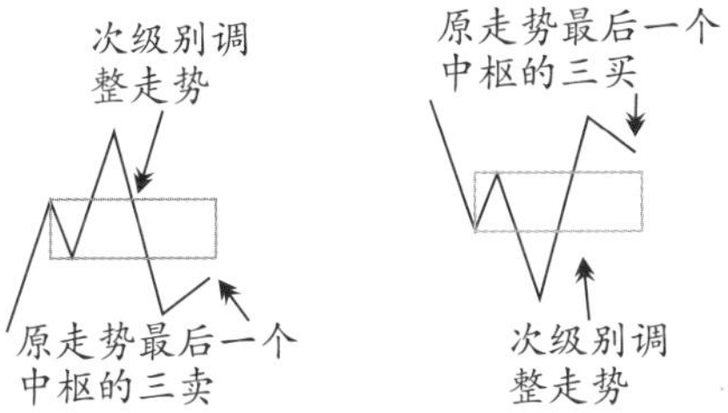

④次级别调整走势不但封闭了原走势最后一个中枢高（低）点，而且破坏了中枢的底（顶），如果后面出现原走势最后一个中枢的第三类买卖点，原走势被破坏。

图 6-4-22　次级别调整走势破掉最后中枢的底或顶

其中走势 A、B、D 未能先封闭缺口。走势 C 以直接笔破坏的形式突破了原走势中最后一个类中枢的底和顶，但在延续出线段之前创下了新低，因而不构成新的调整走势段。

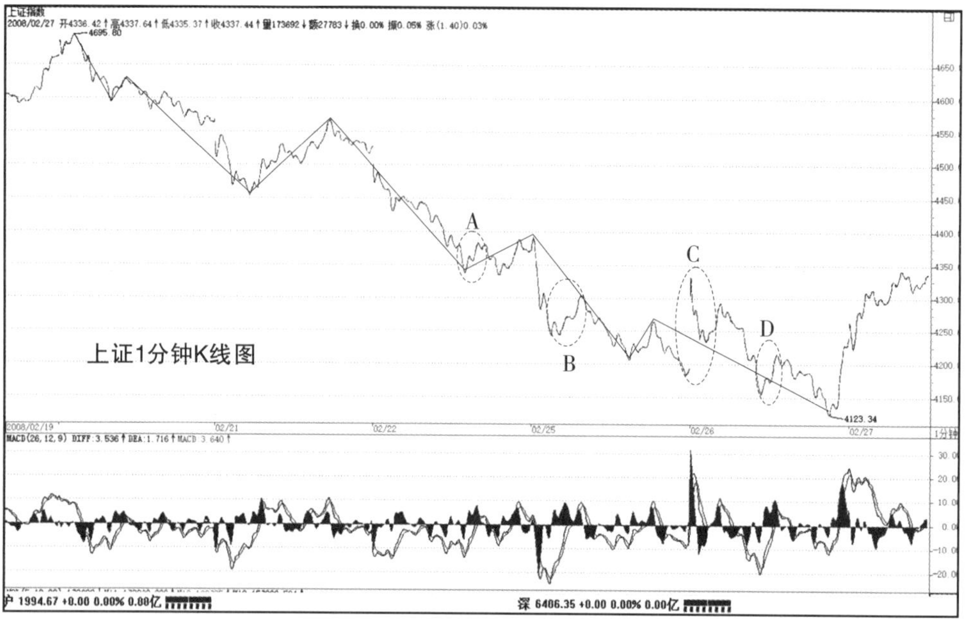

图 6-4-23　走势破坏规则对走势划分的影响

五、走势结构的演化与点位

前面一直在讲买卖点——缠论标准买卖点和具有普遍意义的买卖点。买卖点的定义绕不过股价的相对位置，所以不免造成空间位置关系对买卖点最为重要的错觉，很多人甚至单纯地将买卖点与空间坐标对应起来，这明显是缠论第一重境界的思辨方式。实际操作时，要从买卖点的本质出发，买卖点不过是走势生死轮回的结果，是走势结构演化中的关键点。

实际操作中，一个非常常见的错误就是胡乱预测买卖点。比如一个中枢突破后的回调走势，总是伴随着“这里是三买”“那里是三买”的声音。突破中枢后的次级别回调走势能否形成第三类买点，必须结合分型结构、盘整背驰或标准背驰来辅助判断。

即便如此，这些判断也不是百分之百地准确。比如，走势背驰仅仅代表了下跌力量减弱，并不代表多头力量开始新的攻势，尤其对中枢的突破不是干脆利落、势如破竹时。这也是大多时候大家感觉第二类买点比第一类买点成功率更高的原因，即当发现多头力量重新入场掌控全局时才介入。当然，这些都需要对多空力量有比较深入的理解方能做到。

离开了对多空力度的观察分析，空间点位不但如空中楼阁一般缺根少据，甚至有可能成为主力或庄家骗线的工具。所以缠中说禅说：

不学无术之辈，喜欢谈论所谓的点位，却不知道，点位只是基本形态演化的一个结果，是当下中形成的。形态是“不患”（绝对）的，点位是“不患”（绝对）之中的“患”（不确定），只要把握了这“不患”（绝对性），其“患”（不确定）自然就在当下的把握中。

——“教你炒股票”第52课“炒股票就是真正的学佛”

单纯的技术派是不行的，单纯的非技术派也是不行的。技术派的玩意，必须也只能在三个独立系统里，才会有大的功效。

——“教你炒股票”第11课“不会吻，无以高潮”

由此可见，即便掌握了缠中说禅的这套技术分析理论，在操作层面依然还有很大的提升空间。

第七天

“傻瓜”式的操作方案

本篇内容：

一、实战准备之缠论多级别联立

二、实战中的走势同级分解

三、实战中对“古怪走势”的处理

四、“傻瓜”式操作方案详解

五、本书例子的简单说明

写作目的：

缠论赋予市场的结构不是单一孤立的，而是一种复合结构。操作时不能光看一个级别，必须立体地看，否则，就浪费了缠论级别序列给出的有利条件。

走势是客观的，但以什么样的视角观察以及操作却可以人为设定，可借助缠论相关规则对走势进行同级别分解。

走势破坏规则对走势的划分造成重大影响，会产生“古怪走势”。

缠中说禅课文中有个机械化操作程序，它可以成为初学者学习、实践的最简样板。

一、实战准备之缠论多级别联立

（一）为什么要多级别联立

一个 1 分钟级别的操作者，当走势出现 1 分钟级别的买卖点时就可以介入了，但这只能看作是对缠论最粗浅的应用，成功率绝对不会太高。

如图 7-1-1 所示，1 分钟级别的底分型出现在 5 分钟级别走势的不同位置，其含义也不相同。

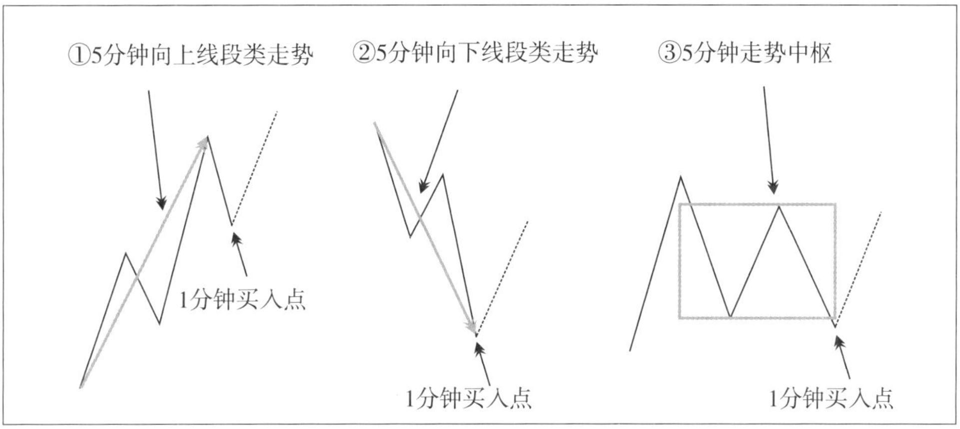

图 7-1-1 1 分钟走势买卖点与高级别的位置关系

A. 在 5 分钟的向上线段类走势中，可以看作是一个走势延续的买入点。

B. 在 5 分钟的向下线段类走势中，可以看作是一个反弹走势的买入点。

C. 在 5 分钟的走势中枢中，则只是一个高抛低吸的买入时机。

需要注意：这几种买入只存在时机的不同，没有哪种情况更好的区别。

比如：

A. 在 5 分钟向上的线段类走势中买入，虽然看似安全，但蕴含着很大的风险。“安全”是指其后必然有一段 1 分钟级别的上涨。“风险”意味着这个 1 分钟级别的上涨可能是整体向上走势中最后一段上涨，如果向上走势不能创新高或者虽创了新高但出现盘整背驰，那么整个 5 分钟向上走势可能就此终结，甚至发生反转。

B. 5 分钟线段类下跌中的介入时机，看似“风险”极大，但却有可能是获利最丰厚的买入点。因为这个买入点有可能是 5 分钟走势的反转点，甚至不排除其后走出“V”形反转。

C. 5 分钟中枢震荡中的买点，从理论上来说，就是一个高抛低吸的机会，但如果中枢震荡区间足够大，也不一定比一个趋势获利少。

买入时机没有绝对统一的标准，合适最重要，合适意味着对走势具有恰如其分的认知。对于一个成熟的缠论爱好者来说，只使用单一级别进行买卖操作是不可想象的。

（二）多级别联立的关键

有了自相似性结构，那么，任何一个级别里的走势发展都是独立的。也就是说，例如，在 30 分钟的中枢震荡中，存在一个 5 分钟的上涨走势，两个级别之间并不会互相打架，而是构成一个类似联立方程的东西。如果说单一个方程的解很多，那么联立起来，解就大幅度减少了。也就是级别的存在，使得对走势的判断可以联立了，也就是可以综合起来系统地看了，这样，走势的可能走势的边界条件就变得异常简单。

所以，看走势，不能光看一个级别，必须立体地看，否则，就是浪费了自相似性结构给你的有利条件。

——“教你炒股票”第 81 课“图例、更正及分型、走势类型的哲学本质”

多级别联立当然不是随便把几个不同级别进行罗列，小级别与大级别之间必须满足缠论对于走势级别自组生长的要求。这些内容前面已有介绍，这里不再赘述。

（三）多级别联立常见情况分析

1. 高级别中枢上移中出现小级别第三类卖点

如图 7–1–2 所示，左图是高级别的走势，左图中最后一笔等价于右图圆圈中的次级别走势。次级别走势中出现了小级别的第三类卖点，其后需关注这个下跌能否造成高级别走势的破坏。

首先，出现第三类卖点后，可以使用盘整背驰的方式对后面的走势进行预判，然后按走势破坏的完全分类情况进行分析，最终判断这个小级别第三类卖点是否需要重视。

2. 高级别中枢下移中出现小级别第三类卖点

如图 7–1–3 所示，左图是高级别的走势，左图中最后一笔等价于右图圆圈中的次级别走势。

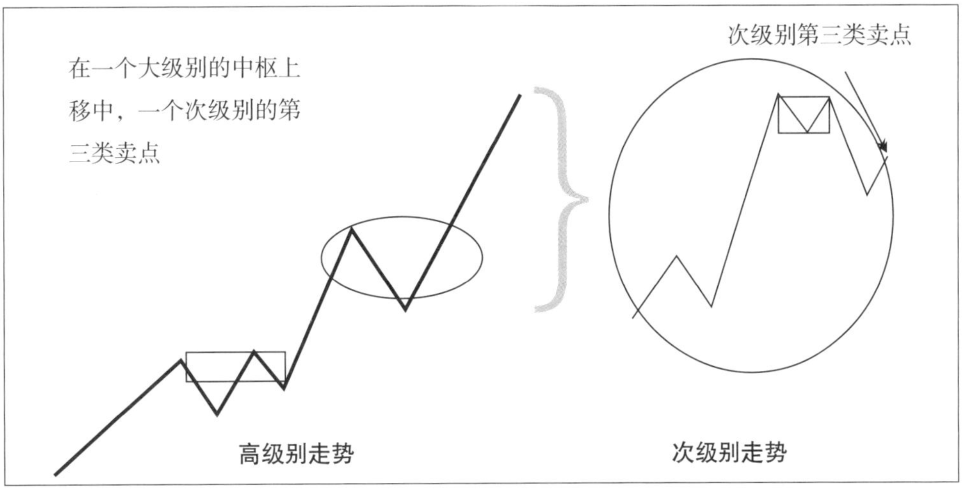

图 7-1-2　多级别联立之一

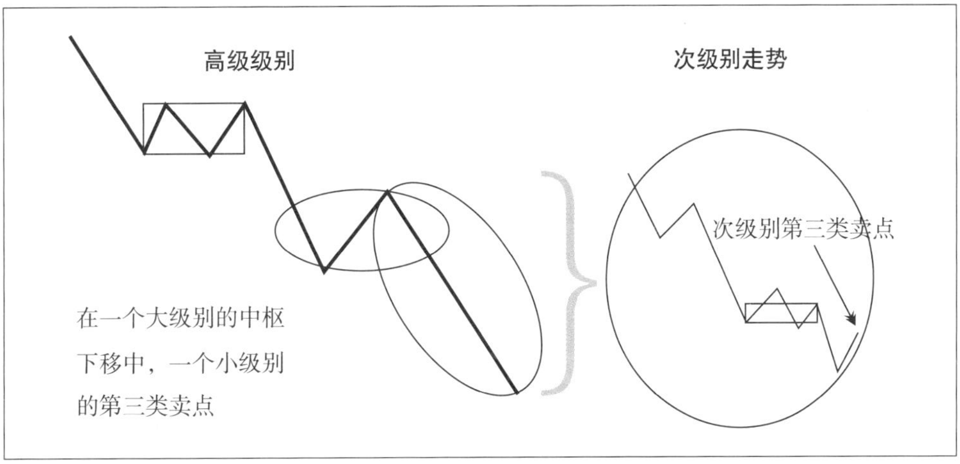

图 7-1-3　多级别联立之二

高级别下跌延续中出现的小级别第三类卖点，在操作层面基本没有什么意义。如果说要卖，高级别都中枢下移了，好的卖点估计都过去 N 的 N 次方个了。唯一要注意的是小级别第三类卖点后，有可能形成一个高级别的中枢，使得原趋势延续。中枢形成后有发生标准背驰的可能，可以通过 MACD 指标的辅助判断功能，对整个高级别走势是否出现背驰进行判断。

3. 高级别的中枢震荡中出现小级别第三类卖点

破坏中枢的走势是次级别的，所以高级别中枢震荡时不存在高级别的买卖点，最多可能出现次级别的买卖点，其后面临着两种可能的走势。

A. 买卖点后继续中枢震荡。

B. 买卖点后的走势发展成为打破中枢的那个走势的起点，即买卖点后的走势最终形成了高级别中枢的第三类买卖点。

如图 7–1–4 所示，一个高级别中枢震荡中的小级别第三类卖点，其意义就是看这里能否延伸出大级别第三类卖点。如果没有这种危险，本质上不构成大的操作机会，只是一个短线震荡机会。

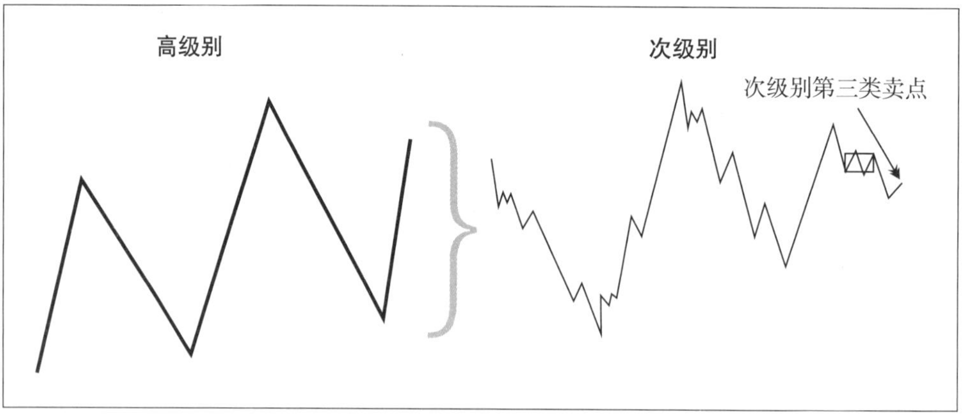

图 7–1–4　多级别联立之三

4. 高级别趋势中的小级别买卖点

（1）大买点后小买点。

如图 7–1–5 所示，大买点是前面那段下跌走势的标准背驰点，它是高级别的第一类买点，其后的小级别买点分别是次次级别和次级别的第二类买点。明白这个道理，根据大级别的走势情况，何时进入如何退出就很简单了。

（2）大卖点后小卖点。

如图 7–1–6 所示，这里的情况和上例情况正相反，大家可以自行分析。

（3）大买点后小卖点。

从大买点开始，直到大卖点出现，中间可能出现许多小卖点。

如图 7–1–7 所示，大级别买点是之前那段下跌走势标准背驰确定的，其后出现小级别的卖点后，将有一个小级别的走势再次考验或者确认这个大级别买点的分型结构。只要这些走势不破坏该分型结构，往往意味着分型成立，甚至加强了大结构的力量。

（4）大卖点后小买点。

从大卖点开始，直到出现大买点，中间可能出现许多小买点。

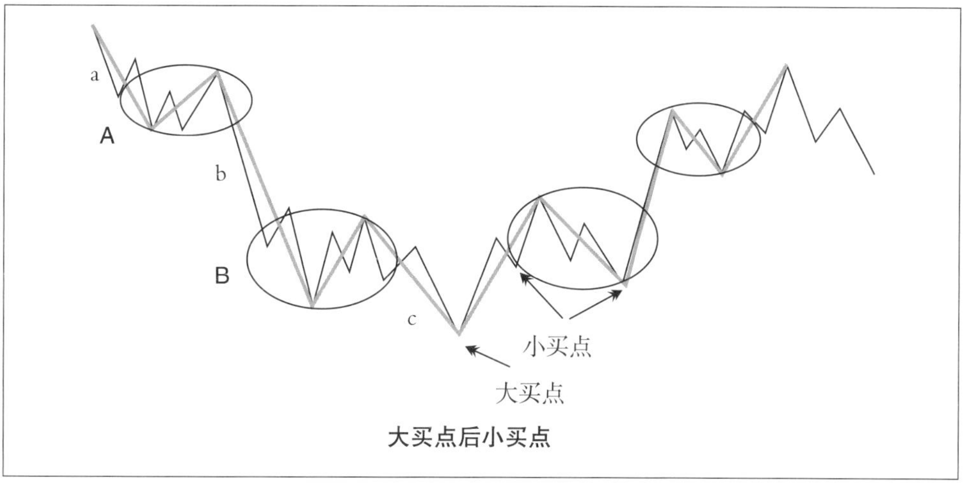

图 7-1-5 多级别联立之四

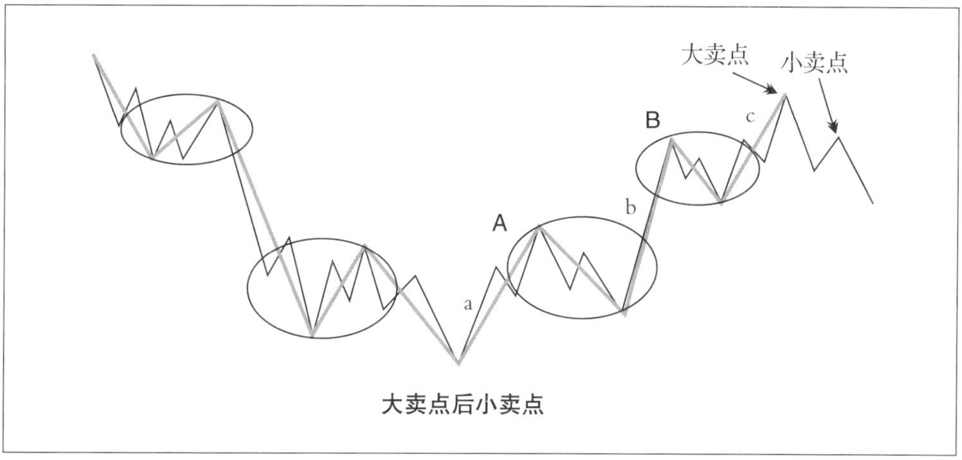

图 7-1-6 多级别联立之五

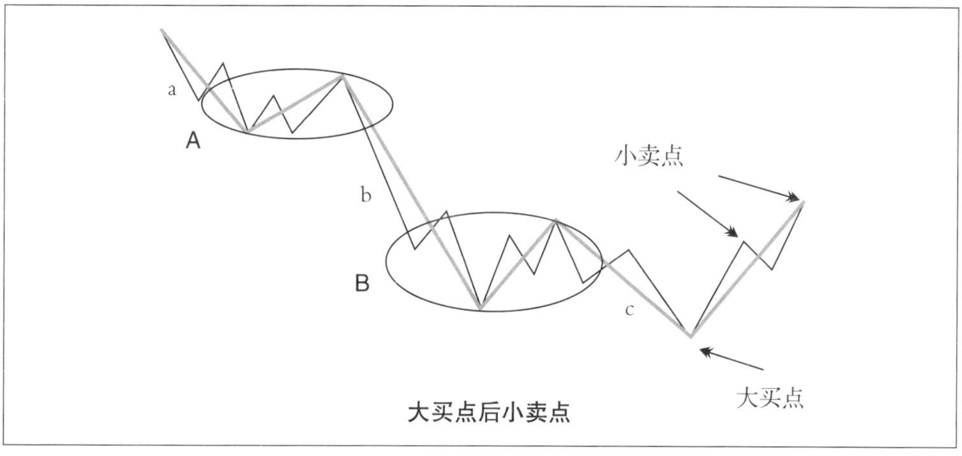

图 7-1-7 多级别联立之六

如图 7–1–8 所示，大卖点是之前那段上涨走势标准背驰确定的，其后出现小级别的买点后，将有一个小级别的走势再次考验或者确认这个大卖点的分型结构。只要这些走势不破坏该分型结构，往往意味着分型成立，甚至会加强大结构的力量。

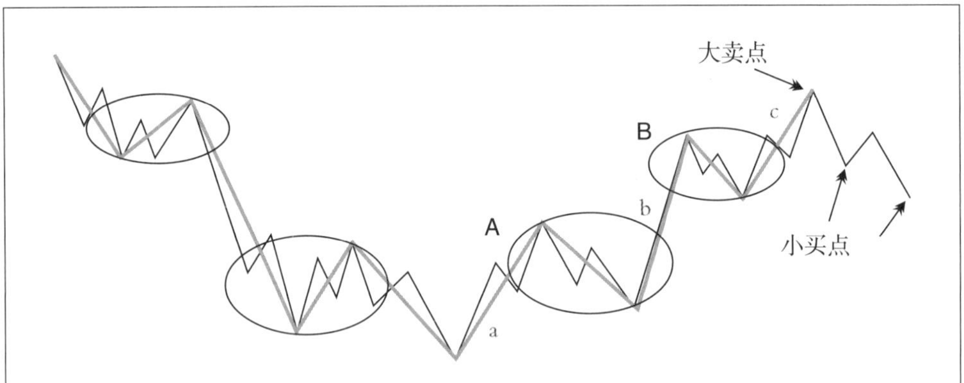

图 7–1–8　多级别联立之七

（四）缠论多级别联立分析系统

走势的多级别联立，有一个无法回避的问题：级别的增加，意味着分类数量会呈几何数量增长。所以，多级别联立只有以一种简单、方便操作的方式出现才有意义。

二进制无疑是最简方式，如果走势也能使用类二进制的方式进行多级别分类，那么对应的操作分类无疑是最简的。

下面按此思路给出一种多级别联立分析系统。

1. 笔成为多级别联立系统的最大公约数

缠论的多级别联立系统是建立在走势的自组生长基础上的，根据级别标注方式，已完成的低级别走势在高级别 K 线图上被标注为笔，然后由笔慢慢构造出本级别的走势。在这个过程中，笔成为连接高低级别走势的桥梁，天然具备成为多级别联立的最大公约数。

此外笔具有极简、明了、指向明确的特点，所以成为多级别联立系统当仁不让的分析工具。与线段相比，笔无须等待，无须判断，走势总是唯一地存在于某个具有明确方向的笔中。

2. 多级别联立的类卦象走势表达图

笔是有方向的，某级别的笔无非处在向上或向下走势中。此外，笔还可以分为趋势延续和正在分型构造中两种情况。

趋势延续比较容易理解，分型构造稍显复杂。分型构造对应着走势中的第一类、第二类买卖点，分析时背驰与分型可相互呼应，对照着看。如图 7-1-9、图 7-1-10，就是最常见的分型构造情形。

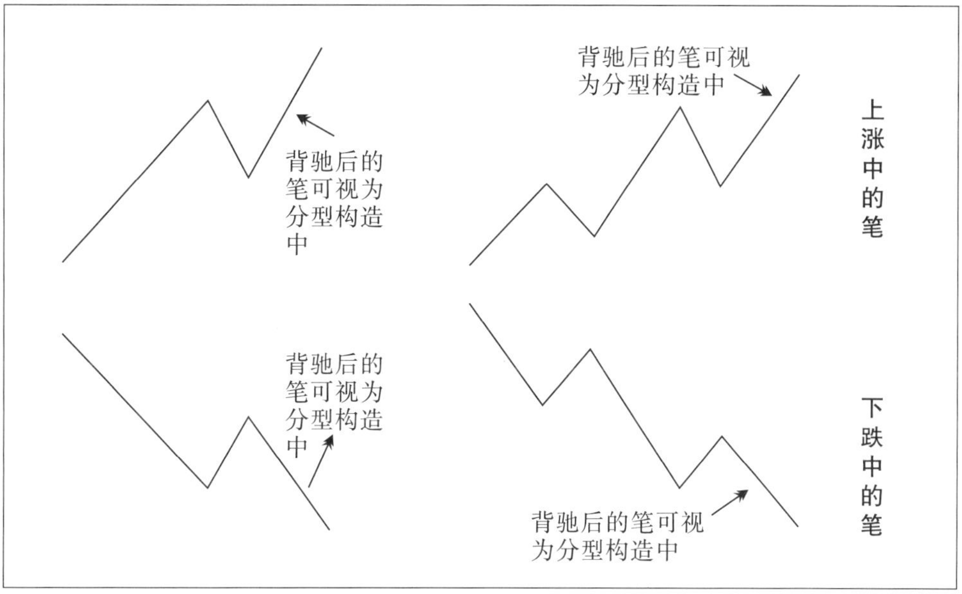

图 7-1-9 第一类买卖点产生的分型构造

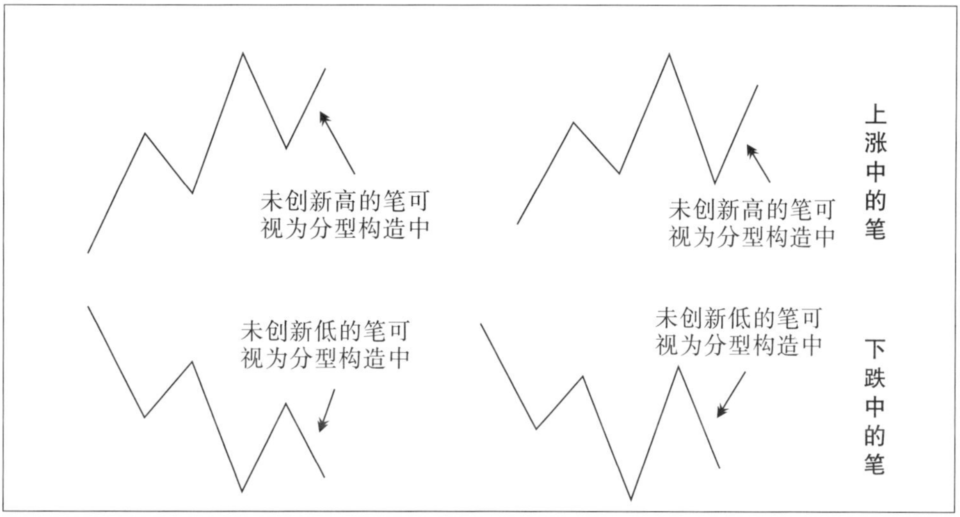

图 7-1-10 第二类买卖点产生的分型构造

这样一来，某级别的笔共有四种情况：上涨延续、上涨但在分型构造中、下跌但在分型构造中和下跌延续。

将上涨设为 1，下跌设为 0，上涨延续记成 1，上涨但在分型构造中设为 0，下跌但在分型构造中记为 1，下跌延续记为 0，这样可以建立一套类周易的多级别走势描述方案，如图 7-1-11 所示。

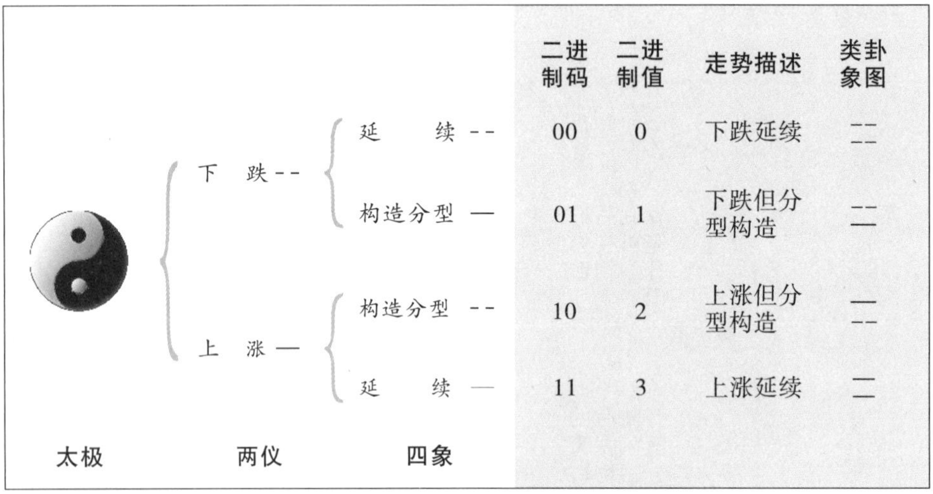

图 7-1-11　单级别走势类卦象分析图

走势对应的类卦象图如下。

上涨笔：—。

下跌笔：--。

上涨笔延续中：—。

上涨笔产生分型时：--。

下跌笔产生分型时：—。

下跌笔延续中：--。

最终可以得到如图 7-1-11、图 7-1-12 所示的单级别与多级别走势类卦象图。

特别注意：这里的设定与“教你炒股票”108 课略有不同，课文中使用 -1，1，0 三个参数，那样无法与易经有效转换。

课文中的定义：

上涨：1。

下跌：-1。

走势延续中：1。

分型构造中：0。

重新定义：

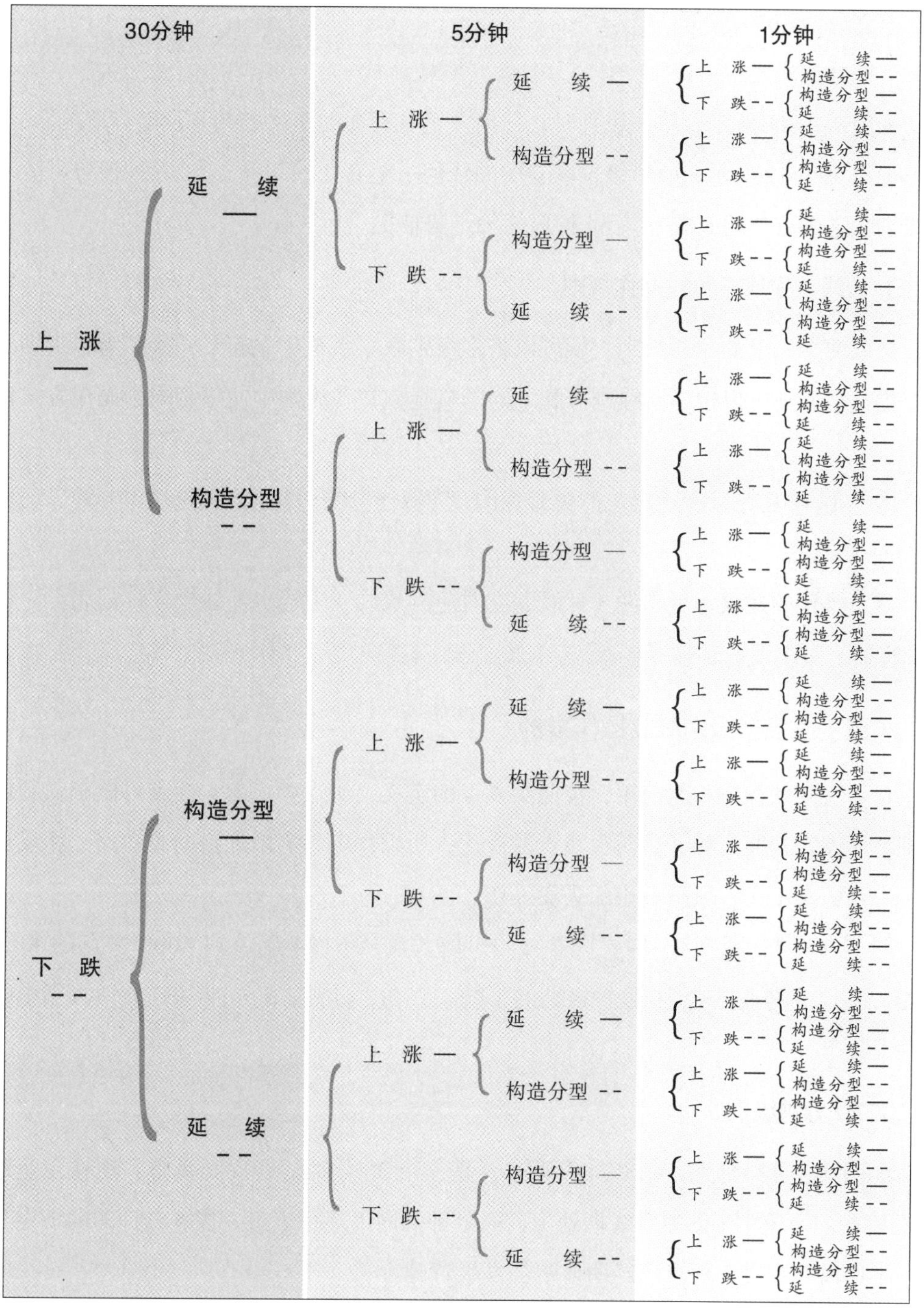

图 7-1-12 多级联立的买卖点

上涨：1。

下跌：0。

上涨走势延续中：1。

下跌走势延续中：0。

上涨分型构成中：0。

下跌分型构成中：1。

如图 7–1–11 所示，单一级别时，任何一笔共有 2 的 2 次方共 4 种走势情况。

如图 7–1–12 所示，两个级别联立中的任何一笔有 2 的 4 次方共 16 种走势可能，三种级别联立则有 2 的 8 次方共 64 种可能的走势情况。

3. 长线、中线、短线操作规则

选取两个以上的相邻级别，就可以将多级别联立系统建立起来，除了为单级别操作时提供参考，还可以按不同级别分配不同的资金，在各级别中使用相同的操作方式机械操作。

图 7–1–12 是三级联立走势的类卦像图，为叙述方便，级别序列选用 1 分钟、5 分钟、30 分钟 K 线图。

对于操作的建议，可参考《三级联立对应的长线、中线、短线操作计划表》，如表 7–1 所示。

（五）大盘多级别联立操作案例

单一级别的操作相对简单，按照买卖点的定义，买点买、卖点卖就可以了。利用多级别联立综合判断走势，是对买卖点的优化，所以肯定不会增加新的买卖点，相反还排除了一些机会不大、风险不小的买卖操作。

图 7–1–13、图 7–1–14、图 7–1–15 是大盘从 6124 点跌到 4000 多点的 K 线走势图，整个走势是一个 30 分钟级别的下跌。它在 1 分钟、5 分钟、30 分钟级别中的走势情况如下。

1. 30 分钟级别

如图 7–1–13 所示，从 6124 点下来，是一个 30 分钟的线段类盘整，现在正运行在 30 分钟的向下笔中（图中虚线框处）。30 分钟的向下笔代表着一段 5 分钟的向下走势，目前不但没有完美，而且已经明显不会发生背驰。

2. 5 分钟级别

该级别关注的是 30 分钟级别最后一笔的走势情况（图 7–1–13 中 30 分钟 K 线图虚框位置）。

如图 7–1–14 所示，5 分钟级别上，是三个 5 分钟的走势 A、B、C。走势 A 是线段类下跌走势，走势 B 是一个线段类盘整。走势 C 未完成，目前是一个盘整走势，而且存在发生盘整背驰的可能性。

表 7-1　三级联立对应的长线、中线、短线操作计划表

序号	等价二进制码	走势参考卦象	走势描述						操作计划		
			30分钟		5分钟		1分钟		长线	中线	短线
0	000000		下跌	延续	下跌	延续	下跌	延续	空仓	空仓	空仓
1	000001		下跌	延续	下跌	延续	下跌	分型构造	空仓	空仓	买入
2	000010		下跌	延续	下跌	延续	上涨	分型构造	空仓	空仓	卖出
3	000011		下跌	延续	下跌	延续	上涨	延续	空仓	空仓	持有
4	000100		下跌	延续	下跌	分型构造	下跌	延续	空仓	空仓	空仓
5	000101		下跌	延续	下跌	分型构造	下跌	分型构造	空仓	买入	买入
6	000110		下跌	延续	下跌	分型构造	上涨	分型构造	空仓	持有	卖出
7	000111		下跌	延续	下跌	分型构造	上涨	延续	空仓	持有	持有
8	001000		下跌	延续	上涨	分型构造	下跌	延续	空仓	空仓	空仓
9	001001		下跌	延续	上涨	分型构造	下跌	分型构造	空仓	空仓	买入
10	001010		下跌	延续	上涨	分型构造	上涨	分型构造	空仓	卖出	卖出
11	001011		下跌	延续	上涨	分型构造	上涨	延续	空仓	空仓	持有
12	001100		下跌	延续	上涨	延续	下跌	延续	空仓	持有	空仓
13	001101		下跌	延续	上涨	延续	下跌	分型构造	空仓	持有	买入
14	001110		下跌	延续	上涨	延续	上涨	分型构造	空仓	持有	卖出
15	001111		下跌	延续	上涨	延续	上涨	延续	空仓	持有	持有
16	010000		下跌	分型构造	下跌	延续	下跌	延续	空仓	空仓	空仓
17	010001		下跌	分型构造	下跌	延续	下跌	分型构造	空仓	空仓	买入
18	010010		下跌	分型构造	下跌	延续	上涨	分型构造	空仓	空仓	卖出
19	010011		下跌	分型构造	下跌	延续	上涨	延续	空仓	空仓	持有
20	010100		下跌	分型构造	下跌	分型构造	下跌	延续	空仓	空仓	空仓
21	010101		下跌	分型构造	下跌	分型构造	下跌	分型构造	买入	买入	买入
22	010110		下跌	分型构造	下跌	分型构造	上涨	分型构造	持有	持有	卖出
23	010111		下跌	分型构造	下跌	分型构造	上涨	延续	持有	持有	持有
24	011000		下跌	分型构造	上涨	分型构造	下跌	延续	持有	空仓	空仓
25	011001		下跌	分型构造	上涨	分型构造	下跌	分型构造	持有	空仓	买入
26	011010		下跌	分型构造	上涨	分型构造	上涨	分型构造	持有	卖出	卖出
27	011011		下跌	分型构造	上涨	分型构造	上涨	延续	持有	空仓	持有
28	011100		下跌	分型构造	上涨	延续	下跌	延续	持有	持有	空仓
29	011101		下跌	分型构造	上涨	延续	下跌	分型构造	持有	持有	买入
30	011110		下跌	分型构造	上涨	延续	上涨	分型构造	持有	持有	卖出
31	011111		下跌	分型构造	上涨	延续	上涨	延续	持有	持有	持有

（续表）

序号	等价二进制码	走势参考卦象	走势描述						操作计划		
			30分钟		5分钟		1分钟		长线	中线	短线
32	100000		上涨	分型构造	下跌	延续	下跌	延续	空仓	空仓	空仓
33	100001		上涨	分型构造	下跌	延续	下跌	分型构造	空仓	空仓	买入
34	100010		上涨	分型构造	下跌	延续	上涨	分型构造	空仓	空仓	卖出
35	100011		上涨	分型构造	下跌	延续	上涨	延续	空仓	空仓	持有
36	100100		上涨	分型构造	下跌	分型构造	下跌	延续	空仓	空仓	空仓
37	100101		上涨	分型构造	下跌	分型构造	下跌	分型构造	空仓	买入	买入
38	100110		上涨	分型构造	下跌	分型构造	上涨	分型构造	空仓	持有	卖出
39	100111		上涨	分型构造	下跌	分型构造	上涨	延续	空仓	持有	持有
40	101000		上涨	分型构造	上涨	分型构造	下跌	延续	空仓	空仓	空仓
41	101001		上涨	分型构造	上涨	分型构造	下跌	分型构造	空子	空仓	买入
42	101010		上涨	分型构造	上涨	分型构造	上涨	分型构造	卖出	卖出	卖出
43	101011		上涨	分型构造	上涨	分型构造	上涨	延续	空仓	空仓	持有
44	101100		上涨	分型构造	上涨	延续	下跌	延续	空仓	持有	空仓
45	101101		上涨	分型构造	上涨	延续	下跌	分型构造	空仓	持有	买入
46	101110		上涨	分型构造	上涨	延续	上涨	分型构造	空仓	持有	卖出
47	101111		上涨	分型构造	上涨	延续	上涨	延续	空仓	持有	持有
48	110000		上涨	延续	下跌	延续	下跌	延续	持有	空仓	空仓
49	110001		上涨	延续	下跌	延续	下跌	分型构造	持有	空仓	买入
50	110010		上涨	延续	下跌	延续	上涨	分型构造	持有	空仓	卖出
51	110011		上涨	延续	下跌	延续	上涨	延续	持有	空仓	持有
52	110100		上涨	延续	下跌	分型构造	下跌	延续	持有	空仓	空仓
53	110101		上涨	延续	下跌	分型构造	下跌	分型构造	持有	买入	买入
54	110110		上涨	延续	下跌	分型构造	上涨	分型构造	持有	持有	卖出
55	110111		上涨	延续	下跌	分型构造	上涨	延续	持有	持有	持有
56	111000		上涨	延续	上涨	分型构造	下跌	延续	持有	空仓	空仓
57	111001		上涨	延续	上涨	分型构造	下跌	分型构造	持有	空仓	买入
58	111010		上涨	延续	上涨	分型构造	上涨	分型构造	持有	卖出	卖出
59	111011		上涨	延续	上涨	分型构造	上涨	延续	持有	空仓	持有
60	111100		上涨	延续	上涨	延续	下跌	延续	持有	持有	空仓
61	111101		上涨	延续	上涨	延续	下跌	分型构造	持有	持有	买入
62	111110		上涨	延续	上涨	延续	上涨	分型构造	持有	持有	卖出
63	111111		上涨	延续	上涨	延续	上涨	延续	持有	持有	持有

3. 1 分钟级别

该级别关注的是 5 分钟级别最后一笔（5 分钟级别 K 线图虚框处）的情况。

如图 7–1–15 所示，在 1 分钟级别上，一个 1 分钟线段类下跌已经形成，截至 4123 点还没有出现底分型。

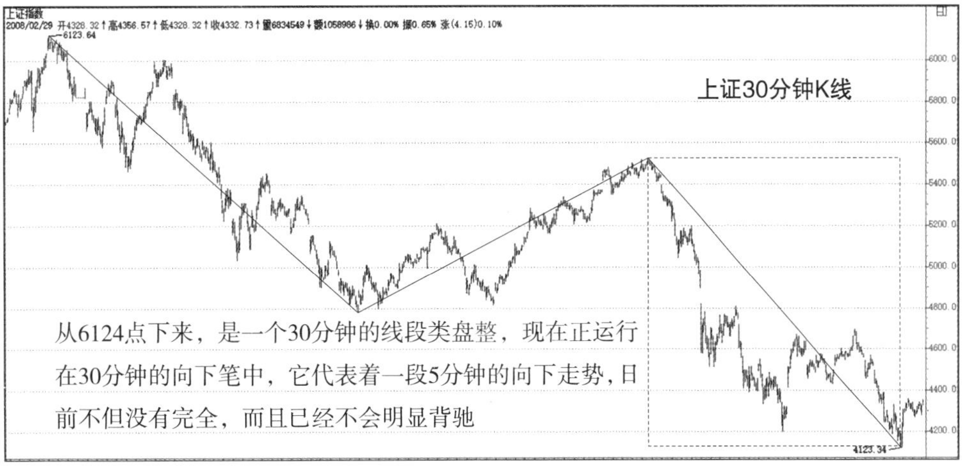

图 7-1-13　上证 30 分钟 K 线图

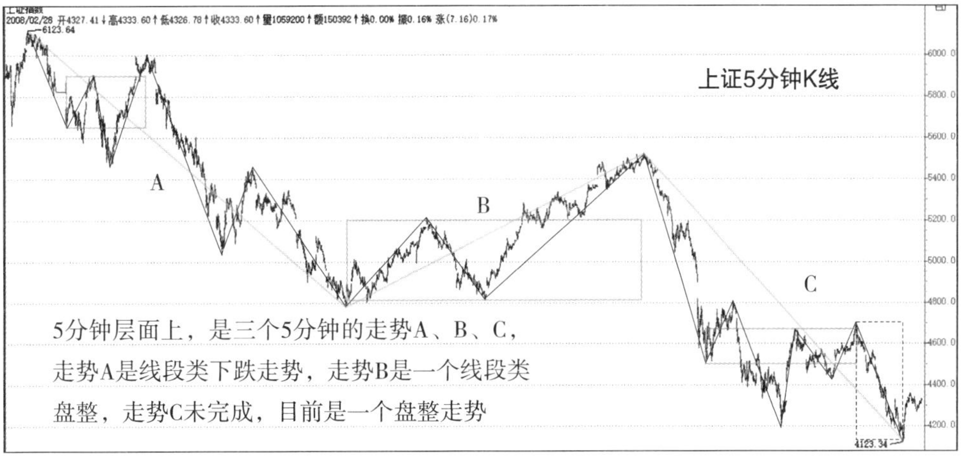

图 7-1-14　上证 5 分钟 K 线图

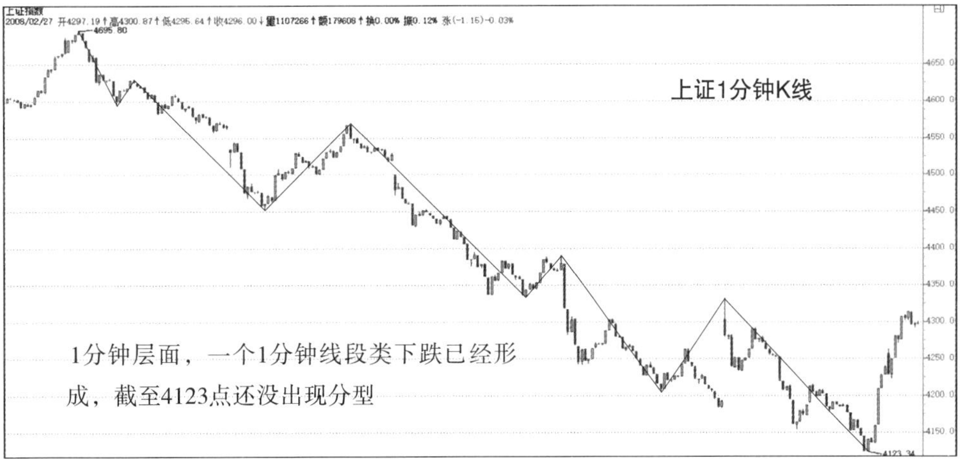

图 7-1-15　上证 1 分钟 K 线图

对于整体走势，可以有以下结论：

由于 30 分钟级别背驰的概率不大，因此大的买入机会需要在 5 分钟级别出现分型以后。目前 5 分钟级别处于向下盘整中，有盘整背驰以及构造分型的可能。在 1 分钟级别出现买点时，可以试探性建仓，但只有当 1 分钟走势足以影响到 5 分钟级别的分型构造时，才有大一点的机会。

二、实战中的走势同级分解

（一）走势同级分解的必要性

前面介绍了缠论视角下的走势划分方式，实战操作中大家会发现，仅有走势划分还远远不够。图 7-2-1 是北新建材的 5 分钟 K 线图，截自其漫长走势中一个很小的局部，其中已经包含了十多个级别不同的走势中枢。面对此图，大家不免有种无从下手的感觉。

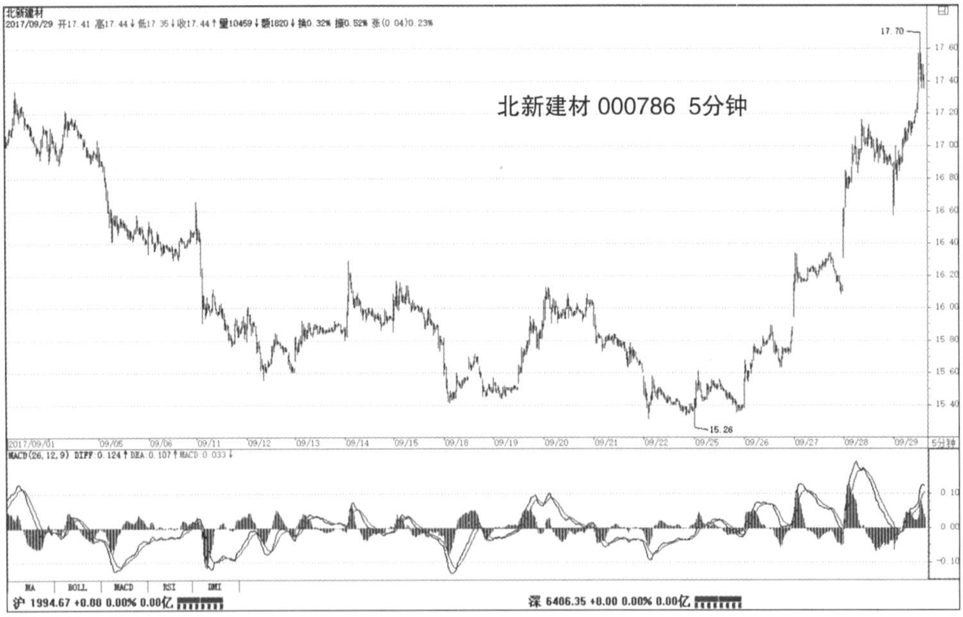

图 7-2-1　北新建材 5 分钟 K 线图

走势是客观存在的，但以什么样的视角观察和操作，却可以人为设定。常言道，“人有亲疏远近，事有轻重缓急”。如果实战中使用某一固定的级别进行操作，就可以厘清轻重，不再眉毛、胡子一把抓了。

实战中，使用固定级别统筹全局走势，将繁复的走势分解组合成某一固定级别走势的过程，就是走势的同级分解。一般采用操作级别的次级别来分解。

除此之外，缠论的第一类、第二类买卖点，分别位于某级别走势类型的起止点附近。走势同级分解后，根据走势的演化，买卖点自然就会浮现出来。很多人不明白每个买（卖）点之后必然有一个对应的卖（买）点这一道理，就是缺乏对走势同级分解的理解。

（二）走势同级分解的理论依据

缠论通过理论设定，实现了走势级别的自组生长，走势的同级分解就和这个自组生长性有关。

根据自组生长理论，一个单独的 5 分钟走势，无论如何延续，也不可能出现 30 分钟的走势中枢。按理论定义，形成 30 分钟走势中枢的充分必要条件，是连续 3 个以上 5 分钟走势有重叠。

换言之，某已完成的走势，其级别由走势中最高级别的走势中枢决定。走势中枢由至少三个以上连续次级别走势重叠构成，由此得出缠论走势分解定理一。

缠论走势分解定理一：任何级别的任何走势，都至少由三段以上次级别走势构成。

这个定理就是本级别走势使用次级别分解的理论依据。分解的重点是对走势中枢的分解，分解的过程就是走势中枢构造的逆向操作过程。

如图 7-2-2 所示，B 为 30 分钟走势中枢，a、b1、b2、b3、b 都是 5 分钟的走势。整个 a+B+b 走势为 30 分钟盘整，可以分解成 5 个 5 分钟走势的连接，分别是 a+b1+b2+b3+b。

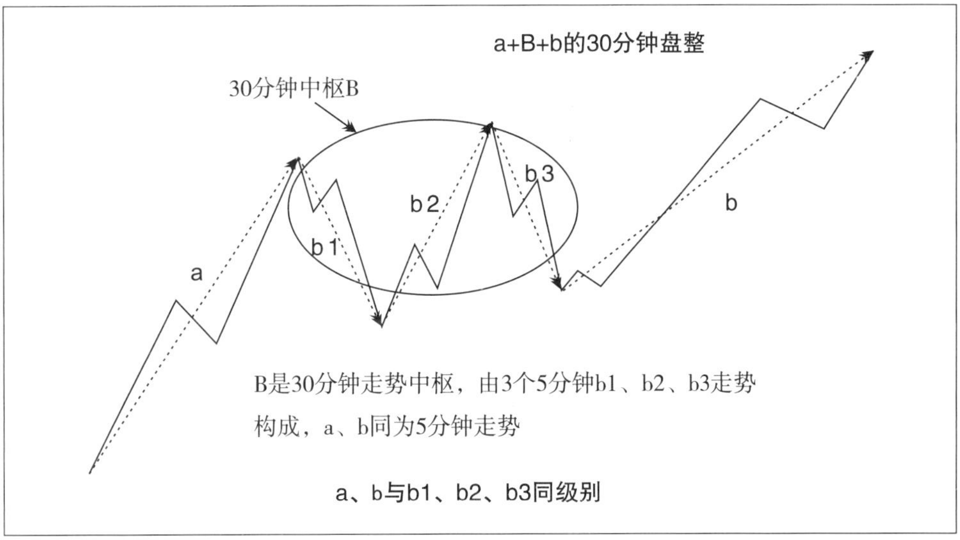

图 7-2-2　走势的同级分解

经同级分解后的走势如图 7-2-3 所示，有三个 5 分钟级别的底分型可供买入，三个 5 分钟级别的顶分型供卖出。

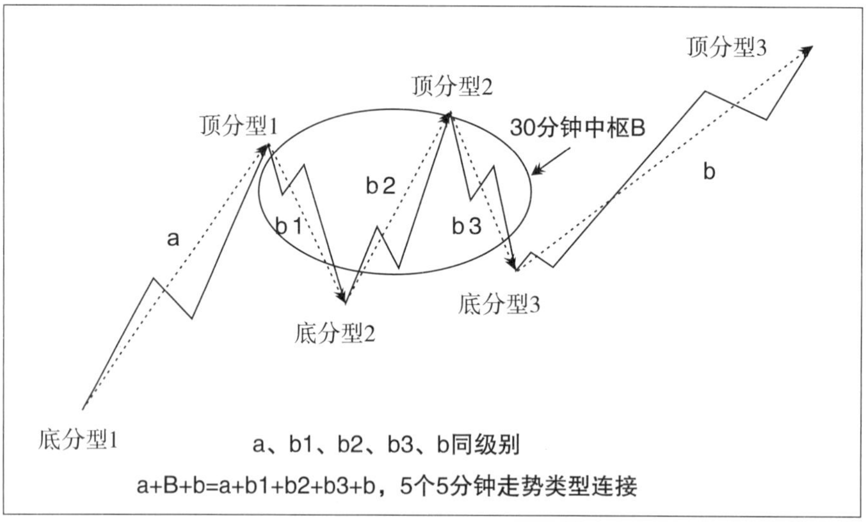

图 7-2-3　走势同级分解后的买卖机会

当然，这个过程还可以继续下去，比如把 5 分钟的走势中枢再分解成 1 分钟的走势连接，等等。由此可得到缠论走势分解定理二。

缠论走势分解定理二：任何级别的任何走势，都可以分解成次级别以下相同级别的盘整或趋势的走势连接。

（三）走势同级分解规则

上面的缠论走势分解定理并不完善，有些走势应该如何分解，依然没有答案。比如震荡走出比分解级别更高级别的走势中枢，再如连接走势中枢的小级别走势如何处理等，为此还需增加一些分解规则加以规范。

1. 超过操作级别的中枢处理

为了同级分解后不出现比分解级别更高级别的走势中枢，所以允许中枢 + 中枢的走势分解。

比如，按 1 分钟级别对走势进行同级分解，三段 1 分钟级别走势有重叠，此时不再升级为 5 分钟的走势中枢，还是按 1 分钟级别的三段处理。

又如，围绕分解级别走势中枢的震荡走势超过 6 段，就将它看作两个本级别走势中枢的连接。当然，两个本级别走势中枢震荡区间有重叠，也不构成高级别的走势中枢。

2. 小于操作级别的走势处理

比分解级别更小的级别，仍遵循缠论的自组生长规则，允许走势中枢的级别扩大，不允许走势中出现中枢 + 中枢的连接。

连接中枢的小级别走势，可以通过对相邻走势拆分、组合的方式进行同级分解。

如图 7-2-4 中的 a+A 走势，其中 A 为 30 分钟中枢，a 为 1 分钟的走势类型。采用 5 分钟级别同级分解时，整个走势可以分解为 A0+A1+A2+A3，其中的 A0 是 a+ 部分 A1 通过重新拆分组合得到的，比如将 A1 的前两个 1 分钟走势与 a 组合在一起，等等。

以上就是同级分解的规则及拆分、组合过程。

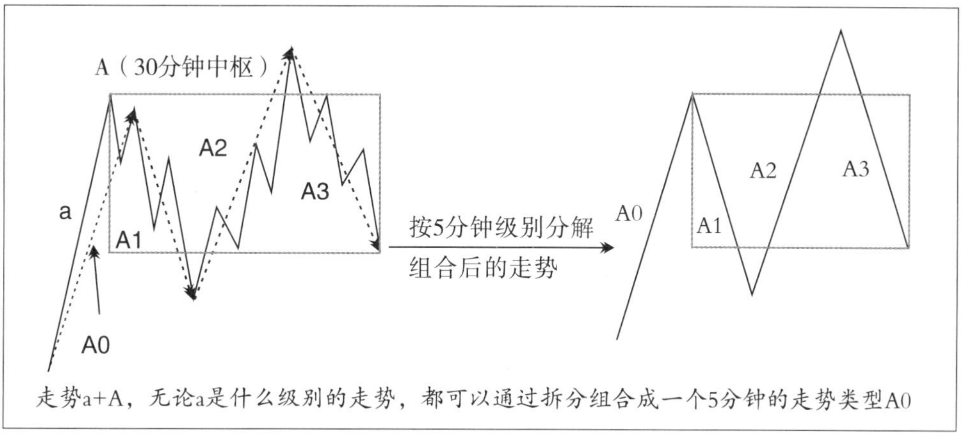

图 7-2-4 同级分解的方式

（四）实际走势分解实例

站在纯操作的角度，任何级别的买卖点，都要在次级别上确认，所以只要将走势按操作级别的次级别进行同级分解，再在次级别构造底分型时买入，构造顶分型时卖出，“一招鲜”也足以在市场中混好了。

下面以北新建材为例，实际分析一下同级分解的操作。

图 7-2-5 是北新建材的 K 线走势图。可以将图中走势粗略地分解为三部分，第一部分是一段 1 分钟下跌，第二部分是一个 5 分钟的中枢，第三部分是一个 1 分钟的上涨走势。按照缠论划分规则，可以分为一个 5 分钟的向下盘整与一个 1 分钟的上涨，目前上涨走势尚未完成。

由于 1 分钟级别的 K 线图缩小后走势看不太清楚，所以这里选择了 5 分钟与 30 分钟 K 线图。

假设操作级别为 1 分钟，那么可以将上面的走势按照图 7–2–6 那样进行分解，共计六段 1 分钟走势。分别为：

第 I 段，是一个拥有三个中枢的 1 分钟下跌走势。

图 7–2–5 北新建材 30 分钟 K 线图

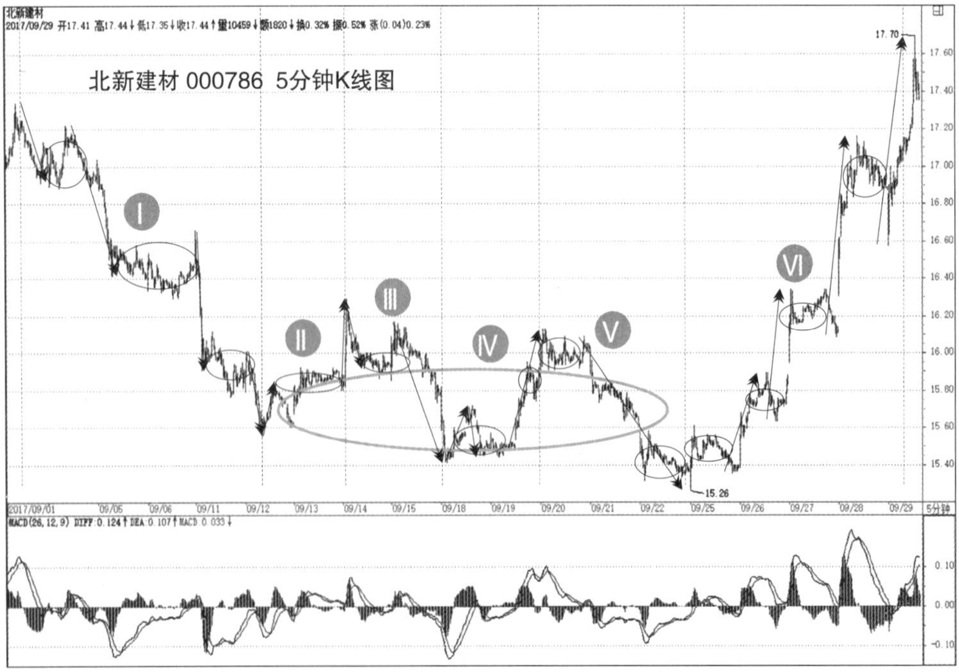

图 7–2–6 北新建材 5 分钟 K 线图

第Ⅱ、第Ⅲ段为两个1分钟的盘整走势。

第Ⅳ、第Ⅴ段分别是两个1分钟趋势，Ⅱ、Ⅲ、Ⅳ、Ⅴ是四个1分钟走势构成的5分钟走势中枢。

第Ⅵ段是一个尚未完成的1分钟上涨走势，目前卖点还没出现。

分解后的每个1分钟走势,都可以通过观察内部结构找出对应的缠论买卖点进行操作。

三、实战中对“古怪走势”的处理

学习了缠论的多级别联立以及同级别分解之后，就可以进行操作中的冒险之旅了。不过，在进行走势划分时，还会遇到一些比较困难的地方，这就是缠中说禅在博客中所说的“古怪走势”。

“古怪走势”主要与原走势能否被破坏有关。在分析缠论具有普遍意义的买卖点时，对于新走势与原走势最后一个中枢有缺口的情况，进行了比较详细的分析，这里不再重复。

下面主要分析一下新走势与原走势最后一个中枢没有缺口的情况。

（一）原走势被破坏的一般情况

如图7-3-1所示，原走势ab、bc、cd构成了一个最简单的线段类走势。其后的逆向小级别走势de，与原走势最后一个类中枢的低点有重合，小级别破坏成立。此后逆向走势又延续成原走势的同级别走势，此时只要后续h点不低于f点，形成包含关系，就可以确定原走势被新走势破坏。

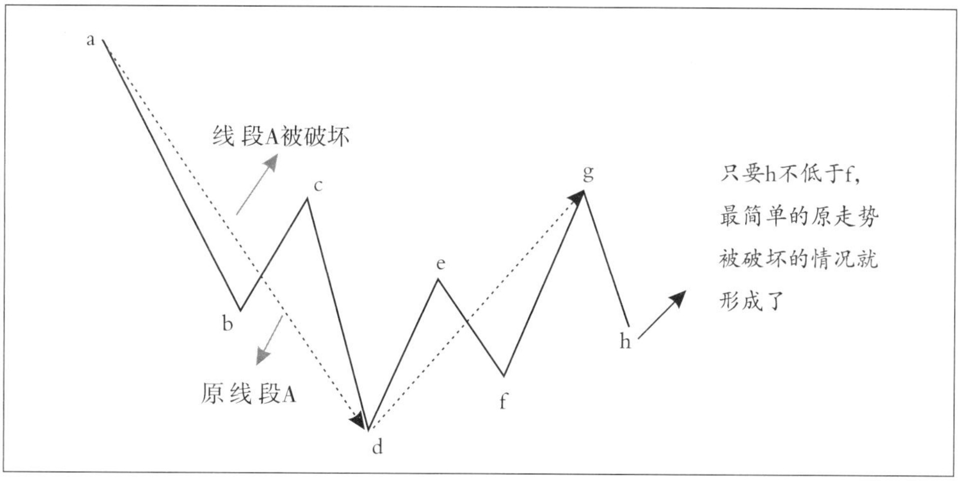

图7-3-1 原走势被破坏的一般情况

（二）产生“古怪走势”的原因

所有的古怪走势，都是因为原走势出现第一种情况的小级别破坏后，最终没有在该方向由该小级别拓展形成本级别走势造成的。

如图 7-3-2 所示，以上涨走势为例，原线段类走势 A 是由 ab、bc、cd 三段次级别走势组成的，由于e低于b，所以de这个次级别的走势破坏了原走势最后一个中枢的高点，f 低于 d，g 高于 e，de 段破坏了线段 A，但没有延续成本级别的线段，由此古怪走势就产生了。

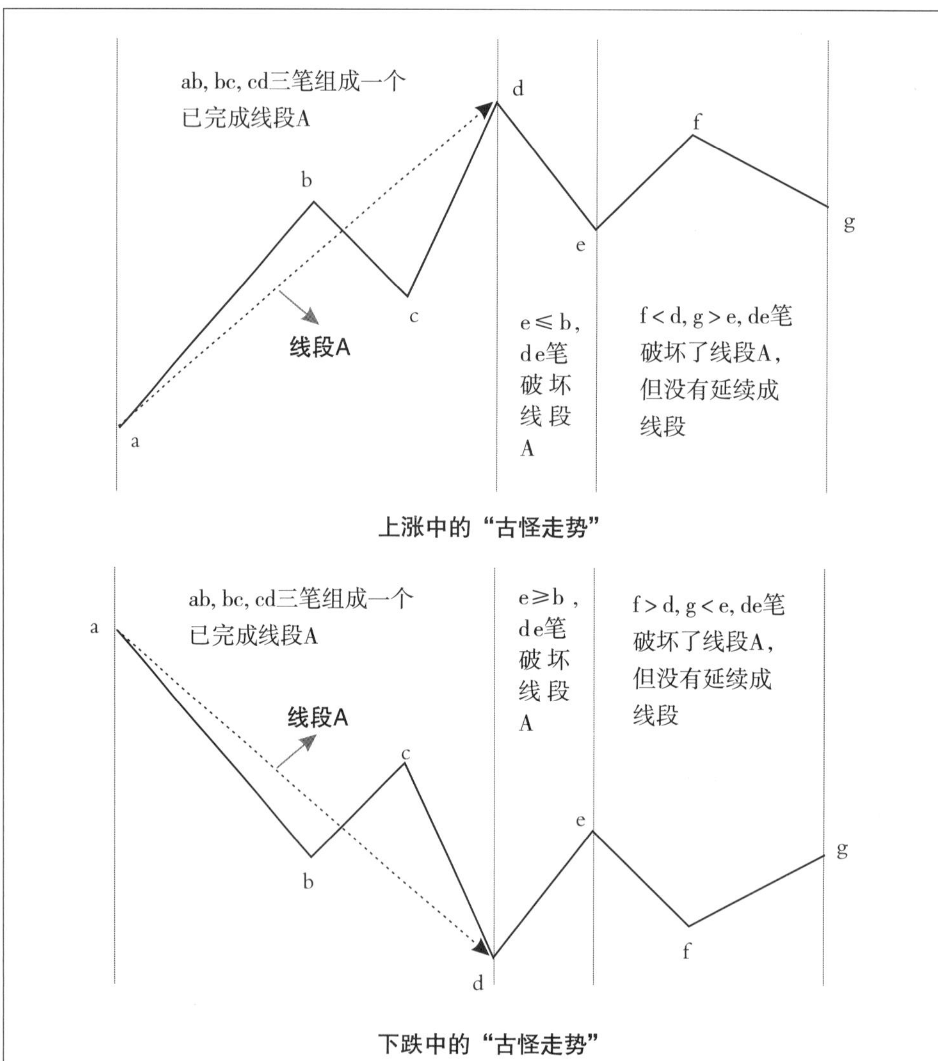

图 7-3-2　古怪线段

（三）对“古怪走势”的处理

对于古怪走势的处理，只要遵循走势只能被本级别走势破坏这一原则，就可以迎刃而解。当然，破坏与被破坏的两个本级别走势必须是方向相反的。

以下是古怪走势几种可能的后续走势。

1. 走势 A 延续的情况

如图 7-3-3 所示，已有线段类走势 A，其后次级别走势 de 破坏了原走势最后一个类中枢低点，但没有在破坏的方向上（图中方向为向上）延续成本级别走势，反而在原走势 A 的方向上延续成本级别走势，并破了原走势 A 的底 d，根据走势不能被同方向走势破坏的原则，整个走势可以看作是原走势 A 的延续。

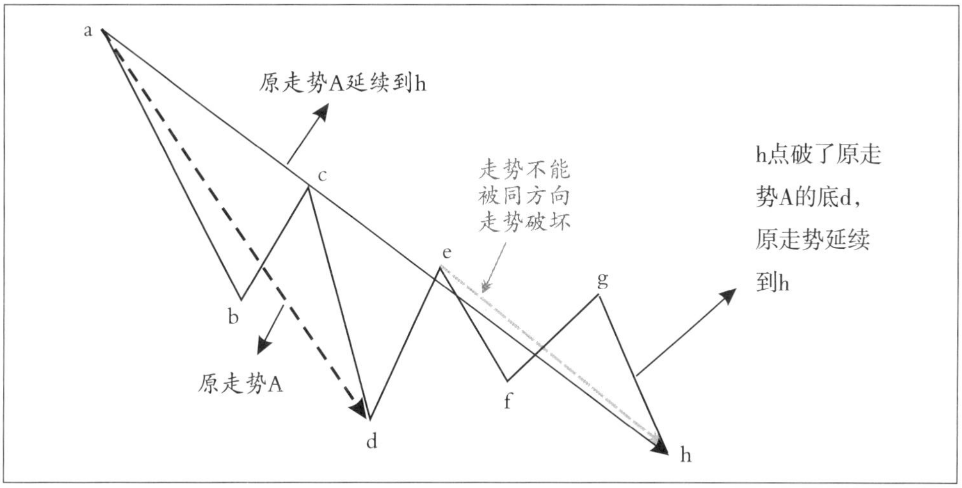

图 7-3-3　古怪走势的处理之一

2. 原走势最终被破坏的情况

如图 7-3-4 所示，已有线段类走势 A，其后次级别走势 de 破坏了原走势最后一个类中枢低点。与上例不同的是，次级别走势 de 对原走势 A 破坏后，在没有破坏走势 A 低点 d 的情况下，由 hi、ij、jk 构成了一个与原走势 A 方向相反的本级别走势，即使最高点 k 没有超过 de 的高点 e，原走势 A 也被破坏了。

（四）一个“古怪走势”图例分析

图 7-3-5 是“教你炒股票”第 77 课的案例，现在再看它的划分就很清楚了。

整个走势中符合线段（即满足本级别走势要求）定义的走势共有 6 段，分别为线段 A、线段 B、临时线段 1、线段 C、临时线段 2 和线段 D。

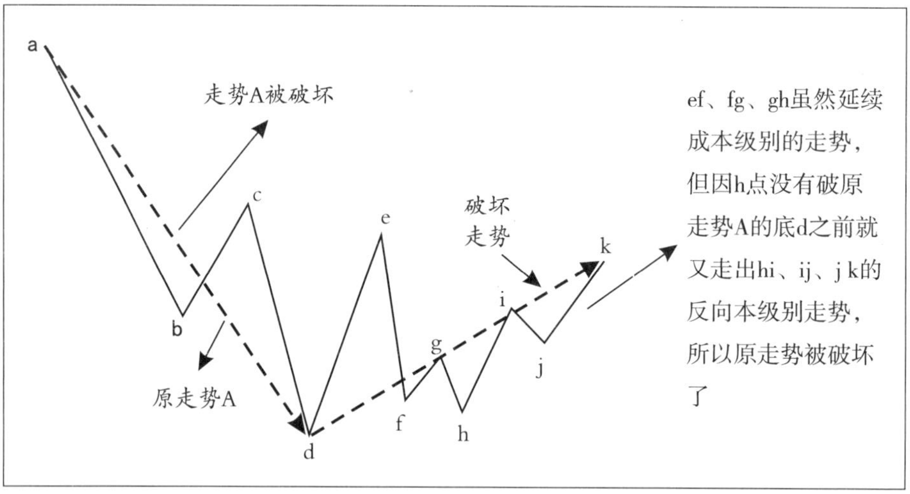

图 7-3-4　古怪走势的处理之二

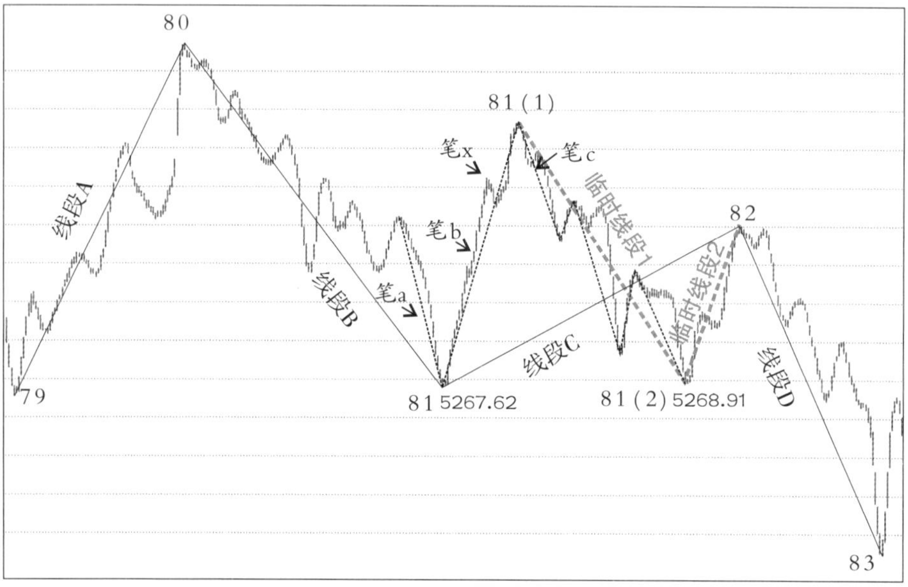

图 7-3-5　“古怪走势”实际案例及处理

（1）81—81(1) 仅仅是一个次级别的走势，因为笔 x 那里不够一笔，图上标注成笔 b。笔 b 是次级别对原线段 B 的破坏，而且直接破坏了线段 B 最后一个中枢的高点，即笔 a 的起始点。

（2）由于临时线段 1 的低点 81(2) 为 5268.91 点，高于 81 的 5267.62 点，所以线段 B 没有延续。当然，两个同向线段也不存在破坏的问题。

（3）临时线段 2 对线段 B 形成破坏，产生一个新的线段 C。

至此，81—82 构造的线段 C 破坏了线段 B。

四、“傻瓜”式操作方案详解

适用条件：

大盘处于上涨或震荡走势；个股盘子比较大，业绩比较好。

不太适用于强投机品种的庄股，它们的逻辑不太一样。

（一）先进行同级分解

以操作级别为 30 分钟为例，首先要对走势进行同级分解。缠论的同级分解其实不只需要拆分，还要重新组合，以达到分解后的走势为单一级别的要求。

如图 7-4-1 所示的 a+A 走势，其中 A 为 30 分钟中枢，a 为 1 分钟的走势类型。进行 5 分钟同级别分解时，整个走势先被分解为：a+A1+A2+A3。

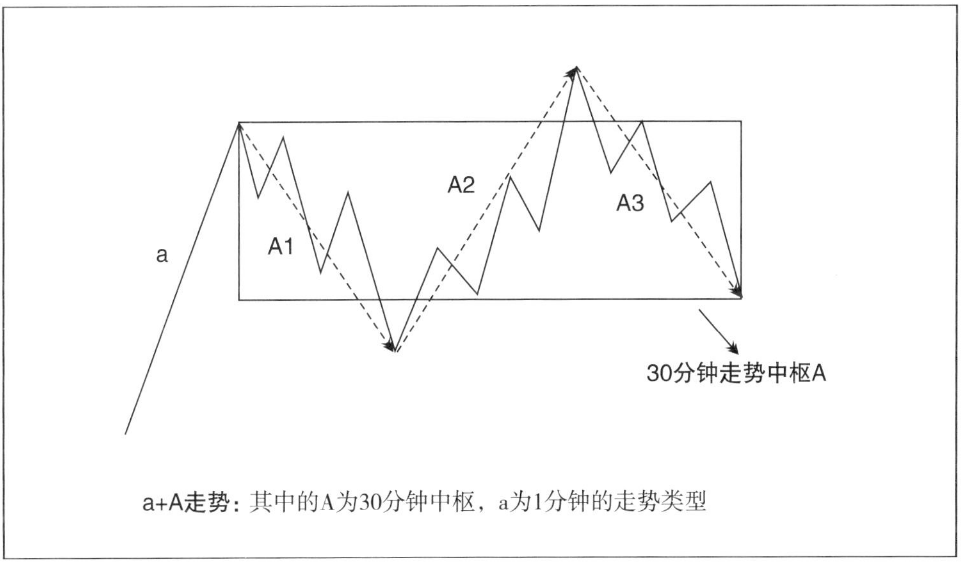

图 7-4-1　a+A 的同级分解

a+A1 通过拆分重新组合，将 A1 的前两个 1 分钟走势类型与 a 组合成一个新的 5 分钟走势类型 A0。这样，整个走势就分解成 4 个 5 分钟级别的走势类型：A0+A1+A2+A3，如图 7-4-2 所示。

这样的拆分组合有以下两个前提。

A.A1 不能跌破 a 的低点，否则 a+A 的走势无法成立。

B.a+A 走势中的 A3 段必须跌破 a 的高点，从而形成一个 30 分钟的走势中枢。

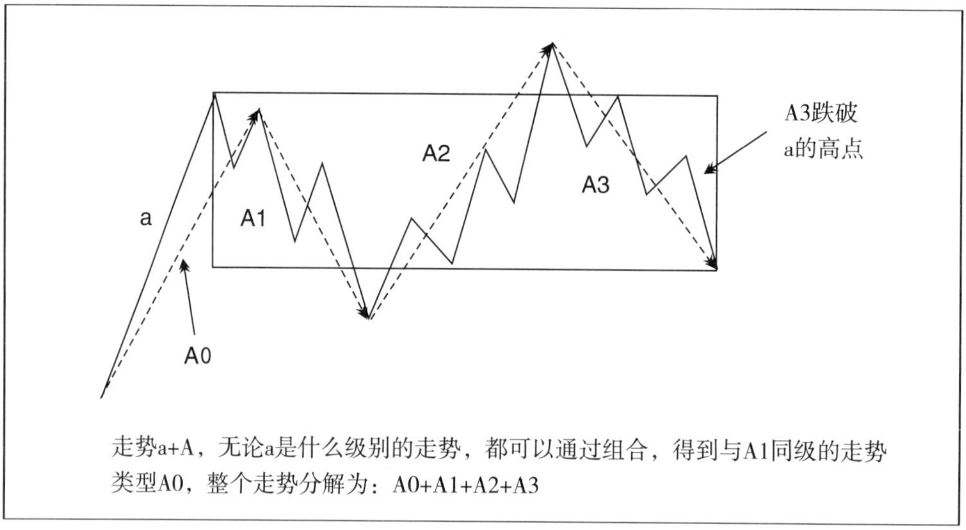

图 7–4–2　a+A 可同级分解为：A0+A1+A2+A3

如果 A3 段没有跌破 a 的高点，如图 7–4–3 所示，那么整个走势为一个 1 分钟走势 a 和 3 段没有重叠的 5 分钟走势 A1、A2、A3 的连接，这与本次同级分解的前提不符。A1、A2、A3 构成 30 分钟走势中枢，是本次同级分解的前提。整个走势为 30 分钟的盘整，才有按 5 分钟级别进行分解的可能。

以上就是同级分解的拆分、组合的过程。

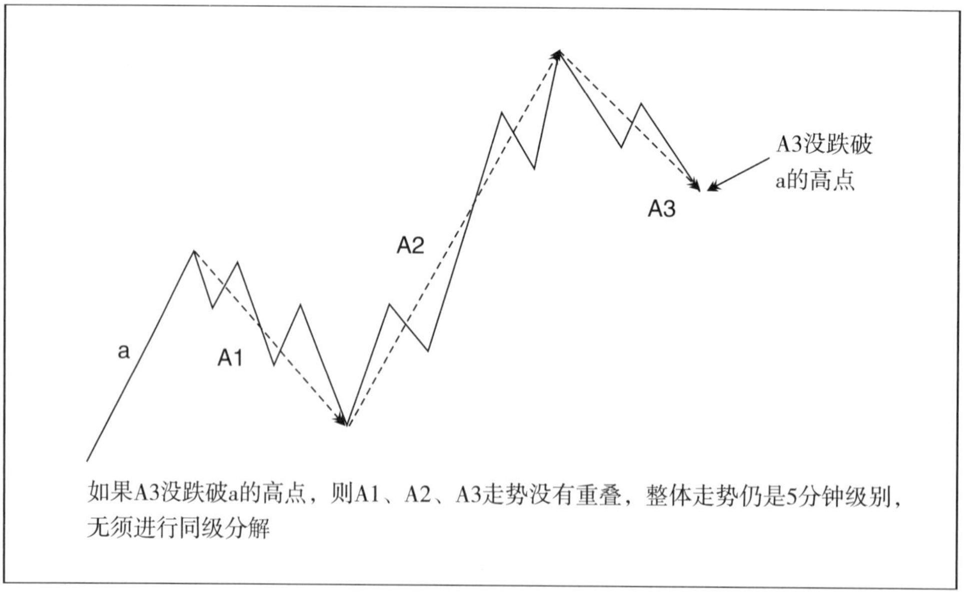

图 7–4–3

（二）同级分解后的操作分析

1. 奇数段与偶数段

如图 7–4–4、图 7–4–5 所示，同级分解后的走势无论是盘整还是趋势，都简化为上涨、下跌交错的同一级别走势连接。

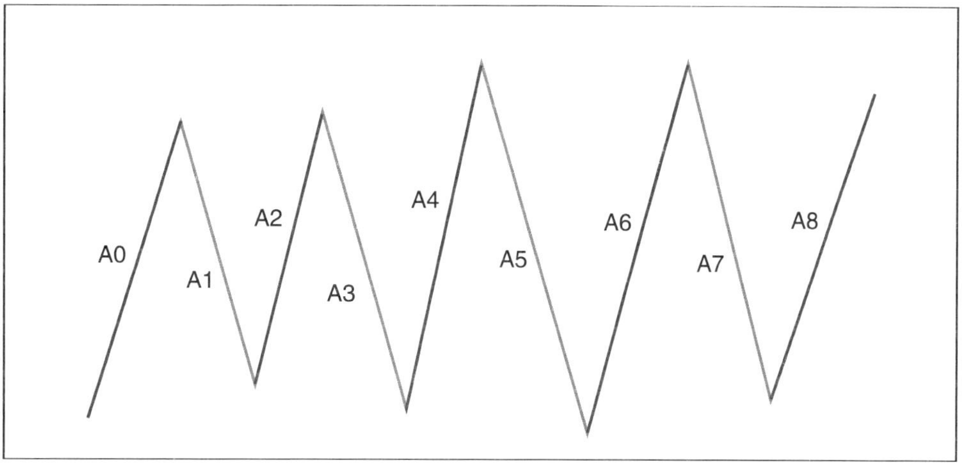

图 7–4–4 同级分解后的盘整结构

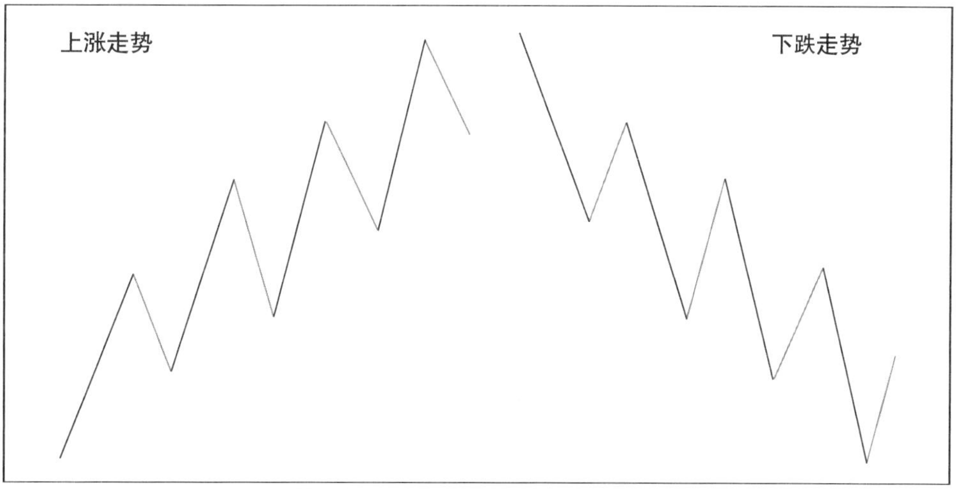

图 7–4–5 同级分解后上涨与下跌的基本结构

假设 a+A 为一个向上的走势，那么同级分解后的起始段 A0 同样为向上走势，即偶数段代表向上，奇数段代表向下。

下面的讨论中还有一个参数 K，K 同样为偶数，其目的是为了不影响奇偶数段的方向性。

2. 三种走势类型的操作方式

（1）盘整。

“但这种操作不管这么多，只理会一点，就是 Ai 与 Ai+2 之间是否盘整背驰。只要盘整背驰，就在 i+2 为偶数时卖出，为奇数时买入。”

这种情况就是中枢震荡走势的描述。如图 7-4-6 所示，由于 Ai 与 Ai+2 间盘整背驰，所以必然是某种情况下的中枢震荡。图 7-4-6 以围绕 A 这个 30 分钟走势中枢震荡为例。

对应的操作也很简单，即上涨盘整背驰时卖出，下跌盘整背驰时买入。这和围绕走势中枢的操作是一致的。

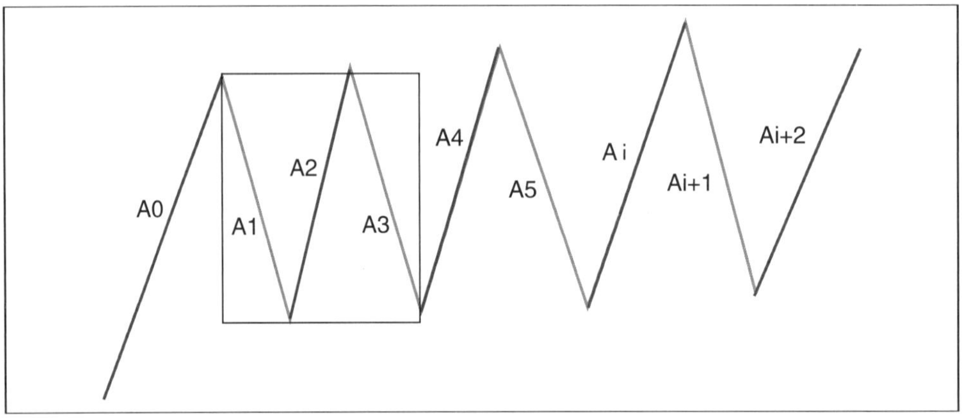

图 7-4-6　同级分解后的盘整

（2）上涨。

“教你炒股票”39 课中这样表述：“如果（Ai 与 Ai+2 之间）没有（盘整背驰），当 i 为偶数，若 Ai+3 不跌破 Ai 高点，则继续持有到 Ai+k+3 跌破 Ai+k 高点后，在不创新高或盘整顶背驰的 Ai+k+4 卖出，其中 k 为偶数。”

简单表述：当 i 为偶数且 Ai 与 Ai+2 之间没有盘整背驰，则意味着一个向上的走势段不背驰，走势进入上涨阶段。

如图 7-4-7 所示，在上涨走势中，如果最后一个中枢是类中枢，那么就等待，直到最后一个中枢是标准走势中枢，且后一段上涨不创新高或创新高但上涨盘整背驰时卖出。

（3）下跌。

“教你炒股票”第 39 课中这样表述：“如果（Ai 与 Ai+2 之间）没有（盘整背驰），当 i 为奇数，若 Ai+3 不升破 Ai 低点，则继续保持不回补，直到 Ai+k+3 升破 Ai+k 低点后，在不创新高或盘整底背驰的 Ai+k+4 回补，其中 k 为偶数。”

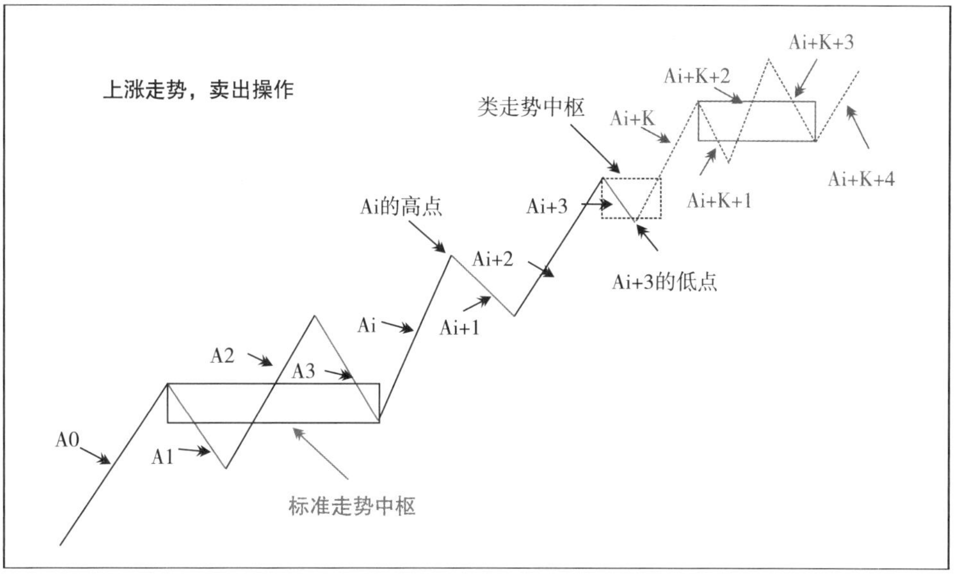

图 7-4-7　上涨走势中的卖点判断

简单表述：当 i 为奇数且 Ai 与 Ai+2 之间没有盘整背驰，意味着一个向下的走势段不背驰，走势进入下跌阶段。

如图 7-4-8 所示，在下跌走势中，如果最后一个中枢是类中枢，那么就等待，直到最后一个中枢是标准走势中枢，且其后的下跌不创新低或创新低但盘整背驰时买入。

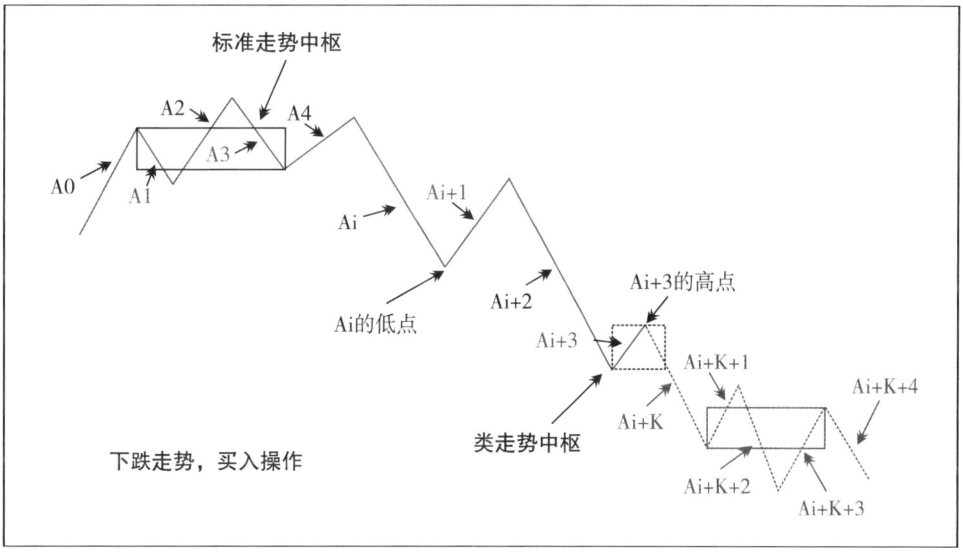

图 7-4-8　下跌走势中的买点判断

3. 盘整与上涨、下跌操作的异同

盘整中的操作比较简单，主要根据盘整背驰来决定卖出与回补。

上涨与下跌的操作与盘整时的操作有两点不太一样。

A. 首先要形成标准走势中枢，然后再通过盘整背驰或不创新高、新低来决定介入与退出。

B. 如果形成的标准走势中枢不是这段走势的第一个中枢时，Ai+k+4 通过底、顶盘整背驰或不创新低、新高发现的买卖点，同时有可能是整段上涨或下跌走势的大级别买卖点。

（三）多级别联立的操作建议

1.30 分钟操作级别

站在 30 分钟级别上，只有一个买点和一个卖点。买点建议采用缠论的第二类买点。不考虑第一类买点，直接使用第二类买点，这样把握性会大一些，而且整个操作都在一个 30 分钟的向上走势类型中完成。

如图 7–4–8 所示，买点可以选择在一个 5 分钟的走势类型下跌不创新低时，激进的交易者可以在底分型构造中买入。

卖出操作可以按上述方案在形成标准走势中枢后的背驰或不创新高中出掉。如果形成了顶分型的小转大卖点，也必须卖掉。这样操作可能会错过第一类卖点，只能在第二类卖点时卖出。

2.5 分钟级别上的操作

虽然 30 分钟的操作使用到了 5 分钟的走势，但那只为确定 30 分钟级别的买卖点。这里 5 分钟级别上的操作，是将 5 分钟与 30 分钟两个级别联立，同时操作。不同级别分配不同的资金，这样就如同开了一个分区卷钱的机器，机械地按照一个固定的节奏去吸市场的血。这样不断地机械操作下去，成本就会不断减少。

不过和单一级别操作不同，5 分钟与 30 分钟级别联立操作时，5 分钟上的操作也需要参考 30 分钟的走势情况。

图 7–4–9 是一个双级别联立操作的情况分析。按照前面的设定，我们不参与 30 分钟的下跌走势，所以可以排除 30 分钟为下跌的 8 种走势，只剩下 30 分钟上涨的 8 种情况，图中分别以①～⑧标注，并附上操作建议。

① 30 分钟上涨延续及 5 分钟上涨延续，持有。

② 30 分钟上涨延续及 5 分钟上涨但构造分型，卖出。

③ 30 分钟上涨延续及 5 分钟下跌但构造分型，买入。

④ 30 分钟上涨延续及 5 分钟下跌延续，空仓。

⑤ 30 分钟上涨构造分型及 5 分钟上涨延续，持有。

⑥ 30 分钟上涨构造分型及 5 分钟上涨但构造分型，清仓。

⑦ 30 分钟上涨构造分型及 5 分钟下跌但构造分型，需要判断走势是否转折。

⑧ 30 分钟上涨构造分型及 5 分钟下跌延续，空仓。

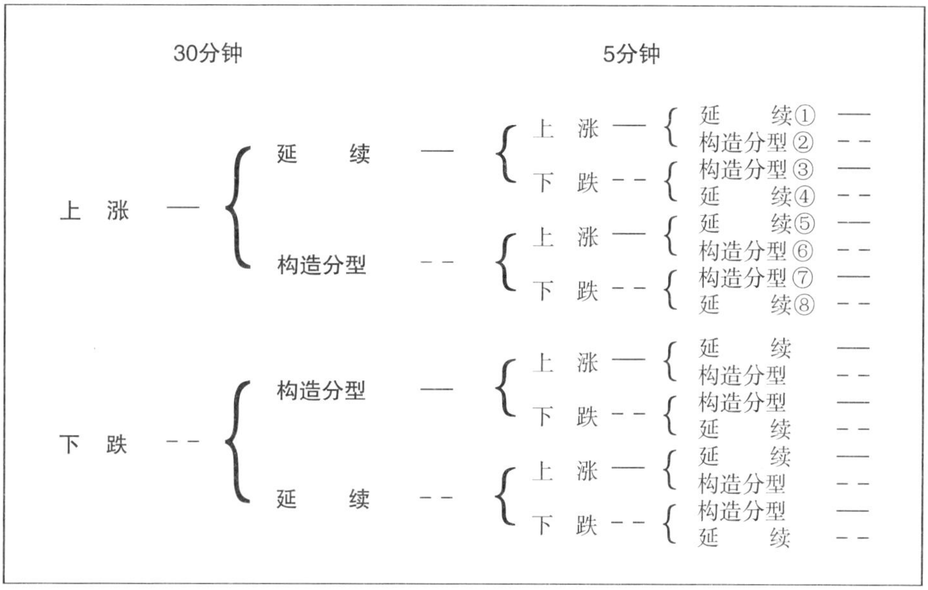

图 7-4-9 5 分钟与 30 分钟的级别联立

五、本书例子的简单说明

（一）西王食品的例子

如图 7-5-1 所示，本书开篇给出了关于西王食品的三份交易数据，它们的买入价与卖出价完全相同，但买入时机不同。现在可以重新分析一下这三个操作的情况了。

1. 第一份交易记录

如图 7-5-2 所示，这种交易情况前面分析过，是最没有技术可言的，买入卖出跨越了两个不同方向的走势，是一个明显依靠自身贪嗔痴疑慢支配的交易者所为。

首先，在上一段上涨的末期因贪婪而追涨买入，被套后又死拿，最后在又一次上涨刚刚解套、股价没有封住涨停板的情况下卖出。

三 次 交 易

序号	成交日期	成交时间	证券名称	买卖方向	成交数量	成交价格
1	20200305	11：09	西王食品	买入	10000.00	5.42
	20200330	14：33	西王食品	卖出	10000.00	5.72
2	20200326	14：42	西王食品	买入	10000.00	5.42
	20200331	09：35	西王食品	卖出	10000.00	5.72
3	20200330	10：50	西王食品	买入	10000.00	5.42
	20200401	13：11	西王食品	卖出	10000.00	5.72

图 7-5-1　西王食品三次交易记录

图 7-5-2　第一笔交易记录

2. 第二份交易记录

如图 7-5-3 所示，这种操作方式充分注意到交易需要在一个上涨走势段中进行，但买入与卖出的时机却明显不太合理。买入时追高，卖出时走势并没有明显出现转折，因此整个操作依然是不合格的。

图 7-5-3 第二笔交易记录

3. 第三份交易记录

如图 7-5-4 所示，这种操作方式明显具有比较高的技术水平，不过是一种短线操作。买入时机是一个小级别的类第三类买点，卖出则是一个明显的分型结构中的小转大卖点，从技术面看没有大的问题。

图 7-5-4 第三笔交易记录

实际走势中，之后股价又创出了新高，但对于交易者来说就应如此操作，这也是选择以它为例进行分析的原因。

（二）宁德时代的例子

本书开始还给出了宁德时代的例子。如图 7-5-5 所示，这是宁德时代日 K 线图上按照理想状态截取的一段走势，短短数月股价有了近 100 元的涨幅。不过，抓住这段走势，不应仅仅存在于想象之中，按照缠论的操作方式，这段上涨是完全可以把握的。

市场投资是一个很复杂的问题，当时买入该股或许还有更多方面的考量，比如新能源板块启动，等等。不过，本书的重点是技术分析，所以下面仅仅从这个层面简单介绍一下这次交易。

图 7-5-5　宁德时代的截取段

1. 买入时机的把握

图 7-5-6 是宁德时代的日 K 线走势图。从图中可以看到，宁德时代上市后，股价基本在一个大级别的中枢中震荡。图中圆圈处是中枢的下沿，从 MACD 指标上，可以看出走势有明显的背驰。但是，作为一个散户，这里并非是介入的好时机，实战操作不能建立在想象的基础上。虽然后面的涨势非常壮观，但那是适合大资金参与的行情。散户可以等主力拉升箭在弦上不得不发的时候再进场，具体的入场时机可选在图中箭头附近，它属于底部震荡中枢的小级别第三类买点。

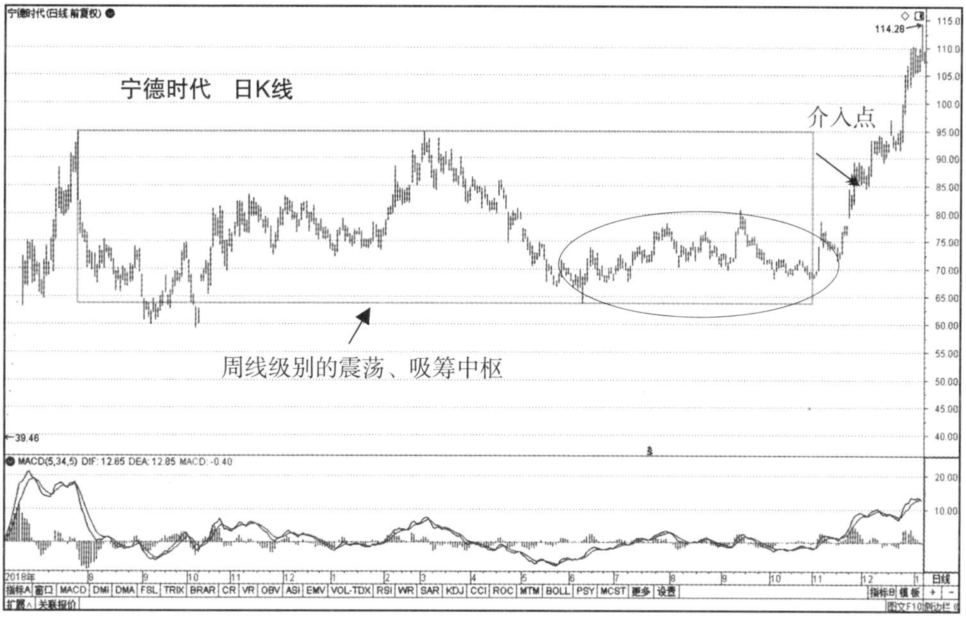

图 7-5-6 宁德时代日 K 线图

“高抛低吸”是股市中流传很广的一句话，而且深入人心，但它不过是低层次思维下的产物。市场投资并非只有这一种获利方法，除了高抛低吸，还可以高吸然后以更高价格抛出，对于散户来说，这是资金利用效率最高的操作方式。

2. 上涨走势中的调整走势

图 7-5-7 是宁德时代理想状态下的截取走势。由于这段上涨走势历时较长，使用 5 分钟 K 线走势图无法看清走势划分，因此这里选择了 30 分钟 K 线走势图，但上面标注的走势划分是 5 分钟级别即缠论第二级别走势的情况。

走势中的每一笔代表一个 1 分钟的走势，上涨走势中间的线框表示走势中枢，它们的级别是 5 分钟的。顶点附近还有一个 5 分钟级别的走势中枢。

为了方便观察，下面使用 5 分钟 K 线图来一一呈现。

图 7-5-8 是这段上涨走势中的第一个走势中枢，这是一个 5 分钟级别的标准走势中枢。

图 7-5-9 是这段上涨走势中的第二个走势中枢，同样是一个 5 分钟级别的标准走势中枢。

图 7-5-10 是这段上涨走势中的第三个走势中枢，依然是一个 5 分钟级别的标准走势中枢。

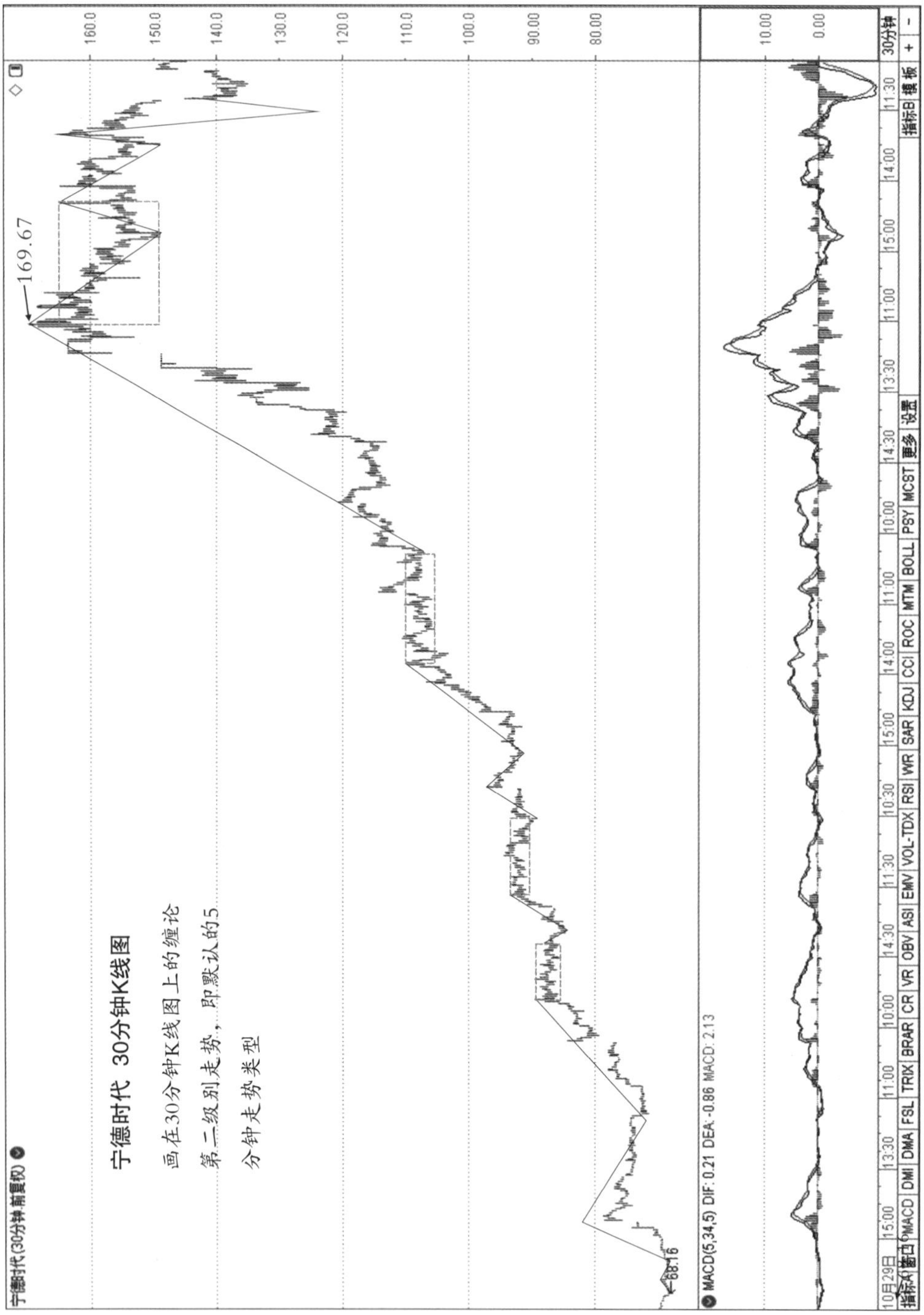

图 7-5-7　宁德时代 30 分钟 K 线图上的走势划分

宁德时代的股价从 68 元上涨至 169 元，这段走势是一个 5 分钟级别的上涨走势。其中三个调整走势中枢，均没有构造出中枢的破坏点，即缠论第三类卖点。因此，如果你是一个 5 分钟级别的操作者，完全没有卖出的理由。

图 7-5-8 宁德时代走势局部之一

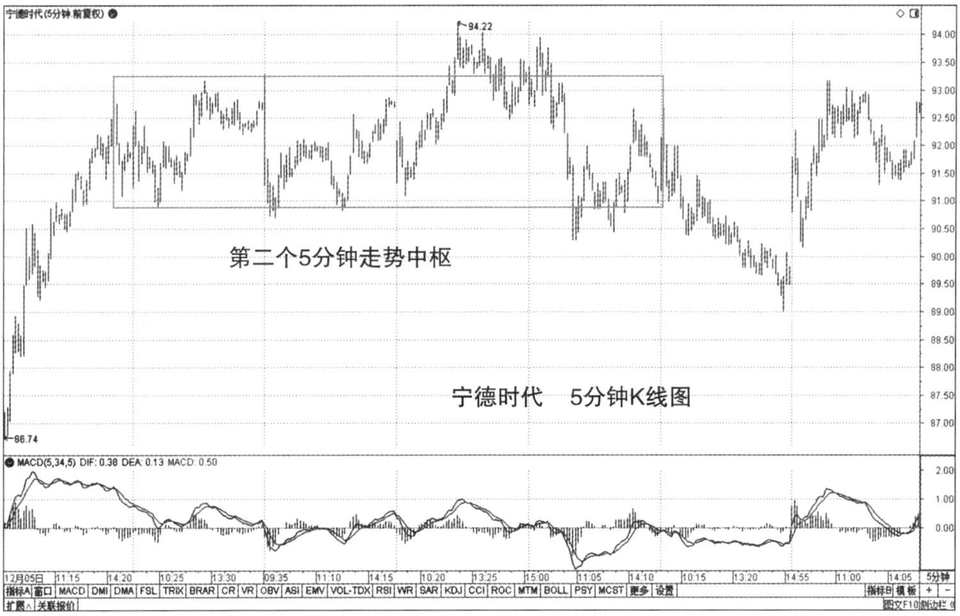

图 7-5-9 宁德时代走势局部之二

3. 卖出时机的选择

图 7-5-11 是宁德时代的 5 分钟 K 线走势图，截取的是围绕 169 元这个阶段性顶点的走势。很明显这里构造出了一个 5 分钟级别的走势中枢，因此是一个走势中枢转折的例子，并不是小级别走势转折的情况。

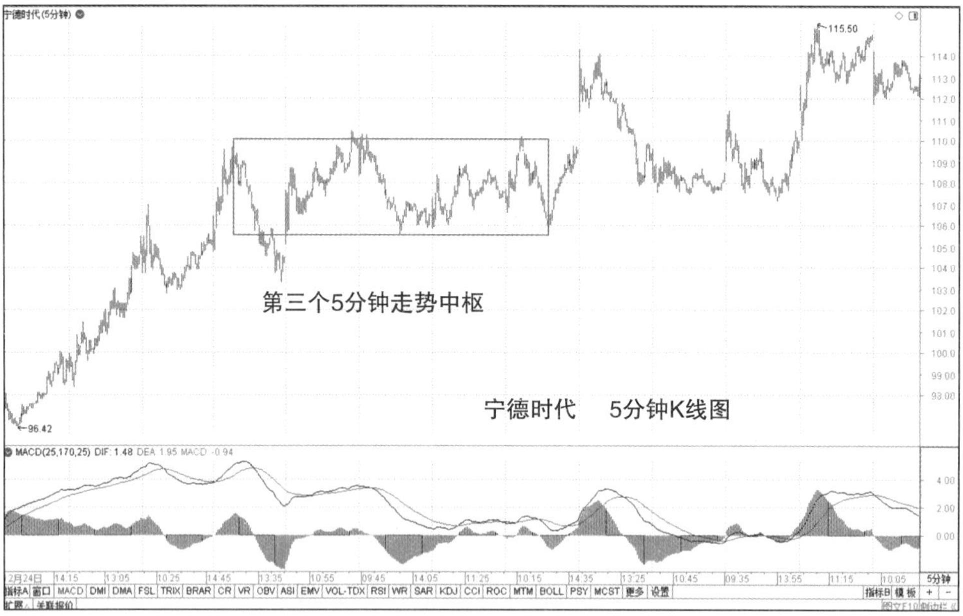

图 7-5-10　宁德时代走势局部之三

图 7-5-11　宁德时代的阶段性顶部

最终股价跌破了这个走势中枢的下沿，转为一个 5 分钟级别的下跌。

如图 7-5-12 所示，最终构成了周线中枢的 5 分钟第三类买点，预示着始于 68 元的上涨并未完美，将会扩大为一个 30 分钟的向上走势。

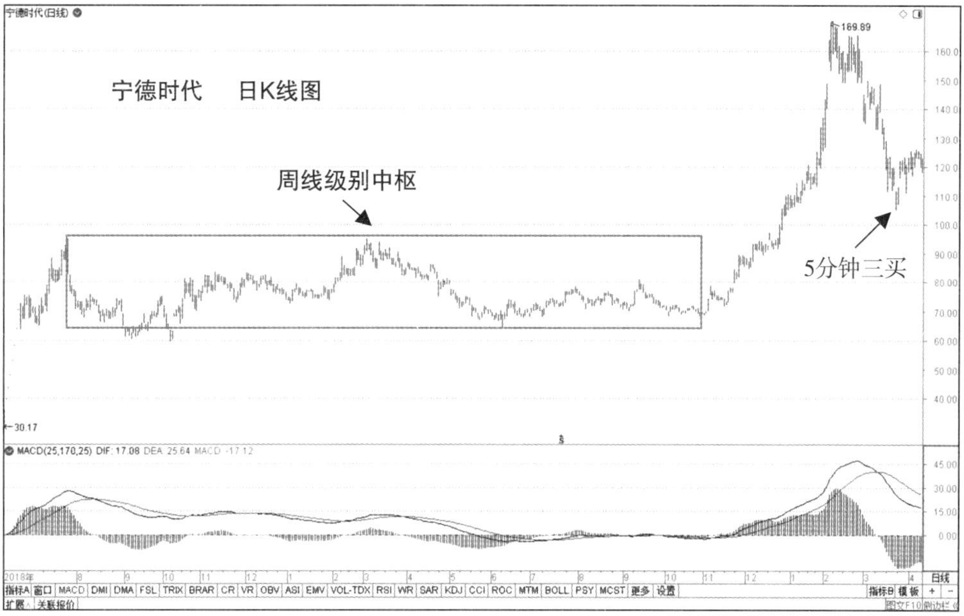

图 7-5-12　宁德时代 5 分钟 K 线走势出现第三类买点